Aufbaukurs

MS DOS®

Aufbaukurs

MS DOS

Das Microsoft-Handbuch
zum professionellen
Programmieren für den
fortgeschrittenen Anwender

von

VAN WOLVERTON

übersetzt und bearbeitet
von Gerald Pommranz

VIEWEG

Dieses Buch ist die deutsche Übersetzung von

Van Wolverton
Supercharging MS-DOS

The Microsoft Guide to High Performance Computing
for the Experienced PC User Microsoft Press, Redmond,
Washington 97017
Copyright © 1986 bei Van Wolverton
Softcover reprint of the hardcover 1st edition 1986
Übersetzung aus dem Amerikanischen:
Gerald Pommranz, Gomaringen

Epson® is a registered trademark of Epson America, Incorporated.
IBM® and AT® are registered trademarks and PC/XT^{TM} is a trademark of
Internaional Business Machines Corporation.
Microsoft® and MS-DOS® are registered trademarks of Microsoft Corporation.
ProKey® is a registered trademark of RoseSoft.
SideKick® is a registered trademark of Borland International, Incorporated.
Teletype® is a registered trademark of Teletype Corporation.
WordStar® is a registered trademark of MicroPro International Corporation.

Das in diesem Buch enthaltene Programm-Material ist mit keiner Verpflichtung oder Garantie irgendeiner Art verbunden. Der Autor, die Übersetzer und der Verlag übernehmen infolgedessen keine Verantwortung und werden keine daraus folgende oder sonstige Haftung übernehmen, die auf irgendeine Art aus der Benutzung dieses Programm-Materials oder Teilen davon entsteht.

Der Verlag Vieweg ist ein Unternehmen der Verlagsgruppe Bertelsmann.

Druck und buchbinderische Verarbeitung: Lengericher Handelsdruckerei, Lengerich

ISBN-13: 978-3-528-04557-9   e-ISBN-13: 978-3-322-83691-5
DOI: 10.1007/978-3-322-83691-5

Für Edward, Katherine und Andrew

Inhaltsverzeichnis

EINLEITUNG

Haben Sie mit Ihrem Computer schon ein paar Monate gearbeitet? Dann wissen Sie ja, daß es sich bei DOS um mehr als nur um das Prompt-Zeichen *A>* handelt. Aber Sie wissen vielleicht nicht, *wieviel* mehr es gibt? Dieses Buch zeigt Ihnen, wie Sie folgende Dinge ausschließlich mit Hilfe von DOS durchführen können:

- Eigene Bildschirmgestaltung durch Fettdruck, Inversschrift und Farbe bei Menü-, Hilfs- oder Anweisungs-Bildschirmausgaben.

- Erstellen, untersuchen oder verändern einer *beliebigen* Datei mit *beliebigem* Dateiinhalt - sogar Programmdateien.

- Erstellen eines individuellen Menü-Systems, mit dem Sie Ihre sämtlichen Anwenderprogramme durch eine oder zwei Tasteneingaben aufrufen können.

Dies und noch einiges mehr werden Sie im Verlauf des Buches lernen. Der Routineeinsatz von DOS soll hier jedoch nicht beschrieben werden; es wird vorausgesetzt, daß Sie lange genug mit DOS gearbeitet haben, um mit den Befehlen umgehen zu können, daß Sie bereits einige Batchfiles geschrieben haben, und daß Sie jetzt noch mehr über DOS erfahren möchten. Das Benutzerhandbuch *MS-DOS*, das ebenfalls im VIEWEG-Verlag erschienen ist, gibt eine Einführung in MS-DOS und erklärt die Befehle anhand vieler Beispiele. Wenn Sie ein Computerneuling sind, sollten Sie mit diesem Buch beginnen; das vorliegende Buch knüpft an der Stelle an, wo *MS-DOS* endet.

Aber auch im vorliegenden Buch wird nicht vorausgesetzt, daß Sie ein Programmierer werden möchten, sondern einfach nur, daß Sie Ihr Ziel darin sehen, die erweiterten Möglichkeiten von DOS vorteilhaft für den produktiveren Einsatz Ihres Computers einzusetzen. Um dieser Forderung gerecht zu werden, wurde das Buch sehr verständlich geschrieben und mit realistischen und vielseitigen Beispielen versehen.

Batchfiles und Programme

In diesem Buch werden viele Batchfiles und Programme beschrieben. Einige davon sind kurz, die meisten enthalten zwischen 10 und 20 Zeilen, ein paar davon sind auch etwas länger. Es erfordert ein wenig Zeit, um diese Dateien einzutippen und auszutesten; es sind aber mit Sicherheit auch für Sie Programme dabei, die die Mühe lohnen. Mit Ausnahme eines einzigen Programmes aus Kapitel 12, das speziell für den IBM/PC AT und kompatible Computer ausgelegt ist, können die Batchfiles und Programme auf jedem IBM- oder IBM-kompatiblen Computer eingesetzt werden.

Obwohl es spezielle Zusatzprogramme gibt, die viele der im folgenden behandelten Möglichkeiten durchführen können, werden Sie bald sehen, daß Sie sich diese Programme unter Umständen gar nicht anzuschaffen brauchen. Die gezeigten Batchfiles können auch leicht den eigenen Verwendungszwecken angepaßt werden. Dies macht nicht nur aus Ihrem Computer ein leistungsfähigeres Werkzeug, Sie werden darüberhinaus die Genugtuung empfinden, daß Sie erstens alles selber gemacht haben, und daß Sie zweitens alles wieder ändern können, wenn es Ihren Anforderungen nicht mehr genügen sollte, .

Und vor allem benötigen Sie nichts - oder besser: *fast* nichts - nur DOS.

Was ist wo zu finden

Teil I umfaßt die Kapitel 1 bis 7. In diesen Kapiteln werden einige allgemeine Techniken für den fortschrittlichen DOS-Einsatz gezeigt. Kapitel 1 definiert die Begriffe *Byte, Hexadezimal* und *ASCII*. Kapitel 2 zeigt die Verwendung des erweiterten IBM-Zeichensatzes, und Kapitel 3 zeigt den Einsatz der Gerätesteuerung ANSI.SYS zur Bildschirmgestaltung und Tastatursteuerung. In Kapitel 4 werden Drucker-Befehle, in Kapitel 5 der Umgang mit dem Debugger behandelt. In Kapitel 6 und 7 werden weiterführende Batchfile-Techniken erklärt und die erlernten Techniken zum Erstellen eines Menü-Systems eingesetzt.

Teil II besteht aus den Kapiteln 8 bis 15. In diesen Kapiteln werden die in Teil I beschriebenen Techniken in Verbindung mit speziellen Teilen Ihres Computer-Systems zur Anwendung gebracht; sie zeigen, wie Batchfiles und Programme erstellt und eingesetzt werden. Kapitel 8 zeigt die Verwendung von Systembereich und Konfiguration, und in Kapitel 9 werden Installation und Einsatz einer RAM-Disk erklärt. Die Kapitel 10, 11 und 12 beschäftigen sich mit Bildschirmausgabe, Drucker und Tastatur, und Kapitel 13 behandelt Dateien und Disketten. In Kapitel 14 wird mit Bezugnahme auf die in den vorausgehenden Kapiteln erarbeiteten Techniken ein komplettes Menü-System entwickelt, das Ihren speziellen Anwenderprogrammen angepaßt werden kann. Kapitel 15 beschließt Teil II mit einigen Tips zur Wartung und Pflege Ihres Computers und zur Gestaltung einer angenehmen Arbeitsumgebung für Computer und Benutzer.

In den Anhängen A bis F ist zusätzlich Material in Form von Nachschlagetabellen enthalten. Anhang A und B enthalten Tabellen für die ANSI. SYS-Befehle und die gängigsten Drucker-Befehle. Anhang C und D enthalten den ASCII- und den erweiterten IBM-Zeichensatz sowie Tastaturcodes für ANSI.SYS-Befehle. Anhang E enthält weitere Details zu hexadezimalen Zahlen, und Anhang F enthält sämtliche Dateien, die für das in Kapitel 14 beschriebene Menü-System benötigt werden.

Umgang mit dem Buch

Lesen Sie bitte zuerst Teil I. Damit wird Ihnen die technische Grundlage für die Batchfiles und Programme aus Teil II geliefert. Die Kapitel in Teil II brauchen Sie nicht der Reihe nach zu lesen. Sind Sie beispielsweise besonders an dem Kapitel über Drucker interessiert, können Sie Kapitel 11 zuerst lesen. Erforderliche Voraussetzungen vorausgehender Kapitel werden durch Querverweise angezeigt.

Das Menü-System in Kapitel 14 beinhaltet Teile aus nahezu allen vorausgehenden Kapiteln; dieses Kapitel vor allem demonstriert, wie vielfältig DOS eingesetzt werden kann. Durch maßgerechte Anpassung des Menü-Systems an Ihre Anwenderprogramme können Sie ein beliebiges Programm aus jedem Verzeichnis durch Eingabe einer oder zwei Tastenfunktionen aufrufen.

Das Menü-System ist zwar weitaus aufwendiger als alle anderen Batchfiles dieses Buches, wenn es jedoch einmal geschrieben ist, brauchen Sie nie wieder einen Befehl einzutippen, um das Verzeichnis zu wechseln oder ein Anwenderprogramm zu starten. Da sich Kapitel 14 jedoch stark auf alle anderen Kapitel bezieht, wird es am besten sein, wenn Sie sich zunächst durch das gesamte Buch arbeiten, bevor Sie sich an das Menü-System wagen.

Unterschiede der DOS-Versionen 2 und 3

DOS ist mehrmals überarbeitet worden. Eine Änderung der Nummer hinter dem Dezimalpunkt - zum Beispiel 3.10 zu 3.20 - bedeutet eine kleine Änderung, das neue DOS ist nur geringfügig von der vorhergehenden Version verschieden. Eine Änderung der Nummer vor dem Dezimalpunkt bedeutet eine große Änderung. Version 2.00 hat zum Beispiel beinahe dreimal so viele Befehle wie Version 1.10.

Wenn nicht anders vermerkt, beziehen sich die Befehle und Systemmeldungen in diesem Buch auf die DOS-Version 3.10, die Beispiele können jedoch mit allen DOS-Versionen ab 2.00 und auf allen Modellen von IBM oder IBM-kompatiblen Computern durchgeführt werden. Der Einfachheit halber beziehen wir uns in diesem Buch mit Version 2 auf alle 2.*xx*-Versionen von DOS und mit Version 3 auf alle 3.*xx*-Versionen. Die Beispiele laufen jedoch nicht unter Version 1.

In Kapitel 15 wird Ihnen nahegelegt, sich die DOS-Version 3 anzuschaffen, sofern Sie noch unter Version 2 arbeiten. Die folgende Liste zeigt die signifikanten Unterschiede zwischen den unterschiedlichen Dreierversionen von DOS:

Version 3.0

Filesharing (Mehrfachnutzung von Dateien) für Netzwerke und Mehrplatz-Systeme
Share-Befehl
Attrib-Befehl
VDISK-Gerätesteuerung
<Laufwerk>:<Pfad> sind erlaubte Parameter vor Programmnamen
<Pfad> ist erlaubter Parameter vor Dateinamen in IF EXIST <Dateiname>

Version 3.1

Unterstützung des IBM PC-Netzwerkes
Join-Befehl
Subst-Befehl

Version 3.2

Xcopy-Befehl
Replace-Befehl
Append-Befehl
DRIVER.SYS, Vergabe eines 2. Buchstabens für ein Diskettenlaufwerk
Unterstützung von 3,5-Zoll Laufwerken

Was wird wann eingegeben

Folgende Vereinbarungen werden in diesem Buch verwendet, um zu zeigen, was Sie eingeben müssen und wie DOS reagiert:

- Einfache Beispiele werden in unterschiedlichen Schrifttypen auf verschiedenen Zeilen gezeigt, genau wie Sie es auf dem Bildschirm sehen würden. Die Zeichen, die Sie eingeben, werden in Kleinschrift wiedergegeben. Hier ist ein Beispiel, das diese Vereinbarung deutlich machen soll:

```
A>path
PATH=A:\;A:\DOS
```

- Möglicherweise werden ähnliche Anweisungen im Text erscheinen. In diesem Fall wird die Meldung des Mikrocomputers von DOS wie auch Ihre zu gebende Antwort kursiv gedruckt, um sie vom anderen Text zu unterscheiden. Beispiel: "Die Befehle hierfür lauten *prompt $e[1;36m* für Intensivmodus in cyanblauer Farbe und *prompt $e[m* zum Abschalten sämtlicher Bildschirmattribute."

- Tastenbezeichnungen werden in den Beispielen in spitzen Klammern <> dargestellt, um sie von denjenigen Zeichen zu unterscheiden, die vom Benutzer eingegeben werden müssen; <Ctrl-Break> beispielsweise bedeutet folgendes: Halten Sie die Ctrl-Taste gedrückt, und betätigen Sie währenddessen die Break-Taste.

- Das Prompt-Zeichen wird wie im ersten Beispiel durch *A>* repräsentiert. Wenn sich Ihre System-Diskette nicht im Laufwerk A befinden sollte oder wenn Sie ein eigenes Prompt-Zeichen definiert haben, wird auf Ihrem Bildschirm selbstverständlich ein anderes Prompt-Zeichen erscheinen. Immer wenn Sie im Verlauf des Buches *A>* sehen, sollte auf Ihrem Bildschirm Ihr individuelles Prompt-Zeichen erscheinen.

- Viele Befehle schließen Parameter ein, die es Ihnen ermöglichen, ein bestimmtes Diskettenlaufwerk oder sonstiges Peripheriegerät bzw. andere Wahlmöglichkeiten (Optionen) anzusprechen. Optionen werden in spitzen Klammern <> angezeigt, wenn sie einen Variablennamen, wie zum Beispiel eine Dateinamen, bezeichnen. Wenn die Eingabe wörtlich geschrieben werden muß, wird sie in der Form gezeigt, in der Sie sie eingeben müssen. Dies sind zum Beispiel die Eingaben des Copy-Befehls:

```
copy <Datei1> <Datei2>
```

Das Wort *copy* ist erforderlich und muß wie dargestellt eingegeben werden. *<Datei1>* bezeichnet die Quelldatei, und mit *<Datei2>* wird die Zieldatei benannt.

Jetzt dürften Sie ausreichend vorbereitet sein, um es mit DOS aufnehmen zu können. Schalten Sie Ihren Computer ein und blättern Sie weiter zu Kapitel 1.

Teil

1

Weiterführende Grundkenntnisse

Kapitel

1

Einige technische Begriffe: Byte, ASCII und Hexadezimal

Die meisten Anwenderprogramme und DOS-Befehle können ohne Kenntnisse über Bytes, ASCII-Codes oder Hexadezimalzahlen angewendet werden. Warum sollten Sie sich also damit herumschlagen? Ganz einfach deshalb, weil eine gewisse Kenntnis dieser Begriffe Ihnen zu einem geschickteren und professionelleren Umgang mit DOS-Befehlen verhelfen kann. Dieses Buch beschreibt einige DOS-Befehle und Programme, die zumindest das Vertrautsein mit diesen Begriffen voraussetzen. Auch wenn Sie Ihren Computer niemals für etwas anderes als einige wenige Anwenderprogramme einsetzen werden, können Sie mit Hilfe der in diesem Buch besprochenen Techniken Ihr System benutzerfreundlich und produktiver einsetzen.

Was ist ein Byte?

Wie Sie wissen, werden Computerspeicher und Disketten- bzw. Festplattenkapazität in Byte gemessen. Ein Byte kann genau ein Zeichen speichern. Was ist aber nun ein Byte?

Der Speicher eines Computers setzt sich aus tausenden elektronischer Schalter zusammen (auch Transistoren genannt). Da diese Schalter entweder ein- oder ausgeschaltet sein können, werden sie eingesetzt, um die Ziffern 1 und 0 zu repräsentieren. Das Zahlensystem zur Basis 2 (digital) - mit den Ziffern (digits) 1 und 0 - wird *Binärsystem* genannt. Jeder Schalter repräsentiert also eine *binäre* Einhe*it* oder ein *Bit*. In einem *Byte* sind acht solcher Schalter (Bits) zu einer Gruppe zusammengefaßt.

Es handelt sich hier um sehr kleine Schalter. Ein typischer Speicherchip besitzt 262.144 solcher Schalter und beinhaltet deshalb 32.768 Byte Speicherkapazität (262.144 dividiert durch 8). Ein Computer mit 640 Kbyte Speicher enthält also 5.242.880 Schalter.

Acht Ein-Aus-Schalter können 256 unterschiedliche Kombinationen annehmen. Ein Byte kann also 256 mögliche Werte annehmen von 0 (alle Schalter aus) bis 255 (alle Schalter ein). DOS kann in kürzester Zeit jedes Byte des Speichers lokalisieren und entweder die Positionen der acht Schalter überprüfen (das Byte *lesen*) oder die Schalter einstellen (das Byte *schreiben*).

Beim Abspeichern einer Datei auf Diskette werden von DOS die Positionen der Schalter im Hauptspeicher, wo die Datei vorübergehend gespeichert ist, gelesen, und der Zustand dieser Schalter auf Diskette aufgezeichnet. Beim Laden einer Datei von einer Diskette werden die Schalter des Hauptspeichers entsprechend eingestellt. Obwohl der binäre Wert eines Byte sowohl ein Zeichen als auch einen numerischen Wert oder sogar eine Programmanweisung bedeuten kann, ist die Bedeutung als *Zeichen* die wichtigste für die Arbeit mit diesem Buch. Fast alle Mikrocomputer auf der ganzen Welt verwenden denselben Code, um Bytewerte in die gewohnten Buchstaben, Ziffern und Symbole der menschlichen Sprache umzuwandeln.

Der ASCII-Code

Der Ausdruck ASCII taucht ziemlich oft in Handbüchern, Fachbüchern und Artikeln über Computer auf. Wie viele andere Computerbegriffe ist auch ASCII eine Abkürzung - sie steht für American Standard Code for Information Interchange (zu deutsch etwa: amerikanischer Standardcode für Datenaustausch). Das Schlüsselwort dieser Bezeichnung ist *Code*: Wie beispielsweise der Morse-Code, der beim Telegraphieren eingesetzt wird, ist der ASCII-Code ein international anerkannter Code, der Zeichen bei Computern und Datenfernübertragungen repräsentiert.

Da der Wert eines Byte zwischen 0 und 255 variieren kann, können nur 256 verschiedene Zeichen mit einem Byte dargestellt werden. Der ASCII-Standard legt den Code der ersten 128 Zeichen fest (Code 0 bis 127). Von einigen Ausnahmen abgesehen verwendet jeder Computer in allen Ländern denselben Code, um Bytewerte in Zeichen umzuwandeln; die Ausnahmen bestehen in der Regel aus den Zeichen, die von Land zu Land unterschiedlich sind, zum Beispiel das Zeichen der landesüblichen Währung (*DM* in der Bundesrepublik, $ in den Vereinigten Staaten, £ in Großbritannien, ¥ in Japan usw.).

Die ersten 128 Zeichen können wiederum in zwei Gruppen aufgeteilt werden: die ersten 32 Zeichen davon (Code 0 bis 31) werden als *Steuerzeichen* bezeichnet, und sie definieren einige Kommandos wie z.B. Zeilenvorschub oder Tabulator. Die noch verbleibenden 96 Zeichen (Code 32 bis 127) sind die Standardzeichen, die Sie in jedem normalen Text sehen können.

Für die zweiten 128 Zeichen (Code 128 bis 255) gibt es keinen festgelegten Standard. Der erweiterte Zeichensatz, der von IBM und den meisten kompatiblen Computern verwendet wird, ist jedoch bei nahezu allen Computern, die mit DOS arbeiten, gleich. Für Ihre Zwecke ist er deshalb auch standardisiert.

Die 128 Zeichen des erweiterten IBM Zeichensatzes zergliedern sich wiederum in vier Gruppen:

- Internationale Zeichen (Code 128 bis 175), größtenteils Buchstaben mit Akzentzeichen wie zum Beispiel ç (Code 135) und ñ (Code 164).

- Graphikzeichen zum erzeugen von Linien und Rahmen (Code 176 bis 223) wie zum Beispiel ╔ (Code 201) und ╝ (Code 188).

- Griechische Buchstaben (Code 224 bis 237) wie zum Beispiel α (Code 224) und ∅ (Code 237).

■ Mathematische Symbole (Code 238 bis 253) wie zum Beispiel ± (Code 241) und √ (Code 251).

Fach- und Handbücher für IBM Computer beinhalten meist eine ASCII-Tabelle, die zu jedem Bytewert das entsprechende Zeichen auflistet. Ihr Druckerhandbuch wird vielleicht sogar mehrere Tabellen enthalten, da viele Drucker eine Auswahl an unterschiedlichen internationalen oder graphischen Zeichensätzen anbieten. Im Anhang C finden Sie den kompletten IBM-kompatiblen Zeichensatz einschließlich der ASCII-Standardzeichen und des erweiterten IBM-Zeichensatzes. Der Code jedes Zeichens ist sowohl dezimal als auch hexadezimal aufgeführt.

Hexadezimale Zahlen

Hexadezimalsystem, oder *hex*, ist die Bezeichnung für das Zahlensystem zur Basis 16. Unser übliches Zahlensystem zur Basis 10 (Zehnersystem) wird als Dezimalsystem bezeichnet. Das Dezimalsystem wurde zum allgemein anerkannten Standard, da der Mensch 10 Finger besitzt. Wer verwendet nun ein Zahlensystem zur Basis 16 und aus welchem Grund?

Der Grund dafür ist, wie Sie sicher erwartet haben, im Zweiersystem zu finden, das ja bekanntlich von Computern verwendet wird. Beide Zahlen, 2 und 16, sind Zweierpotenzen (2^1 und 2^4); deshalb kann das Hexadezimalsystem als Abkürzung für die Arbeit mit binären Zahlen eingesetzt werden. Die Dezimalzahl 178 beispielsweise lautet im Binärsystem 10110010, im Hexadezimalsystem dagegen nur B2. Um Anhäufungen solcher Einsen und Nullen zu vermeiden, verwenden Programmierer, Ingenieure und andere Computerspezialisten das Hexadezimalsystem.

Es gibt 16 hexadezimale Ziffern: die Ziffern 0 bis 9 und die Buchstaben A bis F für die Dezimalwerte 10 bis 15. Beispiele: hexadezimal F entspricht 15 in dezimaler Schreibweise, 10F entspricht 271 dezimal, BAD entspricht 2.989 dezimal.

Wenn Sie mit einem Computer arbeiten heißt das noch lange nicht, daß Sie das Hexadezimalsystem erlernen müssen. Es ist jedoch ziemlich schwierig, Hexadezimalzahlen vollständig aus dem Weg zu gehen, wenn Sie die Absicht haben, sich etwas intensiver mit DOS zu befassen. Der Compare-Befehl zum Beispiel (FC, wenn Sie keinen IBM PC verwenden) gibt das Auftreten und den Wert der unterschiedlichen Byte hexadezimal aus. Das Debug-Programm verwendet ausschließlich hexadezimale Zahlen, und Druckerbefehle für die Graphik erfordern ebenfalls hexadezimale Werte.

Sie müssen jedoch nicht das Rechnen mit Hexadezimalzahlen erlernen. Für dieses Buch brauchen Sie in erster Linie nur zu wissen, wie eine Hexadezimalzahl aussieht, wie Sie sie als Zahl erkennen und vielleicht noch wie Sie ein paar hexadezimale Zahlen eingeben können. Interessieren Sie sich jedoch mehr für dieses Gebiet, finden Sie im Anhang E weitere Details zum Hexadezimalsystem einschließlich einer Tabelle, die das Umwandeln hexadezimaler Zahlen in dezimale Zahlen erleichtert.

Kapitelzusammenfassung

Ein Byte:

- enthält acht binäre Einheiten oder Bits.

- kann einen Wert zwischen 0 und 255 annehmen.

Der ASCII-Code:

- repräsentiert Buchstaben, Ziffern und Symbole.

- beinhaltet die ersten 128 Zeichen (Code 0 bis 127).

- wurde für IBM und kompatible Computer um die übrigen 128 Zeichen (Code 128 bis 255) erweitert.

- ist im Anhang C aufgeführt; dort ist auch der erweiterte IBM-Zeichensatz zu finden.

Hexadezimalsystem:

- ist die Bezeichnung des Zahlensystems zur Basis 16.

- wird von Programmierern verwendet als Abkürzung des Binärsystems, dem Zahlensystem zur Basis 2, das Computer verarbeiten können.

- ist im Anhang E detailliert beschrieben; dort befindet sich auch eine Umrechnungstabelle von hexadezimal nach dezimal.

Kapitel

2

Der erweiterte Zeichensatz

Außer Buchstaben, Ziffern und Satzzeichen, die auf der Tastatur zu finden sind, kann Ihr Computer aber auch noch viele andere Zeichen auf dem Bildschirm ausgeben. Diese zusätzlichen Zeichen gehören zum erweiterten Zeichensatz von IBM. In diesem Kapitel lernen Sie, wie diese nicht standardmäßigen Zeichen eingegeben und verwendet werden können.

Wie Sie in Kapitel 1 gesehen haben, repräsentieren die Zeichencodes von 0 bis 31 Steuerzeichen, die Codes von 32 bis 127 beinhalten die standardmäßigen ASCII-Zeichen. Ferner repräsentieren die Codes zwischen 128 und 255 (bei IBM und IBM-kompatiblen Computern) internationale Zeichen, Graphikzeichen für Linien und Rahmen und mathematische Symbole. Die Abbildungen im Anhang C zeigen sowohl die ASCII-Zeichen als auch den erweiterten IBM-Zeichensatz.

Wie man auf der Tastatur nicht vorhandene Zeichen mit Hilfe der Alt-Taste eingibt

Da eine Computertastatur nicht genügend Tasten für sämtliche 256 Zeichen besitzt, können Sie die nicht vorhandenen Zeichen auch nicht direkt eintippen. Es gibt aber trotzdem auf fast allen IBM-Computern die Möglichkeit, diese Zeichen über die Tastatur einzugeben: Halten Sie die mit *Alt* bezeichnete Taste gedrückt, tippen Sie den Zeichencode auf der numerischen Tastatur, lassen Sie die Alt-Taste wieder los.

Während des ganzen Kapitels - in der Tat sogar im Verlauf des gesamten Buches - sollten Sie mit Hilfe dieser Technik die Zeichen eingeben, die nicht auf der Computertastatur vorhanden sind. Versuchen Sie es einmal: Drücken Sie die Alt-Taste, tippen Sie *171* auf der numerischen Tastatur (*nicht* auf der obersten Zahlenreihe Ihres Computers), und lassen Sie erst danach die Alt-Taste wieder los. Als Antwort müßte DOS den Bruch ½ als eine einzelne Zeichenposition darstellen; dies ist das Zeichen 171.

In diesem Buch findet sich oft die Tastenkombination Ctrl-C, d.h., Sie müssen die Control-Taste gedrückt halten und währenddessen den Buchstaben C eingeben; eine ähnliche Übereinkunft können wir mit der Alt-Taste in Verbindung mit einem Zeichencode treffen: Halten Sie die Alt-Taste gedrückt, geben Sie die Zahl auf der numerischen Tastatur ein, lassen Sie die Alt-Taste wieder los. Das Beispiel im vorigen Abschnitt müßte also abgekürzt Alt-171 heißen.

Löschen Sie den Bruch mit Hilfe der Backspace-Taste (Rückwärtspfeil) und geben Sie weitere Zeichen ein, die auf der Tastatur nicht vorhanden sind:

```
A><Alt-232><Alt-233><Alt-234>
```

Hier sollte DOS mit der Ausgabe griechischer Zeichen reagieren.

Die Kombination von Alt-Taste und numerischer Tastatur kann für jedes Zeichen angewendet werden, nicht nur für den erweiterten Zeichensatz. Drücken Sie zum Abbrechen der Kommandozeile die Escape-Taste, und geben Sie folgendes ein:

```
A><Alt-100><Alt-105><Alt-114>
```

100 ist der Code für den Buchstaben 'd'; die Eingabe von Alt-100 entspricht der Eingabe des Buchstabens 'd'. 105 ist der Code für 'i', und 114 ist der Code für 'r'. Was Sie also gerade eingegeben haben, sieht aus wie der Directory-Befehl. Drücken Sie die Enter-Taste. Es *ist* der Directory-Befehl.

Wenn es wirklich nicht anders möglich wäre, könnten Sie also sämtliche Tastatureingaben mit Hilfe der Alt-Taste und des Ziffernblockes vornehmen. Glücklicherweise ist dies jedoch nicht erforderlich. Aber die Tatsache, daß jedes Zeichen, ob es nun auf der Tastatur erscheint oder nicht, auf diese Weise eingegeben werden kann, wird für uns noch sehr hilfreich werden.

Die Verwendung internationaler Zeichen

Mit Hilfe der Alt-Taste können Zeichen anderer Sprachen eingegeben werden. Drücken Sie zum Löschen der Kommandozeile Escape und geben Sie folgendes ein:

```
A><Alt-168>Por qu<Alt-130>?
```

DOS gibt eine Frage in spanischer Sprache aus:

```
A>¿Por qué?
```

Eingabe von Steuerzeichen

Mit der Alt-Taste können auch Steuerzeichen - Zeichen mit dem ASCII-Code von 1 bis 31 - wie normale Buchstaben eingegeben werden. Ein Zeilenvorschub beispielsweise ist das Zeichen 13. Geben Sie nochmals den Directory-Befehl ein; tippen Sie aber anstelle der Return-Taste die Kombination Alt-13:

```
A>dir<Alt-13>
```

Das Ergebnis ist dasselbe, als ob Sie die Enter-Taste gedrückt hätten.

Viele Möglichkeiten für eine Eingabe

Zum Abbrechen eines Befehls drücken Sie Ctrl-C (oder Ctrl-Break), mit
Ctrl-Z (oder F6) markieren Sie das Ende einer Datei, mit Ctrl-S (oder
Ctrl-NumLock) frieren Sie die Bildschirmanzeige ein. Für viele Funkti-
onstasten gibt es drei Eingabemöglichkeiten:

Funktionstaste	Ctrl-	Alt-
Ctrl-Break	Ctrl-C	Alt-3
Backspace	Ctrl-H	Alt-8
Tab	Ctrl-I	Alt-9
Enter	Ctrl-M	Alt-13
Ctrl-PrtSc	Ctrl-P	Alt-16
Ctrl-NumLock	Ctrl-S	Alt-19
F6	Ctrl-Z	Alt-26

Die meisten Handbücher geben diese Zeichen mit Hilfe der Ctrl-Taste
ein, und DOS gibt die Steuerzeichen als Fehlzeichen (^) aus, gefolgt vom
entsprechenden Buchstaben, unabhängig davon, wie sie eingegeben worden sind. Aus diesem Grund werden wir in diesem Buch die Zeichencodes zwischen 1 und 26 (Ctrl-A bis Ctrl-Z) auch mit Hilfe der
Ctrl-Taste eingeben. Alle anderen Zeichen, die sich nicht auf der Tastatur
befinden, geben wir mit Hilfe der Alt-Tasten Technik ein.

Achtung: Im Texteditor Edlin können Sie wie in DOS die Steuerzeichen
entweder zusammen mit der Ctrl-Taste oder mit der Alt-Taste eingeben.
Die Bildschirmausgabe wird aber in jedem Falle gleich aussehen: ein
Fehlzeichen (^) gefolgt von dem entsprechenden Buchstaben. Es gibt je-
doch Textverarbeitungssysteme und Texteditoren, die nur eine dieser
Techniken unterstützen. Microsoft Word beispielsweise nimmt keine Steu-
erzeichen in Verbindung mit der Ctrl-Taste an; Sie müssen deshalb die
Technik mit der Alt-Taste anwenden. Durch Experimentieren mit Ihren
Programmen werden Sie ziemlich schnell die entsprechende Methode
ausfindig machen.

Neben der einfachen Bildschirmausgabe der Steuerfunktionen haben die
ersten 26 ASCII-Zeichen noch andere Bedeutungen. Zum Beispiel erhalten
die meisten Drucker vom Programm Befehle, die die Schriftart oder den
Zeilenabstand in einer Textdatei festlegen. Damit der Drucker einen Befehl vom auszudruckenden Text unterscheiden kann, beginnen die Befehle
mit nicht-druckbaren Zeichen. Durch Eingabe dieser Befehle innerhalb
des Textes können Sie so Ihren Drucker steuern.

Das Steuerzeichen mit dem Code 14 veranlaßt beispielsweise einen Epson-kompatiblen Drucker eine Zeile in gedehnter Schrift auszudrucken; schalten Sie Ihren Drucker ein und tippen Sie folgendes:

```
A>echo <Ctrl-N>Dies ist eine Zeile in gedehnter Schrift. > prn
```

Diese Zeile sollte in gedehnter Schrift ausgedruckt werden.

Auffinden von Steuerzeichen mit einem Textverarbeitungssystem

In manchen Fällen ist die Alt-Tasten Technik der einzige Weg, um das Gewünschte zu erreichen. Es ist manchmal zum Beispiel schwierig oder sogar unmöglich, Steuerzeichen in einer Textdatei mit Hilfe eines Textverarbeitungssystems aufzufinden oder zu ersetzen. Sie möchten beispielsweise ein Tab-Zeichen oder einen Zeilenvorschub auffinden. In vielen Textverarbeitungssystemen werden diese Zeichen dazu verwendet, eine Option des Suche-Befehls auszuwählen, bzw. den Befehl abzuschließen; das Programm ist also nicht in der Lage, diese Zeichen aufzufinden, wenn sie durch den entsprechenden Tastendruck eingegeben werden.

Bei manchen Textverarbeitungssystemen, u.a. auch bei Microsoft Word, können Sie ein Tab-Zeichen (Code 9) durch die Eingabe von Alt-9 als Suchwort auffinden. Nach der Eingabe des Suchzeichens wird das entsprechende Zeichen (ein kleines 'o' für ein Tabulatorzeichen - vgl. Anhang B) am Bildschirm gezeigt, gesucht wird jedoch nach dem richtigen Zeichen.

Ein Zeichencode, der nicht mit der Alt-Taste eingegeben werden kann

Unter den 256 möglichen Zeichencodes gibt es ein Zeichen, das nicht mit der Alt-Tasten Methode eingegeben werden kann: Es handelt sich um das Zeichen mit dem Code 0, auch *Nullzeichen* genannt, weil es von vielen Programmen einfach ignoriert wird. (Dies ist nicht zu verwechseln mit der Ziffer '0', die den Code 48 - hexadezimal 30 - trägt; sollte Ihnen dies nicht klar sein, schauen Sie sich bitte Abb. C-1 im Anhang C an). Aus der Tabelle im Anhang C geht hervor, daß dem Code 0 kein Zeichen zugeordnet ist. Die Eingabe des Nullzeichens in eine Datei erfolgt mit der F7-Taste durch Kopieren von der Konsole (copy con), mit Edlin oder mit Hilfe des Debug-Programmes (vgl. Kapitel 5).

Zeichen für die Ausgabe von Linien und Rahmen

Viele Anwenderprogramme können Linien zeichnen oder Einrahmungen
am Bildschirm vornehmen. Die Linien und Rahmen setzen sich aus speziellen Zeichen zusammen, deren Zeichencode zwischen 179 und 223
liegt. Es gibt vier Arten von Eckstücken und geraden Verbindungslinien
für das Zeichnen von doppelten Linien, einfachen Linien und Kombinationen. Mit diesen Zeichen können Sie Ihre eigenen Linien oder
Einrahmungen machen. Verwenden Sie den Ziffernblock für folgende
Eingaben:

```
A><Alt-201><Alt-205><Alt-187>
```

DOS gibt die obere Hälfte eines kleinen Rahmens aus:

```
A>
```

Löschen Sie die Zeile mit Escape und geben Sie folgendes ein:

```
A><Alt-200><Alt-205><Alt-188>
```

DOS gibt den entsprechenden unteren Teil aus:

```
A>
```

Hierbei gibt es mehrere Möglichkeiten. Löschen Sie mit Escape die Kommandozeile und drücken Sie die Enter-Taste, um wieder zum Prompt-
Zeichen zurückzukehren.

Das nächste Beispiel soll Ihnen einige Anregungen vermitteln, wie diese
erweiterten Zeichen eingesetzt werden können. Sie erstellen eine kleine
Datei mit dem Dateinamen MENU.DOK, indem Sie von der Konsole
(Tastatur) in eine Datei kopieren. Beachten Sie, daß die dritte und siebte
Eingabezeile Leerzeilen sind. Außerdem bedeutet *F1* in der fünften Zeile
Buchstabe *F* und Ziffer *1*, also nicht die erste Funktionstaste; dasselbe gilt
für *F2* in der neunten Zeile. Schließlich bedeutet ^Z in der letzten Zeile,
daß Sie die mit F6 bezeichnete Funktionstaste drücken, bzw. Ctrl-Z ein-
geben sollen. Machen Sie folgende Eingaben:

```
A>copy con menu.dok
Funktionstasten

<Alt-201><Alt-205><Alt-205><Alt-187>
<Alt-186>F1<Alt-186> Textverarbeitung
<Alt-200><Alt-205><Alt-205><Alt-188>
```

```
<Alt-201><Alt-205><Alt-205><Alt-187>
<Alt-186>F2<Alt-186> Kommunikation
<Alt-200><Alt-205><Alt-205><Alt-188>
^Z
        1 Datei(en) kopiert


A>_
```

Der Bildschirm sollte mit Abb. 2-1 übereinstimmen.


```
A>copy con menu.dok
Funktionstasten
```

F1   Textverarbeitung

F2   Kommunikation

```
^Z
        1 Datei(en) kopiert

A>_
```

Abb. 2-1. So gibt DOS die Zeichen für Einrahmungen wieder.

Die Datei MENU.DOK kann wie jede andere Textdatei auf dem Bildschirm ausgegeben werden - mit dem Type- oder Copy-Befehl. Eine bessere Wirkung wird durch die Verwendung eines Batchfiles (Stapeldatei)
hervorgerufen, da Sie dadurch die Möglichkeit haben, zuerst den Bildschirm zu löschen. Zum Erstellen und Testen eines kurzen Batchfiles mit
der Bezeichnung ZEIGMENU.BAT geben Sie folgendes ein:

```
A>copy con zeigmenu.bat
echo off
cls
type menu.dok
^Z
        1 Datei(en) kopiert


A>zeigmenu
```

DOS löscht den Bildschirm und gibt Ihr kurzes Funktionstasten-Menü aus:

```
Funktionstasten

┌──┐
│F1│  Textverarbeitung
└──┘

┌──┐
│F2│  Kommunikation
└──┘

A>_
```

Diese graphischen Zeichen für Linien- und Rahmengestaltung werden im gesamten Buch verwendet. Werden diese Zeichen von Ihrem Textverarbeitungssystem oder Texteditor verarbeitet, können sie mit der Alt-Tasten Technik eingegeben, kopiert, verschoben oder gelöscht werden, wie alle anderen Zeichen auch. Falls Ihr Drucker die erweiterten Zeichen verarbeiten kann, können sie sogar ausgedruckt werden (vgl. dazu Kapitel 4).

Kapitelzusammenfassung

- Zeichen, die nicht auf der Tastatur vorhanden sind, können nicht durch Betätigen einer einzelnen Taste eingegeben werden. Die Zeichencodes dieser Zeichen liegen zwischen 0 und 31 und zwischen 127 und 255.

- Jeder Zeichencode (mit Ausnahme des Codes 0 - Nullzeichen) kann folgendermaßen eingegeben werden: Festhalten der Alt-Taste, eintippen der Codenummer auf dem Ziffernblock, loslassen der Alt-Taste. Für die Eingabe des Nullzeichens drücken Sie die F7-Taste, während Sie von der Tastatur kopieren oder Edlin verwenden.

- Die Codenummern 0 bis 31 sind im ASCII-Standard als Steuerzeichen definiert, z.B. Zeilenvorschub oder Tabulator, also als nicht druckbare Zeichen. Der erweiterte IBM Zeichensatz definiert jedoch Zeichen dafür.

- Die Zeichencodes zwischen 128 und 168 repräsentieren internationale Zeichen; 179 bis 223 sind die graphischen Zeichen für einfache und doppelte Linien, 224 bis 253 sind griechische und mathematische Symbole.

- Akzeptiert Ihr Textverarbeitungssystem die nicht auf der Tastatur vorkommenden Zeichen, können Sie damit wie mit den Standard-Zeichen arbeiten. Werden diese Zeichen jedoch nicht akzeptiert, sollten Sie den Texteditor Edlin verwenden.

Kapitel 3

Bildschirm- und Tastatursteuerung mit ANSI.SYS

Die meisten Anwenderprogramme wurden in mühevoller Arbeit benutzerfreundlich und attraktiv eingerichtet. Sie geben nicht einfach Zeile um
Zeile aus, indem sie die alten Zeilen über den Bildschirm hinausrollen;
die Meldungen und Ergebnisse werden in eigens dafür eingerichteten
Bildschirmbereichen oder -fenstern ausgegeben. Außerdem werden Farbe
und Helligkeitsstufe der Ausgaben gesteuert, und nicht selten erhalten bestimmte Tasten spezielle Funktionen zugeordnet. Mit dem DOS-Programm
ANSI.SYS können Sie solche Techniken anwenden, um eigene Batchfiles
und das Prompt-Zeichen attraktiver zu gestalten und benutzerfreundlicher
zu machen.

In diesem Kapitel wird gezeigt, wie Bildschirm und Tastatur mit den
ANSI.SYS-Befehlen gesteuert werden. Nach Durcharbeiten der Beispiele
dieses Kapitels werden Sie in der Lage sein, mit Hilfe der ANSI.SYS-Be-
fehle, die im Anhang A zusammenfassend aufgelistet sind, Ihre eigenen
Bildschirmdesigns auszugeben. In weiteren Kapiteln werden zusätzliche
Techniken beschrieben, mit denen ein Menüsystem erstellt werden kann,
das Ihrem Computer und den Benutzern optimal angepaßt ist. In Kapitel
14 finden Sie ein Beispiel eines solchen Menüsystems, das Sie - oder
einen anderen Benutzer - unter Verwendung von Batchfiles und
ANSI.SYS-Befehlen routinemäßig durch Anwenderprogramme und
Batchfiles leitet.

Die Gerätesteuerung ANSI.SYS (Device Driver)

Jedes an Ihren Computer angeschlossene Gerät muß durch ein Programm
angesteuert werden. DOS selbst steuert die Diskettenlaufwerke und erlaubt
eine geringfügige Anpassung an Tastatur, Bildschirm und Drucker. Für
präzisere Steuerung oder Anpassung ist ein Programm erforderlich - ein
sogenannter *Device Driver* -, das DOS mitteilt, wie ein bestimmtes Gerät
angesteuert werden soll (daher *Gerätesteuerung*).

Einige Device Driver sind in Dateien mit der Erweiterung SYS gespeichert. Ihre Systemdiskette enthält vielleicht solche Dateien, wie zum
Beispiel VDISK.SYS (ab DOS Version 3), die eine virtuelle Diskette im
Hauptspeicher anlegt und steuert; MOUSE.SYS steuert eine Maus; HARD-
DISK.SYS steuert eine Festplatte. Damit DOS auf ein solches Programm
zugreifen kann, muß die Datei CONFIG.SYS einen entsprechenden Device-Befehl enthalten, der den Device Driver bezeichnet (zum Beispiel
device=vdisk.sys oder *device=mouse.sys*).

ANSI.SYS erlaubt eine weitaus komfortablere Steuerung der Konsole -
Bildschirm und Tastatur - als die von DOS unterstützte Grundsteuerung.

Vorbereitungen für die Beispiele

Bevor Sie die ANSI.SYS-Befehle verwenden, müssen Sie sich vergewissern, daß sich folgende Dateien und Befehle auf Ihrer Systemdiskette
befinden:

- Die Datei CONFIG.SYS muß sich im Stammverzeichnis Ihrer
  Systemdiskette befinden und den Konfigurationsbefehl *de-
  vice=ansi.sys* enthalten.

- Die Datei ANSI.SYS muß sich auf Ihrer Systemdiskette befinden.
  Sollte dies nicht der Fall sein, kopieren Sie sie von Ihrer originalen
  DOS Diskette.

Befindet sich ANSI.SYS nicht im Stammverzeichnis Ihrer Systemdiskette,
muß der Device-Befehl den entsprechenden Pfadnamen beinhalten. Ihre
Systemdiskette sei beispielsweise Laufwerk C (Festplatte) und ANSI.SYS
befinde sich im Verzeichnis \DOS; der Device-Befehl in CONFIG.SYS
müßte dann folgendermaßen aussehen: *device=c:\dos\ansi.sys*.

Wenn Sie Veränderungen vorgenommen haben, um diese Vorbereitungen
zu treffen, müssen Sie mit der Tastenkombination Ctrl-Alt-Del einen
Neustart durchführen, bevor Sie weiterarbeiten; DOS liest die Befehle der
Datei CONFIG.SYS nur beim Starten.

ANSI.SYS-Befehle

Mit Hilfe der ANSI.SYS-Befehle können Sie den Cursor positionieren,
Bildschirmmeldungen im Intensivmodus ausgeben lassen, Farben ändern
oder den Bildschirm löschen. Die Kombination von ANSI.SYS-Befehlen
mit Text eröffnet Ihnen eine nahezu unbegrenzte Beeinflussung des Er-
scheinungsbildes der Bildschirmausgaben.

Sie können mit dem ANSI.SYS-Befehl Define Key sogar die Auswirkung
einer Tastenfunktion ändern, indem Sie eine Taste ein anderes Zeichen
oder sogar eine Zeichenfolge, beispielsweise einen Befehl, ausgeben lassen.

ANSI.SYS-Befehle werden auch *Escape-Sequenzen* genannt, weil sie alle
mit dem Escape-Zeichen beginnen (ASCII-Code 27), gefolgt von einer
linken eckigen Klammer (ASCII-Code 91). Die meisten Befehle beinhalten
einen numerischen oder alphabetischen Code, und jeder Befehl endet mit
einem anderen Buchstaben. Die allgemeine Form eines ANSI.SYS-Befehls
sieht also folgendermaßen aus:

```
{ESC}[<Code><Buchstabe>
```

Die Endung <Buchstabe> kennzeichnet den Befehl. Beispielsweise lautet der Befehl zum Verschieben des Cursors um fünf Zeilen abwärts *{ESC}[5B*; der Code ist die Ziffer *5*, die Endung ist der Buchstabe *B*. Manche Codes enthalten auch mehr als ein Zeichen oder eine Zeichenfolge, die durch Semikola getrennt werden. Der Befehl zum Positionieren des Cursors in Zeile 10, Spalte 20 heißt z.B. *{ESC}[10;20H*.

Die Schreibweise des Endbuchstabens ist von großer Bedeutung. Der Großbuchstabe *H* z.B. kennzeichnet den Befehl als Cursorbewegung, der Kleinbuchstabe *h* dagegen kennzeichnet einen Befehl zum Einstellen des Bildschirmmodus.

Da die ANSI.SYS-Befehle die Konsole steuern, müssen sie über die Tastatur eingegeben oder an den Bildschirm geleitet werden. Könnte man z.B. *{ESC}[2J* eintippen, würde DOS den Bildschirm löschen. Aber genau an dieser Stelle sitzt der Haken: Wenn Sie die Escape-Taste drücken, bricht DOS Ihre eingegebene Kommandozeile ab. Glücklicherweise gibt es dafür einen Ausweg: den Prompt-Befehl. Als kurze Vorschau auf die Möglichkeiten, die Sie mit den ANSI.SYS-Befehlen erhalten, geben Sie bitte folgenden Prompt-Befehl ein:

```
A>prompt $e[7m$e[2J
```

Nun sollten Sie einen leeren Bildschirm im Inversmodus vor sich haben; wenn nicht, geben Sie den Befehl noch einmal ein. Das gerade definierte Prompt-Zeichen besteht aus zwei ANSI.SYS-Befehlen: *$e[7m* setzt den Bildschirmmodus auf inverse Anzeige, *$e[2J* löscht den Bildschirm.

Beachten Sie, daß es kein Prompt-Zeichen mehr gibt. Sie haben das Prompt-Zeichen als ANSI.SYS-Befehl umdefiniert, der zwar die Bildschirmgestaltung beeinflußt, jedoch nichts weiter auf dem Bildschirm ausgibt. Stellen Sie durch folgende Befehle wieder den Normalzustand von Bildschirmmodus und Prompt-Zeichen her (der zweite Prompt-Befehl bringt das Prompt-Zeichen wieder in seine Normalform):

```
prompt $e[m
```

```
prompt
```

```
A>cls
```

Ihr Bildschirm sollte jetzt wieder normal aussehen.

Wie ANSI.SYS-Befehle an die Konsole weitergeleitet werden

Ein ANSI.SYS-Befehl kann nicht direkt eingetippt werden, da alle diese Befehle mit einem Escape-Zeichen beginnen, DOS jedoch die Kommandozeile unterbricht, sobald die Escape-Taste gedrückt wird. Es gibt drei Möglichkeiten:

- Schreiben Sie die ANSI.SYS-Befehle in eine Datei, und geben Sie die Datei mit dem Type- oder Copy-Befehl auf dem Bildschirm aus.

- Senden Sie die ANSI.SYS-Befehle über den Prompt-Befehl an die Konsole.

- Schreiben Sie die Escape-Sequenzen in ein Batchfile, und leiten Sie die ANSI.SYS-Befehle mit Hilfe des Echo-Befehls an die Konsole (vgl. Kapitel 7 als Beispiel für diese Methode).

Dateierstellung mit ANSI.SYS-Befehlen

Es ist nicht schwierig, eine Datei zu erstellen, die ANSI.SYS-Befehle enthalten soll. Mit einigen Texteditoren (z.B. Edlin) und Textverarbeitungssystemen (z.B. Microsoft Word) können Sie Escape-Zeichen eingeben. Darüberhinaus können Sie auch das DOS Debug-Programm, das in Kapitel 5 beschrieben wird, verwenden. Vergewissern Sie sich, daß das verwendete Programm Dateien ohne Formatiercodes abspeichern kann (wie z.B. *Formatiert: Nein* in Microsoft Word oder der Modus *Programm-Datei* in WordStar).

Ist die Datei einmal erstellt und auf Diskette abgespeichert, können die ANSI.SYS-Befehle einfach ausgeführt werden, indem die Datei mit dem Type- oder Copy-Befehl auf dem Bildschirm ausgegeben wird. Diese Technik ist die beste und einfachste Lösung für die Ausführung von ANSI.SYS-Befehlen. Sie wird in diesem Kapitel und im gesamten Buch für die längeren Beispiele eingesetzt.

Ausführen von ANSI.SYS-Befehlen mit dem Prompt-Befehl

Für einfachere Anwendungen von ANSI.SYS-Befehlen können diese auch ohne Texteditor oder Textverarbeitungssystem eingegeben werden. Mit dem Prompt-Befehl definieren Sie, was DOS anstelle des Prompt-Zeichens ausgeben soll; in diesem Befehl kann die Ausgabe eines Escape-Zeichens ohne Escape-Taste veranlaßt werden. Ein Prompt-Befehl kann entweder einen ANSI.SYS-Befehl enthalten oder ein ANSI.SYS-Befehl kann anstelle der Prompt-Zeichen-Ausgabe ausgeführt werden.

Kurzer Rückblick auf den Prompt-Befehl

Für die Erstellung Ihres individuell angepaßten Prompt- oder Bereitschaftszeichens akzeptiert der Prompt-Befehl spezielle Codes, die mit einem Dollarzeichen beginnen. Durch dieses Dollarzeichen werden bestimmte Informationen ins Prompt-Zeichen miteinbezogen. Die Ausgabe des aktuellen Laufwerkes z.B. wird durch *$n* veranlaßt, und das "Größer-als"-Zeichen (>) wird durch *$g* repräsentiert. Sie könnten also das standardmäßige Prompt-Zeichen auch durch den Befehl *prompt ng* festlegen.

Was hat nun aber all dies mit den ANSI.SYS-Befehlen zu tun? Ein spezielles Codezeichen, das im Prompt-Befehl eingegeben werden kann - *$e* - steht stellvertretend für die Ausgabe eines Escape-Zeichens, und dieses ist gerade oben erwähntes Zeichen, das unter DOS nicht direkt ausgegeben werden kann. Wenn Sie also *$e* in einem Prompt-Befehl verwenden, können Sie einen ANSI.SYS-Befehl zur Bildschirmanzeige senden.

Sollte Ihnen dies nicht vollkommen klar sein, haben Sie noch etwas Geduld: Wenn Sie gleich einen ANSI.SYS-Befehl mit einem Prompt-Befehl eingegeben haben, dürften alle Unklarheiten beseitigt sein.

Vorbereitung für die Beispiele

In den Kurzbeispielen dieses Kapitels wird ein Prompt-Befehl verwendet, der das Prompt-Zeichen zu einem ANSI.SYS-Befehl umfunktioniert. Die meisten Beispiele erzeugen ein nicht sichtbares Prompt-Zeichen. Auf Wunsch kann nach jedem Beispiel durch Eingabe von *prompt* das Prompt-Zeichen wieder in seine Normalform zurückgebracht werden.

Haben Sie Ihr eigenes Prompt-Zeichen bereits definiert - vielleicht durch einem Prompt-Befehl in einer AUTOEXEC.BAT Datei - können Sie nun ein Batchfile erstellen, das diesen Ihren Prompt-Befehl enthält. Auf diese Weise können Sie nach jedem Beispiel durch Eingabe des Batchfile-Namens Ihr Prompt-Zeichen wiederherstellen.

Einstellen der Bildschirmanzeige

Die ANSI.SYS-Befehle zur Bildschirmeinstellung kann man in drei Gruppen einteilen:

- *Cursorsteuerungs*-Befehle, mit denen der Cursor nach oben, unten, links und rechts, bzw. direkt an eine bestimmte Bildschirmposition bewegt werden kann; es kann auch die aktuelle Cursorposition gespeichert und der Cursor später wieder an die gespeicherte Stelle positioniert werden.

- *Lösch*-Befehle, mit denen der gesamte Bildschirm oder ein Teil einer Zeile gelöscht werden kann.

- *Attribut*- und *Modus*-Befehle, mit denen die Spaltenanzahl (40 oder 80), Graphik- und Farbmodi und andere Attribute wie z.B. hohe Intensität, blinkende Anzeige, Textfarbe (Vordergrund) oder Hintergrundfarbe eingestellt werden können.

Anhang A bietet eine vollständige Übersicht der ANSI.SYS-Befehle mit Beschreibung eines jeden einzelnen Befehles und kurzen Beispielen der häufigsten Anwendungen. In diesem Kapitel erfahren Sie, wie man einige ANSI.SYS-Befehle anwenden kann; mehrere andere Befehle bleiben weiteren Kapiteln des Buches vorbehalten. Die allgemeine Form ist bei allen Befehlen dieselbe; wenn Sie also die Beispiele hier beendet haben, können Sie sämtliche im Anhang A aufgeführten Befehle verwenden.

Der Attribut-Befehl (Set Attribute)

Mit dem Attribut-Befehl werden Bildschirmattribute wie z.B. hohe Intensität, blinkende Anzeige oder Farbe eingestellt. Farbattribute (außer schwarz und weiß) werden bei einer Schwarzweiß-Anzeige nur simuliert, und manche Text/Hintergrund-Kombinationen sind kaum zu entziffern. Manche Kombinationen sind sogar auf einem Farbmonitor kaum lesbar. Experimentieren Sie doch ein wenig, und suchen Sie nach einer Kombination, die sowohl attraktiv als auch gut lesbar ist.

Ein Attribut-Befehl bezieht sich auf sämtliche Ausgaben, die nach der Eingabe des Befehls gemacht werden. In Abb. 3-1 sehen Sie eine vollständige Liste der Attribute und Farben.

Der Attribute-Befehl besitzt nur einen Parameter, den Attribut-Code:

```
{ESC}[<Attr>m
```

<Attr> ist eine Zahl, die das einzuschaltende Attribut bestimmt. Geben Sie kein <Attr> an, werden alle Attribute abgeschaltet. Mehr als ein <Attr> kann durch Semikola getrennt eingegeben werden. Abb. 3-1 zeigt die Bildschirmattribute und die entsprechenden Zahlenwerte für <Attr>.

m ist der Endbuchstabe, der die Funktion des Attribut-Befehls kennzeichnet.

Bildschirmmodus	Attribute
0	Keine Attribute (schwarz-weiß)
1	Intensiv Anzeige
4	Unterstrichen (nur bei schwarz-weiß)
5	Blinkende Anzeige
7	Inverse Anzeige
8	Unsichtbare Anzeige

Textfarbe (Vordergrund)		Hintergrundfarbe	
30	schwarz	40	schwarz
31	rot	41	rot
32	grün	42	grün
33	gelb	43	gelb
34	blau	44	blau
35	magenta (violett)	45	magenta (violett)
36	cyanblau	46	cyanblau
37	weiß	47	weiß

Abb. 3-1.   Attribute-Codes für die Bildschirmanzeige.

Inverser Bildschirmmodus

Normalerweise werden am Bildschirm helle Textzeichen auf dunklem Hintergrund ausgegeben. Die Ausgabe dunkler Textzeichen auf hellem Hintergrund wird als *inverser Bildschschirmmodus* bezeichnet. Der Attribut-Code für diesen Inversmodus ist 7, wie aus Abb. 3-1 hervorgeht. Zum Einstellen des inversen Bildschirmmodus geben Sie bitte folgenden Prompt-Befehl ein, der einen Attribut-Befehl mit dem Code 7 an den Bildschirm leitet:

```
A>prompt $e[7m
```

Vergessen Sie nicht: alle ANSI.SYS-Befehle beginnen mit einem Escape-Zeichen, gefolgt von einer linken eckigen Klammer und werden abgeschlossen durch einen Buchstaben. Der Parmeter für den Prompt-Befehl beginnt mit *$e* - diese Zeichenfolge repräsentiert das Escape-Zeichen - gefolgt von einer linken eckigen Klammer. Die *7* ist der Attribut-Code für den inversen Bildschirmmodus, der Buchstabe *m* ist die Endung und gleichzeitig Funktionskennzeichen des Attribut-Befehls. Immer wenn DOS normalerweise ein Prompt-Zeichen ausgeben würde, wird nun dieser Attribut-Befehl an den Bildschirm geleitet.

Durch die vielen Klammern und Zahlen kann ein ANSI.SYS-Befehl ziemlich schlecht lesbar sein; es ist deshalb nichts außergewöhnliches, wenn Ihnen bei der Befehlseingabe Fehler unterlaufen. Wird irgend ein Teil des gerade eingegebenen ANSI.SYS-Befehls als Echo am Bildschirm wiedergegeben, haben Sie sich wahrscheinlich vertippt. Erscheint beispielsweise die Zeichenfolge *7m* am Bildschirm, haben Sie vielleicht das *e* oder die linke Klammer vergessen. Geben Sie den Prompt-Befehl einfach noch einmal ein.

Scheint es dagegen so, als ob überhaupt nichts passiert wäre, ist alles in Ordnung. Es gibt kein Prompt-Zeichen mehr auf der Zeile, in der sich der Cursor befindet, da Sie aus dem Prompt-Zeichen einen ANSI.SYS-Befehl gemacht haben. Löschen Sie den Bildschirm:

```
cls
```

Der Bildschirmmodus ist inzwischen invers (dunkle Textzeichen auf hellem Hintergrund). Aber es gibt kein Prompt-Zeichen, da der Prompt-Befehl nichts enthält, was am Bildschirm ausgegeben werden soll (Sie werden aber das Prompt-Zeichen gleich wieder zurückbekommen). Geben Sie folgenden Directory-Befehl ein, damit Sie sehen, wie der Text auf dem hellen Hintergrund aussieht:

```
dir
```

Sie sehen also den Text im Inversmodus. Normalisieren Sie den Bildschirmmodus wieder, indem Sie einen weiteren Attribut-Befehl eingeben, der keine Bildschirmattribute enthält. Dadurch werden sämtliche Attribute ausgeschaltet und die Anzeige befindet sich wieder im Normalzustand. Geben Sie folgenden Prompt-Befehl ein:

```
prompt $e[m
```

Hier gilt genau dasselbe: Wird irgend ein Teil des Prompt-Befehls als Echo am Bildschirm ausgegeben, tippen Sie den Befehl noch einmal. Zum Wiedererlangen des Prompt-Zeichens geben Sie nun entweder einen Prompt-Befehl ohne Parameter ein oder den entsprechenden Batch-Befehl, der Ihr individuelles Prompt-Zeichen wieder zurückholt:

```
prompt
```

Beachten Sie, daß Ihre Eingaben nun wieder normal am Bildschirm erscheinen (heller Text auf dunklem Hintergrund), aber der Rest des Bildschirms immer noch einen hellen Hintergrund aufweist. Durch einen weiteren Clear-Screen-Befehl erhalten Sie wieder den normalen Bildschirmhintergrund:

```
A>cls
```

Nun befindet sich wieder alles im Originalzustand.

Der Cursor-Befehl (Move Cursor)

Der Cursor-Befehl positioniert den Cursor in eine bestimmte Zeile und Spalte. Alle Bildschirmausgaben, die nach dem Cursor-Befehl erfolgen, beginnen nun bei der neuen Cursorposition.

Der Cursor-Befehl erfordert zwei Parameter:

```
{ESC}[<Zeile>;<Spalte>H
```

<Zeile> legt die Zeile fest, in die der Curor bewegt werden soll. Der Wert kann zwischen 1 und 25 liegen. Wird <Zeile> nicht festgelegt, setzt DOS automatisch den Wert 1 voraus; legen Sie <Zeile> nicht fest, möchten aber trotzdem <Spalte> bestimmen, müssen Sie das Semikolon eingeben, damit DOS erkennt, daß <Zeile> nicht eingegeben wurde.

<Spalte> legt die Spalte fest, in die der Cursor bewegt werden soll. Der Wert kann zwischen 1 und 80 liegen. Geben Sie keinen Wert für <Spalte> ein, übernimmt DOS den voreingestellten Wert 1.

H ist die Endung, die die Funktion 'Cursorsteuerung' kennzeichnet.

Lokalisierung von Bildschirmausgaben

Angenommen, Sie möchten "Bildschirmmitte" bei Zeile 12, Spalte 32 ausgeben. Senden Sie mit folgendem Prompt-Befehl einen Cursor-Befehl zum Bildschirm:

```
A>prompt $e[12;32HBildschirmmitte
```

Bildschirmmitte sollte nun etwa in der Mitte des Bildschirms ausgegeben werden. Sollte dies nicht der Fall sein, bzw. wird ein Teil des Prompt-Befehls als Echo am Bildschirm ausgegeben, geben Sie den Prompt-Befehl noch einmal ein.

Bringen Sie das Prompt-Zeichen durch Eingabe von *prompt*, bzw. des Batch-Befehls (sofern Sie einen erstellt haben) wieder in seinen Original-zustand (der Prompt-Befehl folgt unmittelbar auf das Wort *Bildschirm-mitte*, da dies das Ende des vorher definierten Prompt-Zeichens ist).

Lokalisierung von Bildschirmausgaben in Verbindung mit Attributen

Die Möglichkeiten der beiden ersten Beispiele können natürlich auch kombiniert werden. Dadurch wird ein bestimmter Text an einer festge-legten Bildschirmposition im gewünschten Bildschirmmodus angezeigt. Die Wörter *Intensiv Blinken Normal* können beispielsweise bei der Cursorposi-tion Zeile 15, Spalte 1 im entsprechenden Modus ausgegeben werden. Besitzen Sie einen Farbmonitor, kann zusätzlich noch für jedes Wort eine andere Farbe gewählt werden.

Nachfolgend werden Ihnen zwei Versionen dieses Beispiels gezeigt, eine für Monochrommonitore (schwarz-weiß), die andere für Farbmonitore. Folgen Sie entweder den Anweisungen unter "Beispiel für Monochrommonitore" oder "Beispiel für Farbmonitore", und machen Sie anschließend unter der Überschrift "Hatten Sie Erfolg?" weiter. Jedes Beispiel beinhaltet vier ANSI.SYS-Befehle in einem einzigen Prompt-Befehl; Sie sollten deshalb Ihre Eingaben besonders genau überprüfen. Achten Sie bitte vor allem darauf, daß Sie die linken eckigen Klammern richtig setzen. Sollte ein Teil des Befehls als Bildschirmecho ausgegeben werden, tippen Sie den gesamten Befehl einfach noch einmal.

Beispiel für Monochrommonitore

Wenn Sie einen Monochrommonitor besitzen, sollten Sie folgende ANSI.SYS-Befehle zum Bildschirm leiten:

Befehl	Beschreibung
$e[15H	Bewegt den Cursor auf Zeile 15, Spalte 1 (der Spaltenparameter fehlt, deshalb übernimmt DOS den voreingestellten Wert 1.
$e[1mIntensiv	Setzt das Attribut auf 1 (Intensivmodus) und gibt das Wort *Intensiv* aus.
$e[5mBlinken	Setzt das Attribut auf 5 (Blinkmodus) und gibt das Wort *Blinken* aus.
$e[mNormal	Löscht alle Attribute und gibt das Wort *Normal* aus.

Geben Sie folgenden Prompt-Befehl ein:

```
A>prompt $e[15H$e[1mIntensiv $e[5mBlinken $e[mNormal
```

Machen Sie weiter bei der Überschrift "Hatten Sie Erfolg?".

Beispiel für Farbmonitore

Wenn Sie einen Farbmonitor besitzen, sollten Sie folgende ANSI.SYS-Befehle zum Bildschirm leiten:

Befehl	Beschreibung
$e[15H	Bewegt den Cursor auf Zeile 15, Spalte 1 (der Spaltenparameter fehlt, deshalb übernimmt DOS den voreingestellten Wert 1.
$e[1;31mIntensiv	Setzt das Attribut auf 1 (Intensivmodus) und 31 (roter Text) und gibt das Wort *Intensiv* aus.
$e[5;32mBlinken	Setzt das Attribut auf 5 (Blinkmodus) und 32 (grüner Text) und gibt das Wort *Blinken* aus.
$e[mNormal	Löscht alle Attribute und gibt das Wort *Normal* aus.

Geben Sie folgenden Prompt-Befehl ein:

```
A>prompt $e[15H$e[1;31mIntensiv $e[5;32mBlinken $e[mNormal
```

Hatten Sie Erfolg?

Das Wort *Intensiv* sollte fettgedruckt (Intensivmodus), *Blinken* sollte blinkend und im Intensivmodus und *Normal* sollte im Standardmodus ausgegeben werden. Erscheinen die Wörter *Intensiv Blinken Normal* nicht mit den gewünschten Attributen und Farben, geben Sie den Prompt-Befehl noch einmal ein.

Beachten Sie, daß das Einschalten eines Attributes keines der bereits eingeschalteten Attribute löscht; deshalb erscheint das Wort *Blinken* sowohl blinkend als auch im Intensivmodus. Soll das Wort *Blinken* nicht im Intensivmodus ausgegeben werden, müssen Sie alle Attribute mit dem Code 0 löschen und anschließend den Blinkmodus mit Code 5 wieder einschalten. ANSI.SYS-Befehle können innerhalb eines Textes beliebig gemischt werden, indem Sie Attribute oder Farben beliebig oft wechseln, wenn Sie möchten sogar nach jedem Buchstaben.

Bringen Sie jetzt das Prompt-Zeichen wieder in seinen Originalzustand, entweder durch Eingabe von *prompt* oder des entsprechenden Batch-Befehls (sofern Sie einen erstellt haben), der Ihr individuelles Prompt-Zeichen wieder erzeugt.

Über diese Kurzdemonstrationen der ANSI.SYS-Befehle hinaus können mit dem Prompt-Befehl und den ANSI.SYS-Befehlen weitaus kom-

fortablere Prompt- oder Bereitschaftzeichen erstellt werden, die das aktuelle Laufwerk und Verzeichnis (Directory), die aktuelle Uhrzeit und das
Datum enthalten. Diese Angaben können Sie nach Belieben in farbig um-
rahmte Fenster setzen. In Kapitel 9 werden mehrer Beispiele für solche
Prompt-Zeichen gezeigt, die weit mehr beinhalten, als nur das gewöhnliche *A>*.

Wie man ANSI.SYS-Befehle in einer Datei ablegt

Das vorausgehende Beispiel hat den Prompt-Befehl nun wirklich durch
die Eingabe der ANSI.SYS-Befehle überstrapaziert. Wenn Sie so viele Befehle benötigen, ist es meist besser, sie in einer Datei abzulegen und diese
Datei mit dem Type- oder Copy-Befehl auf den Bildschirm zu leiten.

Die Kombination von Text und ANSI.SYS-Befehlen, die im vorhergehenden Kapitel gezeigt wurde, gibt Ihnen die Möglichkeit, Ihre eigenen
Bildschirme frei zu gestalten. Nehmen wir als Beispiel einen Monatsbericht eines Büros. Die Prozedur ist recht einfach, sie läuft jedoch
nur einmal monatlich ab, weswegen die Benutzer meist vergessen, wie es
gemacht wird. Hier wäre ein Hilfs-Bildschirm nützlich, den sich jedermann problemlos auf den Bildschirm holen und die entsprechenden Informationen daraus ersehen kann. Der Hilfs-Bildschirm soll dem Benutzer
mitteilen, daß die Berichtsvorbereitung drei Schritte erfordert:

1. Eingabe der monatlich anfallenden Daten in ein Rechenblatt.

2. Aktualisieren einer Textdatei mit dem Dateinamen BERICHT.DOK.

3. Befehlseingabe von *monbrt* (Abk. für *Monatsbericht*).

Außerdem soll der Benutzer daran erinnert werden, daß alle Ausdrucke
an den Abteilungsleiter weitergegeben werden müssen.

Mit Hilfe von Edlin - oder einem anderen Texteditor, der die Eingabe
von Escape-Zeichen erlaubt - geben Sie diese Anweisungen zusammen
mit einigen ANSI.SYS-Befehlen in eine Datei mit der Bezeichnung MO-
NATBRT.HLP ein, die den Hilfs-Bildschirm ausgeben soll. Dazu schauen
Sie sich einfach die Datei mit dem Type- oder Copy-Befehl auf dem
Bildschirm an.

Eingabe von Escape-Zeichen in einer Datei

Für das nächste Beispiel müssen Sie eine Reihe von ANSI.SYS-Befehlen
in eine Datei eingeben. Dazu sollten Sie sich eines Texteditors bedienen,
der eine Datei ohne Formatiercodes abspeichern kann. Bei einigen Textverarbeitungssystemen, z.B. Microsoft Word, ist es möglich, nicht druckbare Zeichen wie das Escape-Zeichen mit Hilfe der in Kapitel 2 be-

schriebenen Kombination von Alt-Taste und Ziffern der numerischen Tastatur einzugeben. Andere Programme erfordern wiederum andere Techniken; überprüfen Sie das Handbuch daraufhin, ob und wie Sie diese Zeichen eingeben können. Besitzen Sie kein solches Programm, verwenden Sie einfach Edlin, den DOS Texteditor. Eine Beschreibung dieses Texteditors finden Sie entweder in Ihrem DOS Handbuch oder in den Kapiteln 11 und 12 von *MS-DOS*.

Bei Microsoft Word oder anderen Programmen, die die Kombination von Alt-Taste und numerischer Tastatur zulassen, wird ein Escape-Zeichen folgendermaßen eingegeben: Halten Sie die Alt-Taste gedrückt und tippen Sie die Ziffern 2 und 7 auf der Zehnertastatur (*nicht* auf der oberen Zahlenreihe Ihrer Tastatur), und lassen Sie erst danach die Alt-Taste wieder los. Das Programm wird in der Regel einen Linkspfeil (←) ausgeben; das ist das Zeichen, das IBM und die meisten kompatiblen Computer für Code 27 definieren.

In Edlin müssen Sie ein Escape-Zeichen als Ctrl-V eingeben; daran anschließend folgt die linke eckige Klammer. Die Bildschirmwiedergabe in Edlin lautet *^V[*; dieses ist die Edlin-Wiedergabe des Escape-Zeichens. Das Klammerzeichen ist jedoch *nicht* die dem Escape-Zeichen folgende linke eckige Klammer, die zu Beginn eines jeden ANSI.SYS-Befehls stehen muß; es wird eine weitere linke eckige Klammer benötigt, bevor der Rest des Befehls eingegeben werden kann. Ein ANSI.SYS-Befehl, der in Edlin eingegeben wird, beginnt also immer mit der Zeichenfolge *^V[[*; beim Listen oder Durchblättern der Datei werden jedoch das Fehlzeichen und die erste Klammer vertauscht ausgegeben (der Buchstabe V entfällt ganz): *[^[* bei den DOS-Versionen 3.0 und 3.1.

Es folgen wieder unterschiedliche Beispielversionen für Monochrom- und Farbmonitore. Folgen Sie den Anweisungen "Beispiel für Monochrommonitore" oder "Beispiel für Farbmonitore".

Beispiel für Monochrommonitore

Erstellen Sie mit Ihrem Editor eine Datei mit dem Dateinamen MONATBRT.HLP, und geben Sie die in Abb. 3-2 gezeigten Zeilen ein. Die aufgeführten Zeilennummern sind nur als Bezugspunkte zu sehen; beginnen Sie jede Zeile mit dem ersten Escape-Zeichen.

```
1:  {ESC}[2J
2:  {ESC}[5;10H{ESC}[1mVORBEREITUNGEN FÜR DEN MONATSBERICHT
3:  {ESC}[10;15H{ESC}[m1. Geben Sie die Daten ins Rechenblatt ein
4:  {ESC}[12;15H2. Aktualisieren Sie die Textdatei BERICHT.DOK
5:  {ESC}[14;15H3. Tippen Sie {ESC}[1mmonbrt
6:  {ESC}[20;10H{ESC}[7mAusdrucke bitte an den Abteilungsleiter
7:  {ESC}[m
```

Abb. 3-2.   Text und Befehle des Monochrom Hilfs-Bildschirms.

Die folgenden Erklärungen der ANSI.SYS-Befehle beziehen sich auf die in Abb. 3-2 gezeigten Zeilennummern:

1.   *{ESC}[2J* löscht den Bildschirm.

2.   *{ESC}[5;10H* positioniert den Cursor in Zeile 5, Spalte 10.
     {ESC}[1m setzt das Attribut für die Intensivanzeige.

3.   *{ESC}[10;15H* positioniert den Cursor in Zeile 10, Spalte 15.
     {ESC}[m löscht sämtliche Bildschirmattribute.

4.   *{ESC}[12;15H* positioniert den Cursor in Zeile 12, Spalte 15.

5.   *{ESC}[14;15H* positioniert den Cursor in Zeile 14, Spalte 15.
     {ESC}[1m setzt das Attribut für die Intensivanzeige.

6.   *{ESC}[20;10H* positioniert den Cursor in Zeile 20, Spalte 10.
     {ESC}[7m setzt das Attribut für den Inversmodus.

7.   *{ESC}[m* löscht sämtliche Bildschirmattribute.

Prüfen Sie die Datei noch einmal sorgfältig, speichern Sie sie ab, und gehen Sie zur Überschrift "Ausgabe des Hilfs-Bildschirms".

Beispiel für Farbmonitore

Erstellen Sie mit Ihrem Editor eine Datei mit dem Dateinamen MONATBRT.HLP, und geben Sie die in Abb. 3-3 gezeigten Zeilen ein. Die aufgeführten Zeilennummern sind nur als Bezugspunkte zu sehen; beginnen Sie jede Zeile mit dem ersten Escape-Zeichen.

```
1:   {ESC}[46m
2:   {ESC}[2J
3:   {ESC}[5;10H{ESC}[31mVORBEREITUNGEN FÜR DEN MONATSBERICHT
4:   {ESC}[10;15H{ESC}[34m1. Geben Sie die Daten ins Rechenblatt ein
5:   {ESC}[12;15H2. Aktualisieren Sie die Textdatei BERICHT.DOK
6:   {ESC}[14;15H3. Tippen Sie {ESC}[1mmonbrt
7:   {ESC}[20;10H{ESC}[33;41mAusdrucke bitte an den Abteilungsleiter
8:   {ESC}[m
```

Abb. 3-3.   *Text und Befehle des Farbmonitor Hilfs-Bildschirms.*

Die folgenden Erklärungen der ANSI.SYS-Befehle beziehen sich auf die
in Abb. 3-3 gezeigten Zeilennummern:

1.   *{ESC}[46m* setzt die Hintergrundfarbe auf cyanblau.

2.   *ESC}[2J* löscht den Bildschirm.

3.   *{ESC}[5;10H* positioniert den Cursor in Zeile 5, Spalte 10.
       {ESC}[31m setzt die Textfarbe auf rot.

4.   *{ESC}[10;15H* positioniert den Cursor in Zeile 10, Spalte 15.
       {ESC}[34m setzt die Textfarbe auf blau.

5.   *{ESC}[12;15H* positioniert den Cursor in Zeile 12, Spalte 15.

6.   *{ESC}[14;15H* positioniert den Cursor in Zeile 14, Spalte 15.
       {ESC}[1m setzt das Attribut für die Intensivanzeige.

7.   *{ESC}[20;10H* positioniert den Cursor in Zeile 20, Spalte 10.
       {ESC}[33;41m setzt die Textfarbe auf gelb und die Hintergrund-
       farbe auf rot.

8.   *{ESC}[m* löscht sämtliche Bildschirmattribute.

Prüfen Sie die Datei noch einmal sorgfältig, speichern Sie sie ab, und gehen Sie zur Überschrift "Ausgabe des Hilfs-Bildschirms".

Ausgabe des Hilfs-Bildschirms

Für die Ausgabe des Hilfs-Bildschirms tippen Sie:

```
A>type monatbrt.hlp
```

Ihr Bildschirm sollte nun etwa wie in Abb. 3-4 aussehen. Erhalten Sie ein
anderes Bild, laden Sie nochmals die Datei MONATBRT.HLP mit Ihrem
Texteditor und überprüfen, bzw. korrigieren die Anweisungen. Speichern
Sie die Datei ab, und geben Sie nochmals den Type-Befehl ein.

VORBEREITUNGEN FÜR DEN MONATSBERICHT

1. Geben Sie die Daten ins Rechenblatt ein

2. Aktualisieren Sie die Textdatei BERICHT.DOK

3. Tippen Sie monbrt

Ausdrucke bitte an den Abteilungsleiter

Abb. 3-4. *Der Hilfs-Bildschirm.*

Arbeiten Sie mit einer Monochromanzeige, sollten die Kopfzeile im Intensivmodus, die durchnumerierten Sätze normal, *monbrt* im Intensivmodus und die Fußzeile (*Ausdrucke an...*) invers angezeigt werden.

Arbeiten Sie mit einem Farbmonitor, sollten der Hintergrund cyanblau, die Kopfzeile in roter Schrift, die durchnumerierten Sätze blau, *monbrt* blau und intensiv und die Fußzeile (*Ausdrucke an...*) intensiv-gelb auf rotem Hintergrund ausgegeben werden.

Zum schnelleren Aufrufen des Hilfs-Bildschirmes kann der Type-Befehl in einem Batchfile mit dem Dateinamen MONAT.BAT untergebracht werden. Er kann dann von jedem Benutzer durch Eintippen von *monat* eingesehen werden. Sie werden aber gleich sehen, daß der Aufruf der Hilfs-Datei sogar noch weiter vereinfacht werden kann, indem mit Hilfe eines ANSI.SYS-Befehles einer einzelnen Taste eine Zeichenkette (String) zugeordnet wird.

Tastatursteuerung

Alle bisher verwendeten Beispiele handelten davon, auf welche Weise und an welcher Bildschirmposition man Texte ausgibt, bzw. vom *Ausgabeteil* der Konsole. ANSI.SYS enthält aber ein weiteres Leistungsmerkmal, das sich mit der Tastatur, bzw. dem *Eingabeteil* der Konsole, beschäftigt: Es kann nämlich die Zeichenausgabe der einzelnen Tasten verändert werden.

Der Tastenbelegungs-Befehl (Define Key)

Der Tastenbelegungs-Befehl erlaubt es, ein oder mehrere Zeichen festzulegen, die durch einen Tastendruck ausgegeben werden sollen. Es kann fast jede Taste der Tastatur umdefiniert werden. Sogar Tastenkombinationen in Verbindung mit Shift, Ctrl oder Alt können anders belegt werden.

Der Tastenbelegungs-Befehl benötigt zwei Parameter: den Identifikationscode der Taste und das Zeichen bzw. die Zeichenfolge, die durch Betätigen dieser Taste ausgegeben werden soll:

```
{ESC}[<Tastencode>;<Ausgabe>p
```

Tastencode besteht aus einer Zahl, die die neu zu belegende Taste kennzeichnet. Für den Großteil der Tastaturzeichen ist <Tastencode> mit dem ASCII-Code des Zeichens identisch. Der Kleinbuchstabe *k* ist zum Beispiel durch den Code 107 gekennzeichnet, der Großbuchstabe *K* durch den Code 75; Anhang D enthält eine Gesamtübersicht der Tastencodes für den Tastenbelegungs-Befehl. Sie werden in Kürze sehen, daß die anderen Tasten, wie z.B. Funktionstasten, Tasten des Ziffernblockes und Tastenkombinationen, mit zwei durch Semikolon getrennten Zahlen angesprochen werden können.

Ausgabe ist das Zeichen oder die Zeichenkette, die produziert wird, wenn die mit <Tastencode> bezeichnete Taste gedrückt wird. <Ausgabe> kann eine beliebige Kombination sein aus ASCII-Zeichen und Zeichenketten, in Anführungszeichen eingeschlossen, die jeweils durch ein Semikolon getrennt werden. Sämtliche in <Ausgabe> festgelegten Zeichen werden bei jedem Tastendruck der umdefinierten Taste ausgegeben.

Um eine Taste wieder in ihre ursprüngliche Funktion zurückzuführen, wird für *Ausgabe* und *Tastencode* dieselbe Codezahl eingegeben.

p ist der Endbuchstabe, der den Tastenbelegungs-Befehl kennzeichnet.

Umdefinieren einer Taste

Die Beispiele mit dem Tastenbelegungs-Befehl sind alle ziemlich kurz; Sie können deshalb wie zu Beginn dieses Kapitels mit dem Prompt-Befehl arbeiten.

Angenommen, Sie benötigen den umgekehrten Apostroph (') nicht, hätten dafür aber gerne den Bruch ½ direkt auf der Tastatur zur Verfügung. Der Tastencode für den umgekehrten Apostroph ist 96, entspricht also dem ASCII-Code; der Zeichencode für den Bruch ½ ist 171 (beide Zahlen finden Sie in der Tabelle im Anhang C).

Um bei Eingabe eines umgekehrten Apostrophes den Bruch ½ zu erhalten, brauchen Sie nur den folgenden Prompt-Befehl einzugeben:

```
A>prompt $e[96;171p
```

Drücken Sie jetzt die Taste für den umgekehrten Apostroph (bei einem IBM PC befindet sich dieses Zeichen auf der rechten Seite der Schreibmaschinentastatur zwischen Fragezeichen und Enter-Taste, bei der deutschen Tastatur zwischen Fragezeichen und Backspace als Shift-Kombination); am Bildschirm sollte nun ½ erscheinen. Diese Neubelegung bleibt bis zum nächsten Neustart von DOS wirksam.

Anmerkung: Auf der deutschen Tastatur handelt es sich bei der Taste für den Apostroph, bzw. den umgekehrten Apostroph (Shift-') um eine sogenannte Tottaste, d.h. das Drücken der Taste allein erzeugt noch kein sichtbares Ergebnis auf dem Bildschirm. Um die Ausgabe des Apostrophs, bzw. des umgekehrten Apostrophs sichtbar zu machen, geben Sie anschließend noch ein Leerzeichen ein; die Tastenfolge für den Apostroph ist also '<Leertaste> (oder für den umgekehrten Apostroph Shift-' <Leertaste>.

Sie können nun nach Wunsch beliebig viele, ja sogar alle Tasten umdefinieren, um graphische Zeichen oder Buchstaben aus anderen Sprachen zu erhalten. Es ist sogar möglich, der Tastatur ein vollkomen neues Layout (andere Tastaturnorm) zu geben. Wenn Sie die Tastenbelegungs-Befehle in ein Batchfile schreiben und eine weitere Datei mit Tastenbelegungs-Befehlen anlegen (um die originale Tastaturbelegung wieder zurückzubekommen), kann Ihre Tastatur durch Eingabe eines einzigen Befehles umbelegt, bzw. wieder in den Originalzustand versetzt werden.

Definieren Sie nun wieder die ursprüngliche Bedeutung der Taste für den umgekehrten Apostroph, indem Sie einen Tastenbelegungs-Befehl eingeben, dem Sie einen Ausgabecode zuordnen, der identisch mit dem Tastencode ist. Aus dem vorhergehenden Beispiel wissen Sie, daß der Code für den umgekehrten Apostroph 96 ist; Sie müssen also für beide Codezahlen des Tastenbelegungs-Befehls die Zahl 96 eingeben. Löschen Sie mit Backspace sämtliche Zeichen, die sich auf der Kommandozeile befinden, und geben Sie folgenden Prompt-Befehl ein:

```
A>prompt $e[96;96p
```

Drücken Sie nun noch einmal den umgekehrten Apostroph; jetzt sollte DOS wieder den umgekehrten Apostroph ausgeben. Löschen Sie sämtliche Zeichen der Kommandozeile, und bringen Sie das Prompt-Zeichen wieder auf seine Normalform durch Eingabe von *prompt* oder des Batchfiles, das Ihr individuelles Prompt-Zeichen erzeugt.

Die Verwendung der erweiterten Tastencodes

Im vorigen Beispiel haben Sie gesehen, daß der Code für die Zeichen der Standard-Schreibmaschinentastatur dem ASCII-Code der Zeichen entspricht. Wie verhält es sich nun mit dem Rest der Tastatur, den Funktionstasten, den Cursorpfeilen und den Tastenkombinationen mit Shift, Ctrl und Alt? Diese Tasten oder Tastenkombinationen werden durch einen *erweiterten Tastencode* gekennzeichnet, der zwei durch ein Semikolon getrennte Zahlen beinhaltet. Die erste Zahl des erweiterten Tastencodes ist immer 0; die zweite Zahl ist ein Erkennungscode, den ANSI.SYS an jede umdefinierbare Taste oder Tastenkombination vergibt. Anhang D enthält die erweiterten Tastencodes für sämtliche Tasten und Tastenkombinationen (für IBM oder IBM-kompatible Tastaturen), die mit ANSI.SYS umdefiniert werden können.

Die Funktionstaste F1 wird beispielsweise mit dem Code 0;59 bezeichnet, Alt-A mit 0;30 und die Rechtspfeil-Taste mit 0;116. Es gibt auch Kombinationen, die nicht neu belegt werden können - zum Beispiel Ctrl-Aufwärtspfeil; diese Ausnahmen sind ebenfalls im Anhang D aufgeführt. Sollten Sie eine bestimmte Taste, z.B. + oder - des Ziffernblockes, nicht im Anhang D finden, kann diese Taste auch nicht umdefiniert werden.

Belegung einer Taste mit einem Befehl

Benötigen Sie einen bestimmten Befehl ziemlich oft, können Sie Zeit einsparen, indem Sie den gesamten Befehl einer einzigen Taste zuordnen. Nehmen wir an, Sie benötigen den Befehl *dir | sort* ziemlich oft. Eine Zeichenkette wird einer Taste mit Hilfe eines Tastenbelegungs-Befehls durch Einschließen in Anführungszeichen zugeordnet. Da es sich hierbei um eine Art Directory-Befehl handelt, ordnen Sie diesen Befehl am besten der Kombination aus Alt-Taste und dem Buchstaben D (also Alt-D) zu. Der Kenncode für Alt-D ist 0;32, der Prompt-Befehl muß also folgendermaßen aussehen:

```
A>prompt $e[0;32;"dir | sort";13p
```

Drücken Sie nun die Tastenkombination Alt-D; DOS sollte die Directory- und Sort-Befehle auf dem Bildschirm ausgeben und sie ausführen. Solange Sie unter DOS arbeiten, wird nun bei jeder Eingabe von Alt-D der Befehl *dir | sort* ausgeführt.

Beachten Sie, daß bei dem gerade eingegebenen Tastenbelegungs-Befehl auf die in Anführungszeichen eingeschlossene Zeichenkette ein Semikolon und die Zahl 13 folgen. Code 13 ist der ASCII-Code für die Return-Taste, d.h. die Tastenkombination Alt-D enthält außer dem Befehl selber auch noch das Return-Zeichen, das bewirkt, daß der Befehl nicht nur am

Bildschirm angezeigt sondern auch ausgeführt wird. Würde der Befehl die Zahl 13 nicht beinhalten, hätte das Betätigen der Tastenkombination Alt-D denselben Effekt, als ob Sie den Befehl *dir | sort* nur getippt, aber nicht mit Return abgeschlossen hätten: DOS würde nur den Befehl auf dem Bildschirm ausgeben und den Cursor am Ende der Befehlszeile plazieren. Zum Ausführen des Befehls müßten Sie dann jedesmal zusätzlich die Enter-Taste drücken.

Mit folgendem Prompt-Befehl führen Sie für Alt-D wieder den Originalzustand herbei:

```
A>prompt $e[0;32;0;32p
```

Geben Sie nun nochmals Alt-D ein; es sollte nichts passieren. Bringen Sie das Prompt-Zeichen wieder in seine Originalform durch die Eingabe von *prompt* oder des Batchfiles, das Ihr individuelles Prompt-Zeichen erzeugt.

Ausgabe des Hilfs-Bildschirmes durch einen Tastendruck

Sie haben bereits die Datei MONATBRT.HLP erstellt, die Anweisungen für die Erstellung eines Monatsberichtes enthält; und Sie haben diese Datei auch schon mit dem Type-Befehl auf dem Bildschirm ausgegeben. Mit Hilfe eines Tastenbelegungs-Befehls werden Sie nun diese Arbeit soweit vereinfachen, daß der Hilfs-Bildschirm durch nur einen Tastendruck aufgerufen werden kann. Sie müssen dafür den Type-Befehl einer Taste zuordnen.

Angenommen, Sie möchten den Hilfs-Bildschirm mit der Tastenkombination Shift-F1 aufrufen. Geben Sie dafür folgenden Prompt-Befehl ein:

```
A>prompt $e[0;84;"type monatbrt.hlp";13p
```

Jetzt halten Sie eine der beiden Shift-Tasten gedrückt und betätigen die mit F1 bezeichnete Funktionstaste; DOS sollte den Hilfs-Bildschirm genau wie vorher ausgeben.

Um Shift-F1 wieder die Originalfunktion zurückzugeben, geben Sie das Folgende ein:

```
A>prompt $e[0;84;0;84p
```

Geben Sie noch einmal die Tastenkombination Shift-F1 ein; dies sollte zu keinem Ergebnis führen. Bringen Sie das Prompt-Zeichen wieder auf seine Normalform durch die Eingabe von *prompt* oder des Batchfiles, das Ihr individuelles Prompt-Zeichen erzeugt.

Durch Kombination dieser und der bereits früher besprochenen Techniken können Sie sich nun eine ganze Reihe von Hilfs-Bildschirmen (oder anderen, auf Ihre Erfordernisse angepaßte Bildschirmausgaben) erstellen und jeden dieser Bildschirme durch einen einzigen Tastendruck aufrufen.

Achtung: Beachten Sie, daß keine Taste mit einer speziellen DOS-Funktion umdefiniert wird. Geben Sie zum Beispiel Ctrl-C (ASCII-Code 3) eine andere Funktion, ist die Originalfunktion gelöscht, und Sie werden nicht mehr in der Lage sein, einen Befehl abzubrechen, bevor Ctrl-C die Originalfunktion nicht wieder zurückerlangt hat. Belegen Sie die Enter-Taste (ASCII-Code 13) mit einer anderen Funktion, werden Sie nicht mehr in der Lage sein, einen weiteren Befehl für die Rückdefinition der Enter-Taste einzugeben. In diesem Falle muß DOS neu gestartet werden. Vermeiden Sie aus Sicherheitsgründen die Neubelegung von Tasten, deren Code kleiner als 32 ist - es sei denn, Sie sind sich ganz sicher, welche Konsequenzen Ihnen daraus entstehen!

Beachten Sie außerdem, daß viele Anwenderprogramme eigene Tastenfunktionen definieren. Diese Definitionen können Ihre Definitionen überschreiben. Gewöhnlich ist dies allerdings kein Problem, da Sie während der Arbeit mit anderen Programmen in der Regel keine DOS-Befehle eingeben können und Ihre definierten Tastenbelegungen wiederum wirksam werden, wenn Sie das Anwenderprogramm verlassen und zu DOS zurückkehren.

Kapitelzusammenfassung

- ANSI.SYS ist eine Gerätesteuerung (Device Driver), mit der Sie Bildschirm und Tastatur steuern können.

- Wenn Sie die ANSI.SYS-Befehle einsetzen möchten, müssen sich die Dateien CONFIG.SYS und ANSI.SYS auf Ihrer Systemdiskette befinden. CONFIG.SYS muß den Befehl *device=ansi.sys* enthalten.

- Mit den Modusbefehlen von ANSI.SYS werden Cursor, Bildschirmmodus und Attribute gesteuert, sowie Teile des Bildschirms oder der gesamte Bildschirm gelöscht.

- Mit den Tastenbelegungs-Befehlen von ANSI.SYS kann die Funktion einer Taste umdefiniert werden.

- Alle ANSI.SYS-Befehle beginnen mit {ESC}[und enden mit einem Buchstaben. Die meisten Befehle beinhalten außerdem einen Code (eine oder mehrere Zahlen oder Zeichenfolgen).

■ ANSI.SYS-Befehle müssen zum Bildschirm geleitet werden. Das Escape-Zeichen kann nicht direkt eingegeben werden; die Befehle müssen deshalb in eine Datei geschrieben und diese Datei auf dem Bildschirm ausgegeben werden; eine Alternative dazu bietet der Prompt-Befehl.

■ Anhang A enthält eine Auflistung aller ANSI.SYS-Befehle. Anhang C zeigt den kompletten ASCII- und IBM-kompatiblen Zeichensatz. Anhang D beinhaltet die erweiterten Codes für alle nicht-ASCII Zeichen und Tastenkombinationen.

Druckereinsatz

Beim Arbeiten mit einem Textverarbeitungssystem verwenden Sie die Befehle dieses Systems, um einen Textteil fettgedruckt oder kursiv auszudrucken, die Randeinstellungen zu ändern oder den Beginn einer neuen Seite zu erzwingen. Lassen Sie die Datei ausdrucken, sendet das Textverarbeitungssystem die notwendigen Befehle an den Drucker. Arbeiten Sie dagegen mit einem Graphikprogramm, werden Sie die spezifischen Befehle dieses Systems für die Druckgestaltung des Diagrammes oder des Bildes einsetzen. Das Programm wird auch in diesem Fall die notwendigen Befehle an den Drucker weiterleiten.

Der Drucker kann aber auch ohne den Einsatz solcher Programme gesteuert werden. Dieses Kapitel zeigt, wie man einen Epson bzw. Epsonkompatiblen Punktmatrix-Drucker direkt durch Befehle ansteuern kann. Die verwendeten Befehle sind jedoch für Typenraddrucker nicht einsetzbar.

Druckerbefehle

Bei Druckerbefehlen handelt es sich nicht um Wörter (vgl. die in Kapitel 3 beschriebenen ANSI.SYS-Befehlen), sie bestehen vielmehr aus Buchstaben, Ziffern und nicht druckbaren Zeichen. Ebenfalls in Übereinstimmung mit den ANSI.SYS-Befehlen beginnen einige Druckerbefehle mit einem Escape-Zeichen, d.h., daß Sie die meisten dieser Befehle nicht direkt von DOS aus eingeben können.

Druckerbefehle lassen sich in vier Kategorien aufteilen:

- Druckmodus-Befehle steuern die verwendete Schriftart, wie zum Beispiel normaler Zeichensatz, Fettdruck, gedehnte Schrift, Schmalschrift, Elite oder alternativer Zeichensatz (kursiv).

- Formatsteuer-Befehle steuern zum Beispiel Zeilenabstand, Zeilen- oder Seitenvorschub, Seitenlänge und Tabulatoren.

- Graphik-Befehle steuern den Ausdruck von Bildern.

- Drucker-Steuerzeichen normieren beispielsweise den Drucker, betätigen den Summer, schalten die Papierendeerkennung aus, setzen die Druckrichtung und -geschwindigkeit und steuern weitere maschinenorientierte Funktionen.

Hersteller von Druckern können zwar ihre eigenen Befehle erfinden und einsetzen, die meisten Punktmatrix-Drucker verwenden heutzutage jedoch dieselben Befehle und Zeichensätze wie Epson-Drucker. In diesem Kapitel wird der Einsatz einiger Epson oder Epson-kompatibler Druckerbefehle besprochen, es kann jedoch nicht auf alle Befehle eingegangen werden. Es sind ganz einfach zu viele Befehle, und die meisten dieser Befehle werden sehr selten eingesetzt oder benötigt.

Außerdem werden Sie feststellen, ob Ihr Drucker den erweiterten IBM-Zeichensatz verwenden kann, der im Anhang C aufgeführt ist.

In diesem Kapitel werden Sie in die Druckerbefehle eingeführt, und es wird Ihnen gezeigt, wie einige davon angewendet werden. In Kapitel 10 werden dann unterschiedliche Wege für Druckeranwendungen gezeigt, damit Sie mehr als nur einfache Text- oder Kalkulationsdateien ausdrucken können. An dieser Stelle folgen dann auch weitere Druckerbefehle. Anhang B enthält eine Zusammenfassung der am meisten eingesetzten Befehle Epson-kompatibler Drucker.

Übertragen von Steuerzeichen an den Drucker

Sicher haben Sie schon DOS-Befehle für die Kommunikation mit Ihrem Drucker verwendet. Bei der Eingabe eines Mode-Befehls (zum Beispiel *mode lpt1:132* für den Ausdruck in schmalerer Schriftart) leitet DOS seinerseits einen Befehl an den Drucker weiter. Es gibt jedoch weitere ganz direkte Wege, Befehle an den Drucker zu senden. Auf den nächsten Seiten sehen Sie beispielsweise, wie:

- ein Echo-Befehl an den Drucker umgeleitet wird. Damit können kurze Befehle ohne Escape-Sequenz sofort eingegeben werden.

- von der Konsole (Tastatur) auf den Drucker kopiert werden kann. Damit können schnell ein paar Befehle, die keine Escape-Sequenz benötigen, eingegeben werden.

- eine Datei auf den Drucker kopiert wird. Dies ist der einfachste Weg, eine längere Folge von Befehlen einzugeben.

Übertragen von Steuerzeichen mit Hilfe des Echo-Befehls

Im allgemeinen wird der Echo-Befehl hauptsächlich in Batchfiles zur Ausgabe von Bildschirmmeldungen eingesetzt; er kann aber auch wie andere Befehle nach dem Prompt-Zeichen eingegeben werden. Wird die Ausgabe des Echo-Befehls auf den Drucker umgeleitet, kann dadurch eine Zeile ausgedruckt oder ein Befehl an den Drucker gesendet werden.

Dies können Sie ganz einfach ausprobieren. Das Drucker-Steuerzeichen für Schmalschrift ist der Zeichencode 15. Dafür gibt es zwar keine einzelne Taste auf der Tastatur, aber die Zeichenkombination Ctrl-O entspricht diesem Code. Schalten Sie Ihren Drucker an, und geben Sie den folgenden Echo-Befehl ein (DOS gibt Ctrl-O als ^O am Bildschirm aus):

```
A>echo <Ctrl-O>Das ist Schmalschrift. > prn
```

Die Zeile sollte in Schmalschrift ausgedruckt werden. Dieses Steuerzeichen könnte man auch durch Drücken der Alt-Taste und gleichzeitiger Eingabe der Zahlen 1 und 5 auf der numerischen Tastatur eingeben (abgekürzt durch Alt-15, vgl. Kapitel 2), Ctrl-O ist jedoch kürzer, und die Bildschirmausgabe wird in jedem Fall ^O sein.

Nach Eingabe des Schmalschrift-Steuerzeichens wird der Drucker solange im Schmalschriftmodus weiterdrucken, bis entweder ein weiterer Befehl zum Beenden des Schmalschriftmodus eingegeben oder der Drucker neu gestartet wird. Drucken Sie jetzt noch eine weitere Zeile aus, und schauen Sie sich das Ergebnis an:

```
A>echo Diese Zeile ist ebenfalls in Schmalschrift. > prn
```

Der Drucker befindet sich immer noch im Schmalschriftmodus.

Ein Befehl kann an einer beliebigen Stelle innerhalb einer Zeile eingegeben werden. Der Befehl zum Beenden des Schmalschriftmodus ist der Zeichencode 18, bzw. Ctrl-R. Geben Sie folgendes ein:

```
A>echo <Ctrl-R>Das ist ein <Ctrl-O>Schmalschrift-<Ctrl-R>Wort. > prn
```

Das Ergebnis müßte folgendermaßen aussehen:

```
Das ist ein Schmalschrift-Wort.
```

Der Befehl zum Beginn der gedehnten Schrift (Breitschrift) ist der Zeichencode 14, bzw. Ctrl-N, und der Befehl zum Beenden der gedehnten Schrift ist der Zeichencode 20, bzw. Ctrl-T. Tippen Sie folgende Zeile:

```
A>echo Das ist ein <Ctrl-N>gedehntes<Ctrl-T> Wort. > prn
```

Das Wort *gedehntes* sollte in Breitschrift erscheinen:

```
Das ist ein gedehntes Wort.
```

Der Drucker beendet selbsttätig den Befehl für den Beginn der gedehnten Schrift am Ende einer Zeile, da von der Voraussetzung ausgegangen wird, daß Sie die gedehnte Schrift nur für einzeilige Überschriften einsetzen werden. Tippen Sie die beiden folgenden Echo-Befehle:

```
A>echo <Ctrl-N>Zeile in gedehnter Schrift. > prn
A>echo Zeile in Normalschrift. > prn
```

Die zweite Zeile erscheint im normalen Zeichensatz, obwohl Sie keinen Befehl zum Beenden der gedehnten Schrift eingegeben haben; der Drucker kehrte automatisch nach dem Drucken der ersten Zeile zum normalen Zeichensatz zurück:

```
Zeile in gedehnter Schrift.
Zeile in Normalschrift.
```

Druckerbefehle können auch miteinander kombiniert werden. Die Kombination von Schmal- und Breitschrift liefert eine intensivere Schrift, ähnlich dem Fettdruck, den Sie gleich verwenden werden, jedoch etwas gedehnter. Geben Sie folgenden Echo-Befehl ein:

```
A>echo <Ctrl-N><Ctrl-O>Zeile in gedehnter und schmaler Schrift.<Ctrl-R> > prn
```

Am Zeilenende mußten Sie Ctrl-R eingeben, da der Schmalschriftmodus nicht wie der Breitschriftmodus automatisch abgeschaltet wird.

Ausführen von Drucker-Befehlen durch Kopieren von der Konsole

Mit diesem Beispiel können Sie auf einen Blick die Auswirkungen der bisher verwendeten Befehle sehen:

```
A>copy con prn
Das ist Normalschrift.
<Ctrl-N>Das ist gedehnte Schrift.
<Ctrl-O>Das ist Schmalschrift.
<Ctrl-N>Das ist schmale und gedehnte Schrift.
<Ctrl-R>Das ist Normalschrift.
^Z
        1 Datei(en) kopiert

A>_
```

Als Ergebnis sollten Sie fünf Zeilen erhalten, die folgendermaßen aussehen:

```
Das ist Normalschrift.
Das    ist    gedehnte    Schrift.
Das ist Schmalschrift.
Das ist schmale und gedehnte Schrift.
Das ist Normalschrift.
```

Diese beiden Techniken - Umleiten des Echo-Befehls und Kopieren von Konsole auf Drucker - sind nur auf Befehle anwendbar, die nicht mit einer Escape-Sequenz beginnen, da, wie Sie ja bereits wissen, das Escape-Zeichen nicht getippt werden kann. Die bisher verwendeten Befehle sind die am häufigsten vorkommenden Druckerbefehle, die nicht mit einem Escape-Zeichen beginnen:

Befehl	Ergebnis
Ctrl-N	gedehnte Schrift (nur eine Zeile)
Ctrl-O	Beginn Schmalschrift
Ctrl-R	Beenden Schmalschrift
Ctrl-T	Beenden gedehnte Schrift

Eine Datei aus Drucker-Steuerzeichen

Fast alle übrigen Drucker-Steuerzeichen beginnen mit einem Escape-Zeichen. Diese Befehle müssen unter Verwendung eines Textverarbeitungsprogrammes oder Texteditors, der die Eingabe nicht-druckbarer Zeichen erlaubt, in einer Datei abgelegt werden.

Nehmen wir an, Sie möchten jemanden davon überzeugen, daß mit dem Einsatz eines Punktmatrix-Druckers für das Erstellen einfacher Graphiken Zeit und Geld eingespart werden könnte, als wenn diese Graphiken von einem Graphiker erstellt werden müßten. Im folgenden Beispiel werden die in Abb. 4-1 aufgelisteten Druckerbefehle verwendet und darüberhinaus einige Rahmenzeichen des erweiterten IBM-Zeichensatzes, um Ihre Vorschläge graphisch zu unterstützen.

Befehl	Ergebnis
{ESC}@	Standard-Druckereinstellungen setzen.
{ESC}E	Beginn Fettdruck (viel dunkler).
{ESC}F	Beenden Fettdruck.
{ESC}G	Beginn Doppeldruck (etwas dunkler).
{ESC}H	Beenden Doppeldruck.
{ESC}-1	Beginn Unterstreichen.
{ESC}-0	Beenden Unterstreichen.
{ESC}4	Beginn Kursivschrift.
{ESC}5	Beenden Kursivschrift.

Abb. 4-1.   *Befehle für das Übungsbeispiel.*

Am Ausdruckergebnis dieses Beispiels können Sie auch sehen, wie genau Ihr Drucker die Epson-kompatiblen Befehle bzw. den erweiterten IBM-Zeichensatz befolgt.

Drucken des erweiterten IBM-Zeichensatzes

Alle Drucker können den standardmäßigen ASCII-Zeichensatz
(Zeichencodes 32 bis 126) ausdrucken. Viele Drucker können außerdem
den erweiterten IBM-Zeichensatz (Zeichencodes 128 bis 255), den Sie im
Anhang C finden, drucken. In diesem Beispiel werden acht Zeichen aus
dem erweiterten Zeichensatz verwendet (vgl. Abb. 4-2), um einen
Rahmen zu zeichnen.

Code	Zeichen	Zeichen	Code
Alt-201	╔	╗	Alt-187
Alt-204	╠	╣	Alt-185
Alt-200	╚	╝	Alt-188
Alt-205	═	║	Alt-186

Abb. 4-2. Zeichen zum Einrahmen des Beispiels

Erstellen der Übungsdatei

Zum Erstellen einer Datei DRBSP.DOK benötigen Sie einen Texteditor,
bzw. ein Textverarbeitungssystem oder Edlin. Geben Sie die in Abb. 4-3
aufgeführten Zeilen ein. (Sollten Sie nicht mehr wissen, wie man Escape-
Zeichen in einem Textverarbeitungssystem oder mit Edlin eingibt,
schauen Sie noch einmal unter der Überschrift "Eingabe von Escape-Zeichen in einer Datei" im Kapitel 3 nach.) Geben Sie wie üblich die Zeilennummern nicht ein; sie dienen nur als Orientierungshilfe.

Hier folgen einige Tips für die Eingabe der Zeilen:

- Die Punkte in Abb. 4-3 stehen an Stelle eines Leerzeichens. Drücken
  Sie für jeden Punkt einmal die Leertaste.

- In den Zeilen 3, 5 und 9 dürfen die unterstrichenen Wörter nicht
  eingegeben werden; folgen Sie lediglich deren Instruktionen, die be-
  sagen, daß das Zeichen mit dem Code 205 (in der Abb. als *Alt-205*
  aufgeführt) dreiundzwanzigmal eingegeben werden soll.

- Verwenden Sie den Kopierbefehl Ihres Textverarbeitungssystems oder
  Texteditors um die 69malige Eingabe von Alt-205 innerhalb von drei
  Zeilen zu umgehen.

- In Zeile 6 werden vor dem abschließenden *Alt-186* ein Leerzeichen, in Zeile 7 fünf Leerzeichen und in Zeile 8 sieben Leerzeichen eingefügt.

- Der rechte Rand des Rahmens in den Zeilen 4, 6, 7 und 8 ist um vier Spalten nach rechts verschoben, da die Druckerbefehle dieser Zeilen Platz auf dem Bildschirm einnehmen. Beim Ausdrucken der Datei werden die Befehle jedoch ausgeführt, also nicht gedruckt; dadurch wird der Rand wieder ausgeglichen.

```
 1:  {ESC}a
 2:  Testbeispiel:
 3:  <Alt-201> 23 mal <Alt-205> <Alt-187>
 4:  <Alt-186>........{ESC}GMan kann{ESC}H.......<Alt-186>
 5:  <Alt-204> 23 mal <Alt-205> <Alt-185>
 6:  <Alt-186>.<Alt-254>.{ESC}4Qualität{ESC}5 verbessern.<Alt-186>
 7:  <Alt-186>.<Alt-254>.{ESC}4Erträge{ESC}5 erhöhen.....<Alt-186>
 8:  <Alt-186>.<Alt-254>.{ESC}4Kosten{ESC}5 senken.......<Alt-186>
 9:  <Alt-200> 23 mal <Alt-205> <Alt-188>
10:
11:  Diese Graphiken {ESC}-1erfordern weniger Zeitaufwand{ESC}-0
12:  Diese Graphiken {ESC}-1kosten weniger Geld{ESC}-0
13:  Und man kann solche Graphiken {ESC}-1{ESC}4selbst anfertigen{ESC}-0{ESC}5
```

Abb. 4-3.   Dateiinhalt des Übungsbeispiels.

Nachdem die Zeilen in die Datei DRBSP.DOK eingegeben worden sind, sollten Sie die Datei noch einmal mit Abb. 4-3 vergleichen und sie dann abspeichern. Kehren Sie zu DOS zurück, und lassen Sie die Datei mit folgendem Copy-Befehl ausdrucken:

```
A>copy drbsp.dok prn
```

Der Ausdruck sollte mit Abb. 4-4 übereinstimmen:

Testbeispiel:

<table>
<tr><td colspan="1">Man kann</td></tr>
<tr><td>
■ Qualität verbessern
■ Erträge erhöhen
■ Kosten senken
</td></tr>
</table>

Diese Graphiken <u>erfordern weniger Zeitaufwand</u>
Diese Graphiken <u>kosten weniger Geld</u>
Und wir können solche Graphiken <u>*selbst anfertigen*</u>

*Abb. 4-4.   Ausdruck des Beispiels mit einem
              Epson-kompatiblen Drucker.*

Stimmt Ihre Druckerausgabe mit Abb. 4-4 überein, kann Ihr Drucker
Epson-kompatible Befehle und den erweiterten IBM-Zeichensatz verarbeiten. Aber auch wenn Ihr Textverarbeitungsprogramm all diese unterschiedlichen Zeichen drucken und darüberhinaus den erweiterten
Zeichensatz verwenden kann, ist es dennoch vorteilhaft, die Anwendung
der Druckersteuerzeichen zu kennen. Besitzen Sie einen kompatiblen
Drucker, können Sie den nächsten Abschnitt überspringen und gleich bei
der Überschrift "Verändern des Beispiels mit einem einzigen Befehl" fortfahren.

Wenn Ihr Drucker nicht kompatibel ist

Kann Ihr Drucker nicht den erweiterten IBM-Zeichensatz verarbeiten,
wird der Ausdruck ungefähr wie in Abb. 4-5 aussehen. Kann Ihr Drucker
die Epson-kompatiblen Befehle nicht verarbeiten, können die fett- und
kursivgedruckten Wörter aus Abb. 4-4 im normalen Zeichensatz erscheinen, oder der Ausdruck wird sich irgendwie anders unterscheiden.

```
Testbeispiel:
IMMMMMMMMMMMMMMMMMMMMMMMMM;
:          Man kann       :
LMMMMMMMMMMMMMMMMMMMMMMMMM9
: ~ Qualität verbessern :
: ~ Erträge erhöhen     :
: ~ Kosten senken       :
HMMMMMMMMMMMMMMMMMMMMMMMMM<
```

Diese Graphiken erfordern weniger Zeitaufwand
Diese Graphiken kosten weniger Geld
Und wir können solche Graphiken selbst anfertigen

Abb. 4-5.   *Beispielausdruck eines nicht-kompa-*
                tiblen Druckers.

Die Zeichen für die "Einrahmung" (*I ; L 9 H < M* und *:*) sind Zeichen
mit einem Code, der um 128 kleiner ist als das eingegebene Zeichen
(vergleichen Sie Abb. 4-4 mit Abb. 4-5). Abb. 4-6 zeigt die Beziehung
dieser Zeichen zu den eingegebenen Zeichen. Auf diese Art und Weise
wandeln manche Drucker diejenigen Zeichen um, die sie nicht drucken
können.

eingegebene Zeichen	Code	minus 128	gedruckte Zeichen
╔	201	73	I
╗	187	59	;
╠	204	76	L
═	205	77	M
║	186	58	:
╣	185	57	9
╚	200	72	H
╝	188	60	<
■	254	126	~

Abb. 4-6.   *Ergebnis des um 128 subtrahierten*
                erweiterten Zeichencodes.

Andere Drucker wiederum definieren einen grundverschiedenen erweiterten Zeichensatz für die Zeichencodes 128-255. Sollte dies der Fall sein,
wird die Ausgabe Ihres Druckers weder Abb. 4-4 noch Abb. 4-5 entsprechen. Sie können diese Zeichen jedoch verwenden; schauen Sie sich

im Druckerhandbuch die Zeichensatztabelle an (vermutlich im Anhang), und folgen Sie dieser Tabelle anstelle unseres Anhang C.

Außerdem besteht die Möglichkeit, daß Ihr Drucker zwar in der Lage ist, den erweiterten IBM-Zeichensatz zu drucken, daß jedoch zuvor ein Schalter in die richtige Stellung gebracht werden muß. Überprüfen Sie Ihr Druckerhandbuch daraufhin - der Schalter wird oft als *DIP Switch* bezeichnet, da es sich hierbei um einen der vier oder acht winzigen Schalter (*engl.: switch*) in einem Plastikgehäuse handelt, das im Englischen *Dual Inline Package* heißt. Ändern Sie die entsprechenden Schalter und kopieren Sie noch einmal die Datei DRBSP.DOK auf den Drucker.

Falls Ihr Drucker nicht dieselben Befehle wie Epson-kompatible Drucker verwendet, muß das nicht unbedingt bedeuten, daß Ihr Drucker nicht gesteuert werden kann. Sie müssen auch in diesem Fall wieder Ihr Druckerhandbuch zu Rate ziehen und eine Tabelle der Druckerbefehle ausfindig machen (möglicherweise ein anderer Anhang). Am besten verwenden Sie die gezeigten Beispiele und ersetzen die Drucker-Steuerzeichen durch die Codes Ihres Druckers.

Ist Ihr Drucker nicht in der Lage, Epson-kompatible Befehle auszuführen, sollten Sie, wenn Sie keine entsprechenden Befehle in Ihrem Druckerhandbuch gefunden haben, die beiden folgenden Abschnitte überspringen und gleich bei der Überschrift "Druckerexperimente" weitermachen.

Verändern des Beispiels mit einem einzigen Befehl

Punktmatrixdrucker sind sehr flexible Geräte. Mit einer erstellten Textdatei kann ohne weiteres eine Formatveränderung durchgeführt werden, die das Druckbild wesentlich verändern kann. Die folgenden Veränderungen erfordern beispielsweise nur Hinzufügen oder Verändern eines einzigen Druckerbefehls; jede Änderung bewirkt jedoch eine Druckveränderung der gesamten Datei. Nehmen Sie sich ein paar Minuten Zeit, um die folgenden drei unterschiedlichen Versionen der Datei DRBSP.DOK (die Datei haben Sie bereits erstellt) auszuprobieren. Sie werden dabei feststellen, was Ihr Drucker alles auszuführen in der Lage ist. Laden Sie die Datei DRBSP.DOK mit Ihrem Editierprogramm, führen Sie die beschriebene Änderung durch, speichern Sie die revidierte Version, kehren Sie zu DOS zurück und kopieren Sie DRBSP.DOK auf Ihren Drucker:

- Fügen Sie eine Zeile mit {ESC}E nach der ersten Zeile ein. Die Datei wird dadurch in Fettdruck ausgegeben.

- Ändern Sie das gerade eingegebene {ESC}E zu {ESC}M. Ihre Datei wird jetzt in Elite-Schrift ausgedruckt (dichteres Schriftbild - 12 Zeichen pro Zoll - als der Standard mit 10 Zeichen pro Zoll).

■   Geben Sie anstelle von {ESC}M in der zweiten Zeile den Zeichencode
    15 ein (tippen Sie Alt-15 oder Ctrl-O, je nach Textsystem). Jetzt
    wird Ihre Datei im Schmalschriftmodus ausgegeben (17 Zeichen pro
    Zoll).

Führen Sie nun mit Hilfe der Druckerbefehle aus Anhang B und der
Zeichensatztabelle aus Anhang C weitere Veränderungen durch.

Der Reset-Befehl

Mit dem Druckerbefehl Reset - {ESC}@ - werden alle bis dato wirksamen
Befehle abgebrochen. Der Drucker erhält wieder die Standardeinstellun-
gen, die nach jedem Einschalten des Gerätes in Aktion treten
(Normierung des Druckers). Diese Einstellungen beinhalten normale bzw.
Konzeptqualität des Ausdrucks, 6 Zeilen pro Zoll und 72 Zeilen pro Seite.
Der Reset-Befehl normiert aber auch Einstellungen wie z.B. den Zeilen-
zähler (damit zählt der Drucker die bereits gedruckten Zeilen einer Seite),
den linken Rand und sogar den Drucker-*Puffer*, in dem die auszudruckenden Daten gespeichert sind. Das kann zu unerwarteten
Druckergebnissen führen; wenn beispielsweise ein Reset-Befehl am Ende
einer Zeile eingegeben wird, wird die Zeile unter Umständen nicht mehr
ausgedruckt, da der Reset-Befehl den Drucker veranlaßt, den Drucker-
Puffer zu löschen, bevor die Zeile zu Papier gebracht worden ist.

Auf Grund dieser möglichen Seiteneffekte, sollten Sie einen Reset-Befehl
nur zu Beginn einer Datei eingeben, wenn Sie die Garantie der
Druckernormierung haben wollen. Am besten vermeiden Sie jedoch einen
Reset-Befehl in einer Datei, die mit einem Textverarbeitungssystem aus-
gedruckt werden soll. Das Textsystem selbst steuert die Druckereinstel-
lungen. Das Normieren aller Druckereinstellungen kann daher eigenartige
Ausdrucke erzeugen, wie z.B. den falschen Druckmodus, falsche
Randeinstellungen oder Seitenumbrüche an der falschen Stelle.

Druckerexperimente

In diesem Kapitel haben wir nur ein paar der Druckerbefehle und -steu-
erzeichen kennengelernt. In Kapitel 10 finden Sie weitere Befehle; dort
finden Sie auch mehrere interessante (und vielleicht sogar nützliche)
Möglichkeiten im Umgang mit Ihrem Drucker. Anhang B faßt die gebräuchlichsten Druckerbefehle in einer Tabelle zusammen. Aber es gibt
noch weit mehr Befehle; manche Drucker besitzen mehr als hundert Steuerbefehle. Es würde den Rahmen dieses Buches sprengen, wenn alle
Druckerbefehle besprochen und außerdem auch noch die anderen Kapitel
berücksichtigt werden sollten.

Neben Installationsanweisungen und Befehlstabellen enthalten viele Druckerhandbücher hervorragende Beschreibungen sämtlicher Befehle, die meist durch ein Beispiel und durch einen Ausdruck veranschaulicht werden. Die Befehle sind es wirklich wert, daß Sie alle wenigstens überfliegen. Wenn Sie auch manche Befehle niemals brauchen werden, sollten Sie dennoch etwas Zeit investieren, um die Befehle in Dateien abzulegen und das Ergebnis anschließend ausdrucken zu lassen. Sie gewinnen dadurch neue Ideen und Anregungen für den Umgang mit Ihrem Drucker.

Kapitelzusammenfassung

- Druckerbefehle steuern Druckerattribute, z.B. Druckmodus, Zeilenabstand, Beginn einer neuen Seite und Graphik.

- Die meisten Druckerbefehle beginnen mit dem Escape-Zeichen (Code 27). Da dieses Zeichen nicht getippt werden kann, müssen solche Befehle in einer Datei abgelegt und die Datei anschließend ausgedruckt werden.

- Durch Umleiten der Ausgabe eines Echo-Befehls oder durch Kopieren von der Konsole auf den Drucker, können Druckerbefehle, die nicht mit dem Escape-Zeichen beginnen, eingegeben werden.

- Mit Hilfe eines Texteditors oder eines Textverarbeitungssystems, das auch nicht-druckbare Zeichen akzeptiert, können Befehle in eine Datei geschrieben werden.

- Gehen Sie mit dem Reset-Befehl (Normieren des Druckers) sorgsam um; es könnten unbeabsichtigte Ergebnisse entstehen, besonders dann, wenn Sie den Reset-Befehl in einer Datei ablegen, die über ein Textprogramm ausgedruckt wird.

- In Kapitel 10 finden Sie weitere nützliche Anwendungen für Ihren Drucker sowie Beschreibungen weiterer Druckerbefehle.

- Anhang B enthält in tabellarischer Form die am meisten verwendeten Epson-kompatiblen Druckerbefehle.

Kapitel

5

Debug: Ein ganz spezieller Editor

Debug ist ein DOS-Programm, das als Fehlersuchhilfe für Programmierer geschaffen wurde. Es handelt sich hierbei um ein zweckgebundenes Editierprogramm, das einige spezielle Möglichkeiten für Assemblerprogramme enthält. Debug ist jedoch nicht nur auf Programmdateien beschränkt. Sie können damit jede Datei einsehen und ändern, und zwar unabhängig vom Inhalt der Datei oder davon, von welchem Anwenderprogramm die Datei erzeugt wurde.

Für das Debug-Programm (im folgenden kurz Debugger genannt) besteht eine Datei nicht aus einer Sammlung von Worten, Sätzen oder Abschnitten, sondern einfach nur aus einer Aneinanderreihung von Bytes. Es beinhaltet auch keine Option für Texterkennung oder -formatierung; der Debugger ist daher für das routinemäßige Editieren von Textdateien nicht geeignet. Er ist aber manchmal genau das richtige Editierprogramm, da der Dateiinhalt der zu editierenden Datei kaum irgendwelche Voraussetzungen erfüllen muß.

In diesem Kapitel werden Sie den Umgang mit vielen Debugger-Optionen kennenlernen. Einige davon werden an anderer Stelle wiederverwendet.

Byte, Hexadezimal und ASCII

Mit dem Debugger können die einzelnen Bytes einer Datei bearbeitet werden; es kann jedoch nur mit hexadezimalen Zahlen gearbeitet werden. Kapitel 1 beschreibt die Begriffe Byte, Hexadezimalsystem und ASCII-Code. Sollten Sie dieses Kapitel noch nicht gelesen haben, nehmen Sie sich bitte jetzt die Zeit dafür, da die Arbeit mit dem Debugger zumindest die Grundkenntnis aller drei Begriffe voraussetzt. Ein kurzer Rückblick:

- Ein *Byte* ist die Grundeinheit von Computerspeicher und Diskettenspeicher. Dabei handelt es sich um eine genügend große Einheit, um eine Zahl zwischen 0 und 255 damit zu speichern.

- Mit *hexadezimal* wird das Zahlensystem zur Basis 16 bezeichnet, mit dem Speicheradressen und andere Computerzahlen festgehalten werden. Dieses System verwendet dieselben Ziffern wie unser normales Dezimalsystem (zur Basis 10) für die Zahlen von 0 bis 9, darüberhinaus aber auch noch die Buchstaben von A bis F, die die Dezimalzahlen von 11 bis 15 repräsentieren. Beachten Sie: 10 in hexadezimaler Schreibweise entspricht 16 in dezimaler Schreibweise; um die Systeme auseinanderzuhalten sollten Sie sich angewöhnen, diese Zahl zum Beispiel als "eins-null" und nicht als "zehn" zu lesen.

- Der *ASCII-Code* wurde von Computerherstellern und Benutzern entworfen, um bestimmte Funktionen, Buchstaben, Ziffern und andere Symbole eindeutig festzulegen. Da ein Byte eine beliebige Zahl zwischen 0 und 255 enthalten kann, gibt es die Möglichkeit, bis zu 256 verschiedene Zeichen festzuhalten; der ASCII-Code legt jedoch nur die ersten 128 Zeichen fest (Code 0 bis 127), der IBM PC und die meisten kompatiblen Computer definieren jedoch auch Zeichen für die oberen 128 Bytes (Code 128 bis 255). Anhang C enthält die Gegenüberstellung von Dezimalzahlen, hexadezimalen Zahlen und ASCII-Codes in Form einer Tabelle.

Der Umgang mit Dateien

Mit dem Debugger kann, wie mit jedem Texteditor oder Textverarbeitungssystem, eine Datei angesehen, verändert und die revidierte Fassung gespeichert werden. Der Dateiinhalt wird dabei jedoch gänzlich anders dargestellt. Viele Befehle erfüllen zwar ähnliche Funktionen wie bei anderen Textprogrammen, haben aber ebenfalls ein unterschiedliches Ausgabebild. Es bestehen jedoch so viele Ähnlichkeiten, daß Sie mit wenig Zeitaufwand einige der wichtigsten Funktionen des Debuggers lernen können.

Bei den meisten Textsystemen kann der Cursor beliebig auf dem Bildschirm bewegt werden, um zum Beispiel Textänderungen vorzunehmen; daher werden diese Programme auch oft *Bildschirmeditor* (engl.: *full-screen editor*) genannt. Einfachere Texteditoren, wie zum Beispiel Edlin, erlauben keine bildschirmorientierte Cursorsteuerung, sondern begrenzen den Arbeitsbereich auf eine Zeile; diese Editoren werden *Zeileneditor* genannt. Ein Zeileneditor kann zwar wesentlich weniger als ein Textverarbeitungssystem, er ist aber in der Regel viel kleiner und schneller zu handhaben und besonders für weniger umfangreiche Arbeiten, zum Beispiel dem Erstellen von Batchfiles, besser geeignet.

Die Cursorsteuerung des Debuggers verhält sich wie bei einem Zeileneditor; der Cursor kann also nicht durch die gesamte Datei bewegt werden. Sie können sogar nicht einmal Zeilen bearbeiten, da der Debugger keine Zeilen erkennt. Er behandelt dagegen eine Datei als eine Folge von Bytes; die Datei kann deshalb nur byteweise bearbeitet werden. Es wäre recht mühsam, eine Textdatei mit dem Debugger zu bearbeiten; bei der Arbeit mit anderen Dateitypen, z.B. Programmen, Programmdaten oder Befehlswörtern für Bildschirm oder Drucker, kann die Verwendung dieses Programms jedoch lohnenswert sein.

Ein kleiner Ausflug in den Debugger benötigt nicht viel Zeit und wird sowohl die Ähnlichkeiten mit anderen Editoren als auch die Unterschiede aufzeigen. Am einfachsten ist es, wenn wir uns eine kleine Textdatei erstellen und diese Datei mit dem Debugger anschauen und verändern.

Erstellen Sie zunächst eine Textdatei durch Kopieren von der Tastatur (Konsole) in eine Datei mit dem Dateinamen TEST.DOK:

```
A>copy con test.dok
Das ist Wort 1.
Das ist Wort 2.
Und das ist das letzte Wort.
^Z
        1 Datei(en) kopiert

A>_
```

Zur Bestätigung lassen Sie sich die Datei mit dem Type-Befehl auf dem Bildschirm ausgeben:

```
A>type test.dok
Das ist Wort 1.
Das ist Wort 2.
Und das ist das letzte Wort.

A>_
```

Ohne DEBUG.COM geht es nicht

Wie bei anderen externen DOS-Befehlen, z.B. Diskcopy oder Edlin, muß sich die Debug-Befehlsdatei DEBUG.COM entweder im aktuellen Verzeichnis oder in einem Verzeichnis des mit dem Path-Befehl festgelegten Pfades befinden. Ist die Datei in keinem dieser Verzeichnisse zu finden, kopieren Sie sie von der DOS-Beispieldiskette in das Stammverzeichnis Ihrer Arbeitsdiskette.

Lesen und Verändern einer Datei mit dem Debugger

Zum Starten des Debuggers geben Sie den Namen der Programmdatei (DEBUG) und danach den Dateinamen der zu bearbeitenden Datei ein. Unsere Testdatei heißt TEST.DOK, sie müssen also folgendes eingeben:

```
A>debug test.dok
-_
```

Die Antwort des Debuggers besteht aus einem Querstrich und dem Cursor. Der Querstrich ist das Prompt-Zeichen des Debuggers wie das System-Prompt bei DOS oder der Stern bei Edlin. Nun können Sie einen der Debugger-Befehle eingeben.

Der Dump-Befehl: Anschauen einer Datei

Für die Ausgabe der Datei geben Sie die Abkürzung für *Dump* ein: ein kleines *d*. Der etwas unvorteilhafte Name Dump (deutsch etwa: *Müllhalde*) bezieht sich nicht etwa auf die Nutzbringung des Befehls oder dessen Ausgabe, sondern ist noch eine Reminiszens an die alte Computerzeit vor ca. 30 Jahren. Wenn damals ein Programm in einer dieser alten, raumfüllenden Maschinen verloren ging, gab es manchmal nur noch eine einzige Möglichkeit zur Lösung des Problems: Der gesamte Speicherinhalt des Computers mußte - Byte für Byte - in hexadezimaler Schreibweise ausgedruckt werden; anschließend mußte man sich durch hunderte von Seiten solcher Zahlen durchwühlen. Diese Mammutausdrucke waren außerdem noch nicht einmal für den menschlichen Gebrauch formatiert; es sah so aus, als ob der Computer umgekippt und sämtliche Daten auf den Fußboden geschüttet worden wären.

Mit dem Dump-Befehl des Debuggers wird der Inhalt des Hauptspeichers in doppelter Form Byte um Byte ausgegeben: zum einen die in jedem Byte enhaltenen Zahlen in hexadezimaler Darstellung (also zwischen 0 und FF, das entspricht dezimal 255), zum andern die entsprechenden ASCII-Zeichen einer jeden hexadezimalen Zahl. Laden Sie eine Datei mit dem Debugger in den Hauptspeicher, wird der Inhalt der Datei ausgegeben.

Für die Ausgabe des Hauptspeicherinhaltes an der Stelle, an der TEST.DOK geladen wurde, tippen Sie:

```
-d
```

Der Debugger gibt zunächst die ersten 128 Byte aus; die Ausgabe beginnt bei der Startadresse der geladenen Datei TEST.DOK wie in Abb. 5-1 gezeigt.

```
xxxx:0100  44 61 73 20 69 73 74 20-57 6F 72 74 20 31 2E 0D   Das ist Wort 1..
xxxx:0110  0A 44 61 73 20 69 73 74-20 57 6F 72 74 20 32 2E   .Das ist Wort 2.
xxxx:0120  0D 0A 55 6E 64 20 64 61-73 20 69 73 74 20 64 61   ..Und das ist da
xxxx:0130  73 20 6C 65 74 7A 74 65-20 57 6F 72 74 2E 0D 0A   s letzte Wort...
xxxx:0140  xx xx xx xx xx xx xx xx-xx xx xx xx xx xx xx xx   xxxxxxxxxxxxxxxx
xxxx:0150  xx xx xx xx xx xx xx xx-xx xx xx xx xx xx xx xx   xxxxxxxxxxxxxxxx
xxxx:0160  xx xx xx xx xx xx xx xx-xx xx xx xx xx xx xx xx   xxxxxxxxxxxxxxxx
xxxx:0170  xx xx xx xx xx xx xx xx-xx xx xx xx xx xx xx xx   xxxxxxxxxxxxxxxx
```

Abb. 5-1.   Ausgabe des Dump-Befehls.

Das sieht viel komplizierter aus, als es in Wirklichkeit ist, obwohl die Datei nicht so einfach zu lesen ist wie bei einer Ausgabe mit dem Type-Befehl. Im rechten Bildschirmteil können Sie zu Ihrer Beruhigung einige bekannte Worte entziffern; außerdem liegt der Ausgabe eine ganz bestimmte Ordnung zugrunde.

Die vier letzten Ausgabezeilen sind in Abb. 5-1 als xx dargestellt, da deren Inhalt z.B. davon abhängt, wieviel Hauptspeicher Ihr Computer besitzt oder welches Programm Sie vor der Benutzung des Debuggers verwendet haben; es würde also auf jeden Fall anders aussehen, als wir es in der Abbildung zeigen würden. Während des gesamten Kapitels wird das kleine x stellvertretend für Bidschirmausgaben stehen, die variieren können oder nicht von Bedeutung für die momentane Arbeit sind.

Eine jede Ausgabezeile des Dump-Befehls zeigt 16 Byte des Speicherinhaltes (die Dezimalzahl 16 wird in hexadezimaler Schreibweise als 10 geschrieben; die Wichtigkeit dieser Unterscheidung werden Sie in Kürze kennenlernen). Mit dem Directory-Befehl können Sie feststellen, daß Ihre Datei TEST.DOK 64 Byte Länge hat; der Dateiinhalt benötigt also genau vier Zeilen.

Jede Zeile gliedert sich in drei Gruppen: die *Adresse* des Zeilenbeginns, die *Bytewerte* der 16 Bytes ab Startadresse und *die ASCII-Zeichen*, die den Bytewerten entsprechen. Abb. 5-2 zeigt die drei Gruppen der ersten Zeile aus der vorausgehenden Abbildung.

Adresse   Byte-Werte   **ASCII-Zeichen**

```
xxxx:0100  44 61 73 20 69 73 74 20-57 6F 72 74 20 31 2E 0D   Das ist Wort 1..
```

Abb. 5-2.   Die drei Gruppen einer Ausgabezeile
des Dump-Befehls.

Die Adresse

Die linke Gruppe (d.h. die ersten neun Spalten) enthalten die *Adresse* des ersten Bytes der Ausgabezeile. Die Adresse besteht aus zwei Teilen: Die ersten vier Ziffern (bis zum Doppelpunkt) beinhalten die Plazierung der Adresse im Hauptspeicher des Computers, ungefähr so, wie die Telefonvorwahl das Ortsnetz einer Telefonnummer festlegt; diese Zahl richtet sich nach der Größe Ihres Hauptspeichers und danach, wieviel Speicherkapazität bei der Eingabe des Debug-Befehls noch zur Verfügung stand. Für diesen kurzen Test des Debuggers können Sie diese Zahlen einfach ignorieren, so wie Sie die Telefonvorwahl bei einem Ortsgespräch auch nicht benötigen. Um Ihnen zu zeigen, daß diese Zahlen nicht von Belang sind, werden sie in diesem Kapitel durch xxxx ersetzt. Im vorausgegangenen Dump-Befehl ist die Adresse der ersten Ausgabezeile beispielsweise als *xx:0100* dargestellt, auf Ihrem Bildschirm wird dagegen eine wirkliche Zahl erscheinen; Sie finden dort zum Beispiel 5195:0100 oder 3DF8:0100 oder irgendeine andere vierstellige Zahl.

Der zweite Adreßteil (die vier letzten Ziffern) beinhalten die Informationen, die für Sie am nützlichsten sind. Für Sie hat das erste Byte der ersten Zeile die Adresse 100, das zweite Byte die Adresse 101, das dritte die Adresse 102 usw. bis zum sechzehnten und letzten Byte mit der Adresse 10F. Die Adresse des vierten Bytes der fünften Zeile von Abb. 5-1 (diese Zeile beginnt mit *xxxx:0140*) ist 143. Die Adresse des letzten Bytes in der Datei ist 13E (der Wert dieses Bytes ist 0A hexadezimal oder 10 dezimal). Aus Abb. 5-1 können Sie entnehmen, daß die Adresse des ersten Bytes einer jeden Zeile um 10 (hexadezimal) höher liegt als das erste Byte der vorausgehenden Zeile. Hexadezimal 10 entspricht dezimal 16; jede Zeile enthält demnach 16 Bytes.

Die Bytewerte

Die mittlere Gruppe, die von der Adresse durch zwei Leerzeichen getrennt ist, enthält 16 Zahlenpaare mit den Werten (in hexadezimaler Schreibweise) der 16 Bytes, angefangen bei der Adresse am Zeilenbeginn. Ein Beispiel: Die Adresse des ersten Byte der zweiten Zeile ist 110, das Byte enthält den Wert 0A hexadezimal (10 dezimal); die Adresse des zweiten Byte ist 111, der Inhalt ist 44 hexadezimal (68 dezimal); und so geht es weiter bis zum sechzehnten und letzten Byte der Zeile mit der Adresse 11F und dem Inhalt 2E hexadezimal (46 dezimal). Der Querstrich teilt die 16 Byte einer Zeile in zwei Gruppen mit jeweils 8 Byte; die Lesbarkeit der Ausgabe wird dadurch verbessert.

Die ASCII-Übersetzung

Die rechte Gruppe (die 16 letzten Spalten) ist durch drei Leerzeichen von den Bytewerten getrennt. Hier werden die ASCII-Zeichen der entsprechenden Bytewerte der mittleren Gruppe ausgegeben. Das erste Zeichen der ersten Zeile ist beispielsweise *D*, das ASCII-Zeichen für den Hexadezimalwert 44 (68 dezimal); das zweite Zeichen ist *a*, das ASCII-Zeichen für den Hexadezimalwert 61 (97 dezimal). Der Debugger zeigt allerdings nur Buchstaben, Ziffern und Satzzeichen vom Leerzeichen (ASCII-Code 20 hexadezimal - 32 dezimal) bis zur Tilde (~) (ASCII-Code 7E hexadezimal - 126 dezimal). Alle anderen Zeichen werden durch einen Punkt repräsentiert. Der Wagenrücklauf (Carriage-return), den Sie als letztes Zeichen in der ersten Zeile finden (ASCII-Code 0D hexadezimal - 13 dezimal), wird beispielsweise als Punkt dargestellt, da sich der ASCII-Code außerhalb der Standard-Textzeichen befindet.

Wagenrücklauf und Zeilenvorschub (Carriage-return und Line-feed)

Die Datei TEST.DOK enthält drei Zeilen. Es ist zwar kein Problem, im Text die Zeilenanfänge ausfindig zu machen, Sie können dies aber auch anhand der hexadezimalen Werte zweier spezieller ASCII-Zeichen über-prüfen:

0D (13 dezimal): Dieses Zeichen heißt im ASCII-Zeichensatz *Wagen-rücklauf* oder *Carriage-return*, obwohl die Computer und Terminals in der heutigen Zeit überhaupt keinen sogenannten Wagen besitzen. Der Be-griff stammt noch aus der Zeit, als die meisten Computerterminals aus Teletype-Terminals oder anderen schreibmaschinenähnlichen Geräten mit Schreibmaschinenwagen bestanden, die am Ende einer jeden Zeile zurückgeführt werden mußten. Die analoge Operation eines Bildschirm-terminals ist die Cursorsteuerung zum Zeilenbeginn.

0A (10 dezimal): Dieses Zeichen heißt im ASCII-Zeichensatz *Zeilenvor-schub* oder *Line-feed*. Auch dieser Begriff stammt aus der Zeit der Schreibmaschinenterminals; das Schreibpapier wurde für die Fortsetzung des Schreibvorganges um eine Zeile nachgeschoben. Die analoge Operation eines Bildschirmterminals ist die Cursorsteuerung zur nächstfolgenden Zeile.

DOS verwendet beide Zeichen in der Folge 0D 0A, um ein Zeilenende zu markieren. Mit Carriage-return wird der Cursor zum Zeilenbeginn be-wegt, mit Line-feed wird der Cursor um eine Zeile nach unten bewegt. Diese Zeichenfolge taucht bei den Adressen 10F-110, 120-121 und 13E-13F, den jeweiligen Zeilenenden, auf.

Übungen im Umgang mit den Dump-Befehlsausgaben

Sobald Sie verstanden haben, wie der Dump-Befehl eine Datei am Bild-schirm ausgibt, ist jede weitere Arbeit mit dem Debugger eine Kleinig-keit. Investieren Sie jetzt noch etwas Zeit und vertiefen Sie Ihr Verständ-nis der Bildschirmausgaben des Dump-Befehls. Beziehen Sie sich dabei auf die Abbildungen 5-1 und 5-2 und vergleichen Sie die ASCII-Zeichen auf der rechten Seite mit den entsprechenden Bytewerten der mittleren Gruppe. Versuchen Sie das Byte einer bestimmten Adresse oder die Adresse eines bestimmten Bytes zu finden.

Mit den folgenden Fragen können Sie Ihre Kenntnisse testen; am besten decken Sie die Antworten auf der rechten Seite ab (und vergessen Sie nicht, alle Zahlen sind hexadezimal):

1.	Welchen Wert besitzt das Byte der Adresse 119?	*57*
2.	Welches Zeichen wird dadurch repräsentiert?	*W*
3.	Bei welcher Adresse beginnt das Wort *letzte*?	*132*
4.	Welche Adresse ist sechs Bytes nach Beginn des Wortes *Wort* in der ersten Zeile?	*10E*
5.	Ermitteln Sie den Wert dieses Bytes.	*2E*
6.	Welches Zeichen wird dadurch repräsentiert?	*Punkt (.)*
7.	Welches ist die Adresse des vorletzten Bytes der Datei?	*13E*
8.	Ermitteln Sie den Wert.	*0D*
9.	Welches Zeichen wird dadurch repräsentiert?	*Carriage-return*

Der Dump-Befehl

Mit dem Dump-Befehl wird der Speicherinhalt eines Speichergebietes im soeben beschriebenen Format auf dem Bildschirm ausgegeben. Der Befehl enthält zwei Parameter, mit denen Sie dem Debugger mitteilen können, an welcher Stelle im Hauptspeicher die Ausgabe beginnen soll, und, wenn Sie möchten, wo die Ausgabe beendet werden soll:

```
d<Start><Ende>
```

<Start> enthält die Startadresse in hexadezimaler Schreibweise, an der der Debugger mit der Ausgabe beginnen soll.

<Ende> enthält die hexadezimale Adresse, an der der Debugger die Ausgabe beenden soll. Geben Sie den Parameter <Ende> nicht an, wird der Debugger 128 Byte (acht Zeilen mit jeweils 16 Byte) ausgeben, beginnend mit der Adresse <Start>.

Geben Sie weder <Start> noch <Ende> an (also nur *d*), wird die Ausgabe der Speicheradressen mit dem auf das zuletzt ausgegebene Byte folgenden Byte beginnen. Dadurch kann der Hauptspeicher einfach durch Eingabe von d durchgeblättert werden, und zwar jeweils um 128 Byte. Wird auch beim allerersten Dump-Befehl keine Startadresse angegeben, startet der Debugger automatisch bei Adresse 100.

Mit dem Dump-Befehl, den Sie schon vor einiger Zeit eingegeben haben, wurden beispielsweise 128 Byte von 100 bis 17F ausgegeben. Tippen Sie jetzt einen weiteren Dump-Befehl ohne Parameter:

```
-d
```

Der Debugger gibt die 128 Byte des Hauptspeichers von 180 bis 1FF aus. Die Ausgabe wird hier nicht gezeigt, da der Inhalt davon abhängt, wieviel Hauptspeicherkapazität Ihr Computer besitzt und welche Programme vor Starten des Debuggers gelaufen sind.

Für die Ausgabe des Speicherbereiches von 122 bis 130 geben Sie folgenden Dump-Befehl ein:

```
-d 122 130
xxxx:0120          55 6E 64 20 64 61-73 20 69 73 74 20 64 61      Und das ist da
xxxx:0130  73                                                s
```

Der Debugger gibt nur die Byte des festgelegten Speicherbereiches aus, also von Adresse 122 bis Adresse 130.

Überschreiben eines Speicherbereiches

Manchmal möchte man einfach nur einen Dateiinhalt anschauen - mit dem Debugger können Sie ganz genau sehen, was in einer Datei steht, allerdings ganz anders als mit einem Textverarbeitungssystem - manchmal möchte man aber die Datei auch abändern. Mit dem Debugger können Daten in den Hauptspeicher des Computers eingegeben werden, die die alten Daten ersetzen. Wenn Sie eine Datei in einen Hauptspeicherbereich laden, in diesem Speicherbereich neue Daten eingeben und dann die Daten des Speicherbereichs in die Datei zurückschreiben, haben Sie dadurch die Datei geändert.

Der Eingabe-Befehl (Enter)

Mit dem Eingabe-Befehl können Daten als Bytewerte oder als Zeichenkette in einen Speicherbereich eingegeben werden. Der Befehl benötigt zwei Parameter, die Adresse, an der die Daten eingegeben werden sollen, und die Daten selbst:

```
e<Adresse><Daten>
```

<Adresse> bezeichnet die Adresse, bei der der Speicherinhalt geändert werden soll. Wird nur ein Byte eingegeben, wird das mit <Adresse> be-

zeichnete Byte geändert. Werden jedoch mehr als ein Byte eingegeben, beginnen die Änderungen bei <Adresse>.

<Daten> sind die Daten, die in die Speicherstellen geschrieben werden sollen. Um ein Byte zu ändern, muß entweder der zweistellige Hexadezimalcode oder das Zeichen in Anführungszeichen eingegeben werden (eine einstellige Zeichenkette). Sollen mehr als ein Byte geändert werden, kann entweder eine Reihe zweistelliger Hexadezimalzahlen, getrennt durch Leerzeichen, oder eine mehrstellige Zeichenkette (zwei oder mehr Zeichen in Anführungszeichen) eingegeben werden.

Ändern mehrerer Bytes

Ändern Sie den Anfang der Datei TEST.DOK folgendermaßen:

```
-e 100 "Debug-Aenderung!!"
```

Anmerkung: Der Umlaut *Ä* wurde als Buchstabenfolge *Ae* eingegeben, da der ASCII-Code der deutschen Umlaute außerhalb des Codebereichs 32 bis 126 (dezimal) liegt. Die Umlaute würden deshalb im rechten Teil der Debugger-Ausgabe nur als Punkt (.) erscheinen und nicht als Buchstaben.

Zur Überprüfung der Änderungen geben Sie noch einmal den Speicherinhalt mit dem Dump-Befehl aus. TEST.DOK belegt 64 Byte Speicher von 100 bis 13F; geben Sie diesen Speicherbereich aus:

```
-d 100 13f
xxxx:0100  44 65 62 75 67 2D 41 65-6E 64 65 72 75 6E 67 21   Debug-Aenderung!
xxxx:0110  21 44 61 73 20 69 73 74-20 57 6F 72 74 20 32 2E   !Das ist Wort 2.
xxxx:0120  0D 0A 55 6E 64 20 64 61-73 20 69 73 74 20 64 61   ..Und das ist da
xxxx:0130  73 20 6C 65 74 7A 74 65-20 57 6F 72 74 2E 0D 0A   s letzte Wort...
```

Der Speicherbereich, in den die Datei TEST.DOK mit dem Debugger geladen wurde, beginnt nicht mehr mit *Das ist Wort 1.*; der Beginn lautet jetzt *Debug-Aenderung!!* Wie Sie gleich sehen werden, sind auch die beiden Zeichen Carriage-return und Line-feed (0D und 0A) der Adressen 10F und 110 überschrieben worden. Der übrige von der Datei belegte Speicherplatz bleibt unverändert.

Anstelle der Eingabe der Zeichenkette *Debug-Aenderung!!* können dieselben Änderungen auch durch folgende Eingaben gemacht werden: *E 100 44 65 62 75 67 2D 41 65 6E 64 65 72 75 6E 67 21 21.* Die Eingabe als Zeichenkette ist natürlich einfacher, sofern es sich um Daten handelt, die von der Tastatur aus eingegeben werden können. Sollten Sie jedoch Daten eingeben, die nicht nur aus Text bestehen, wird es der einfachere Weg sein, eine Reihe von Bytes durch Eingabe zweistelliger Hexadezimalzahlen einzugeben.

Ändern eines einzigen Bytes

Das Byte der Adresse 11E enthält den hexadezimalen Wert 32 (dezimal 50), den ASCII-Code für das Zeichen 2. Der ASCII-Code des Buchstabens B ist hexadezimal 42 (dezimal 66). Ändern Sie jetzt folgendermaßen das Zeichen *2* zum Buchstaben *B*:

```
-e 11e 42
```

Überprüfen Sie wiederum die Änderung anhand der Ausgabe desselben Speicherbereiches, den Sie vorher mit dem Dump-Befehl ausgegeben haben:

```
-d 100 13f
xxxx:0100  44 65 62 75 67 2D 41 65-6E 64 65 72 75 6E 67 21   Debug-Aenderung!
xxxx:0110  21 44 61 73 20 69 73 74-20 57 6F 72 74 20 42 2E   !Das ist Wort B.
xxxx:0120  0D 0A 55 6E 64 20 64 61-73 20 69 73 74 20 64 61   ..Und das ist da
xxxx:0130  73 20 6C 65 74 7A 74 65-20 57 6F 72 74 2E 0D 0A   s letzte Wort...
```

Das Byte der Adresse 11e besitzt nun den Wert 42 anstelle von 32 (beide Angaben hexadezimal).

Speichern einer Datei unter einem anderen Namen

Sie haben jetzt zwar den Speicherbereich, in den die Datei TEST.DOK mit dem Debugger geladen wurde, verändert, die Datei selbst jedoch ist immer noch unverändert, da Sie bisher die Änderungen nicht auf Diskette festgehalten haben. Jeder beliebige Speicherbereich kann unter einem beliebigen Dateinamen gespeichert werden. Um die unterschiedlichen Versionen der Datei aufzubewahren, müssen Sie jede Version unter einem anderen Dateinamen abspeichern. Dazu sind zwei Schritte erforderlich: Ändern des Dateinamens mit dem Name-Befehl und Schreiben des Speicherbereiches auf Diskette mit dem Schreibe-Befehl (write).

Der Name-Befehl

Mit dem Name-Befehl wird der Dateiname verändert, den der Debugger beim nächsten Einlesen einer Datei von Diskette verwendet, bzw. unter dem er einen Speicherbereich in einer Datei abspeichert. Dieser Befehl benötigt nur einen Parameter, den Dateinamen:

```
n<Dateiname>
```

<Dateiname> legt den Dateinamen fest, den der Debugger mit dem nächsten Lade-Befehl (Load) zum Einlesen einer Datei in den Hauptspeicher

verwendet, bzw. dem Schreibe-Befehl (Write), mit dem ein Speicherbereich in eine Datei geschrieben wird.

Mit dem folgenden Beispiel wird der Dateiname für den nächsten Lade- oder Schreibvorgang des Debuggers zu TEST1.DOK verändert:

```
-n test1.dok
```

Der Befehl hat keine sichtbare Auswirkung; das Ergebnis können Sie erst beim nächsten Lade- oder Schreibe-Befehl sehen.

Der Schreibe-Befehl (Write)

Mit dem Schreibe-Befehl (*Write*) wird ein Speicherbereich in eine Datei geschrieben, die entweder mit dem Debugger geladen oder zuletzt mit dem Name-Befehl benannt wurde. Der Befehl benötigt als einzigen Parameter die Startadresse des Speicherbereiches, der in eine Diskettendatei geschrieben werden soll:

```
w<Start>
```

<Start> bezeichnet die Adresse, an der der Speicherbereich beginnt, der mit dem Debugger auf Diskette geschrieben werden soll. Wird die Adresse <Start> nicht angegeben, beginnt der Debugger bei Adresse 100.

Schreiben Sie den Speicherbereich ab der Adresse 100 auf Diskette:

```
-w
```

Die Antwort des Debuggers zeigt, wie viele Byte (natürlich wieder in hexadezimaler Schreibweise) geschrieben worden sind:

```
Schreiben von 0040 Byte
```

Hexadezimal 40 ist dezimal 64 (die führenden Nullen können einfach gestrichen werden). Der Debugger hat also 64 Byte aus dem Hauptspeicher in die neu benannte Datei TEST1.DOK geschrieben. Da Sie keine Startadresse festgelegt haben, wurde bei der Adresse 100 begonnen. Die Datei sollte die modifizierte Fassung von TEST.DOK enthalten, die Sie mit den beiden Eingabe-Befehlen erstellt haben. Um dies zu überprüfen, kehren Sie auf die DOS-Ebene zurück und lassen sich die Datei mit dem Type-Befehl ausgeben.

Der Quit-Befehl

Mit dem Quit-Befehl (Verlassen) kehren Sie auf die DOS-Ebene zurück. Dabei wird weder eine Datei gespeichert noch irgendein anderer Prozeß

durchgeführt. Vergewissern Sie sich deshalb vor dem Verlassen des Debuggers, daß Ihre Arbeit mit dem Write-Befehl abgespeichert worden ist.
Der Quit-Befehl benötigt keinen Parameter:

```
q
```

Geben Sie den Quit-Befehl ein; Sie kehren zur DOS-Ebene zurück:

```
-q
```

```
A>_
```

Überprüfen der Debugger-Arbeit

Mit dem folgenden Directory-Befehl können Sie, unter Verwendung des
Wildcard-Zeichens * überprüfen, ob beide Dateien - TEST.DOK und
TEST1.DOK - gespeichert wurden:

```
A>dir test*
 Dskt/Platte in Laufwerk A hat keinen Namen
 Verzeichnis von A:\DOS

TEST      DOK       64     2.02.87  15.39
TEST1     DOK       64     2.02.87  16.12
        2 Datei(en)      163840 Byte frei

A>_
```

Befindet sich TEST1.DOK nicht im Verzeichnis, gehen Sie noch einmal
zurück zur Überschrift "Lesen und Verändern einer Datei mit dem Debugger", beginnen dort noch einmal und achten darauf, daß der Dateiname mit dem Name-Befehl geändert und der Speicherbereich mit dem
Schreibe-Befehl (Write) gespeichert wird.

Um festzustellen, ob die beiden Dateien wirklich unterschiedlich sind,
geben Sie jetzt mit zwei Type-Befehlen die beiden Dateien auf dem Bildschirm aus:

```
A>type test.dok
Das ist Wort 1.
Das ist Wort 2.
Und das ist das letzte Wort.

A>type test1.dok
Debug-Aenderung!!Das ist Wort B.
Und das ist das letzte Wort.


A>_
```

In der Datei TEST1.DOK haben Sie die erste Zeile durch *Debug-Aenderung!!* ersetzt. Die beiden ersten Zeilen von TEST.DOK wurden in der Datei TEST1.DOK zusammengefaßt, da die beiden letzten Zeichen, die Sie mit dem Eingabe-Befehl eingegeben haben (die beiden Ausrufezeichen !!) die Zeichen zum Trennen der beiden ersten Zeilen, Carriage-return und Line-feed, überschrieben haben. DOS kann deshalb vor Ende der ursprünglich zweiten Zeile (die nun *Das ist Wort B.* lautet, da *2* durch *B* ersetzt wurde) kein Carriage-return und Line-feed finden.

Erweitern einer Datei

Bei den Veränderungen von TEST.DOK blieb die Länge unverändert. Das Verändern der Dateilänge erfordert einen zusätzlichen Schritt; es muß sichergestellt werden, daß der Debugger die korrekte Anzahl von Bytes schreibt. Starten Sie wieder den Debugger mit der Datei TEST.DOK:

```
A>debug test.dok
```

Die Datei TEST.DOK wird ab Adresse 100 in den Hauptspeicher geladen. Sie ist 64 (hexadezimal 40) Byte lang, der Speicherbereich von 100 bis 13F wird also von der Datei belegt. Listen Sie diesen Bereich mit dem Dump-Befehl:

```
-d 100 13f
xxxx:0100  44 61 73 20 69 73 74 20-57 6F 72 74 20 31 2E 0D   Das ist Wort 1..
xxxx:0110  0A 44 61 73 20 69 73 74-20 57 6F 72 74 20 32 2E   .Das ist Wort 2.
xxxx:0120  0D 0A 55 6E 64 20 64 61-73 20 69 73 74 20 64 61   ..Und das ist da
xxxx:0130  73 20 6C 65 74 7A 74 65-20 57 6F 72 74 2E 0D 0A   s letzte Wort...
```

Zum Anhängen weiterer Daten am Dateiende verwenden Sie einfach einen Eingabe-Befehl, der den Speicherbereich so verändert, daß Sie ein Byte nach dem Dateiende eingeben können. Das letzte Byte der Datei ist

13F, die Startadresse für den Eingabe-Befehl ist also 140. Erweitern Sie die Datei um den Nachsatz *** *Postscriptum* ***:

```
-e 140 "*** Postscriptum ***"
```

Sie hängen damit weitere 20 Byte an, so daß die Datei eine Gesamtlänge von 84 Byte aufweist (von 100 bis 153). Listen Sie 54 hexadezimale Bytes des Hauptspeichers ab Adresse 100:

```
-d 100 153
xxxx:0100  44 61 73 20 69 73 74 20-57 6F 72 74 20 31 2E 0D   Das ist Wort 1..
xxxx:0110  0A 44 61 73 20 69 73 74-20 57 6F 72 74 20 32 2E   .Das ist Wort 2.
xxxx:0120  0D 0A 55 6E 64 20 64 61-73 20 69 73 74 20 64 61   ..Und das ist da
xxxx:0130  73 20 6C 65 74 7A 74 65-20 57 6F 72 74 2E 0D 0A   s letzte Wort...
xxxx:0140  2A 2A 2A 20 50 6F 73 74-73 63 72 69 70 74 75 6D   *** Postscriptum
xxxx:0150  20 2A 2A 2A                                        ***
```

So soll Ihre neue Datei aussehen. Wenn Sie aber jetzt einen Schreibe-Befehl eingeben, wird der Debugger hexadezimal 40 (dezimal 64) Bytes abspeichern genau wie im vorherigen Beispiel. Sie haben ihm bisher noch nicht mitgeteilt, daß Sie hexadezimal 54 (dezimal 84) Bytes abspeichern möchten. Wie zum Ändern des Dateinamens mit dem Debugger gibt es natürlich auch eine Möglichkeit, die Anzahl der zu speichernden Bytes festzulegen. Dafür müssen Sie allerdings noch etwas tiefer in die Arbeit des Mikroprozessors einsteigen.

Die Register des Mikroprozessors

Im Innern Ihres Computers befindet sich ein Mikroprozessor, der wiederum einige Speicherbytes selber beinhaltet, die in 14 Gruppen eingeteilt werden; diese Gruppen werden *Register* genannt. Der Mikroprozessor verwendet seine Register, um seine Arbeit aufzuzeichnen. Der einzige Grund, weshalb Sie sich um Register kümmern müssen - sofern Sie nicht gerade Programme schreiben möchten - ist der, daß der Debugger in einem dieser Register festhält, wie viele Byte bei der Eingabe eines Schreibe-Befehls gespeichert werden sollen.

Der Register-Befehl

Mit dem Register-Befehl können Sie den Inhalt der Register lesen oder verändern. Zum Lesen der Register tippen Sie einfach *r*:

Name und Inhalt sämtlicher Register werden wie in Abb. 5-3 dargestellt ausgegeben. Variable Zahlenwerte (die ohne Bedeutung sind) werden durch *xxxx* ersetzt.

```
AX=xxxx  BX=xxxx  [CX=0040]  DX=xxxx  SP=xxxx  BP=xxxx  SI=xxxx  DI=xxxx
DS=xxxx  ES=xxxx  SS=xxxx  CS=xxxx  IP=xxxx     NV UP EI PL NZ NA PO NC
xxxx:0100 xx             xxxxxxxxx
```

Abb. 5-3.   Ausgabeform des Register-Befehls.

Ein Register umfaßt je zwei Byte. Der Register-Befehl gibt den zweistelligen Namen eines jeden Registers aus (AX, BX usw. bis IP), danach
folgt ein Gleichheitszeichen und danach die in diesem Register gespeicherte Zahl. Glücklicherweise können Sie die meisten davon unberück-
sichtigt lassen.

Das in Abb. 5-3 invers dargestellte Register mit der Bezeichnung CX ist
das einzige Register, das Sie beachten müssen. In diesem Register steht
die Anzahl der Bytes, die bei Eingabe eines Schreibe-Befehls abgespeichert werden.

(Die acht zweistelligen Abkürzungen am Ende der zweiten Zeile repräsentieren den Inhalt des vierzehnten Registers; diese können unberück-
sichtigt bleiben. Außerdem können Sie die dritte Zeile der Ausgabe, die
mit einer Adresse beginnt, ignorieren.)

Um einen Registerinhalt zu ändern, geben Sie den Register-Befehl mit
einem Parameter ein:

```
r<Name>
```

<Name> ist der Registername, dessen Inhalt geändert werden soll. Der
Debugger erwartet die Eingabe des neuen Wertes. Geben Sie <Name>
nicht an, werden die Werte sämtlicher Register ausgegeben (vgl. Abb. 5-
3).

Der Grund für diese genaueren Ausführungen über die Register liegt
darin, daß Sie die Anzahl der abzuspeichernden Bytes von 64
(hexadezimal 40) auf 84 (hexadezimal 54) erweitert haben. Der Debugger
prüft anhand des CX Registers, wie viele Bytes in der Datei abgelegt
werden sollen; Sie müssen also den korrekten Wert im CX Register ablegen - natürlich in hexadezimaler Schreibweise.

Geben Sie als erstes einen Register-Befehl ein, der nur das CX Register
anspricht:

```
-r cx
```

Der Debugger gibt als Antwort den Registernamen (in Großbuchstaben)
aus und dessen aktuellen Wert (hexadezimal); danach wird die Eingabe ei-

nes neuen Wertes auf der nächsten Zeile hinter dem Doppelpunkt erwartet:

```
-r cx
CX 0040
:_
```

Das CX Register enthält natürlich hexadezimal 40 (dezimal 64), das ist die
Dateilänge von TEST.DOK. Beim Einlesen einer Datei mit dem Debugger
wird die Dateilänge aus dem Dateiverzeichniseintrag ermittelt und in das
CX Register geschrieben. Woher wußte aber der Debuger, wie viele Byte
nach der ersten Speicheränderung in die Datei TEST1.DOK geschrieben
werden mußten? Sie haben weder die Länge des Speicherbereiches noch
das CX Register geändert, daher wurde genau dieselbe Bytezahl gespeichert, die zuvor eingelesen worden war.

Wenn Sie nun die Enter-Taste ohne irgendeine Eingabe drücken würden,
würde sich der Registerinhalt von CX nicht verändern. Tippen Sie deshalb zur Änderung des CX-Wertes den neuen Wert. Die Anzahl der Byte
wurde auf hexadezimal 54 (dezimal 84) erhöht, Sie müssen also 54 eingeben:

Lassen Sie zur Überprüfung des CX-Registers den Inhalt sämtlicher Register ausgeben:

```
-r
AX=xxxx  BX=xxxx  CX=0054  DX=xxxx  SP=xxxx  BP=xxxx  SI=xxxx  DI=xxxx
DS=xxxx  ES=xxxx  SS=xxxx  CS=xxxx  IP=xxxx     NV UP EI PL NZ NA PO NC
xxxx:0100 xx            xxxxxxxxx
```

Jetzt weiß der Debugger, wie viele Byte abzuspeichern sind. Beim nächsten Schreibe-Befehl werden hexadezimal 54 (dezimal 84) Byte abgespeichert. Zur Aufbewahrung aller Versionen der TEST-Datei ändern Sie
jetzt, bevor Sie den Schreibe-Befehl eingeben, mit einem Name-Befehl
den Dateinamen zu TEST2.DOK:

```
-n test2.dok
-w
Schreiben von 0054 Byte
```

Verlassen Sie den Debugger mit dem Quit-Befehl, um auf der DOS-
Ebene diesen Arbeitsschritt zu überprüfen:

```
-q
A>_
```

Sie sollten jetzt drei TEST-Dateien auf Ihrer Diskette vorfinden; überprüfen Sie das mit einem Directory-Befehl:

```
A>dir test?.dok

Dskt/Platte in Laufwerk A hat keinen Namen
Verzeichnis von A:\DOS

TEST     DOK       64   2.02.87  15.39
TEST1    DOK       64   2.02.87  16.12
TEST2    DOK       84   2.02 87  16.51
         3 Datei(en)      163756 Byte frei

A>_
```

Die Dateien existieren, und die Dateilänge ist ebenfalls richtig. Zur genaueren Kontrolle können Sie die Dateien wiederum auf dem Bildschirm
ausgeben. Verwenden Sie dieses Mal jedoch anstelle der drei Type-Befehle einen Copy-Befehl:

```
A>copy test?.dok con
TEST.DOK
Dat ist Wort 1.
Das ist Wort 2.
Und das ist das letzte Wort.
TEST1.DOK
Debug-Aenderung!!Das ist Wort B.
Und das ist das letzte Wort.
TEST2.DOK
Das ist Wort 1.
Das ist Wort 2.
Und das ist das letzte Wort.
*** Postscriptum ***         1 Datei(en) kopiert

A>_
```

Die Meldung *1 Datei(en) kopiert* befindet sich auf derselben Zeile wie
*** *Postscriptum* ***, weil Sie am Ende von TEST2.DOK kein Carriage-
return und kein Line-feed eingegeben haben.

Wozu wird dieser Editor benötigt?

Durch diese Beispiele ist zumindest eines deutlich geworden, daß nämlich
der Debugger als Texteditor nicht geeignet ist. Sie können damit jedoch
Dateien erstellen und modifizieren, und, was das Besondere daran ist, es

können sämtliche Datentypen mit dem Debugger verarbeitet werden. Mit einem Texteditor oder Textverarbeitungssystem können Textdateien erstellt und bearbeitet werden, der Debugger ist dagegen ein nützliches Werkzeug für die Bearbeitung anderer Dateien, die keinen Text enthalten, wie z.B. Programme oder Befehle, mit denen der Drucker oder der Bildschirm gesteuert werden.

Wir schreiben ein kleines Programm

Ein paar hilfreiche Kurzprogramme, die unter DOS lauffähig sind, werden in den nächsten Kapiteln beschrieben. Mit Hilfe des Debuggers werden Sie diese Programme erstellen, sogar wenn Sie keine Ahnung vom Programmieren haben. Um diesen Prozeß etwas zu vereinfachen, werden Sie die Debugger-Befehle nicht direkt verwenden; mit Ihrem Textsystem werden Sie eine Textdatei erstellen, die Debugger-Befehle enthält und danach den Debugger starten, dessen Input (Eingabe) in die Textdatei umgeleitet wird.

Die Debugger-Befehle dieser Textdatei werden am Ende des Kapitels erklärt.

Eine Debugger-Scriptdatei zur Erzeugung eines Programmes

Eine Textdatei mit Anweisungen und Daten für ein anderes Programm kann mit einer Spielanleitung (engl. *script*) verglichen werden. Eine solche Datei wird deshalb auch *Scriptdatei* oder einfach *Script* genannt. Auf den verbleibenden Seiten dieses Kaptitels wird Ihnen gezeigt, wie eine Scriptdatei angelegt wird, die den Debugger dazu veranlaßt, ein kleines Programm zu erzeugen und dieses Programm in eine Datei zu schreiben. Nach Beenden der Scriptdatei wird der Debugger gestartet, und zwar mit dem in die Scriptdatei umgeleiteten Input; danach kann das entstandene Programm getestet werden.

Die Scriptdatei enthält Debugger-Befehle, die:

1. ein kurzes Assemblerprogramm erzeugen.

2. den Dateinamen BLITZ.COM festlegen.

3. im CX Register die Bytezahl des Programmes ablegen.

4. das Programm unter dem Dateinamen BLITZ.COM abspeichern.

5. den Debugger verlassen und nach DOS zurückkehren.

Der letzte Schritt ist von entscheidender Bedeutung. Nachdem der Input eines Programmes in eine Datei umgeleitet worden ist, wird das Programm *niemals* mehr eine Eingabe von der Tastatur annehmen. Enthält die Scriptdatei keinen Quit-Befehl, erwartet der Debugger nach dem Dateiende weitere Eingaben; Sie können den Debugger nicht mehr Anhalten, da er sich nicht darum kümmert, was auf der Tastatur passiert. Um die Kontrolle wieder an DOS zurückzugeben, muß das Betriebssystem neu gestartet werden.

Abb. 5-4 enthält die Scriptdatei, die die Programmdatei erzeugen soll. Erstellen Sie diese Datei mit einem Texteditor (z.B. Edlin) oder einem Textverarbeitungsprogramm (sofern Sie damit eine Datei unformatiert speichern können). Wenn Sie absolut fehlerfrei schreiben, können Sie die Datei auch mit einem Copy-Befehl über die Tastatur (Konsole) kopieren; es ist für Sie jedoch weniger anstrengend, wenn Sie wissen, daß Tippfehler jederzeit problemlos korrigiert werden können.

Die Zeilennummern mit anschließendem Doppelpunkt sind nur der besseren Übersicht wegen angeführt. Achten Sie darauf, daß jede Dateizeile genau das enthält, was sich in der Abbildung hinter dem Doppelpunkt befindet. Einige Befehle sollten Ihnen inzwischen geläufig sein, wie z.B. der Register-Befehl in den Zeilen 13 und 14, der Name-Befehl in Zeile 15, der Schreibe-Befehl (Write) in Zeile 16 und der Quit-Befehl in Zeile 17.

Nach beendeter Eingabe sollten Sie den Dateiinhalt noch einmal mit Abb. 5-4 vergleichen, gegebenenfalls Fehler korrigieren und die Datei unter dem Dateinamen BLITZ.SCR abspeichern.

```
 1:  a 100
 2:  mov bh,0
 3:  mov cx,7d0
 4:  mov ah,2
 5:  mov dx,0
 6:  int 10
 7:  mov ah,8
 8:  int 21
 9:  mov ah,a
10:  int 10
11:  jmp 105
12:
13:  r cx
14:  16
15:  n blitz.com
16:  w
17:  q
```

Abb. 5-4.   *Numerierte Scriptdatei für den*
                      Debugger.

Überprüfen Sie mit folgendem Directory-Befehl, ob sich BLITZ.SCR auf
der Diskette befindet:

```
A>dir blitz.scr

 Dskt/Platte in Laufwerk A hat keinen Namen
 Verzeichnis von A:\DOS

BLITZ    SCR       133    2.02.87  17.50
        1 Datei(en)      163840 Byte frei

A>_
```

Sollte die DOS-Meldung erscheinen *Datei nicht gefunden*, erstellen Sie die
Datei noch einmal und achten darauf, daß sie unter dem Dateinamen
BLITZ.SCR abgespeichert wird.

BLITZ.SCR ist nicht länger als eine Bildschirmseite; Sie können die Datei
deshalb mit einem Type-Befehl auf den Bildschirm holen:

```
A>type blitz.scr
```

In Abb. 5-5 sehen Sie die Datei noch einmal ohne Zeilennummern.
Vergleichen Sie diese Abbildung mit der Ausgabe Ihres Type-Befehls.

Achten Sie besonders darauf, daß die Datei mit *a 100* in der ersten Zeile beginnt, sich eine Leerzeile zwischen *jmp 105* und *r cx* (Zeile 12 in Abb. 5-4) befindet und daß die Datei in der letzten Zeile *q* (Quit-Befehl) enthält. Im Falle, daß eine der Zeilen fehlen bzw. anders plaziert sein sollte, wird der Debugger keine Datei BLITZ.COM erzeugen, und Sie müssen DOS neu starten.

```
a 100
mov bh,0
mov cx,7d0
mov ah,2
mov dx,0
int 10
mov ah,8
int 21
mov ah,a
int 10
jmp 105

r cx
16
n blitz.com
w
q
```

Abb. 5-5.   *Scriptdatei für den Debugger ohne*
              Zeilennumerierung.

Umleitung des Debugger-Inputs in eine Scriptdatei

Für die Umleitung des Debugger-Inputs in eine Scriptdatei verwenden Sie das <-Zeichen, so als wenn Sie den Input eines Sort-, Find- oder More-Filterbefehles umleiten würden. Starten Sie den Debugger und veranlassen Sie, daß die Befehle aus der Datei BLITZ.SCR gelesen werden:

```
A>debug < blitz.scr
```

Wenn alles gut verläuft, müßten die Befehle der Datei BLITZ.SCR und die Debugger-Meldungen auf dem Bildschirm erscheinen. In Abb. 5-6 sind die Systemmeldungen wiedergegeben; auch hier steht wiederum *xxxx* für diejenigen Zahlen, die von System zu System variieren.

```
-a 100
xxxx:0100   mov bh,0
xxxx:0102   mov cx,7d0
xxxx:0105   mov ah,2
xxxx:0107   mov dx,0
xxxx:010A   int 10
xxxx:010C   mov ah,8
xxxx:010E   int 21
xxxx:0110   mov ah,a
xxxx:0112   int 10
xxxx:0114   jmp 105
xxxx:0116
-r cx
CX 0000
:16
-n blitz.com
-w
Schreiben von 0016 Byte
-q

A>_
```

Abb. 5-6.   Debugger-Meldungen von BLITZ.SCR.

Hatten Sie Erfolg?

Sollten die Systemmeldungen anfangs in Ordnung sein, nach einer Weile aber ausbleiben (oder werden vielleicht eine Reihe von Fehlermeldungen ausgegeben), und sollten Sie danach kein Echo von Tastatureingaben mehr erhalten, lassen Sie sich nicht beunruhigen. Dadurch kann weder der Computer noch eine Datei beschädigt werden; es handelt sich vielmehr nur um einen Fehler in BLITZ.SCR; der Debugger wartet weiterhin auf Eingaben aus der Datei und reagiert deshalb nicht auf Tastatureingaben. Führen Sie in diesem Fall folgende Schritte durch:

1. Schalten Sie den Netzschalter aus, warten Sie etwa fünf Sekunden und schalten Sie den Netzschaler wieder ein. DOS führt die Startroutine durch.

2. Laden Sie die Datei BLITZ.SCR mit Ihrem Textsystem. Vergleichen Sie die Datei mit Abb. 5-5, bis Sie sicher sind, daß sie fehlerfrei ist. (Achten Sie darauf, daß die Datei mit *a 100* beginnt, daß sich eine Leerzeile nach den Programmanweisungen befindet und daß die Datei mit *q* endet).

3. Jetzt geben Sie wieder den Debug-Befehl mit dem auf BLITZ.SCR umgeleiteten Input ein.

Die Systemmeldungen auf die Register- und Schreibe-Befehle am Ende von Abb. 5-6 sehen genauso aus wie die früheren Systemmeldungen dieser Befehle, die Sie in Verbindung mit Textdateien erhalten haben. Der Debugger behandelt Befehle einer Scriptdatei wie Befehle, die Sie über die Tastatur eingeben.

Der Debugger entnimmt aus den Name- und Schreibe-Befehlen, daß hexadezimal 16 (dezimal 22) Byte in einer Datei mit dem Dateinamen BLITZ.COM abgespeichert werden sollen. Überprüfen Sie die Existenz dieser Datei:

```
A>dir blitz.com

 Dskt/Platte in Laufwerk A hat keinen Namen
 Verzeichnis von A:\DOS

BLITZ    COM        22   2.02.87  18.07
        1 Datei(en)      163828 Byte frei

A>_
```

Sollte sich die Datei BLITZ.COM nicht auf Diskette befinden bzw. nicht die Länge von 22 Byte aufweisen, gehen Sie noch einmal zurück und überprüfen die Datei BLITZ.SCR, korrigieren gefundene Fehler und geben den Debug-Befehl noch einmal ein.

Testlauf

Sie haben jetzt zwar ein Programm geschrieben, Sie werden aber wahrscheinlich nicht wissen, welche Funktion es hat. Es ist ganz einfach: BLITZ.COM wartet auf eine Zeicheneingabe von Ihnen; der gesamte Bildschirm wird mit Ihrem eingegebenen Zeichen vollgeschrieben, und es wird eine weitere Zeicheneingabe erwartet; der Bildschirm wird wiederum mit *diesem* Zeichen vollgeschrieben usw., bis Sie das Programm mit Ctrl-Break (oder Ctrl-C, falls es auf Ihrer Tastatur keine Break-Taste geben sollte) abbrechen.

Probieren Sie es aus. Da es sich um eine Befehlsdatei handelt (die Erweiterung ist COM wie etwa bei CHKDSK oder DEBUG), brauchen Sie nur den Dateinamen einzugeben:

```
A>blitz
```

Zunächst passiert noch nichts. Drücken Sie jetzt den Buchstaben *f*.

Sollte jetzt immer noch nichts passieren, hat sich vielleicht ein Fehler im Programm eingeschlichen. Drücken Sie Ctrl-Break (oder Ctrl-C). Wenn daraufhin kein System-Prompt erscheint, versuchen Sie es mit Ctrl-Alt-Del. Hat auch diese Tastenkombination keine Wirkung, müssen Sie den Netzschalter ausschalten und nach etwa fünf bis zehn Sekunden wieder einschalten. Nach der Ausgabe des Prompt-Zeichens verwenden Sie wieder Ihr Textsystem und korrigieren die Datei BLITZ.SCR. Beachten Sie dieses Mal besonders die Programmanweisungen (Zeilen 2 bis 11 in Abb. 5-4).

Wird der Bildschirm mit dem eingetippten Zeichen vollgeschrieben, können Sie ein weiteres Zeichen ausprobieren. Sie werden bemerken, daß der Computer eine ganze Bildschirmseite mit Zeichen beinahe so schnell ausgibt, wie Sie ein einziges Zeichen tippen können. Das erstellte Programm ist nicht gerade umfangreich, aber es ist sicherlich schnell. Dieses Programm demonstriert die Geschwindigkeit eines Computers.

Beenden Sie das Programm mit Ctrl-Break (oder Ctrl-C). Dabei bleibt die mit dem zuletzt eingegebenen Zeichen vollgeschriebene Bildschirmseite erhalten. Zum Löschen des Bildschirms können Sie die Leertaste drücken (den Bildschirm mit Leerzeichen vollschreiben), bevor Sie Ctrl-Break drücken. Sollte jedoch der Bildschirm nach Verlassen des Programms mit irgendeinem Zeichen vollgeschrieben sein, löschen Sie ihn durch Eingabe von *cls*.

Programmerstellung mit dem Assemble-Befehl

Sie haben gerade das Programm BLITZ.COM produziert, indem Sie mit einem Textsystem eine Datei mit Debugger-Befehlen erstellt haben; danach haben Sie den Debugger mit seinem in diese Datei umgeleiteten Input gestartet. Dasselbe Programm kann aber auch mit Hilfe des Assemble-Befehls direkt im Debugger erstellt werden.

Der Assemble-Befehl

Der Assemble-Befehl übersetzt Programmanweisungen von *Assemblersprache* - dabei handelt es sich um eine maschinennahe Programmiersprache - in eine für den Computer lesbare Form, die jedoch vom Menschen nur sehr schwer entziffert werden kann; diese Sprache wird auch *Maschinensprache* genannt. Der Assemble-Befehl benötigt nur einen Parameter, die Adresse, bei der die Übersetzung begonnen werden soll:

a<Adresse>

<Adresse> ist die Speicherstelle des Hauptspeichers, ab welcher die Übersetzung Ihrer eingegebenen Anweisungen vom Debugger abgelegt werden soll. Wird bei der ersten Eingabe eines Assemble-Befehls keine <Adresse> angegeben, werden die übersetzten Anweisungen ab Adresse 100 gespeichert. Wird jedoch <Adresse> bei der schrittweisen Übersetzung nicht bestimmt, werden die übersetzten Anweisungen direkt an den zuletzt mit dem Assemble-Befehl übersetzten Anweisungsstapel angehängt.

Nach der Eingabe eines Assemble-Befehls gibt der Debugger die Startadresse aus und wartet auf die erste Anweisung. Drücken Sie nach einer Anweisung die Enter-Taste, wird die übersetzte Anweisung gespeichert; der Debugger gibt danach wieder die Adresse aus, an der die nächste Anweisung gespeichert wird und wartet erneut auf eine Eingabe.

Der Unassemble-Befehl

Der Unassemble-Befehl besitzt, wie der Assemble-Befehl, einen Parameter, nämlich die Adresse, von der aus die Rückübersetzung beginnen soll:

```
u<Adresse>
```

<Adresse> bezeichnet die Speicherstelle, ab welcher die Rückübersetzung des Speicherinhaltes in Assemblersprache stattfinden soll. Wird bei der ersten Eingabe eines Unassemble-Befehls keine <Adresse> angegeben, beginnt die Rückübersetzung des Speicherinhaltes bei Adresse 100. Wird jedoch <Adresse> bei der schrittweisen Rückübersetzung nicht bestimmt, wird beim direkt folgenden Byte des zuletzt mit dem Unassemble-Befehl rückübersetzten Speicherbereiches begonnen.

Kapitelzusammenfassung

- Mit dem Debugger kann jeder beliebige Dateityp erstellt, gelesen oder verändert werden. Dazu muß man die Datei in den Hauptspeicher laden. Der von der Datei belegte Speicherbereich kann nun mit Hilfe von Debug-Befehlen verändert und anschließend der neue Speicherinhalt unter demselben Dateinamen abgespeichert werden.

- Der Debugger kann nur hexadezimale Zahlen lesen und ausgeben.

- Der Debugger unterstützt keine der eingebauten Erleichterungen oder Sicherheitsvorkehrungen eines Textverarbeitungssystems. Wenn Sie mit dem Debugger eine wichtige Datei bearbeiten (Text, Daten oder Programm), sollten Sie sich vor Verlust derselben schützen, indem Sie eine Kopie der Datei anlegen und mit dieser arbeiten.

- Obwohl der Debugger auch für die Bearbeitung von Textdateien eingesetzt werden kann, kommen seine wahren Vorzüge doch erst beim

Bearbeiten gemischter Dateien (Text und Daten), z.B. Befehlsdateien für die Drucker- oder Bildschirmverwaltung, zur Geltung.

- Wenn Sie den Debugger-Input auf eine Scriptdatei umleiten, sollten Sie sich vergewissern, daß die Scriptdatei *sämtliche* Eingaben, vor allem aber den Quit-Befehl, beinhaltet.

Kapitel 6

Batchfiles für Fortgeschrittene

Batchfiles sind der Schlüssel für benutzerfreundlichen Computereinsatz. Ohne Batchfiles machen Sie, was der Computer will - mit Batchfiles macht der Computer, was *Sie* ihm angeben.

In diesem Kapitel finden Sie einige Richtlinien für die Gestaltung von Batchfiles. Es werden mehrere Techniken für das Erstellen von Batchfiles beschrieben, und die meisten dieser Techniken werden anhand kurzer Beispiele erläutert. Diese Mittel können auf sämtliche Batchfiles angewendet werden. Im weiteren Verlauf des Buches werden mehrere Batchfiles auf der Basis dieser Techniken vorgeführt, die das Erscheinungsbild und das Verhalten von DOS Ihren Wünschen anpassen.

Außerdem wird in diesem Kapitel der Command-Befehl beschrieben, mit dem eine Kopie des DOS-Befehlsprozessors geladen wird; dadurch besteht die Möglichkeit, Batchbefehle in einem Batchfile so anzuwenden, als ob es irgendein beliebiger DOS- Befehl wäre. Sie werden sehen, daß sich dadurch die Leistungsfähigkeit Ihrer Batchfiles wesentlich steigert.

Richtlinien zum Erstellen von Batchfiles

Ob es sich um Computer, Bücher, Programme oder Batchfiles handelt, *einfache Anwendung* bedeutet meist *komplizierter Herstellungsprozeß*. Ein Batchfile mit der absoluten Mindestzahl an Programmschritten ist nicht immer die beste Lösung. Ein solches Batchfile wird in der Regel keine Zusatzinformationen für den Anwender enthalten, und Sie gehen das Risiko ein, daß Dateien gelöscht werden, wenn der Batchbefehl nicht mit dem richtigen Format eingegeben wird. Sie sollten etwas Zeit darauf verwenden, um Überlegungen anzustellen, z.B. *wie* der Batchbefehl angewendet werden soll, ob etwas schief gehen könnte und wie der Bildschirm aussehen soll. Auf dieser Basis können Batchfiles geschrieben werden, deren Anwendung klar ersichtlich ist und bei denen Nebeneffekte mit verheerender Wirkung eliminiert sind.

Die folgenden Richtlinien sollen Ihnen beim Zusammenstellen und Schreiben von einfachen und sicheren Batchfiles von Nutzen sein:

- Achten Sie darauf, daß der Bildschirm übersichtlich und attraktiv aussieht, solange der Befehl ausgeführt wird. Im nächsten Abschnitt werden mehrere Techniken beschrieben.

- Lassen Sie kurze, aber hilfreiche oder bestätigende Meldungen ausgeben, besonders dann, wenn der Batchbefehl unterschiedliche Operationen ausführt. Dadurch können Sie sich - bzw. jeden anderen Benutzer - rückversichern, daß alles in Ordnung ist.

- Vermeiden Sie kostspielige Fehler. Benötigt ein Batchbefehl mehrere Parameter - oder kann durch falsche Eingabe eine Datei gelöscht werden - sollte der Batchbefehl eine kurze Anweisung ausgeben, falls er ohne Parameter eingegeben wird. Sie benötigen eine solche Hilfestellung besonders dann, wenn Sie den Batchbefehl nur alle paar Monate einmal benützen. Außerdem können ihn andere Benutzer verwenden, ohne daß sie von Ihnen eingeführt werden müssen.

■ Versuchen Sie, nicht nur bei der Eingabe des Batchbefehls Benutzerfehler abzufangen, sondern auch bei Eingaben auf Systemmeldungen oder bei einer Menüauswahl während der Befehlsausführung. Versuchen Sie, den Batchbefehl so zu steuern, daß es für einen Benutzer unmöglich ist, Fehler zu machen (diese begehrte Qualität wird auch als *idiotensicher* bezeichnet). Sie werden zwar ziemlich viel Einarbeitungszeit aufwenden müssen, um sämtliche möglichen Fehleingaben eines Batchbefehls abzufangen, die einwandfreie Arbeitsweise idiotensicherer Batchfiles wird Ihnen jedoch die darauf verwendete Zeit lohnen.

■ Machen Sie Batchbefehle möglichst komfortabel. Zum Beispiel sollten Sie unbedingt eventuell entstandene Zwischendateien nach Zweckerfüllung automatisch löschen lassen. Sollte jemand eine Datei nach Benutzung des Batchbefehls ausdrucken wollen, können Sie dies als Option am Ende des Batchfiles anfügen.

Bildschirmgestaltung – attraktiv und übersichtlich

Ein Batchbefehl kann von jedermann schnell und zuverlässig verwendet werden, wenn die Bildschirmausgaben einfach, übersichtlich und informativ gestaltet sind. Es folgen Hilfestellungen für optimale Bildschirmgestaltung:

■ Geben Sie keine unnötigen Bildschirmmeldungen aus. Ein Batchfile sollte immmer mit dem Befehl *echo off* beginnen; die Ausgabe des Copy-Befehls sollte auf NUL umgeleitet werden (die Nullausgabe dient dazu, Ausgaben einfach verschwinden zu lassen).

■ Trennen Sie zusammengehörende Informationsgruppen durch Leerzeilen. Sparen Sie in Batchfiles nicht mit Echo-Befehlen und in Dateien, die von einem Batchfile mit dem Type-Befehl aufgelistet werden, nicht mit Leerzeilen.

■ Stellen Sie wichtige Informationen heraus, indem Sie Bildschirmattribute, z.B. für Inversmodus, Helligkeitsstufe oder Farbe (falls Sie ein Farbsystem besitzen), einsetzen. Aber übertreiben brauchen Sie es auch nicht!

■ Verwenden Sie die Zeichen aus dem erweiterten Zeichensatz, um zusammengehörende Informationsgruppen einzurahmen, Tastenbezeichnungen (z.B. Funktionstasten) zu kennzeichnen, oder einfach, um den Bildschirm attraktiver zu gestalten. Sie können sich Batchfiles anlegen, deren Bildschirmausgaben genauso professionell aussehen, wie bei den meisten Anwenderprogrammen.

Aber es gibt auch etwas, das Sie bei der Batchfile-Erstellung *nicht* tun sollten: Verwenden Sie keine akustischen Signale, außer wenn es absolut notwendig sein sollte, den Batchfile-Benutzer auf etwas Wichtiges hinzuweisen. Zu oft eingesetzte Akustiksignale werden nicht nur im Laufe der Zeit abgenutzt, d.h. weniger beachtet, sondern sie können den Benutzer auch ziemlich schnell irritieren. Sparen Sie sich diese Signale für die wenigen wirklich wichtigen Situationen auf, die eine akustische Warnung erfordern.

Regeln für die Eingabe von Batchfiles

Sie werden bemerken, daß die in diesem Buch verwendeten Batchfiles einigen Regeln gehorchen: Sprungmarken erscheinen in Großbuchstaben, Befehle in Kleinbuchstaben; wenn ein Batchfile Sprungmarken enthält, sind die Befehle um drei Zeichen eingerückt; ähnliche Sprungmarken sind in verschiedenen Batchfiles gleich benannt, sofern die Auswirkungen ebenfalls ähnlicher Natur sind.

Diese Regeln sind nicht für den Benutzer von Batchfiles von Bedeutung, sondern für die Person, die Batchfiles *schreibt* oder *verändert*. Sie wirken sich nicht auf die Befehlsausführungen aus, sondern sie erleichtern das Erkennen der Funktionsweise des Batchfiles. Sie müssen diese Regeln nicht unbedingt befolgen, aber Sie werden herausfinden, daß Batchfiles auf diese Weise einfacher und schneller geschrieben werden können; und die Entscheidung, ob ein vor mehreren Monaten geschriebenes Batchfile verändert werden soll, wird Ihnen dadurch auch leichter fallen.

Tips zur Erstellung von Batchfiles

Batchfile-Erstellung bringt auch einige Risiken mit sich, denen Sie normalerweise bei der Verwendung eines Anwenderprogrammes nicht begegnen: Es könnte Ihnen ein Fehler unterlaufen, der einen Neustart von DOS bedingt, und es existiert auch die Möglichkeit, unbeabsichtigt Dateien zu löschen. Glücklicherweise können diese Risiken durch einige Schritte auf ein Minimum reduziert werden.

Vor dem Start

Der Break-Befehl kontrolliert, wie oft DOS eine Abbruchsüberprüfung durchführt, d.h. wie oft DOS überprüft, ob Ctrl-C (oder Ctrl-Break) gedrückt wurde: Sie möchten natürlich, daß DOS so oft als möglich eine Abbruchüberprüfung durchführt. Vergewissern Sie sich deshalb, daß

BREAK auf ON gesetzt ist, wenn Sie mit Batchfiles arbeiten. Man muß dabei nur wenige Nachteile in Kauf nehmen (einige Operationen werden etwas langsamer ausgeführt). Es wird am sichersten sein, den Befehl *break=on* gleich in Ihrer AUTOEXEC.BAT Datei aufzunehmen und den Befehl *break=off* auf der Betriebssystemebene einzugeben, wenn es erforderlich ist.

Verwenden Sie eine DOS-Version ab 3.0, können Sie sich selbst gegen unbeabsichtigtes Löschen oder Verändern von Dateien absichern, indem Sie mit dem Attribute-Befehl Ihre Dateien mit einem Schreibschutz versehen (*attrib +R <Dateiname>*). Dies sollten Sie sich auch dann angewöhnen, wenn Sie nicht mit Batchfiles arbeiten.

Nehmen Sie Ihre Batchfile-Arbeit in einem separaten Verzeichnis vor, und kopieren Sie die fertigen Batchfiles in das Verzeichnis \BATCH, bzw. dorthin, wo Sie Ihre fertigen Batchfiles aufbewahren. Bearbeiten Sie Ihre Batchfiles auf einer RAM Disk, sollten Sie unbedingt möglichst oft die bearbeiteten Dateien von der RAM Disk auf eine echte Diskette kopieren; müssen Sie einmal DOS von neuem starten, geht der Inhalt der RAM Disk verloren. (Informationen über die Erstellung und Verwendung einer RAM Disk erhalten Sie in Kapitel 9.)

Arbeiten Sie mit Disketten, sollten Sie alle Disketten, die wertvolle Dateien enthalten, aus den Laufwerken entfernen, wenn Sie mit Batchfiles umgehen. Verwenden Sie eine Festplatte, sollten Sie sich vergewissern, daß alle wichtigen Dateien vor dem Testlauf eines Batchfiles als Sicherheitskopie festgehalten sind. Sie sollten natürlich regelmäßig Backups anlegen. Dies ist jedoch noch wichtiger, wenn Sie neue Batchfiles ausprobieren.

Fehlerhafte Batchfiles

Sie haben sicherlich schon die Erfahrung gemacht, daß Batchfiles nicht gleich beim ersten Startversuch einwandfrei arbeiten. Je umfangreicher und eleganter ein Batchfile ist, desto größer ist die Wahrscheinlichkeit von Fehlverhalten. Manchmal ist die Fehlerquelle sofort aufzufinden, manchmal benötigt man für die Fehlersuche jedoch viel Geduld und Kenntnis. DOS gibt Ihnen dafür einige Hilfestellungen, die folgendermaßen interpretiert werden müssen:

- Erscheint während des Programmablaufes die Meldung *Datei nicht gefunden*, obwohl das Batchfile überhaupt keine Dateien verarbeitet, haben Sie vielleicht eines oder mehrere der Umleitungssymbole innerhalb einer Meldung verwendet, die Sie mit einem Echo-Befehl ausgeben. Die Symbole <, > oder | können ausschließlich für Umleitungen verwendet werden - sie dürfen nicht einmal in einem Remark-Befehl auftauchen - da DOS versucht, die Umleitung *vor* der

Befehlsabarbeitung auszuführen. (Sie können sie jedoch in einer Datei verwenden, die von einem Batchfile am Bildschirm ausgegeben wird.)

- Wenn Sie beispielsweise in einem Batchfile die Zeile *echo Tippen Sie < zur Inputumleitung* geschrieben haben, versucht DOS, den Input von einer Datei mit dem Dateinamen ZUR umzuleiten. Gibt es eine solche Datei nicht, meldet DOS *Datei nicht gefunden*. Gibt es eine solche Datei, gibt der Echo-Befehl *Tippen Sie Inputumleitung* aus. Beinhaltet Ihr Batchfile die Zeile *echo Tippen Sie > zur Outputumleitung*, gibt der Echo-Befehl keine Meldung aus; DOS erstellt eine Datei mit dem Dateinamen ZUR und dem Dateiinhalt *Tippen Sie Outputumleitung*. Dieser Fehler kann ziemlich unangenehme Folgen haben: Wenn das unmittelbar auf das Zeichen > folgende Wort zufällig eine verwendeter Dateiname ist, wird die Originaldatei ohne Warnung beim ersten Startversuch des Batchfiles überschrieben.

- Meldet DOS während der Befehlsausführung eines Batchfiles *Falscher Befehl oder Dateiname*, sollten Sie überprüfen, ob das Batchfile einen Schreibfehler enthält, ob mit einem CD-Befehl das falsche Verzeichnis angesprochen wurde oder ob irgendwo das Befehlsverbindungssymbol | auftaucht. Enthält Ihr Batchfile beispielsweise die Zeile *echo Tippen Sie | zur Befehlsverbindung*, bringt DOS die Meldung *Falscher Befehl oder Dateiname*, da es keine Befehlsdatei mit dem Dateinamen ZUR gibt; in diesem Fall wird der Echo-Befehl überhaupt nichts ausgeben.

- Wird die Meldung ausgegeben *Name nicht gefunden*, überprüfen Sie, ob jede Sprungmarke des Batchfiles mit einem Doppelpunkt beginnt.

- Sollte ein Batchfile mit mehreren Sprungmarken die Ausführung einiger Befehle verweigern, unendlich oft dieselbe Befehlsfolge ausführen oder überhaupt kein sichtbares Ergebnis produzieren, drücken Sie Ctrl-C und überprüfen das Batchfile daraufhin, ob zwei Sprungmarken denselben Namen haben. DOS sucht Sprungmarken immer sequentiell vom Beginn eines Batchfiles, deshalb kann die zweite Sprungmarke mit demselben Namen niemals gefunden werden.

Wenn ein Batchfile ganz einfach nicht das macht, was es eigentlich machen sollte, und wenn es auch keine Hilfestellungen gibt, entfernen Sie den Befehl *echo off* am Beginn des Batchfiles und lassen Sie den Batchbefehl noch einmal ausführen. Jetzt wird von DOS jeder Befehl vor seiner Ausführung am Bildschirm wiedergegeben. Der Bildschirm sieht danach zwar ziemlich chaotisch aus, aber Sie können Befehl um Befehl die Abarbeitung überprüfen. Rollen die Bildschirmmeldungen zu schnell über das Blickfeld hinaus, können Sie mit Ctrl-S die Anzeige anhalten und wieder starten. Sie erreichen somit zumindest das Gebiet der Fehlerquelle, wenn auch nicht unbedingt den fehlerhaften Befehl selbst. Nach der Fehler-

korrektur fügen Sie wieder den Befehl *echo off* zu Beginn des Batchfiles
ein.

Vergessen Sie niemals: Ein Batchfile führt genau das aus, was Sie ihm
mitteilen. Sie müssen also nur die *exakten* Schritte herausfinden, die Sie
dem Batchfile angewiesen haben.

Separate Dateien für Menüs oder umfangreiche Meldungen

Erfordert ein Menü oder eine andere Bildschirmausgabe mehr als ein paar
Textzeilen, ist es normalerweise schneller, den Text in eine separate Datei
zu schreiben und die Datei mit einem Type-Befehl auszugeben, als eine
Reihe von Echo-Befehlen zu verwenden. Diese Methode hat außerdem
noch andere Vorteile: Es ist normalerweise einfacher, eine Textdatei zu
ändern, als sich mit vielen Echo-Befehlen herumschlagen zu müssen; dieselbe Textdatei kann von mehreren Batchfiles aufgerufen werden; die
Textdatei kann kopiert und verändert werden, wenn Sie eine ähnliche
Bildschirmausgabe für einen anderen Batchbefehl benötigen.

Der Nachteil dieser Methode ist der, daß jede zusätzliche Datei mindestens 2Kbyte Speicher auf einer Festplatte belegt und daß Sie die Textdateien wie die Batchfiles verwalten müssen.

Vorbereitungen für die Beispiele

Auf den verbleibenden Seiten des Kapitels werden nützliche Techniken
für Ihre Batchfiles vorgestellt. In den folgenden Kapiteln finden Sie meh-
rere Batchfiles, die Sie entweder direkt für eigene Zwecke benutzen oder
Ihren Anforderungen anpassen können. Zum leichteren Wiederauffinden
Ihrer Batchfiles, erstellen Sie im Stammverzeichnis ein Unterverzeichnis
BATCH und wechseln das aktuelle Verzeichnis anschließend nach
BATCH:

```
A>md batch
A>cd batch
```

Damit Sie auch Batchfiles aus anderen Verzeichnissen einsetzen können,
erweitern Sie Ihren Befehlspfad durch \BATCH: Beginnen Sie mit der
Eingabe eines Path-Befehles ohne Parameter; es wird der aktuelle Befehlspfad ausgegeben. Danach tippen Sie einen weiteren Path-Befehl ein,
der die Ausgabe des ersten Path-Befehls wiederholt und mit Semikolon
und *batch* beendet. Wenn Ihr Befehlspfad beispielsweise *aus A:* und
A:\DOS zusammengesetzt ist, müßte die Ergänzung folgendermaßen aussehen:

```
A>path
PATH=A:\;A:\DOS


a>path=a:\;a:\dos;a:\batch


A>_
```

Vergessen Sie auch nicht, Ihren Befehlspfad in der Datei AUTO-EXEC.BAT um \BATCH zu erweitern, damit Ihre Batchfiles immer gefunden werden.

Nützliche Batchfile-Techniken

Die folgenden Beispiele können an jedes beliebige Batchfile angehängt werden. Die hier beschriebenen Techniken werden außer bei folgenden Beispielen auch in Batchfiles verwendet, die im späteren Verlauf des Buches besprochen werden.

Ausgabe einer Leerzeile

Mit der DOS-Version 2 wird eine Leerzeile durch einen Echo-Befehl, gefolgt von zwei Leerzeichen, ausgegeben. Mit Version 3 können Sie es zwar nicht auf diese Weise bewerkstelligen, es gibt aber trotzdem zwei verschieden Möglichkeiten:

- Erstellen eines Batchfiles mit Edlin oder durch Kopieren von der Tastatur: Tippen Sie einen Echo-Befehl, danach ein Leerzeichen und danach die Funktionstaste F7; die Taste F7 repräsentiert den Zeichencode 0 in der Befehlszeile. Am Bildschirm wird das Zeichen 0 von Edlin bei der Eingabe durch die Symbolkombination ^@ dargestellt, und bei der Auflistung mit dem List- oder Page-Befehl durch die Symbole ^@ oder @^.

- Verwenden eines Programmes, das die Funktionstaste F7 anders belegt: Tippen Sie einen Echo-Befehl, danach ein Leerzeichen und danach Alt-255; diese Eingabe erzeugt in der Befehlszeile den Zeichencode 255, der auf dem Bildschirm als Leerzeile ausgegeben wird.

Beide Methoden können Sie auch mit der DOS-Version 2 verwenden.

Überprüfen einer Parametereingabe

Haben Sie ein Batchfile geschrieben, das zusammen mit mindestens einem Parameter eingegeben werden muß, sollten Sie die Auswirkungen überprüfen, die entstehen könnten, falls der Befehl ohne Parameter eingegeben wird. Wird der Batchbefehl nämlich nicht sehr oft verwendet, könnten Sie den Parameter vergessen, und ein anderer Benutzer weiß vielleicht nicht, wie er mit dem Batchbefehl umgehen muß. Sie sollten vor allem den Wert des Parameters überprüfen lassen.

Beispiel: Ein Batchbefehl enthält die Zeile *if not %1==peter goto END*; wird dieser Befehl ohne Parameter eingegeben, erscheint die DOS-Meldung *Syntaxfehler* und die Befehlsabarbeitung wird mit dem nächstfolgenden Befehl fortgesetzt. Die Fehlermeldung ist nichtssagend, vielleicht sogar verwirrend. Spätere Konsequenzen können jedoch viel ernstere Folgen haben; das hängt jedoch von den nachfolgenden Befehlen ab. Zu beachten ist, daß sich der Befehl so verhält, als ob der Parameter *peter* eingegeben worden wäre, obwohl er nicht eingegeben wurde.

Sie können dies vermeiden, indem Sie den austauschbaren Parameter (% mit folgender Ziffer) und das Vergleichswort in Anführungszeichen setzen: *if not "%1"=="peter" goto END*. Jetzt wird DOS das Fehlen eines Parameters wie einen Parameterwert behandeln; es wird keine Fehlermeldung ausgegeben und der IF-Befehl wird korrekt ausgeführt: die folgenden Befehle werden übersprungen - die Befehlsausführung wird bei der Sprungmarke END fortgesetzt.

Um das Fehlen eines Parameters zu überprüfen, brauchen Sie nur als Vergleichswort zwei Anführungszeichen (ohne Leerzeichen) einzugeben: *if "%1"==""*.

Der For-Befehl - Die Verwendung außerhalb von Batchfiles

DOS-Befehle, die eigentlich für die Anwendung in Batchfiles geschaffen wurden, z.B. Echo, Goto und For, können auch auf Betriebssystemebene hinter dem Prompt-Zeichen eingegeben werden. Die meisten jedoch, beispielsweise Echo und Goto, sind außerhalb von Batchfiles nicht besonders nutzbringend. Mit dem For-Befehl dagegen kann ein einzelner Befehl mit einer Reihe von Dateien ziemlich schnell ausgeführt werden. Der Type-Befehl läßt beispielsweise keine Wildcard-Zeichen zu, Sie können aber trotzdem sämtliche Dateien mit der Ergänzung DOK am Bildschirm ausgeben lassen, indem Sie folgende Zeile direkt nach dem Prompt-Zeichen eingeben: *for %p in (*.dok) do type %p*.

Sollten Sie sich jedoch dabei ertappen, daß Sie denselben For-Befehl öfter als ein- oder zweimal auf Betriebssystemebene eingeben, legen Sie sich dafür besser ein kurzes Batchfile an.

Batchbefehle in Batchfiles

Ein Batchbefehl gibt die Kontrolle nach Ausführung des letzten Befehls im Batchfile wieder an DOS zurück. Das bedeutet aber, daß, wenn sich in der Mitte des Batchfiles ein Batchbefehl befindet, die darauffolgenden Befehle nicht mehr ausgeführt werden. Sie können jedoch einen Batchbefehl am Ende eines Batchfiles unterbringen, wenn Sie im originalen Batchfile sonst keine weiteren Batchbefehle benötigen. Da Sie mit dieser Technik mehrere Batchfiles miteinander verbinden oder verketten können, wird dies auch *Verketten* von Batchfiles genannt.

Es wäre jedoch wesentlich besser, wenn in einem Batchfile ein weiterer Batchbefehl wie jeder andere Befehl verwendet werden könnte, wenn also zunächst der Batchbefehl und anschließend die folgenden Befehle ausgeführt würden. Das Ausführen eines Batchfiles innerhalb eines anderen Batchfiles wird *Aufruf* genannt, da ein Befehl aufgerufen wird, um etwas auszuführen, und nach Beenden dieser Ausführung die begonnene Arbeit weiter fortgesetzt werden kann.

Obwohl DOS das Aufrufen eins Batchbefehls innerhalb eines anderen Batchbefehls nicht erlaubt, kann dieselbe Wirkung mit Hilfe eines selten eingesetzten DOS-Befehls erzielt werden.

Der Command-Befehl

COMMAND.COM ist der *Befehlsprozessor* von DOS, d.h. das Programm, das überprüft, was eingetippt wird, und das die Anweisungen an DOS weiterleitet. Beim Starten von DOS wird der Befehlsprozessor automatisch mitgeladen. Durch Eingabe des Befehlsnamens können Sie diese Datei wie jede beliebige Datei mit der Ergänzung COM aufrufen.

Durch Eingabe von *command* wird eine weitere Kopie von COMMAND.COM geladen und ausgeführt. Die erste Kopie - diejenige, die den eingegebenen Command-Befehl ausgeführt hat - ist damit aber nicht verloren. Sie wird in eine Art "Scheintod" versetzt und wieder "lebendig", sobald Sie den neuen Befehlsprozessor mit einem Exit-Befehl verlassen. Dies mag alles unnötig verschachtelt erscheinen, Sie sollten deshalb auch ein paar kurze Beispiele ausprobieren.

Geben Sie folgendes ein:

```
A>command
```

DOS lädt eine weitere Kopie von COMMAND.COM, und es erscheint die Startmeldung, die Sie bei einem Neustart des Systems sehen (sofern keine AUTOEXEC.BAT Datei aufgerufen wird). Geben Sie einen Directory-Befehl ein:

```
A>dir
```

DOS reagiert auf Befehle wie üblich. Jetzt tippen Sie den Exit-Befehl, der diese Kopie von COMMAND.COM beendet:

```
A>exit
```

DOS meldet sich mit dem Prompt-Zeichen. Es sieht zwar aus, als ob sich überhaupt nichts verändert hätte, Sie befinden sich jedoch wieder in der originalen Kopie von COMMAND.COM.

Achtung: Es gibt Anwenderprogramme, z.B. Microsoft Word, die die Eingabe eines einzelnen DOS-Befehls innerhalb der Anwendung erlauben. Wenn Sie einen Command-Befehl eingeben, erscheint die Startmeldung von DOS und es sieht so aus, als ob Sie das Anwenderprogramm verlassen hätten und auf DOS-Ebene zurückgekehrt wären. Sie können nun Befehle eingeben, Verzeichnisse ändern, Sie können alles tun, was Sie möchten. Aber all das geschieht in der zweiten Kopie von COMMAND.COM. Die erste Kopie befindet sich noch im Hauptspeicher und wartet darauf, daß die zweite Kopie verlassen wird. Um zu Ihrem Anwenderprogramm zurückzugelangen, müssen Sie die zweite Kopie von COMMAND.COM mit einem Exit-Befehl verlassen. Beachten Sie aber, daß keine Dateien geändert oder gelöscht werden dürfen, mit denen das Anwenderprogramm gerade arbeitet, da Sie sonst unter Umständen Ihr System neu starten müssen.

Sie können außerdem eine weitere Kopie von COMMAND.COM laden, die einen Befehl ausführt und danach automatisch zu der um eine Ebene zurückliegenden Kopie von COMMAND.COM zurückkehrt, ohne daß ein Exit-Befehl eingegeben werden muß. Diese Form des Command-Befehls benötigt zwei Parameter:

```
command /c <Befehl>
```

/c veranlaßt DOS, *<Befehl>* auszuführen und automatisch zur früheren Kopie von COMMAND.COM zurückzukehren.

<Befehl> kann ein beliebiger Befehl, einschließlich Batchbefehl, oder sogar ein weiterer Command-Befehl sein.

So sieht der Command-Befehl aus, der den Aufruf von Batchbefehlen in Batchfiles erlaubt. Sie geben anschließend an den /C-Parameter den Batchbefehl mit seinen erforderlichen Parametern ein.

Als Beispiel laden Sie eine weitere Kopie von COMMAND.COM, lassen sich das Verzeichnis ausgeben und kehren automatisch zum aktuellen Befehlsprozessor zurück:

```
A>command /c dir /w
```

Das Verzeichnis wurde von der zweiten Kopie von COMMAND.COM ausgegeben, das folgende Prompt-Zeichen von der ersten Kopie.

Nichts ist "geschenkt"

Sie werden im weiteren Verlauf sehen, daß die Verwendung von COM-
MAND.COM auf diese Weise das Erstellen flexibler und leistungsfähiger
Batchfiles zuläßt. Diese Leistungsfähigkeit ist jedoch nicht ohne jeglichen
Nachteil zu bekommen: Das Laden einer Kopie von COMMAND.COM
benötigt etwas mehr als 3400 Bytes im Hauptspeicher und erhöht die für
einen Batchbefehl benötigte Ausführungszeit um die Ladezeit von COM-
MAND.COM.

Etwas mehr als 3400 Bytes sind jedoch ein geringer Preis für zusätzliche
Leistung, und die Datei COMMAND.COM wird ziemlich schnell von einer Festplatte geladen. Der Ladevorgang von einer Diskette benötigt
natürlich etwas mehr Zeit, Sie können den Zeitaufwand jedoch dadurch
reduzieren, daß Sie COMMAND.COM von einer RAM-Disk laden. (Vgl.
Kapitel 9 für weitere Information über den Einsatz einer RAM-Disk.)

Beispiele mit dem Command-Befehl

Von der DOS-Arbeitsumgebung aus - eine Beschreibung derselben befindet sich in Kapitel 8 - werden Charakteristika wie Befehlspfad und
Prompt-Zeichen gesteuert. Jede Kopie von COMMAND.COM startet mit
der Arbeitsumgebung der aufrufenden Kopie. Wenn Sie jedoch die
Arbeitsumgebung einer Kopie von COMMAND.COM verändern, werden
die Änderungen rückgängig gemacht, sobald Sie diese Kopie verlassen,
um zur aufrufenden Kopie von COMMAND.COM zurückzukehren. Dies
läßt sich ganz einfach demonstrieren. Laden Sie einen neuen Befehlsprozessor:

```
A>command
```

DOS meldet sich mit der Startmeldung. Ändern Sie jetzt mit folgendem
Befehl das Prompt-Zeichen:

```
A>prompt Hier ist DOS:
Hier ist DOS:_
```

DOS besitzt nun ein neues Prompt-Zeichen. Verlassen Sie jetzt mit einem
Exit-Befehl diese Kopie von COMMAND.COM:

```
Hier ist DOS:exit
A>_
```

DOS meldet sich wieder mit dem originalen Prompt-Zeichen, da Sie zur
vorherigen Kopie von COMMAND.COM zurückgekehrt sind.

Mit wenig Aufwand kann die Speichergröße ermittelt werden, die mit jeder zusätzlichen Kopie von COMMAND.COM benötigt wird. Dies geschieht mit dem Check-Disk-Befehl (chkdsk). Tippen Sie zunächst folgendes, damit Sie wissen, wieviel freier Speicherplatz zur Verfügung steht:

```
A>chkdsk
```

Die letzte Ausgabezeile enthält den noch zur Verfügung stehenden Speicherplatz. Geben Sie nun einen Check-Disk-Befehl ein, der von einer zweiten Kopie des DOS-Befehlsprozessors ausgeführt werden soll:

```
A>command /c chkdsk
```

Die Zahl in der letzten Ausgabezeile sollte um etwa 3400 kleiner sein als im vorigen Beispiel; die genaue Differenz sagt Ihnen, wieviel zusätzlichen Speicherplatz COMMAND.COM benötigt. Sie können beliebig viele Kopien von COMMAND.COM laden. Mit dem folgenden Beispiel werden zwei Kopien geladen, die zweite davon führt den Check Disk-Befehl aus:

```
A>command /c command /c chkdsk
```

Dieses Mal sollte die Differenz des zur Verfügung stehenden Speicherplatzes das Doppelte vom vorherigen Beispiel betragen, weil Sie COMMAND.COM geladen und danach den Befehlsprozessor ein zweites Mal nachgeladen haben. Sie befinden sich nun wieder bei der Originalversion, da beide Command-Befehl den Parameter /C beinhaltet haben und somit automatisch zur ersten Kopie zurückgekehrt sind.

Die Verwendung des Command-Befehls in einem Batchfile

Ein Beispiel mit zwei kurzen Batchfiles soll demonstrieren, wie der Command-Befehl für die Ausführung eines Batchbefehls innerhalb eines Batchfiles eingesetzt werden kann. Vergewissern Sie sich, daß Ihr Verzeichnis \BATCH ist und kopieren Sie die beiden Dateien EINS.BAT und ZWEI.BAT von der Konsole, bzw. verwenden Sie Edlin oder Ihr Textsystem (vgl. Abb. 6-1).

EINS.BAT:

```
1: echo off
2: for %%p in (%1) do command /c zwei %%p
3: echo *** Ausführung beendet. ***
```

ZWEI.BAT:

```
1: echo off
2: echo Im Verzeichnis befindet sich %1.
```

*Abb. 6-1.   Mit dem Command-Befehl wird ein
Batchbefehl aufgerufen.*

Mit dem For-Befehl in Zeile 2 von EINS.BAT wird ein Command-Befehl
für jedes Bestandteil von %1 ausgeführt (meist wird dazu ein Dateiname
mit Wildcards verwendet). Der Command-Befehl führt der Reihe nach
mit dem jeweils aktuellen Wert von %%p als Parameter den Batchbefehl
ZWEI.BAT aus.

Testen Sie diese Dateien:

```
A>eins *.*
```

DOS meldet sich mit je zwei Ausgabezeilen für jede Datei, die sich im
Verzeichnis \BATCH befindet: Das Prompt-Zeichen mit der Meldung
echo off und in der zweiten Zeile *Im Verzeichnis befindet sich*, gefolgt
vom Dateinamen. Für jede Datei des aktuellen Verzeichnisses wird die
Datei ZWEI.BAT geladen und ausgeführt; arbeiten Sie mit Disketten,
können Sie jedes Mal den Ladevorgang hören. Nachdem ZWEI.BAT für
jede Datei des aktuellen Verzeichnisses ausgeführt worden ist, gibt
EINS.BAT die Meldung aus *** *Ausführung beendet.* *** und kehrt zu
DOS zurück.

In diesem Beispiel wird von der Datei ZWEI.BAT einfach nur eine Meldung ausgegeben, aber sie könnte auch eine ganze Reihe von Befehlen
durchführen. Ohne den Command-Befehl in Zeile 2 von EINS.BAT -
wenn also nur *for %%p in (%1) do zwei %%p* stehen würde - würde DOS
die Datei ZWEI.BAT nur einmal ausführen und danach zum Prompt-
Zeichen auf die DOS-Ebene zurückkehren.

Ein Batchfile kann sich auch selbst aufrufen

Sie werden sehen, daß der Aufruf eines Batchfiles von einem anderen
Batchfile zwar sehr wichtig ist, daß dies jedoch auch einige Einschränkungen mit sich bringt. Im vorherigen Beispiel haben Sie mit zwei
Batchfiles eine Arbeit ausgeführt. Jede Datei erfordert einen Mindest-
speicherplatz, und außerdem müssen beide Dateien verwaltet werden. Es
ist jedoch nicht unbedingt erforderlich, ein anderes Batchfile aufzurufen;
ein kleiner Kniff beim Umgang mit Parametern erlaubt die Kombination
dieser beiden Dateien in Form einer einzigen Datei, die sich selbst aufruft
(ein sogenannter *rekursiver* Aufruf), um dieselbe Arbeit auszuführen.

Schauen Sie sich das Batchfile in Abb. 6-2 an. Die Zeilen 1, 3 und 4 sind beinahe identisch mit EINS.BAT aus dem vorausgehenden Beispiel, und Zeile 7 ist der Hauptteil aus ZWEI.BAT. Die Zeilen 2 und 5 sind jedoch neu. Es gibt ein paar Sprungmarken (Labels), die bisher noch nicht benötigt wurden, und es gibt einen Parameter *trick* am Ende von Zeile 3. Was geschieht nun hier?

```
1:    echo off
2:    if "%2"=="trick" goto MACH_ES
3:    for %%p in (%1) do command /c selbst %%p trick
4:    echo *** Ausführung beendet. ***
5:    goto ENDE
6: :MACH_ES
7:    echo Im Verzeichnis befindet sich %1.
8: :ENDE
```

Abb. 6-2.   SELBST.BAT: Ein rekursives (sich selbst aufrufendes) Batchfile.

Folgendes läuft ab bei der Eingabe von *selbst *.**:

1. Der If-Befehl in Zeile 2 findet keinen zweiten Parameter; der Vergleich mit *trick* fällt negativ aus und der Goto-Befehl wird deshalb nicht ausgeführt.

2. Der For-Befehl in Zeile 3 führt für jede Datei des Verzeichnisses \BATCH einen Command-Befehl aus (*%1 ist *.**). Jeder Command-Befehl lädt der Reihe nach den Batchbefehl SELBST und führt ihn mit zwei Parametern aus: Der erste Parameter ist der Dateiname, der zweite Parameter ist *trick*.

3. Die neue Kopie von COMMAND.COM lädt SELBST.BAT und arbeitet die Datei ab. Auch dieses Mal wird durch den If-Befehl in Zeile 2 verglichen, ob %2 mit *trick* identisch ist: Der Vergleich fällt jetzt positiv aus, und der Befehl *goto MACH_ES* wird ausgeführt.

4. In Zeile 7 wird die Meldung ausgegeben; damit ist diese Kopie von SELBST.BAT beendet, die Kontrolle wird an COMMAND.COM zurückgegeben. Die aktuelle Kopie von COMMAND.COM wird beendet (der Parameter /C läßt nur die Ausführung eines einzigen Befehls zu), und es erfolgt die Rückkehr zur vorherigen Kopie von COMMAND.COM, die sich mit der Befehlsabarbeitung immer noch in Zeile 3 von SELBST.BAT mit einer Dateiliste befindet. Die Schritte 3 und 4 werden für jede Datei der Liste wiederholt.

Erstellen Sie SELBST.BAT, speichern Sie diese Datei und geben Sie dann *selbst *.** ein. Das Ergebnis sollte mit identisch dem des vorherigen Beispiels sein, als Sie die Zeile *eins *.** eingegeben haben. Sie haben denselben Erfolg erzielt, anstelle zweier Dateien jedoch nur eine Datei benötigt. Diese Technik findet sich auch in einem Batchfile in Kapitel 11, das das Ausdrucken einer Reihe von Dateien erlaubt.

Outputumleitung eines Batchbefehls

Haben Sie schon einmal versucht, die Ausgabe eines Batchbefehls umzuleiten? Sie haben sicher bemerkt, daß dies gar nicht möglich ist. Wenn Sie beispielsweise beim vorausgehenden Beispiel *selbst *.** > *selbst.out* eingegeben hätten, wäre von DOS zwar eine Datei SELBST.OUT angelegt worden, der Inhalt dieser Datei wäre jedoch leer geblieben (die Dateigröße würde in diesem Fall also 0 betragen).

Es kann aber die Ausgabe des Command-Befehls umgeleitet werden. Probieren Sie dies aus:

```
A>command /c selbst *.* > selbst.out
```

DOS arbeitet jetzt unsichtbar für den Benutzer und meldet sich schließlich wieder mit dem Prompt-Zeichen. Machen Sie jetzt folgende Eingabe:

```
A>type selbst.out
```

Sie sehen die Ausgabe des Batchbefehls, die auf die Datei SELBST.OUT umgeleitet worden ist. Löschen Sie die Datei mit *erase selbst.out*.

Zeit- und Datumsverarbeitung und andere Ausgaben

Mit DOS können aktuelle Zeit und Datum in einer Datei abgelegt oder direkt über Drucker ausgegeben werden. Da dies in etwa einem Stempel entspricht, mit dem man die Uhrzeit und das Datum auf Papier stempeln kann, werden wir es als *Zeitstempel* oder *Datumsstempel* bezeichnen.

Für diese Technik muß der Input (die Eingabe) eines Time- oder Date-Befehls in eine Datei umgeleitet werden, die nur ein Return-Zeichen enthält, und der Output (die Ausgabe) muß in die Datei oder das Gerät umgeleitet werden, mit dem das "Stempeln" erfolgen soll. Durch das Return-Zeichen wird von DOS die Uhrzeit bzw. das Datum unverändert übernommen.

Erstellen Sie zunächst eine Datei, die nur ein Return-Zeichen enthält:

```
A>copy con cr.dat
<Enter>
<F6><Enter>
        1 Datei(en) kopiert


A>_
```

Um die grundsätzliche Arbeitsweise kennenzulernen, geben Sie folgenden Date-Befehl ein:

```
A>date < cr.dat
Datum ist: Fr. 30.01.1987
Neues Datum eingeben: (tt.mm.jj):


A>_
```

Sie benötigen natürlich nur die erste Zeile der Ausgabe in einer Datei. Verbinden Sie also die Ausgabe des Date-Befehls mit einem Find-Befehl und leiten Sie die Ausgabe des Find-Befehls in eine Datei mit dem Dateinamen DATE.TMP (die Zeichenfolge "ist" ist nur in der ersten Ausgabezeile des Date- bzw. Time-Befehls enthalten):

```
A>date < cr.dat | find "ist" > date.tmp
```

Arbeiten Sie mit der DOS-Version 2, wird auf dem Bildschirm die Meldung erscheinen *Neues Datum eingeben: (tt.mm.jj):*, in die Datei wird jedoch nur der Datumsstempel geschrieben. Überprüfen Sie dies mit dem Type-Befehl:

```
A>type date.tmp
Datum ist: Fr. 30.01.1987
```

Zum Anhängen eines Datums- oder Zeitstempels an das Ende einer Datei verwenden Sie zwei >-Zeichen; dadurch wird die Ausgabe des Date- bzw. Time-Befehls in die Zieldatei umgeleitet und am Dateiende angehängt. Erstellen Sie eine Testdatei, und fügen Sie am Dateiende einen Zeitstempel ein:

```
A>copy con datei1.dok
Dies ist eine Testdatei.
<F6><Enter>
        1 Datei(en) kopiert


A>time < cr.dat | find "ist" >> datei1.dok
```

Beachten Sie, daß wieder bei Verwendung von Version 2 die Bildschirmausgabe *Neue Zeit eingeben:* nach dem Time-Befehl erscheint.

Soll ein Datums- oder Zeitstempel am Beginn einer Datei eingefügt werden, benötigt man für diese Aufgabe einige Zwischendateien (temporäre Dateien): Zuerst wird eine Datei für den Datums- oder Zeitstempel benötigt, ferner ist eine Datei erforderlich, die den Datums- bzw. Zeitstempel mit der Originaldatei kombiniert. Sie haben bereits die Datei DATE.TMP mit dem Datumsstempel erstellt. DATEI1.DOK ist eine Testdatei, die am Ende einen Zeitstempel trägt. Mit folgender Eingabe können DATE.TMP und DATEI1.DOK so kombiniert werden, daß an den Dateianfang ein Zeitstempel gesetzt wird und das Ergebnis unter einer Zwischendatei mit dem Dateinamen DATE.$$$ abgelegt wird:

```
A>copy date.tmp+datei1.dok date.$$$ > nul

A>type date.$$$
Datum ist: Fr. 30.01.1987
Dies ist eine Testdatei.
Zeit ist: 13.29.00,29

A>_
```

Die Ausgabe des Copy-Befehls wird auf NUL umgeleitet, d.h. die Meldungen, die Anzahl und Namen der kopierten Dateien beinhalten, werden nicht als Bildschirmmeldung ausgegeben. Wenn Sie auf diese Weise mit einem Batchfile einen Datums- bzw. Zeitstempel am Beginn von DATEI1.DOK einfügen, müßten Sie noch die originale Datei (DATEI1.DOK) löschen und die Zwischendatei DATE.$$$ zu DATEI1.DOK umbenennen.

Löschen Sie die Dateien, die nicht mehr benötigt werden, aus dem Dateiverzeichnis:

```
A>erase date.$$$

A>erase date.tmp

A>erase datei1.dok

A>_
```

Achtung: Mit den vorausgegangenen Löschbefehlen wurde die Datei CR.DAT nicht gelöscht. Sie können also den Time- oder Date-Befehl auf die gleiche Weise wiederverwenden. Immer wenn die Eingabe für den Time- oder Date-Befehl umgeleitet wird, sollten Sie unbedingt darauf achten, daß die Datei, in die die Eingabe umgeleitet wird, nur ein einzelnes Return-Zeichen enthält. Für den Fall, daß der Dateiinhalt nicht aus einem Return-Zeichen bestehen oder daß die Datei eine für den Time- oder Date-Befehl ungültige Eingabe enthalten sollte, wird DOS weiterhin auf eine richtige Eingabe aus der Datei warten. Es gibt aber nichts mehr, was aus der Datei gelesen werden könnte, und Sie können auch nicht über die Tastatur eine Eingabe machen; DOS muß in diesem Fall neu gestartet werden.

Was dauert wie lange?

In Abb. 6-3 sehen Sie ein kurzes Batchfile, das mit Hilfe von Zeitstempeln die Ausführungszeiten von DOS-Befehlen stoppen kann. Die Technik dafür ist ganz einfach: Es wird die aktuelle Zeit angezeigt, danach wird ein bestimmter Befehl ausgeführt und abschließend wird noch einmal die aktuelle Zeit ausgegeben.

```
1:  echo off
2:  echo *** Startzeit
3:  time < cr.dat | find "ist"
4:  %1 %2 %3 %4 %5 %6
5:  echo *** Endzeit
6:  time < cr.dat | find "ist"
```

Abb. 6-3.   TIMER.BAT: Eine DOS-Stoppuhr.

Beachten Sie bitte Zeile 4: Diese Zeile enthält ausschließlich austauschbare Parameter und führt den Stoppvorgang durch. Mit Hilfe dieser vielen austauschbaren Parameter kann fast jede Befehlsausführung gestoppt werden.

Geben Sie das Batchfile *TIMER.BAT* ein, und testen Sie es mit folgender Eingabe:

```
A>timer vol

A>echo off
*** Startzeit
Zeit ist: 14.39.57,45

 Dskt/Platte in Laufwerk C hat keinen Namen
*** Endzeit
Zeit ist: 14.40.00,26

A>_
```

Die Differenz zwischen Start- und Endzeit beträgt in diesem Beispiel 2,81 Sekunden. Es kann sich durchaus eine andere Zeit ergeben, je nach Systemkonfiguration und -einsatz.

Mit TIMER.BAT können Sie einige interessante Dinge über Ihr System erfahren. Wenn Sie beispielsweise *timer* eingeben, erfahren Sie, wie lange der Batchbefehl TIMER.BAT zur Ausführung benötigt, da es in diesem Fall für DOS keinen auszuführenden Befehl gibt. Probieren Sie es aus. Sollten Sie eine RAM-Disk besitzen, machen Sie diese zum aktuellen Laufwerk, kopieren TIMER.BAT und CR.DAT und geben noch einmal *timer* ein. Vergleichen Sie die beiden Ausführungszeiten miteinander. Kopieren Sie nun noch FIND.EXE auf Ihre RAM-Disk und geben Sie noch einmal *timer* ein; jetzt sollte sich ein ziemlich großer Unterschied in der Ausführungszeit bemerkbar machen. Auf diese Weise können Sie ganz einfach die Geschwindigkeit Ihres Systems messen.

Zusätzlich zu den in diesem Kapitel beschriebenen Techniken kann der erweiterte Graphikzeichensatz verwendet werden, um zusammengehörige Informationen einzurahmen oder Tastenbezeichnungen zu repräsentieren; mit den ANSI.SYS-Befehlen können Bildschirmattribute wie zum Beispiel Inversmodus oder Farbe eingestellt werden.

Durch diese Möglichkeiten werden Ihre Batchfiles zwar länger, jedoch die bessere Lesbarkeit und Übersichtlichkeit machen dies in der Regel wieder wett - vor allem dann, wenn Sie mit vielen Batchfiles arbeiten müssen oder wenn Ihre Batchfiles von anderen Benutzern verwendet werden. Die Batchfiles, die Ihnen im weiteren Verlauf des Buches gezeigt werden, verwenden u.a. auch diese Techniken, um sie sowohl leistungsfähig als auch benutzerfreundlich zu machen.

Kapitelzusammenfassung

- Planen Sie Ihre Batchfiles vor dem Schreiben.

- Lassen Sie Bildschirmmeldungen ausgeben, wenn Parameter benötigt werden oder wenn durch falsche Anwendung wertvolle Dateien gelöscht werden können.

- Machen Sie Ihre Batchfiles durch übersichtliche Bildschirmgestaltung und Ausgabe hilfreicher Meldungen oder Warnmeldungen benutzerfreundlich.

- Verwenden Sie Umleitungssymbole (<, > oder |) in Batchfiles ausschließlich zur Befehlsumleitung.

- Mit dem Command-Befehl können andere Batchbefehle wie DOS-Befehle verwendet werden.

Kapitel

7

Planung eines interaktiven Menü-Systems

Ein Menü-System, zugeschnitten auf Ihre Anwenderprogramme, verwandelt Ihren Computer in ein wesentlich produktiveres Werkzeug. Ein vorbildlich geplantes Menü-System kann große Zeitersparnis beim Wechseln von Verzeichnissen und Starten von Programmen bewirken. Es ist nicht notwendig, solche Menü-Programme zu kaufen; mit DOS haben Sie alles zur Hand, was Sie zur Erstellung eines handfesten Menü-Systems benötigen, und mit einem zusätzlichen Kurzprogramm mit der Bezeichnung ANTWORT.COM - das Sie in diesem Kapitel erstellen werden - kann Ihr Menü-System wunschgemäß interaktiv angelegt werden.

Außer der Erstellung von ANTWORT.COM lernen Sie in diesem Kapitel grundlegende Techniken für das Schreiben von Menüs, Antwortüberprüfungen und Ausgabe von Hilfsinformationen. In Kapitel 14 werden die in diesem Kapitel beschriebenen Techniken, sowie die in den folgenden Kapiteln beschriebenen Batchprogramme angewendet. Damit erhalten Sie ein mehrschichtiges Menü-System, mit dem Sie mehrere Anwenderprogramme verwalten können.

Interaktive Batchbefehle mit ANTWORT.COM

Bei ANTWORT.COM handelt es sich um ein Kurzprogramm, das die als nächstes gedrückte Taste erkennt. Das klingt zwar nicht gerade nach sehr viel, aber Sie können damit Batchfiles Ihren Wünschen dadurch anpassen, daß je nach Tastendruck verschiedene Befehle ausgeführt werden.

DOS kann mit diesem Programm eine Zahl, den sogenannten *errorlevel*, im Speicher festhalten. Mit dem If-Befehl kann der Wert von *errorlevel* überprüft werden. ANTWORT.COM wartet also auf einen Tastendruck Ihrerseits und setzt den Wert von *errorlevel* auf den Tastencode der von Ihnen betätigten Taste.

Da der If-Befehl nach einem *errorlevel* sucht, der gleich oder größer ist als Ihre spezifizierte Zahl, müssen die Tastencodes in absteigender Reihenfolge überprüft werden. Sie müssen also mit dem höchsten Tastencode beginnen und mit dem kleinsten Code die Überprüfung beenden. Befinden sich die zu überprüfenden Tastencodes nicht in einer zusammenhängenden Folge, müssen außerdem die fehlenden Tastencodes überprüft werden. Die Ursache dafür und die Methode werden Ihnen nach ein paar Beispielen einleuchten.

Der Schreibmaschinenteil Ihrer Tastatur hat als Tastencode jeweils den ASCII-Code des entsprechenden Zeichens (vgl. Anhang C). Der erweiterte Tastencode der speziellen Tasten - Funktionstasten, Cursorsteuertasten und Kombinationen mit Alt- und Ctrl-Taste - besteht aus zwei Zahlen (vgl. Anhang D). Die erste Zahl eines erweiterten Tastencodes ist immer 0; ANTWORT.COM setzt deshalb *errorlevel* automatisch auf die zweite Zahl.

Einige ASCII-Codes sind mit der zweiten Zahl des erweiterten Tastencodes anderer Tasten identisch. Dadurch kommen teilweise Verdopplungen zustande: Das Semikolon und die Funktionstaste F1 z.B. setzen beide den *errorlevel* auf 59; Alt-B und 0 (Null) setzen beide den *errorlevel* auf 48. Das sollte jedoch zu keinem Problem werden, da die doppelten Tasten in der Regel überhaupt nichts miteinander zu tun haben und sich gegenseitig nicht behindern.

Erstellen von ANTWORT.COM mit dem Debugger

In Kapitel 5 wurde beschrieben, wie mit Hilfe des Debuggers ein Programm erstellt werden kann. Sollten Sie diese Beispiele noch nicht durchgearbeitet haben, wäre es besser, dies nachzuholen, bevor Sie mit dem folgenden Abschnitt weitermachen.

Zum Starten des Debuggers und zum Erstellen von ANTWORT.COM geben Sie bitte folgendes ein:

```
A>debug
-a 100
xxxx:0100 mov ah,8
xxxx:0102 int 21
xxxx:0104 cmp al,0
xxxx:0106 jnz 10a
xxxx:0108 int 21
xxxx:010A mov ah,4c
xxxx:010C int 21
xxxx:010E <Enter>
-
```

Mit dem folgenden Unassemble-Befehl sollten Sie sich das Programm auflisten lassen und das Ergebnis mit Abb. 7-1 vergleichen:

```
-u 100 10d
```

Debugger-Meldung:

```
xxxx:0100 B408          MOV     AH,08
xxxx:0102 CD21          INT     21
xxxx:0104 3C00          CMP     AL,00
xxxx:0106 7502          JNZ     010A
xxxx:0108 CD21          INT     21
xxxx:010A B44C          MOV     AH,4C
xxxx:010C CD21          INT     21
-_
```

Abb. 7-1.   Ausgabe des Unassemble-Befehls für ANTWORT.COM.

Sollte Ihre Bildschirmausgabe nicht mit Abb. 7-1 übereinstimmen, gehen Sie bitte noch einmal zurück zur Überschrift "Erstellen von ANTWORT.COM mit dem Debugger", geben das Programm neu ein, disassemblieren es mit dem Unassemble-Befehl und überprüfen noch einmal das Ergebnis mit der Abbildung.

Sind Ihre Ausgaben identisch mit Abb. 7-1, speichern Sie mit folgenden Eingaben ANTWORT.COM auf Diskette und verlassen anschließend den Debugger:

```
-r cx
CX 0000
:e
-n antwort.com
-w
Schreiben von 000E Byte
-q
```

Nun sollten Sie sich wieder auf der DOS-Ebene befinden und das System-Prompt auf dem Bildschirm sehen.

Kurzer Test von ANTWORT.COM

Wie Sie ja bereits wissen, setzt ANTWORT.COM nur den *errorlevel* auf den Tastencode der Taste, die als nächste betätigt wird. Wenn Sie keine Überprüfung auf *errorlevel* durchführen, wird sich ANTWORT.COM wie der Pause-Befehl verhalten - d.h. der Befehl wird auf einen Tastendruck warten. Allerdings unterbleibt die Meldung *Wenn bereit, eine Taste betätigen. . ..* Als erstes führen Sie einen ganz einfachen Test mit ANTWORT.COM durch; geben Sie einfach nur den Befehlsnamen ein:

```
A>antwort
```

Es sollte nichts passieren. Vor allem aber sollte kein Prompt-Zeichen erscheinen. (Für den Fall, daß Sie als Ergebnis ein Prompt-Zeichen erhalten, geben Sie noch einmal *antwort* ein. Erscheint das Prompt-Zeichen wieder, gehen Sie zurück zur Überschrift "Erstellen von ANTWORT.COM mit dem Debugger" und geben das Programm noch einmal neu ein. Tritt bei der Programmausführung ein ernsterer Fehler auf, müssen Sie unter Umständen das System mit Ctrl-Alt-Del neu starten oder sogar den Netzschalter aus- und wieder einschalten.)

Es erscheint kein System-Prompt, weil ANTWORT.COM darauf wartet, daß eine Taste betätigt wird. Drücken Sie also eine beliebige Taste. Nun sollte sich wieder DOS mit dem System-Prompt melden. Auf den ersten Blick scheint es sich hier um eine triviale Aufgabe für ein Programm zu handeln, aber selbst dieses einfache Programm kann nützlich sein, wenn Sie die Befehlsausführungen eines Batchfiles anhalten möchten, ohne jedes Mal die Meldung zu erhalten *Wenn bereit, eine Taste betätigen. . ..* Dies ist jedoch nicht der Grund dafür, daß ANTWORT.COM ein nützlicher Befehl sein soll.

Sie erhalten keine Bestätigung dafür, daß ANTWORT.COM den *errorlevel* auf den Code der von Ihnen gedrückten Taste gesetzt hat. Die Überprüfung kann jedoch mit einem kurzen Batchfile vorgenommen werden.

Mit ANTWORT.COM eine beliebige Taste erkennen

Die erste Demonstration von ANTWORT.COM soll mit einem Batchfile MENU-1.BAT durchgeführt werden. Dieses Batchfile soll ein Menü mit zwei Wahlmöglichkeiten ausgeben und auf eine Antwort von Ihnen warten. Wenn F1 gedrückt wird, soll der Bildschirm gelöscht werden; wenn F2 gedrückt wird, soll das Verzeichnis aufgelistet werden; wenn irgendeine andere Taste gedrückt wird, soll das Programm auf die DOS-Ebene zurückkehren.

Geben Sie mit Hilfe von Edlin oder eines Textverarbeitungssystems MENU-1.BAT wie in Abb. 7-2 gezeigt ein. (Sie können auch von der Tastatur aus direkt in die Datei kopieren, haben dann aber keine Möglichkeit mehr, eine Zeile nach der Eingabe von Enter zu korrigieren. Diese Datei wird ein bißchen zu lang sein, um Sie absolut fehlerfrei abzutippen.)

Die Sprungmarken in MENU-1.BAT müssen nicht unbedingt in Großschrift eingegeben werden, und Sie müssen auch nicht die Leerzeichen zu Beginn derjenigen Zeilen eingeben, die keine Sprungmarken repräsentieren. Dies sind jedoch zwei Konventionen, mit deren Hilfe die Struktur und die Arbeitsweise eines Batchfiles übersichtlicher gestaltet werden kann; es ergeben sich keine Auswirkungen auf die Befehlsausführungen des Batchfiles. Die Zeilennummern sind nur als Bezugspunkte gedacht.

```
 1:    echo off
 2:    cls
 3:    echo F1 - Bildschirm löschen
 4:    echo F2 - Verzeichnis auflisten
 5:    echo Verlassen mit jeder anderen Taste.
 6:    antwort
 7:    if errorlevel 61 goto ENDE
 8:    if errorlevel 60 goto F2
 9:    if errorlevel 59 goto F1
10:    goto ENDE
11: :F1
12:    cls
13:    goto ENDE
14: :F2
15:    dir
16: :ENDE
```

Abb. 7-2.   *MENU-1.BAT: Eine kleine Menüzusammenstellung.*

Und so funktioniert MENU-1.BAT:

- In den Zeilen 1-6 wird der Bildschirm gelöscht, das Menü auf dem Bildschirm ausgegeben und das Programm ANTWORT.COM ausgeführt.

- In Zeile 7 wird überprüft, ob der Tastencode größer oder gleich 61 ist (um zu sehen, ob eine andere Funktionstaste als F1 oder F2 betätigt worden ist). Da der If-Befehl überprüft, ob *errorlevel* größer oder gleich einer bestimmten Zahl ist, muß die Überprüfung vom größten zum kleinsten Wert vorgenommen werden. Das Batchfile soll ja nur reagieren, falls F1 oder F2 betätigt wird. Deshalb besagt der If-Befehl: Du brauchst nichts zu tun (bzw. *goto ENDE* - Spring ans Ende), wenn die gedrückte Taste F3 oder größer ist.

- Zeile 8 besagt: Gehe zur Sprungmarke F2, wenn der Tastencode 60 ist (also die Funktionstaste F2 gedrückt wurde). In Zeile 7 wurde die Eingabe einer Taste, deren Code höher als 60 ist, abgefangen. Der If-Befehl wählt also die F2-Taste aus.

- Zeile 9 besagt: Gehe zur Sprungmarke F1, wenn der Tastencode 59 ist (also die Funktionstaste F1 gedrückt wurde). In den Zeilen 7 und 8 wurde die Eingabe einer Taste, deren Code höher als 59 ist, abgefangen. Der If-Befehl wählt also die F1-Taste aus.

- Zeile 10 besagt: Gehe zur Sprungmarke ENDE und verlasse das Batchfile ohne einen Befehl auszuführen. Der If-Befehl in Zeile 7 ignoriert alle Tastatureingaben höher als F2, der If-Befehl in Zeile 10 dagegen ignoriert alle Tastatureingaben kleiner als F1.

- In den Zeilen 11-13 wird festgelegt, was passieren soll, wenn F1 betätigt wird: Der Bildschirm wird gelöscht, und die Kontrolle wird an DOS zurückgegeben.

- In den Zeilen 14-16 wird festgelegt, was passieren soll, wenn F2 betätigt wird: Das Verzeichnis wird aufgelistet, und die Kontrolle wird an DOS zurückgegeben.

Speichern Sie die Datei, und geben Sie *menu-1* ein. Ihr Menü sollte nun auf dem Bildschirm erscheinen:

```
F1 - Bildschirm löschen
F2 - Verzeichnis auflisten
Verlassen mit jeder anderen Taste.

-
```

Drücken Sie F1; der Bildschirm sollte gelöscht werden. Geben Sie noch einmal *menu-1* ein, und drücken Sie F2: Jetzt sollte das Dateiverzeichnis auf Ihrem Bildschirm aufgelistet werden. Probieren Sie ruhig noch ein paar Mal; betätigen Sie auch andere Tasten, und vergewissern Sie sich, daß bei allen Eingaben, außer F1 und F2, eine direkte Rückkehr auf die DOS-Ebene erfolgt.

Nur erlaubte Eingaben akzeptieren

MENU-1.BAT akzeptiert jede Tastatureingabe, führt allerdings nur bei den Tasten F1 und F2 bestimmte Befehle aus; in allen anderen Fällen erfolgt die Rückkehr zu DOS. Diese Methode wird wohl nicht immer die beste Lösung für die Verarbeitung von Eingaben sein, vor allem, wenn eine falsche Eingabe etwas zerstören kann, z.B. eine Datei löschen. MENU-1.BAT kann nun so modifiziert werden, daß nur die Tasten F1 und F2 als Eingabe akzeptiert werden, und daß bei allen anderen Eingaben so lange auf eine weitere Eingabe gewartet wird, bis das Programm eine dieser beiden Funktionstasten erkennt.

Abb. 7-3 zeigt die Neufassung von MENU-1.BAT, die alle Tasten außer F1 und F2 ignoriert. Die Veränderungen gegenüber der ursprünglichen Fassung sind durch Unterstreichung kenntlich gemacht. Legen Sie sich eine Kopie von MENU-1.BAT an, nehmen Sie mit Hilfe von Edlin oder Ihrem Textverarbeitungsprogramm die Änderungen vor und speichern Sie die revidierte Datei als MENU-2.BAT.

```
 1:    echo off
 2:    cls
 3:    echo F1 - Bildschirm löschen
 4:    echo F2 - Verzeichnis auflisten
 5:    echo Bitte F1 oder F2 betätigen
 6: :ANTWORT
 7:    antwort
 8:    if errorlevel 61 goto ANTWORT
 9:    if errorlevel 60 goto F2
10:    if errorlevel 59 goto F1
11:    goto ANTWORT
12: :F1
13:    cls
14:    goto ENDE
15: :F2
16:    dir
17: :ENDE
```

*Abb. 7-3.   MENU-2.BAT: Eine kleine Menüzusammenstellung,
die eine korrekte Antwort erfordert.*

Die Änderungen sind sehr gering:

- Zeile 5: Schreiben Sie anstelle von *Verlassen mit jeder anderen Taste* den Text *Bitte F1 oder F2 betätigen*.

- Fügen Sie eine neue Zeile 6 ein mit der Sprungmarke *:ANTWORT*.

- Ändern Sie *ENDE* in den Zeilen 8 und 11 (Zeilen 7 und 10 in Abb. 7-2) zu *ANTWORT*. Wenn Sie jetzt eine andere Taste als F1 oder F2 betätigen, wird noch einmal der Befehl ANTWORT.COM ausgeführt und nicht sofort auf die DOS-Ebene zurückgekehrt. Die einzige Möglichkeit zum Beenden des Batchfiles ist die Eingabe von F1 oder F2 (bzw. Ctrl-C zum Abbrechen des Batchbefehls).

Nehmen Sie die Veränderungen vor und speichern Sie das revidierte Batchfile unter MENU-2.BAT. Geben Sie *menu-2* ein. Ihr Menü sollte jetzt mit einer veränderten Anweisungszeile auf dem Bildschirm erscheinen:

```
F1 - Bildschirm löschen
F2 - Verzeichnis auflisten
Bitte F1 oder F2 betätigen

_
```

Die Programmreaktion auf die Eingabe von F1 und F2 sollte sich nicht verändern, aber das Betätigen einer anderen Taste dürfte nun keine Wirkung mehr zeigen. Das Batchfile wartet so lange, bis Sie entweder F1 oder F2 drücken.

ANTWORT.COM kann aus jedem beliebigen Batchfile aufgerufen werden, auch wenn es sich dabei nicht um ein Menü handelt. Wenn Sie beispielsweise eine Diskette zum Formatieren vorbereiten, könnten Sie folgende Meldung ausgeben lassen: *F1 - Formatieren der Diskette; Abbruch mit jeder anderen Taste*. Dadurch wird die Wahrscheinlichkeit geringer, daß aus Versehen die falsche Diskette formatiert wird. Im weiteren Verlauf des Buches werden Ihnen noch weitere Batchfiles begegnen, die die Möglichkeiten zum Abfangen einer falschen Tasteneingabe verwenden.

Auswählen einer einzelnen Taste

Es kann auch eine einzelne Taste, die als Antwort auf ANTWORT.COM gedrückt werden muß, direkt erkannt werden; dies geschieht mittels eines If-Befehls, der einen weiteren If-Befehl beinhaltet. Erstellen Sie mit folgenden Eingaben eine Datei MENU-3.BAT:

```
A>copy con menu-3.bat
echo off
echo Taste F1 zum Auflisten des Verzeichnisses,
echo weiter mit jeder anderen Taste.
antwort
if errorlevel 59 if not errorlevel 60 dir
<F6><Enter>
        1 Datei(en) kopiert

A>_
```

Mit dem ersten If-Befehl werden alle Tasten ausgewählt, deren Code größer oder gleich 59 ist, der zweite If-Befehl wählt sämtliche Tasten, deren Code kleiner als 60 ist. Diese beiden Bedingungen treffen nur auf den Tastencode 59 (die Funktionstaste F1) zu. Geben Sie *menu-3* ein; als Antwort auf das Betätigen der F1-Taste gibt DOS das Dateiverzeichnis auf dem Bildschirm aus. Drücken Sie irgendeine andere Taste, meldet sich DOS einfach nur mit dem System-Prompt.

Verallgemeinerung: Mit folgendem Befehl wird *<Befehl>* ausgeführt, wenn als Antwort auf ANTWORT.COM die Taste mit dem Tastencode *x* betätigt wird:

```
if errorlevel x if not errorlevel x+1 <Befehl>
```

Mit dieser Technik werden im verbleibenden Teil des Buches Antworten auf ANTWORT.COM in Batchfiles verarbeitet.

Zusätzliche Informationsausgabe in Batchfiles

Es gibt Situationen, in denen ein Menü oder eine andere Bildschirmausgabe zusätzliche Anweisungen an bestimmten Stellen des Bildschirms ausgeben sollte - vor allem dann, wenn Sie das Programm nicht oft benutzen
oder wenn Benutzer damit umgehen, die wenig Erfahrung mit DOS besitzen - der Bildschirm dabei aber trotzdem übersichtlich gehalten werden
soll.

Warum soll man nicht die Technik anwenden, mit der viele Anwenderprogramme arbeiten: Gemeint sind Hilfsinformationen, die mit einem
bestimmten Tastendruck aufgerufen werden können. Wir werden jetzt
MENU-2.BAT so verändern, daß bei Eingabe der Tastenkombination
Alt-H zusätzliche Hilfsinformationen ausgegeben werden.

Abb. 7-4 beinhaltet die revidierte Fassung von MENU-2.BAT, die mit
Hilfe mehrerer Echo-Befehle zusätzliche Hilfsinformationen ausgibt, sobald Alt-H eingegeben wird; die Änderungen zur Originalfassung von
MENU-2.BAT sind wieder unterstrichen dargestellt. Kopieren Sie wiederum MENU-2.BAT, nehmen Sie die Änderungen mit Edlin oder mit
Ihrem Textverarbeitungssystem vor und speichern Sie die revidierte Datei
unter dem Dateinamen MENU-4.BAT auf Diskette.

Achtung: {ESC} in Abb. 7-4 und den folgenden Abbildungen steht stellvertretend für das Escape-Zeichen (ASCII 27). Mit Edlin muß das Escape-Zeichen als Ctrl-V[eingegeben werden. Bei Microsoft Word oder
einem anderen Textsystem, das in der Lage ist, Kontrollzeichen zu verarbeiten, geben Sie Alt-27 ein.

```
 1:    echo off
 2:    cls
 3:    echo F1 - Bildschirm löschen
 4:    echo F2 - Verzeichnis auflisten
 5:    echo Bitte F1 oder F2 betätigen (Alt-H für Hilfsinformationen)
 6: :ANTWORT
 7:    antwort
 8:    if errorlevel 61 goto ANTWORT
 9:    if errorlevel 60 goto F2
10:    if errorlevel 59 goto F1
11:    if errorlevel 35 if not errorlevel 36 goto HILFE
12:    goto ANTWORT
13: :F1
14:    cls
15:    goto ENDE
16: :F2
17:    dir
```

```
18:     goto ENDE
19: :HILFE
20:     echo {ESC}[18;38HDiese Informationen können nur mit der
21:     echo {ESC}[19;38HTastenkombination Alt-H aufgerufen werden.
22:     echo {ESC}[20;38HDas Batchfile wurde ausschließlich
23:     echo {ESC}[21;38Hfür Demonstrationszwecke erstellt.
24:     goto ANTWORT
25: :ENDE
```

Abb. 7-4.   MENU-4.BAT: Ein Batchfile mit Hilfsinformationen.

Auch dieses Mal sind keine großartigen Änderungen notwendig:

- In Zeile 5 fügen Sie (*Alt-H für Hilfsinformationen*) an.

- Fügen Sie Zeile 11 ein: dort wird zur Sprungmarke *HILFE* verzweigt, wenn die Tastenkombination Alt-H (Code 35) gedrückt wird.

- Fügen Sie die Zeilen 18-24 ein. Die durch den Echo-Befehl ausgegebene Meldung wird durch einen ANSI.SYS-Befehl eingeleitet, der
  den Cursor positioniert, angefangen bei Zeile 18, Spalte 38
  (ANSI.SYS-Befehle sind in Kapitel 3 ausführlich beschrieben).

Nehmen Sie die Änderungen vor und speichern Sie das revidierte Batchfile unter dem Dateinamen MENU-4.BAT. Jetzt geben Sie *menu-4* ein.
Die Anweisungszeile enthält eine zusätzliche Wahlmöglichkeit:

```
F1 - Bildschirm löschen
F2 - Verzeichnis auflisten
Bitte F1 oder F2 betätigen (Alt-H für Hilfsinformationen)

_
```

Die Funktionstasten F1 und F2 werden wie in MENU-2.BAT verarbeitet;
probieren Sie jetzt die Tastenkombination Alt-H aus. MENU-4.BAT gibt
die Hilfsinformationen am Bildschirm rechts unten aus und kehrt danach
zurück, um auf eine Eingabe von F1 oder F2 zu warten.

Diese Hilfsinformationen können ganz nach Wunsch gestaltet werden, indem Sie Bildschirmattribute, wie z.B. Inversmodus oder Farbe verwenden,
oder die Informationen mit dem erweiterten Zeichensatz umrahmen und
in ein separates Fenster setzen. Hierbei handelt es sich nur um den
grundlegenden Mechanismus für die Ausgabe zusätzlicher Informationen
auf Tastendruck.

Löschen von Bildschirmzeilen mit Hilfe eines Batchfiles

Nachdem die Hilfsinformationen ausgegeben worden sind, wäre es schön, wenn sie auch wieder gelöscht werden könnten. Das Batchfile MENU-4.BAT kann man so modifizieren, daß auf Tastendruck die Hilfsinformationen ausgegeben und dieselben nach Betätigen einer beliebigen Taste wieder gelöscht werden.

In Abb. 7-5 finden Sie die neue Version von MENU-4.BAT, mit der die Hilfsinformationen ausgegeben werden, mit Hilfe von ANTWORT.COM auf einen weiteren Tastendruck gewartet und ohne zu überprüfen, welche Taste betätigt worden ist, die Hilfsinformation wieder gelöscht wird; anschließend kehrt das Programm zurück und wartet auf die Eingabe von F1 oder F2. Die Änderungen sind wieder unterstrichen dargestellt. Legen Sie sich eine Kopie der Datei MENU-4.BAT an, nehmen Sie die Änderungen mit Edlin oder einem Textverarbeitungssystem vor und speichern Sie die geänderte Datei unter dem Dateinamen MENU-5.BAT auf Diskette.

```
 1:    echo off
 2:    cls
 3:    echo F1 - Bildschirm löschen
 4:    echo F2 - Verzeichnis auflisten
 5:    echo Bitte F1 oder F2 betätigen (Alt-H für Hilfsinformationen)
 6: :ANTWORT
 7:    antwort
 8:    if errorlevel 61 goto ANTWORT
 9:    if errorlevel 60 goto F2
10:    if errorlevel 59 goto F1
11:    if errorlevel 35 if not errorlevel 36 goto HILFE
12:    goto ANTWORT
13: :F1
14:    cls
15:    goto ENDE
16: :F2
17:    dir
18:    goto ENDE
19: :HILFE
20:    echo {ESC}[18;38HDiese Informationen können nur mit der
21:    echo {ESC}[19;38HTastenkombination Alt-H aufgerufen werden.
22:    echo {ESC}[20;38HDas Batchfile wurde ausschließlich
23:    echo {ESC}[21;38Hfür Demonstrationszwecke erstellt.
24:    echo {ESC}[22;38H{ESC}[7mBitte eine Taste betätigen.{ESC}[m
25:    antwort
26:    echo {ESC}[18;38H{ESC}[K
27:    echo {ESC}[19;38H{ESC}[K
```

```
28:     echo {ESC}[20;38H{ESC}[K
29:     echo {ESC}[21;38H{ESC}[K
30:     echo {ESC}[22;38H{ESC}[K
31:     goto ANTWORT
32: :ENDE
```

Abb. 7-5.   *MENU-5.BAT: Ein Batchfile, das Hilfsinformationen wieder löscht.*

Die Änderungen:

■ Einfügen der Zeilen 24-30:

  - Zeile 24: Einfügen der Anweisung *Bitte eine Taste betätigen.* Der ANSI.SYS-Befehl *{ESC}[7m* schaltet den Inversmodus ein; *{ESC}[m* löscht sämtliche Bildschirmattribute (schaltet wieder auf die normale Bildschirmausgabe zurück).

  - Zeile 25: Es wird auf einen Tastendruck gewartet.

  - Zeilen 26-30: Der Cursor wird jeweils an den Zeilenanfang der Hilfsinformationen gesetzt. Die Zeile wird ab der Cursorposition bis zum Zeilenende gelöscht.

Nehmen Sie die Änderungen vor und speichern Sie das neue Batchfile unter dem Dateinamen MENU-5.BAT auf Diskette. Jetzt geben Sie *menu-5* ein und betätigen die Tastenkombination Alt-H. Die Hilfsinformationen enthalten eine weitere Zeile:

```
Diese Informationen können nur mit der
Tastenkombination Alt-H aufgerufen werden.
Das Batchfile wurde ausschließlich
für Demonstrationszwecke erstellt.
```

`Bitte eine Taste betätigen.`

Betätigen Sie eine beliebige Taste. Die Hilfsinformationen werden gelöscht, und das Batchfile wartet auf eine Eingabe von F1 oder F2 (bzw. noch einmal Alt-H für eine weitere Ausgabe der Hilfsinformationen).

Die Ausstattung mit solchen Möglichkeiten lassen Ihre Batchfiles zwar umfangreicher werden, die zusätzlichen Optionen sind es jedoch wert, vor allem, wenn Sie mit vielen Batchfiles arbeiten oder wenn andere Benutzer Ihre Batchfiles verwenden.

Ändern von Ausgabe und Funktions- weise eines Batchfiles

Mit ANSI.SYS-Befehlen können Informationen ganz beliebig auf dem Bildschirm plaziert werden. Damit wird es nicht nur möglich, zusätzliche Hilfsinformationen auszugeben, sondern es kann sogar darüberhinaus ein bereits ausgegebener Text nachträglich verändert werden. Man kann zum Beispiel mehrere Menü-Wahlmöglichkeiten in einem Batchfile unterbringen und mit Hilfe einer bestimmten Taste zwischen den verschiedenen Optionen hin- und herschalten.

In Abb. 7-6 sehen Sie ein auf MENU-5.BAT basierendes Batchfile, das es erlaubt, mit Hilfe des Rechtspfeiles zwischen den unterschiedlichen Menü-Wahlmöglichkeiten umzuschalten. Es ist etwas länger als MENU-5.BAT, da es zwei komplette Befehlsfolgen enthält, die die Wahlmöglichkeiten auf dem Bildschirm ausgeben, die Antwort überprüfen und die entsprechenden Befehle ausführen.

Da hierbei sehr viele Änderungen gegenüber MENU-5.BAT notwendig sind, ist es in diesem Fall einfacher, das Batchfile von Grund auf neu zu schreiben. Erstellen Sie eine Datei mit dem Dateinamen MENU-6.BAT, und geben Sie die in Abb. 7-6 gezeigten Zeilen ein.

```
 1:    echo off
 2:    cls
 3:    echo F1 -
 4:    echo F2 -
 5:    echo Bitte F1 oder F2 betätigen (bzw. mit Rechtspfeil Auswahl ändern)
 6: :OPTION_1
 7:    echo {ESC}[1;6H{ESC}[KBildschirm löschen
 8:    echo {ESC}[2;6H{ESC}[KVerzeichnis auflisten
 9: :ANTWORT
10:    antwort
11:    if errorlevel 77 if not errorlevel 78 goto OPTION_2
12:    if errorlevel 61 goto ANTWORT
13:    if errorlevel 60 goto F2
14:    if errorlevel 59 goto F1
15:    goto ANTWORT
16: :F1
17:    cls
18:    goto ENDE
19: :F2
20:    dir
21:    goto ENDE
22: :OPTION_2
23:    echo {ESC}[1;6H{ESC}[KName von Dskt/Platte ausgeben
```

```
24:     echo {ESC}[2;6H{ESC}[KNummer der DOS-Version ausgeben
25: :ANTWORT_2
26:     antwort
27:     if errorlevel 77 if not errorlevel 78 goto OPTION_1
28:     if errorlevel 61 goto ANTWORT_2
29:     if errorlevel 60 goto F2_2
30:     if errorlevel 59 goto F1_2
31:     goto ANTWORT_2
32: :F1_2
33:     vol
34:     goto ENDE
35: :F2_2
36:     ver
37: :ENDE
```

Abb. 7-6. *MENU-6.BAT: Ein Batchfile mit zwei Menü-Wahlmöglichkeiten.*

Und so funktioniert MENU-6.BAT:

- Zeilen 1-5: Der Bildschirm wird gelöscht und der Teil des Menüs, der sich nicht verändert, wird ausgegeben. Beachten Sie, daß nur die Tastenbezeichnungen (F1 und F2) permanent am Bildschirm vorhanden sind. Die Wahlmöglichkeiten selbst können geändert werden, deshalb werden sie separat ausgegeben. Um dieses Beispiel nicht unnötig in die Länge zu ziehen, enthalten die Anweisungen in Zeile 5 eine Beschreibung, wie die Wahlmöglichkeiten geändert werden können; es ist deshalb keine zusätzliche Hilfsinformation notwendig.

- Zeilen 6-8: Hier wird die erste Folge der Menü-Wahlmöglichkeiten ausgegeben. Die ANSI.SYS-Befehle werden dazu benötigt, den Cursor zu positionieren (*{ESC}[1;6H*) und von dieser Position aus die Zeile bis zum Ende zu löschen (*{ESC}[K*), bevor die Wahlmöglichkeiten ausgegeben werden. Durch das Löschen bis zum Zeilenende ist es möglich, verschiedene Menüs mit unterschiedlicher Länge auszugeben.

- Zeilen 9-15: Das Programm ANTWORT.COM wird ausgeführt, um einen Tastendruck abzuwarten und die Antwort auszuwerten. Diese Zeilen unterscheiden sich von MENU-5.BAT in zweierlei Hinsicht:

   - Es wird keine Überprüfung auf Alt-H benötigt, da die vorigen Hilfsinformationen nun fester Bestandteil der Bildschirmmeldung geworden sind.

   - In Zeile 11 wird überprüft, ob der Rechtspfeil (Tastencode 77) betätigt wurde; wenn ja, verzweigt das Batchfile zur Sprungmarke

OPTION_2 und gibt die andere Folge der Menü-Wahlmöglichkeiten aus.

■ Zeilen 16-21: Hier werden die Befehle des ersten Menüsets ausge-führt; dieser Teil ist wie in MENU-5.BAT aufgebaut.

■ Zeilen 22-37: Hier handelt es sich beinahe um eine Kopie der Zeilen 6-21, jedoch mit Bezugnahme auf das zweite Menüset:

  - Zeilen 22-24: Hier wird die zweite Folge der Menü-Wahlmöglich-keiten ausgegeben. Die neue Wahlmöglichkeit, die in den Zeilen 23 und 24 beschrieben ist, wird durch den Volume- bzw. Version-Be-fehl in den Zeilen 33 und 36 ausgeführt.

  - Zeilen 25-31: Ein Tastendruck wird erwartet, und die Antwort wird ausgewertet wie in den Zeilen 9-15.

  - Zeilen 32-37: Das zweite Menüset wird ausgeführt wie das erste Menüset in den Zeilen 16-21.

Geben Sie die Datei ein und speichern Sie sie unter dem Dateinamen MENU-6.BAT auf Diskette; geben Sie *menu-6* ein. Das Menü enthält nun Anweisungen zum Wechseln der Menü-Auswahl:

```
F1 - Bildschirm löschen
F2 - Verzeichnis auflisten
Bitte F1 oder F2 betätigen (bzw. mit Rechtspfeil Auswahl ändern)
```

Betätigen Sie die Rechtspfeil-Taste. Die Ausgabe sollte daraufhin fol-gendermaßen aussehen:

```
F1 - Name von Dskt/Platte ausgeben
F2 - Nummer der DOS-Version ausgeben
Bitte F1 oder F2 betätigen (bzw. mit Rechtspfeil Auswahl ändern)
```

Drücken Sie die Taste F1. Der Name der Diskette (bzw. Festplatte) wird auf dem Bildschirm ausgegeben. Rufen Sie *menu-6* noch einmal auf; betä-tigen Sie dieses Mal sofort die F1-Taste, ohne vorher mit dem Rechtspfeil die Menü-Optionen zu wechseln. Jetzt sollte der Bildschirm gelöscht wer-den. Beide Menüzusammenstellungen sind also von einem gemeinsamen Batchfile aus aufrufbar.

Dies ist zwar eine Menge Arbeit für eine Auswahlmöglichkeit zwischen vier Optionen, vor allem, weil es einfacher wäre, ein einziges Menü mit vier Wahlmöglichkeiten aufzulisten. Aber was tun Sie, wenn Sie ein Menü mit 20 Optionen benötigen? Ein in Kapitel 11 beschriebenes Batchfile führt genau das aus: Es listet ein Menü mit Druckerbefehlen auf, die an den Drucker weitergeleitet werden; mit Hilfe dieser Technik werden die gesamten Auswahlmöglichkeiten in zwei überschaubare Menüsets aufgeteilt.

Für die Beispiele dieses Kapitels wurde ein einfaches Menü mit nur zwei
Optionen erstellt, um einige der Techniken zu veranschaulichen, die beim
Planen und Erstellen von Menüs von Bedeutung sind. In Kapitel 14 werden diese Techniken mit vielen der im folgenden beschriebenen Batchfiles
kombiniert. Es wird ein System erstellt, das sich aus Menüs und Untermenüs zusammensetzt und für den täglichen Gebrauch und den Einsatz all
Ihrer Anwenderprogramme geeignet ist.

Kapitelzusammenfassung

■ Mit dem Programm ANTWORT.COM können interaktive Batchbefehle erstellt werden, die Auswahlmenüs aufbauen, und die Benutzereingaben auswerten und den entsprechenden Optionen zuordnen.

■ Mit einem Batchfile können durch einen einzigen Tastendruck
Hilfsinformationen, bzw. andere zusätzliche Informationen, ausgegeben werden.

■ Mit einem Batchfile können Teile der erstellten Bildschirmausgaben,
bzw. der gesamte Bildschirm gelöscht werden.

Teil

2

Optimierung Ihrer Systemkonfiguration

8

Arbeitsplatzgestaltung und Anwendung von CONFIG.SYS

Um bestimmte Informationen, z.B. Verzeichnisnamen des Befehlspfades oder die Definition des System-Prompts festzuhalten, stellt DOS einen kleinen Speicherbereich zur Verfügung. Dieser Speicherbereich wird *Environment* oder *Systembereich* genannt und kann mit dem Set-Befehl untersucht und verändert werden.

Der Begriff *Konfiguration* bezieht sich auf die Hardware, die von DOS gesteuert wird, und die Art und Weise, wie DOS den Arbeitsspeicher bereitstellt (oder *konfiguriert*). Die Datei CONFIG.SYS im Stammverzeichnis der Systemdiskette enthält *Konfigurationsbefehle*, die an DOS Anweisungen für die Konfiguration weiterleiten.

In diesem Kapitel wird Ihnen gezeigt, wie Sie CONFIG.SYS vorteilhaft einsetzen und damit Ihren Systembereich (Ihr Environment) aufbauen und kontrollieren.

Der Systembereich (Environment)

Der Systembereich enthält *Systemvariablen*, die jeweils einen bestimmten Namen haben und einen Wert enthalten. Mit dem Set-Befehl werden diese Systemvariablen ausgegeben, verändert oder gelöscht. Der Set-Befehl ohne Parameter gibt beispielsweise Name und Wert einer jeden Systemvariablen auf dem Bildschirm aus:

```
A>set
```

So oder ähnlich sollte Ihre Bildschirmausgabe lauten:

```
COMSPEC=a:\COMMAND.COM
PATH=A:\DOS;A:\BATCH;A:\WORD;A:\
PROMPT=$p$g
A:\>
```

Bei der Verwendung eines PC/AT oder einer kompatiblen Maschine ist der Laufwerksbuchstabe Ihrer Anzeige in der Regel *C* anstatt *A*. Der Name der Systemvariablen befindet sich jeweils links vom Gleichheitszeichen, der Wert jeweils auf der rechten Seite:

Name	Wert
COMSPEC	A:\COMMAND.COM
PATH	A:\DOS;A:\BATCH;A:\WORD;A:\
PROMPT	pg

Die Systemvariable COMSPEC (Abkürzung für *command specification* - zu deutsch *Befehlsbezeichnung*) enthält für DOS den Laufwerksbuchstaben und Pfadnamen des Programmes, das Ihren eingegebenen Befehl ausführt; diese Anweisungen werden an DOS weitergeleitet, und die entsprechenden Meldungen werden auf dem Bildschirm ausgegeben. Im Normalfall handelt es sich bei dem Ausführungsprogramm um COMMAND.COM (vgl. vorausgehendes Beispiel). Außer der Tatsache, daß COMMAND.COM nicht aus dem aktuellen Laufwerk und Verzeichnis gelöscht werden darf, braucht Sie die Systemvariable COMSPEC nicht weiter zu interessieren.

Die Systemvariable PATH enthält jedes Verzeichnis, das Sie mit dem zuletzt erteilten Path-Befehl eingegeben haben. Haben Sie keinen Befehlspfad festgelegt, gibt es auch keine Systemvariable PATH.

Die Systemvariable PROMPT enthält die Definition des System-Prompts, die Sie mit dem zuletzt eingegebenen Prompt-Befehl festgelegt haben. Wenn Sie kein System-Prompt definiert haben, gibt es auch keine Systemvariable PROMPT.

Der Systembereich veranlaßt DOS, ohne Rücksicht auf das aktuelle Laufwerk oder Verzeichnis und ohne Rücksicht auf das laufende Programm, diese Informationen festzuhalten. Mit dem Set-Befehl können die Systemvariablen aufgelistet, verändert oder sogar neue Variablen erstellt werden.

Systembereichsverwaltung mit Hilfe des Set-Befehls

Sie haben vorhin einen Set-Befehl ohne Parameter eingegeben, um den Inhalt der Systemvariablen aufzulisten. Zum Ändern einer solchen Variablen muß der Set-Befehl einen Parameter enthalten, bestehend aus Variablennamen, Gleichheitszeichen und neuem Variablenwert. Um beispielsweise das System-Prompt zu verändern, müßten Sie den Befehl *set prompt=* gefolgt von der neuen Promptzeichen-Definition eingeben.

Da Sie vielleicht ein längeres Promptzeichen bereits definiert haben, brauchen Sie jetzt eigentlich dieses Beispiel nicht einzugeben. Würden Sie jedoch *set prompt=[$p]* eingeben, würde Ihr System-Prompt aus dem aktuellen Laufwerk und Verzeichnis, in eckigen Klammern eingeschlossen, bestehen. Wenn Sie sich jetzt wieder mit dem Set-Befehl die Systemvariablen anschauen, müßten Sie unter anderem folgende Zeile erhalten: *PROMPT=[$p]*. Die Eingabe von *set prompt=[$p]* hat also dieselbe Wirkung wie die Eingabe von *prompt [$p]*. Die Systemvariablen PATH und PROMPT können sowohl mit dem Set- als auch mit dem Path- bzw. Prompt-Befehl geändert werden.

Das Löschen einer Systemvariablen erfolgt durch Eingabe von *set*, gefolgt vom Namen der Variablen und einem Gleichheitszeichen. Die Eingabe von *set prompt=* hat beispielsweise dieselbe Wirkung wie der Befehl *prompt*: Das definierte System-Prompt wird gelöscht, und es erscheint wieder das Standard-Promptzeichen (z.B. A>).

Systemvariablen in Batchfiles

Der Name einer Systemvariablen kann wie auswechselbare Parameter in Batchfiles den Variablenwert repräsentieren. Sobald DOS den Namen einer Systemvariablen in Prozentzeichen eingeschlossen auffindet (z.B. *%prompt%*), wird der Name durch den Wert der Systemvariablen ausgewechselt, so wie *%1* durch den ersten mit dem Batchbefehl eingegebenen Parameter ausgewechselt wird.

In diesem Buch ist beispielsweise mehrmals ein Batchfile erforderlich, das Ihr persönliches Prompt-Zeichen wiederherstellt. Es folgt nun ein kurzes Batchfile, das mit Hilfe einer Systemvariablen die aktuelle Promptzeichen-Definition ausgibt und ein Batchfile mit der Bezeichnung PROMPTRS.BAT erstellt, das das aktuelle Prompt-Zeichen definitiv festhält. Erstellen Sie die Datei ENV.BAT:

```
A>copy con env.bat
echo off
echo Das aktuelle Prompt-Zeichen ist %prompt%
echo prompt %prompt% > promptrs.bat
^Z
        1 Datei(en) kopiert


A>_
```

Starten Sie jetzt ENV.BAT:

```
A>env
```

Als Ausgabezeile sollte erscheinen *Das aktuelle Prompt-Zeichen ist* gefolgt von der Definition des Prompt-Zeichens. Die Ausgabe des zweiten Echo-Befehls - *prompt* mit der aktuellen Prompt-Definition - wird umgeleitet zur Datei PROMPTRS.BAT, die damit neu erstellt wird.

Achtung: Sollte es sich beim aktuellen System-Prompt um das Standard-Prompt von DOS (A>) handeln, gibt es keine Systemvariable mit der Bezeichnung PROMPT; die Variable *%prompt%* in den Echo-Befehlen wird durch nichts ersetzt (kein Leerzeichen und auch kein anderes Zeichen). Auf die Meldung *Das aktuelle Prompt-Zeichen ist* folgt also buchstäblich nichts, d.h. PROMPTRS.BAT wird nur das Wort *prompt* enthalten (das natürlich wiederum das Standard-Prompt von DOS erzeugt).

Überprüfen Sie die Arbeitsweise von PROMPTRS.BAT, indem Sie zum Ändern des Prompt-Zeichens folgenden Befehl eingeben:

```
a>prompt BEFEHLSEINGABE<Leerzeichen><Enter>
```

Das neue System-Prompt lautet nun BEFEHLSEINGABE. Schauen Sie sich durch Eingabe von *set* die Systemvariablen an; folgende Zeile sollte enthalten sein: *PROMPT=BEFEHLSEINGABE.*

Jetzt kommt der von ENV.BAT erstellte Batchbefehl zum Einsatz:

```
A>promptrs
```

Es sollte das Wort *prompt* auf dem Bildschirm ausgegeben werden, gefolgt von der alten Prompt-Definition, und das Prompt-Zeichen sollte seine alte Form wiedererlangen. Zur Bestätigung dafür lassen Sie sich noch einmal mit dem Befehl *set* die Systemvariablen ausgeben, und Sie sehen, daß PROMPT sich tatsächlich verändert hat.

Um Ihr persönliches Prompt-Zeichen im Batchfile PROMPTRS.BAT festzuhalten, müssen Sie den Befehl ENV.BAT eingeben, wenn sich Ihr Prompt-Zeichen im Systembereich befindet, d.h. wenn Ihr Prompt-Zeichen als aktuelles System-Prompt definiert ist.

Verzeichnisauflistung im Befehlspfad

Besteht der Wert einer Systemvariablen aus mehreren Teilen, die durch Semikola getrennt sind - beispielsweise der Wert von PATH - wird von DOS jeder Teil als separater Wert behandelt. Bei der ersten Verarbeitung der Systemvariablen innerhalb eines Batchbefehls verarbeitet DOS den ersten Teil des Variablenwertes, bei der zweiten Verarbeitung wird der zweite Teil des Variablenwertes eingesetzt usw. Nach Verarbeitung des letzten Variablenteiles wird die Systemvariable durch nichts ersetzt, so wie ein auswechselbarer Parameter *%1* durch nichts ersetzt wird, wenn kein Parameter zusammen mit dem Batchbefehl eingegeben wird.

Das Batchfile ZEIGPFAD.BAT listet jedes Verzeichnis des Befehlspfades auf, indem es einen For-Befehl mit der Wertreihe *%path%* verwendet. Diese Wertreihe wird genauso abgearbeitet wie eine Wertreihe, die aus einem Dateinamen besteht, der Wildcards enthält: DOS wechselt der Reihe nach jeden Teil der Wertreihe aus.

Wenn Ihr Befehlspfad viele Verzeichnisse enthält, kann mit ZEIG-PFAD.BAT ziemlich schnell überprüft werden, welche Verzeichnisse in welcher Reihenfolge enthalten sind.

Erstellen Sie ZEIGPFAD.BAT:

```
A>copy con zeigpfad.bat
echo off
echo BEFEHLSPFAD-VERZEICHNISSE
for %%p in (%path%) do echo %%p
^Z
        1 Datei(en) kopiert

A>_
```

Testen Sie die Datei:

```
A>zeigpfad
```

Die Ausgabe sollte etwa folgendermaßen ausehen:

```
BEFEHLSPFAD-VERZEICHNISSE
A:\DOS
A:\BATCH
A:\WORD
A:\

A>_
```

Das Auffinden eines Verzeichnisnamens ist in dieser Liste wesentlich
einfacher als in einer durch Semikola getrennten Aneinanderreihung.

Zusammenstellen eigener Systemvariablen

Mit dem Set-Befehl können Sie eigene Systemvariablen einführen. Geben
Sie als Beispiel die beiden folgenden Set-Befehle ein, um eine Systemvariable mit der Bezeichnung LAUFWERK einzuführen und das Ergebnis
am Bildschirm auszugeben:

```
A>set laufwerk=a:
A>set
```

Die Liste der Systemvariablen enthält jetzt eine Variable, die bisher noch
nicht in der Liste war:

```
LAUFWERK=a:
```

Beachten Sie, daß DOS den Namen einer Systemvariablen in Großbuchstaben ausgibt, auch wenn Sie ihn in Kleinbuchstaben eingegeben haben.

Wenn Sie nun ein Batchfile ausführen lassen, das auf einer separaten Zeile den Befehl *%laufwerk%* enthält, ersetzt DOS *%laufwerk%* durch *a:*, d.h. das aktuelle Laufwerk wird zu *A*. Durch Verändern des Variablenwertes der Variable *laufwerk* vor Ausführen dieses Batchbefehls kann das Laufwerk bestimmt werden, das zum aktuellen Laufwerk gemacht werden soll. Mit Systemvariablen erhalten Sie ein weiteres Hilfsmittel zur Steuerung der Wirkungsweise von Batchbefehlen.

Eine so erzeugte Systemvariable kann wie jede andere gelöscht werden. Mit den beiden folgenden Set-Befehlen löschen Sie LAUFWERK und lassen sich das Ergebnis am Bildschirm auflisten:

```
A>set laufwerk=
A>set
```

Die Variable LAUFWERK dürfte nun nicht mehr in der Liste enthalten sein.

Außerdem können Systemvariablen erzeugt werden, die mehrere Werte beinhalten, ähnlich der PATH-Variablen. Geben Sie zum Beispiel *set benutzer=gerd;kurt;hans;ralf* ein, und tippen Sie anschließend *set*, müßte die letzte Systemvariable folgendermaßen aussehen: *BENUTZER= gerd;kurt;hans;ralf*.

Grenzen des Systembereichs

Auch der DOS-Systembereich hat seine Grenzen. Im Regelfall werden 160 Byte (bei Version 2 127 Byte) dafür zur Verfügung gestellt, die aber zur Definition eines Befehlspfades, eines System-Prompts oder selbst erzeugter Systemvariablen erweitert werden müssen. Eine solche Erweiterung des Systembereichs kann bis zu einer theoretischen Maximalgröße von 32Kbyte erfolgen, allerdings mit einigen Hindernissen: Während der Ausführung eines Batchbefehls kann der Systembereich nicht vergrößert werden (z.B. bei der Ausführung von AUTOEXEC.BAT); und sobald Sie ein speicherresidentes Programm (z.B. Mode, Print, Sidekick oder ProKey) ablaufen lassen, wird von DOS die aktuelle Größe des Systembereichs festgehalten.

Da in den meisten Fällen entweder eine AUTOEXEC.BAT Datei oder ein speicherresidentes Programm - oder sogar beides - verwendet wird, ist der Systembereich praktisch auf 160 Byte begrenzt. Die Meldung *Systembereich nicht erweiterbar* erscheint, wenn Sie versuchen, den Systembereich über seine Grenzen hinaus zu erweitern. Sie werden sehen, falls Sie die frustrierende Meldung nicht bereits erhalten haben, daß der Anzahl der Verzeichniseinträge Ihres Befehlspfades oder der Länge Ihres selbst definierten Prompt-Zeichens dadurch verhältnismäßig enge Grenzen gesteckt sind.

Bei Version 2 kann man hier kaum Abhilfe schaffen, es sei denn, Sie verzichten auf Ihre AUTOEXEC.BAT-Datei und geben die Path- und Prompt-Befehle nach jedem Neustart von DOS ein, bevor Sie Ihre speicherresidenten Programme starten. Das ist nicht gerade eine elegante Lösung. Vielleicht können Sie aber dennoch mit diesen Einschränkungen leben, indem Sie die Befehlspfade und die Definition des System-Prompts möglichst kurz halten.

Bei Version 3 ist dieses Problem weitgehend gelöst. Der Systembereich kann um fast 1000 Byte (bei Version 3.2 sogar um 32768 Byte) ausgeweitet werden. Dies geschieht mit Hilfe eines Konfigurationsbefehls, der noch in diesem Kapitel unter der Überschrift "Systembereichserweiterung" beschrieben wird.

Konfigurationsbefehle

In der Datei CONFIG.SYS sind Konfigurationsbefehle abgelegt, die für DOS Informationen über die Systemzusammenstellung enthalten. Bei jedem Kalt- oder Warmstart wird von DOS die Datei CONFIG.SYS gelesen, die darin enthaltenen Befehle ausgeführt und danach die Startdatei AUTOEXEC.BAT abgearbeitet; wenn also die Konfiguration verändert werden soll, muß zunächst die Datei CONFIG.SYS geändert und anschließend DOS neu gestartet werden.

Die Konfigurationsbefehle enthalten DOS-Anweisungen, wie z.B.:

- Welche Datei enthält einen *Device Driver* - das ist ein Programm, das Informationen über die Steuerung eines bestimmten Gerätes enthält, wie z.B. einer RAM-Disk oder einer Maus?

- Wieviel Speicher soll für den Dateientransfer reserviert werden?

- Wie oft soll überprüft werden, ob der Benutzer Ctrl-C (oder Ctrl-Break) betätigt hat?

- Wie groß soll der Systembereich sein (nur bei Version 3)?

Sie können CONFIG.SYS ändern, wenn Sie ein neues Gerät hinzufügen, das Diskettenhandling ausprobieren oder den Systembereich erweitern möchten. Beachten Sie aber: Änderungen im CONFIG.SYS kommen erst nach einem Neustart von DOS zur Geltung.

Der Konfigurationsbefehl Device

In Ihre Datei CONFIG.SYS können Sie auch einige Device-Befehle schreiben, wie z.B. folgende:

device=c:\dos\ansi.sys

device=c:\dos\vdisk.sys

device=mouse.sys

device=clock.sys

Die Dateien ANSI.SYS und VDISK.SYS finden Sie auf der DOS-Diskette. In Kapitel 3 wird die Bildschirm- und Tastatursteuerung mit Hilfe von ANSI.SYS-Befehlen beschrieben. Kapitel 9 beschreibt das Anlegen einer RAM-Disk unter Verwendung der Datei VDISK.SYS. In der Datei MOUSE.SYS sind Befehle zur Maussteuerung enthalten, und eine Datei mit der Bezeichnung CLOCK.SYS o.ä. enthält im allgemeinen Befehle zur Verwendung einer Uhr, die sich auf einer Multifunktionskarte befindet.

Möchten Sie Ihrem Computersystem ein weiteres Peripheriegerät, das einen Device-Driver erfordert, hinzufügen, halten Sie sich bitte an die Anweisungen in der Dokumentation, und schreiben Sie den entsprechenden Device-Befehl in Ihre bestehende Datei CONFIG.SYS.

Wenn Sie mit der DOS-Version 2 arbeiten, kann Ihnen eine zwar selten auftretende, jedoch recht ärgerliche Situation begegnen. Handelt es sich bei dem Befehl der letzten Dateizeile von CONFIG.SYS um einen Device-Befehl, muß am Ende dieser Zeile unbedingt ein Return-Zeichen stehen. Findet DOS kein Return-Zeichen, kann unter Umständen beim Systemstart eine Meldung erscheinen, die besagt, daß der Device Driver nicht gefunden werden kann, obwohl der Device-Befehl korrekt eingegeben wurde und der Device-Driver sich auch im richtigen Verzeichnis befindet.

Der Konfigurationsbefehl Buffers

Sollen von einem Programm aus Daten von einem Speichergerät (Diskette oder Festplatte) gelesen werden, liest DOS die Daten, speichert sie in einem bestimmten Speicherbereich, dem sogenannten *Puffer* oder *Speicherblock* (engl.: *buffer*), und überträgt dann erst die Daten in das Programm. Mit dem Konfigurationsbefehl Buffers wird DOS die Anzahl der im Arbeitsspeicher anzulegenden Puffer oder Speicherblöcke mitgeteilt.

Die Anzahl der Speicherblöcke kann sich auf die Geschwindigkeit der Disketten/Plattenzugriffe auswirken. DOS liest und speichert, unabhängig von der für das Programm erforderlichen Datenmenge, immer 512 Byte (einen Sektor) pro Speicherblock. Bei der nächsten Datenanforderung durch das Programm durchsucht DOS zunächst seine Speicherblöcke. Befinden sich die gewünschten Daten bereits in einem Speicherblock, werden die Daten ohne Disketten/Plattenzugriff an das Programm übertragen; nur wenn sich die Daten nicht in einem Speicherblock befinden, startet DOS erneut einen Plattenzugriff, um die Daten zu lesen. Die Datenübertragung aus einem Speicherbereich (dem Puffer) in einen anderen Bereich (dem laufenden Programm) ist wesentlich schneller als ein Disketten/Plattenzugriff. Durch das Anlegen mehrerer Speicherblöcke kann also Zeit eingespart werden.

Sind sämtliche Speicherblöcke oder Puffer belegt, verwendet DOS den Puffer, der ganz zu Anfang benutzt worden ist. Je mehr Speicherblöcke Sie also anlegen, desto größer ist die Wahrscheinlichkeit, daß die von einem Programm angeforderten Daten sich bereits in einem Puffer befinden. Bis zu einem gewissen Grad bringt die Erhöhung der Pufferzahl eine Beschleunigung der Programmausführung mit sich, vor allem bei Datenbank-Programmen und bei der Arbeit mit DOS, wenn Sie mit einer vielschichtigen Dateiverzeichnisstruktur arbeiten.

Aber auch dafür muß ein Preis bezahlt werden: Jeder Speicherblock oder Puffer belegt 528 Byte des Arbeitsspeichers; mit jedem Puffer wird daher der frei verfügbare Speicherbereich für Anwenderprogramme verringert. Manche Programme können auf diese Weise durch zu viel Speicherverlust verlangsamt werden, im Extremfall kann sogar die Programmausführung verweigert werden. Zu viele Puffer können die Programmausführung sogar verlangsamen, auch wenn der Programmablauf selber nicht davon betroffen ist, weil DOS sämtliche Puffer nach den gewünschten Daten durchsuchen muß. Dieser Zeitaufwand kann unter Umständen größer sein als eine erneute Datenübertragung von einer Speicherplatte in den ersten Speicherblock.

Wenn nicht anders angegeben, verwendet DOS zwei Puffer bei einem IBM PC oder PC/XT bzw. kompatiblen Modellen, bei einem IBM PC/AT oder kompatiblen Modellen werden standardmäßig 3 Puffer verwendet.

Die Anpassung der Anzahl der Speicherblöcke an Ihr System - Art der Diskettenlaufwerke, Größe des Arbeitsspeichers, Typ der Anwenderprogramme - kann den Diskettenzugriff beschleunigen. Es erfordert schon ein wenig Fingerspitzengefühl, um die optimalen Werte ausfindig zu machen. Peter Norton (Autor des Buches *Programmierhandbuch für den IBM PC*) macht den Vorschlag, die Pufferkonfiguration in der Datei CONFIG.SYS zunächst mit einem der folgenden Werte auszuprobieren:

Computermodell	Buffers
IBM PC und kompatible	8
IBM PC/XT und kompatible	16
IBM PC/AT und kompatible	32

Schreiben Sie den entsprechenden Buffers-Befehl in die Datei CON-FIG.SYS, starten Sie DOS neu und arbeiten Sie eine Zeitlang mit dieser Systemkonfiguration. Sind Sie zufriedengestellt, brauchen Sie nichts weiter zu machen; sind Sie jedoch noch nicht zufrieden, erhöhen Sie die Anzahl der Puffer um die Hälfte (ersetzen Sie die Tabellenwerte also durch 12, 24 bzw. 48), starten Sie DOS neu und probieren Sie wiederum Ihr System aus. Bewirkt die Puffererhöhung eine Geschwindigkeitssteigerung, sollten Sie sich damit zufriedengeben; eine weitere Erhöhung der Pufferanzahl könnte nämlich eine Verlangsamung bestimmter Aktionen mit sich bringen. Sollte die Erhöhung der Pufferanzahl eine Verlangsamung bewirken, reduzieren Sie einfach die Pufferzahl und probieren die neue Einstellung aus. Möglicherweise finden Sie auf diese Weise eine Pufferanzahl heraus, die schnellere Systemoperationen bewirkt, als die von DOS standardmäßig eingestellte Pufferzahl.

Die Konfigurationsbefehle Files und FCBS

Vor der Benutzung eines Karteikastens muß dieser zunächst geöffnet werden; genauso wird von DOS eine Diskettendatei zuerst geöffnet, bevor die darin enthaltenen Daten verarbeitet werden können. Die Anzahl der zugleich geöffneten Dateien wird von DOS aus begrenzt. Diese Grenze kann mit den Konfigurationsbefehlen Files und FCBS verändert werden.

Wenn nicht anders angegeben, wird von DOS der Wert 8 für den Konfigurationsbefehl Files und der Wert 4 für den Befehl FCBS vorein-gestellt. Das ist ausreichend für die meisten Routinearbeiten. Manche Programme, z.B. Datenbank-Programme oder lokale Netzwerke, erfordern je-doch höhere Grenzwerte für einen oder beide Konfigurationsbefehle. Be-sonders wichtig ist dies, wenn Sie außerdem den Share-Befehl verwenden, der die gemeinsame Dateibenutzung bei Netzwerken oder Mehrplatzsy-stemen erlaubt. Im Programmhandbuch sollten Sie diejenigen Werte fin-den, die mit den Konfigurationsbefehlen Files und FCBS in die Datei CONFIG.SYS aufgenommen werden müssen.

Eine Erhöhung der Grenzwerte für gleichzeitig geöffnete Dateien erhöht den belegten Arbeitsspeicher um 48 Byte für jede zusätzliche Datei.

Der Konfigurationsbefehl Break

Der Konfigurationsbefehl Break steuert die Geschwindigkeit, mit der DOS das Drücken der Tastenkombination Ctrl-C (oder Ctrl-Break) er-kennt. Normalerweise überprüft DOS den Tastaturpuffer auf die Eingabe von Ctrl-C nur dann, wenn Daten in Verbindung mit Diskettenlaufwer-ken, Festplatten, Drucker, seriellen Ports oder anderen Peripheriegeräten geschrieben oder gelesen werden. Wenn jedoch Ihre Datei CONFIG.SYS den Befehl *break=on* enthält, reagiert DOS sofort auf die Eingabe von Ctrl-C.

Dasselbe können Sie auch mit dem regulären DOS-Befehl Break erreichen. Die Eingabe von *break on* hat dieselbe Wirkung wie die Zeile *break=on* in der Datei CONFIG.SYS; mit der Eingabe *break off* wird die Wirkung wieder rückgängig gemacht. Manche Anwenderprogramme setzen beim Programmstart Break auf *off* und ändern dies auch nicht bei der Rückkehr auf die DOS-Ebene. Den Break-Status kann man durch Eingabe von *break* überprüfen; die DOS Meldung lautet entweder *Break ist on* oder *Break ist off*.

Wenn Sie viel mit Batchfiles oder Programmen, die sehr wenige Zugriffe auf Peripheriegeräte erfordern, arbeiten, sollten Sie *break=on* setzen. Sie ersparen sich damit unter Umständen einen Neustart des Systems.

Systembereichserweiterung

Das Programm, das Ihnen Prompt-Zeichen und andere Meldungen ausgibt und Ihre eingegebenen Befehle ausführt, wird als *Shell* (Schale oder Mantel) bezeichnet, da es DOS umgibt oder beinhaltet. Sie sehen den Mantel, aber nicht die systeminternen Arbeiten von DOS. Das Shell-Programm, das die meisten DOS Computer verwenden, heißt COMMAND.COM. Mit dem Konfigurationsbefehl Shell kann das verwendete Shell-Programm festgelegt werden. Wird kein Shell-Programm festglegt, verwendet DOS das Standard-Programm COMMAND.COM.

Die wenigsten DOS-Benutzer benötigen ein anderes Shell-Programm. Der Shell-Befehl erhält jedoch ab Version 3.1 eine interessante und wertvolle Zusatzmöglichkeit: Wenn Sie mit dem Shell-Befehl die Befehlsdatei COMMAND.COM ansprechen - ein eigentlich überflüssiger Befehl, weil DOS die Befehlsdatei COMMAND.COM von selbst als Shell-Programm einsetzt - können Sie einen weiteren Parameter miteingeben, mit dem der Systembereich erweitert werden kann. Dadurch werden die vordefinierten Einschränkungen für die Länge Ihres Befehlspfades oder Prompt-Zeichens aufgehoben, und es kann Raum geschaffen werden für weitere persönliche Systembereichsvariablen.

Zur Erweiterung des Systembereichs schreiben Sie folgenden Konfigurationsbefehl in die Datei CONFIG.SYS:

```
shell=command.com /p /e:<Größe>
```

Command.com ist die Bezeichnung des Shell-Programmes.

/p veranlaßt, daß das Shell-Programm dauerhaft gemacht wird. Geben Sie unbedingt den Parameter /P ein; dies gewährleistet, daß DOS seine Operationen wie gewohnt ausführt.

/e:<Größe> legt die Größe des Systembereiches fest:

■   Bei der DOS-Version 3.1 ist <Größe> immer ein Vielfaches von 16
    Byte. Verwenden Sie einen Shell-Befehl, der zwar COMMAND.COM
    bezeichnet, aber den Parameter /E nicht enthält, setzt DOS automa-
    tisch den Wert 10 (also 160 Byte) ein. Es können maximal 62 (992
    Byte) für den Systembereich reserviert werden. Wenn der Arbeits-
    speicher nicht gerade sehr knapp bemessen ist, sollten Sie mindestens
    32 (512 Byte) reservieren.

■   Bei der DOS-Version 3.2 wird <Größe> in Byte angegeben. Jeder
    Wert zwischen 160 (das ist der von DOS voreingestellte Wert) bis
    32768 ist zulässig. Wenn Sie keine Systembereichsgröße festlegen oder
    wenn Sie eine kleinere <Größe> als 160 eingeben, wird von DOS
    <Größe> automatisch auf 160 gesetzt; geben Sie eine größere Zahl als
    32768 ein, setzt DOS automatisch <Größe> auf 32768. Wenn der Ar-
    beitsspeicher nicht gerade sehr knapp bemessen ist, sollten Sie min-
    destens 512 Byte reservieren.

Sie möchten beispielsweise für den Systembereich 800 Byte reservieren.
Bei Version 3.1 müßte der Befehl *shell=command.com /p /e:50* in der
Datei CONFIG.SYS untergebracht werden, bei Version 3.2 dagegen
shell=command.com /p /e:800.

Arbeiten Sie mit Version 3, sollten Sie Ihre Dateien CONFIG.SYS und
AUTOEXEC.BAT mit dem Attribute-Befehl vor unbeabsichtigtem
Überschreiben schützen, wenn Sie mit den Werten zufrieden sind. Dadurch wird gewährleistet, daß weder Sie noch irgendein anderer Benutzer
diese wichtigen Dateien aus Versehen verändert.

Kapitel 9

Installation und Anwendung einer RAM-Disk

Eine RAM-Disk belegt einen Teil des Arbeitsspeichers und kann wie ein Diskettenlaufwerk, das an Ihren Computer angeschlossen ist, angesprochen werden. Es wird keine zusätzliche Hardware für die Installation einer RAM-Disk benötigt; Sie brauchen dafür nur ein Programm, das DOS veranlaßt, einen bestimmten Bereich des Arbeitsspeichers als Diskettenlaufwerk anzusprechen - ein solches "Diskettenlaufwerk" ist um ein Vielfaches schneller als normale Diskettenlaufwerke.

Ab DOS-Version 3 wird ein solches Programm mitgeliefert: VDISK.SYS (für *virtuelle Diskette* - ein anderer Name für RAM-Disk). Viele Speichererweiterungskarten enthalten auch ein zusätzliches RAM-Disk Programm. Auch wenn Sie kein RAM-Disk Programm besitzen, sollten Sie dennoch das Kapitel lesen, damit Sie wissen, welche Möglichkeiten Ihnen mit einer RAM-Disk offenstehen.

Eine virtuelle Diskette nennt man RAM-Disk, weil der Arbeitsspeicher des Computers im allgemeinen als RAM (*Random Access Memory* - Speicher mit wahlfreiem Zugriff) bezeichnet wird.

Eine RAM-Disk kann wie ein übliches Diskettenlaufwerk verwendet werden, da sie von DOS aus als zusätzliches Laufwerk behandelt wird. Es können also Dateien und Unterverzeichnisse erstellt werden, Dateien von der RAM-Disk gelesen und auf die RAM-Disk geschrieben werden, sogar der Check-Disk-Befehl (chkdsk) kann auf eine RAM-Disk angewendet werden. Außerdem ist eine RAM-Disk *wirklich* schnell, viel schneller als ein echtes Diskettenlaufwerk, da alles elektronisch abläuft und keine mechanischen Teile bewegt werden müssen. Das Arbeiten mit einer RAM-Disk erspart also nicht nur Zeit, es werden dadurch auch Ihre Diskettenlaufwerke geschont.

Wo sitzt also der Haken? Nun, eine RAM-Disk benötigt Speicherplatz. Der von einer RAM-Disk verwendete Speicherplatz aus dem Arbeitsspeicher kann nicht mehr von DOS oder Anwenderprogrammen belegt werden. Ihr System muß daher über genügend Arbeitsspeicher verfügen, um DOS-Operationen oder andere Programme, ohne Verwendung des für die RAM-Disk reservierten Speicherplatzes, ausführen zu können.

Und vor allem sollten Sie nie vergessen: Der Speicherinhalt der meisten RAM-Disks geht verloren, sobald der Strom ausfällt oder wenn Sie Ihr System neu starten. Bei etwaigem Stromausfall werden Sie also Ihre gesamten Arbeitsergebnisse verlieren, die Sie auf der RAM-Disk festgehalten und noch nicht auf eine echte Diskette kopiert haben. Und mehr noch, es ist wirklich schnell passiert, daß Sie vergessen, die Ergebnisse mehrstündigen Arbeitens auf Diskette zu kopieren und den Computer ausschalten. Es ist nicht ganz einfach, die Gefühle zu beschreiben, die entstehen, sobald Sie bemerken, was Sie getan haben. Vermeiden Sie hier einen Lernprozeß durch eigene Erfahrungen.

Definieren einer RAM-Disk

Hat Ihr System genügend Speicherplatz, und arbeiten Sie außerdem noch mit Version 3 des DOS-Betriebssystems, ist das Anlegen einer RAM-Disk ganz einfach. Schreiben Sie den Konfigurationsbefehl DEVICE= VDISK.SYS in Ihre CONFIG.SYS-Datei, und führen Sie einen Neustart des Systems durch. Die Befehlsparameter legen die Kapazität, Sektorengröße und die maximale Anzahl von Verzeichniseinträgen der RAM-Disk fest.

Das Proramm VDISK.SYS kennzeichnet die RAM-Disk automatisch mit dem nächsten freien Buchstaben des Alphabets. Beispiel: Wenn Sie mit zwei Diskettenlaufwerken (A und B) arbeiten, wird die RAM-Disk als Laufwerk C bezeichnet; wenn Sie mit einer Festplatte (C) arbeiten, wird die RAM-Disk als Lauferk D bezeichnet. Bei anderen Programmen ist es manchmal erforderlich, einen Laufwerksbuchstaben für die RAM-Disk selbst auszuwählen.

Wenn Sie ein anderes RAM-Disk Programm besitzen, werden die hier gelieferten Beschreibungen nicht genau auf Ihr Programm zutreffen. Gehen Sie am besten nach der Installationsbeschreibung des mitgelieferten Handbuches vor.

Der Befehl DEVICE=VDISK.SYS kann bis zu vier Parameter enthalten:

```
device=vdisk.sys<Größe><Sektor><Verzeichnis>/E
```

<Größe> beinhaltet die Kapazität der RAM-Disk in Kbyte. Der Mindestwert beträgt 64, und der Maximalwert ist der gesamte freie Arbeitsspeicher Ihres Computers. Achten Sie aber darauf, daß immer noch genügend Arbeitsspeicher übrig ist, um DOS-Operationen durchzuführen und Anwenderprogramme ablaufen zu lassen. Geben Sie einen Wert ein, der kleiner als 64 oder größer als der freie Arbeitsspeicher Ihres Computers ist, wird <Größe> von DOS automatisch auf 64 gesetzt.

Mit *<Sektor>* wird die Größe eines Sektors in Byte angegeben. Die Möglichkeiten sind 128, 256 und 512. Jeder Sektor einer echten Diskette beinhaltet 512 Byte. Geben Sie einen unzulässigen Wert ein, wird <Sektor> von DOS automatisch auf 128 gesetzt.

<Verzeichnis> bezeichnet die Anzahl der auf der RAM-Disk erlaubten Dateiverzeichniseinträge. Hier ist jeder Wert zwischen 2 und 512 zulässig. Jeder Verzeichniseintrag benötigt 32 Byte des RAM-Disk Speichers. Die Anzahl der Verzeichniseinträge wird, falls erforderlich, von DOS automatisch um so viel erhöht, daß angefangene Sektoren von den Verzeichniseinträgen immer vollständig belegt werden. Bei Eingabe eines unzulässigen Wertes wird <Verzeichnis> auf 64 gesetzt.

/E veranlaßt die Verwendung des erweiterten Arbeitsspeichers für die RAM-Disk. Der Parameter ist nur bei einem IBM PC/AT oder kompatiblen Computern, die einen erweiterten Arbeitsspeicher besitzen, gültig. Eine RAM-Disk im erweiterten Arbeitsspeicher verringert den frei verfügbaren Speicherplatz für DOS oder Anwenderprogramme nicht. Bei falscher Verwendung des /E-Parameters, d.h. wenn Sie keinen IBM PC/AT oder kompatiblen Computer mit erweitertem Arbeitsspeicher besitzen, wird von DOS eine Fehlermeldung ausgegeben; die RAM-Disk wird in diesem Falle nicht installiert.

Nehmen wir an, das Programm VDISK.SYS befindet sich im Verzeichnis \DOS auf der Diskette im Laufwerk A. Für die Installation einer 128K RAM-Disk mit 256-Byte Sektoren und Speicherreservierung für 64 Dateiverzeichniseinträge müßten Sie folgenden Befehl in die Datei CONFIG.SYS aufnehmen:

```
device=a:\dos\vdisk.sys 128 256 64
```

Für die Installation einer 1000K RAM-Disk mit 512-Byte Sektoren und Speicherreservierung für 200 Dateiverzeichniseinträge im erweiterten Arbeitsspeicher eines IBM PC/AT oder kompatiblen Computers müßten Sie folgenden Befehl in die Datei CONFIG.SYS aufnehmen:

```
device=a:\dos\vdisk.sys 1000 512 200 /e
```

Es können auch mehrere RAM-Disks installiert werden. Sie brauchen dazu nur für jede RAM-Disk den entsprechenden DEVICE=VDISK.SYS Befehl in die Datei CONFIG.SYS zu schreiben. Jede weitere RAM-Disk wird mit dem nächstfolgenden Buchstaben des Alphabets angesprochen.

Das Arbeiten mit einer RAM-Disk

Um die Schnelligkeit einer RAM-Disk auszunutzen, kopieren Sie diejenigen Daten, Batchfiles und Programme, die Sie für Ihre Arbeit benötigen, mit Hilfe des Copy-Befehls auf die RAM-Disk. Achten Sie darauf, daß Sie immer so viel freien Speicher auf Ihrer RAM-Disk zur Verfügung haben, damit Sie editierte Dateien erweitern und Ihre Anwenderprogramme ohne Probleme automatische Backup-Dateien anlegen können.

Vereinfachen Sie sich die Installation einer RAM-Disk durch Batchfiles, die die Programme und Dateien, die Sie für ein bestimmtes Projekt benötigen, auf Ihre RAM-Disk kopieren. Wenn Sie jedes Mal dieselbe Installationsroutine benötigen, können Sie die Copy-Befehle in Ihre AUTO-EXEC.BAT Datei aufnehmen, damit die RAM-Disk schon bei der ersten Ausgabe des Prompt-Zeichens komplett installiert ist.

Achtung: Kopiergeschützte Programme dürfen nicht von einer RAM-Disk aus verwendet werden. Lesen Sie unbedingt die Anweisungen oder Warnungen im Handbuch.

Wird eine RAM-Disk regelmäßig eingesetzt, müssen eine Reihe von Sicherheitsvorkehrungen beachtet werden:

- Machen Sie von Ihrer Arbeit in regelmäßigen Abständen Sicherheitskopien auf Diskette. Ein Stromausfall oder ein unbedachtes Ausschalten des Computers haben zur Folge, daß die gesamte Arbeit umsonst war.

- Reservieren Sie genügend Speicherplatz für Dateiverzeichniseinträge. Das Belegen sämtlicher Verzeichniseinträge hat denselben Effekt, wie das Vollschreiben einer Diskette. Vergessen Sie nicht, daß die meisten Textverarbeitungssysteme und Texteditoren automatisch Sicherheitskopien anlegen, d.h. Sie benötigen doppelt so viele Verzeichniseinträge wie die Anzahl Ihrer Arbeitsdateien. Manche Anwenderprogramme erstellen auch Zwischendateien, die vor der Rückkehr zu DOS gelöscht werden; jede dieser Zwischendateien erfordert ebenfalls einen Verzeichniseintrag. Verzeichniseinträge benötigen nur 32 Byte, Sie können also ohne weiteres 64 Verzeichniseinträge festlegen; damit werden nur 2Kbyte der RAM-Disk belegt, und das Problem der RAM-Disk-Überfüllung dürfte damit gelöst sein. Arbeiten Sie mit vielen kleineren Dateien oder mit mehreren verschiedenen Anwenderprogrammen, sollten Sie mindestens 128 Dateiverzeichniseinträge reservieren.

Installation einer RAM-Disk mit Hilfe eines Batchfiles

Es kann vorkommen, daß Sie zeitweise eine weitere RAM-Disk benötigen oder vielleicht einmal ohne RAM-Disk arbeiten möchten, um den Speicherplatz für andere Programme einzusetzen. Es ist jedoch ziemlich umständlich, die Datei CONFIG.SYS abzuändern und DOS neu zu starten. Diese Probleme können weitgehend mit dem im folgenden beschriebenen Batchfile umgangen werden. Dieses Batchfile - VDISK.BAT - installiert automatisch eine RAM-Disk: Sie geben einfach ein, wie Ihre RAM-Disk aussehen soll, und VDISK.BAT ändert von selbst die Datei CONFIG.SYS und startet anschließend DOS von neuem.

Mit VDISK.BAT kann eine weitere RAM-Disk hinzugefügt, sämtliche RAM-Disks gelöscht oder die bisher installierten RAM-Disks gelöscht und eine neue RAM-Disk definiert werden. Bevor der Neustart von DOS durchgeführt wird, besteht noch die Möglichkeit, die gemachten Eingaben zu ändern. Wird der Befehl *vdisk* ohne Parameter eingegeben, erfolgt eine Meldung mit Angaben über die bisher vorhandenen RAM-Disks.

Wir nennen das Batchfile VDISK.BAT, weil es mit der ab DOS-Version 3 erhältlichen Datei VDISK.SYS arbeitet. Besitzen Sie eine Vorläuferversion, kann VDISK.BAT so modifiziert werden, daß Sie den Befehl in Verbindung mit anderen RAM-Disk Programmen verwenden können, die für die Installation einer RAM-Disk ebenfalls einen Device-Befehl in der Datei CONFIG.SYS erfordern.

Ein Programm für den Neustart von DOS

Zur Durchführung eines Neustartes ruft der Befehl VDISK.BAT das Programm RESET.COM auf; dadurch wird dieselbe Wirkung erzielt, wie durch Drücken der Tastenkombination Ctrl-Alt-Del. Die Programmdatei RESET.COM ist nicht unbedingt erforderlich, aber Sie können so mit wenig Aufwand VDISK.BAT komfortabler gestalten. Möchten Sie RESET.COM aber trotzdem nicht benutzen, können Sie diesen Abschnitt überspringen und bei der Überschrift "Eingabe von VDISK.BAT" weitermachen. Die Beschreibung von VDISK.BAT enthält Anweisungen für die Ausgabe einer Benutzermeldung, durch die dem Benutzer mitgeteilt wird, wann die Tastenkombination Ctrl-Alt-Del betätigt werden muß.

RESET.COM wird mit Hilfe des Debuggers erzeugt; die dafür erforderliche Prozedur finden Sie in Kapitel 5 beschrieben. Haben Sie bisher die Beispiele aus Kapitel 5 noch nicht durchgearbeitet, sollten Sie dies, bevor Sie hier weitermachen, nachholen.

Erstellen Sie mit Ihrem Textsystem oder Texteditor die Datei RESET.SCR; dazu geben Sie die Zeilen aus Abb. 9-1 ein:

```
 1: a 100
 2: mov ax,40
 3: mov ds,ax
 4: mov ax,1234
 5: mov [0072],ax
 6: jmp f000:e05b
 7:
 8: r cx
 9: 10
10: n reset.com
11: w
12: q
```

Abb. 9-1.   RESET.SCR: Neustart von DOS durch eine Programmdatei.

Vergleichen Sie RESET.SCR noch einmal sorgfältig mit Abb. 9-1 und beachten Sie, daß Zeile 7 eine Leerzeile enthält und daß die letzte Zeile mit dem Befehlsbuchstaben *q* endet. Sollten Sie dennoch einen Fehler übersehen haben, müssen Sie beim Versuch, die Datei RESET.COM zu erzeugen, einen Neustart von DOS durchführen. Haben Sie sich noch einmal von der Richtigkeit von RESET.SCR überzeugt, speichern Sie die Datei und geben folgenden Debug-Befehl ein:

```
A>debug < reset.scr
```

Die Antwort sollte mit Abb. 9-2 übereinstimmen:

```
-a 100
xxxx:0100 mov ax,40
xxxx:0103 mov ds,ax
xxxx:0105 mov ax,1234
xxxx:0108 mov [0072],ax
xxxx:010B jmp f000:e05b
xxxx:0110
-r cx
CX 0000
:10
-n reset.com
-w
Schreiben von 0010 Byte
-q
```

Abb. 9-2.   DOS-Meldungen beim Erstellen von RESET.COM.

Wenn scheinbar nichts geschieht und Sie auch keine Bildschirmmeldungen erhalten, führen Sie einen Neustart von DOS durch. Laden Sie RESET.SCR mit Ihrem Texteditor oder -verarbeitungssystem und vergleichen Sie den Dateiinhalt noch einmal sorgfältig mit Abb. 9-1. Korrigieren Sie eventuell aufgefundene Fehler, und geben Sie noch einmal den Debug-Befehl ein.

Sollten Sie nach Eingabe des Debug-Befehls irgendwelche Bildschirmmeldungen erhalten, vergleichen Sie sie mit den Meldungen von Abb. 9-2. Sind die Meldungen nicht identisch, müssen Sie zurückgehen und RESET.SCR noch einmal editieren; vergleichen Sie den Dateiinhalt wieder mit Abb. 9-1, korrigieren Sie die gefundenen Fehler, speichern Sie die Datei und geben Sie den Debug-Befehl ein.

Vor dem Testlauf von RESET.COM sollten Sie unbedingt überprüfen, ob alle Daten gesichert sind. Bei Verwendung einer RAM-Disk müssen sämtliche Dateien, die verändert wurden, auf einer Diskette abgespeichert werden. Geben Sie jetzt *reset* ein. Das System sollte genauso reagieren, wie auf die Eingabe der Tastenkombination Ctrl-Alt-Del.

Eingabe von VDISK.BAT

Das Batchfile VDISK.BAT ist ziemlich lang; viele der 61 Zeilen sind dazu bestimmt, Fehler abzufangen, Meldungen auszugeben und Zwischendateien zu erstellen, die es ermöglichen, die gemachten Eingaben in letzter Sekunde wieder rückgängig zu machen. Wenn Sie glauben, daß Sie diese Datei nicht benötigen, sollten Sie trotzdem die Befehle und Erklärungen durchdenken. Sie können daraus Ideen für die Anwendung in anderen Batchfiles gewinnen.

In Abb. 9-3 finden Sie die in VDISK.BAT enthaltenen Befehle.

```
 1:    echo off
 2:    cls
 3:    a:
 4:    cd \
 5:    if "%1"=="keine" goto NICHTS
 6:    if "%1"=="neu" goto NEU_ADD
 7:    if "%1"=="add" goto NEU_ADD
 8:    echo <Alt-255>
 9:    echo {ESC}[1mBefehl                     Ergebnis{ESC}[m
10:    echo Vdisk add {Größe} {Sektor} {Verz.}  Hinzufügen RAM-Disk, Neustart
11:    echo Vdisk neu {Größe} {Sektor} {Verz.}  Definition RAM-Disk, Neustart
12:    echo Vdisk keine                     Neustart ohne RAM-Disk
13:    goto STATUS
14: :NICHTS
15:    copy config.$$$ config.neu > nul
16:    goto RESET
17: :NEU_ADD
18:    if not "%2"=="" if not "%3"=="" if not "%4"=="" goto OK
19:    echo {ESC}[7mBitte mindestens 3 VDISK-Parameter bestimmen.{ESC}[m
20:    goto ENDE
21: :OK
22:    if %1==neu copy config.$$$ config.neu > nul
23:    if %1==add copy config.sys config.neu > nul
24:    if %1==add if exist vdisk.log copy vdisk.log log.neu > nul
25:    echo device=c:\dos\vdisk.sys %2 %3 %4 %5 >> config.neu
26:    if "%5"=="" echo %2K Disk mit %3-Byte Sektoren und %4
       Verzeichnis-Einträgen >> log.neu
27:    if "%5"=="/e" echo %2K Disk mit %3-Byte Sektoren und %4
       Verzeichnis-Einträgen im erweiterten Speicherbereich >> log.neu
28: :RESET
29:    cls
30:    echo                   <Alt-7>{ESC}[7m Achtung! {ESC}[m
31:    echo Ihr System wird nun mit folgenden
```

```
32:    echo RAM-Disks neu gestartet:
33:    echo <Alt-255>
34:    if exist log.neu type log.neu
35:    if not exist log.neu echo ** Keine **
36:    echo <Alt-255>
37:    echo Zur Fortsetzung F1 betätigen; mit einer anderen
38:    echo Taste wird der VDISK-Befehl abgebrochen.
39:    antwort
40:    if errorlevel 59 if not errorlevel 60 goto MACH_ES
41:    echo <Alt-255>
42:    echo ** Abgebrochen **
43:    if exist log.neu erase log.neu
44:    erase config.neu
45:    goto STATUS
46: :MACH_ES
47:    attrib -r config.sys
48:    erase config.sys
49:    rename config.neu config.sys
50:    attrib +r config.sys
51:    if exist vdisk.log attrib -r vdisk.log
52:    if exist vdisk.log erase vdisk.log
53:    if exist log.neu rename log.neu vdisk.log
54:    if exist vdisk.log attrib +r vdisk.log
55:    reset
56: :STATUS
57:    echo <Alt-255>
58:    echo {ESC}[7m Aktivierte RAM-Disks {ESC}[m
59:    if exist vdisk.log type vdisk.log
60:    if not exist vdisk.log echo ** Keine **
61: :ENDE
```

Abb. 9-3.   VDISK.BAT: Automatische Installation einer RAM-Disk.

Beschreibung von VDISK.BAT

In zwei Dateien wird die Konfiguration Ihrer RAM-Disks festgehalten:

■ CONFIG.$$$: Diese Datei enthält alle Befehle der Datei CON-FIG.SYS, mit Ausnahme der für die Installation einer RAM-Disk erforderlichen (z.B. *device=vdisk.sys*). Beim Löschen sämtlicher RAM-Disks wird von VDISK.BAT die Datei CONFIG.$$$ nach CONFIG.SYS kopiert. In dieser Datei sollten sich zumindest die beiden Zeilen *country=049* und *device=ansi.sys* befinden.

- VDISK.LOG: Diese Datei enthält eine Beschreibung sämtlicher in CONFIG.SYS definierter RAM-Disks. Ist VDISK.LOG nicht vorhanden, bedeutet dies, daß momentan keine RAM-Disk definiert ist; ist VDISK.LOG vorhanden, bedeutet dies, daß mindestens eine RAM-Disk definiert ist.

Die beiden Dateien CONFIG.$$$ und VDISK.LOG befinden sich im Stammverzeichnis. Die Datei CONFIG.$$$ muß vor der erstmaligen Anwendung von VDISK.BAT erstellt werden. VDISK.LOG hingegen wird von VDISK.BAT je nach Bedarf erstellt oder gelöscht.

Im folgenden finden Sie eine Beschreibung sämtlicher Zeilen von VDISK.BAT (*Achtung:* Zeilen, die in der Abbildung zweizeilig dargestellt sind, bitte auf einer Zeile eingeben!):

- Mit den Zeilen 3 und 4 wird A zum aktuellen Laufwerk und das Stammverzeichnis zum aktuellen Verzeichnis gemacht. Sollten Sie mit einer Festplatte arbeiten, ändern Sie bitte Zeile 3 zu *c:* (bzw. legen Sie das Laufwerk fest, von dem aus DOS normalerweise gestartet wird).

- Mit den Zeilen 5 bis 7 wird der erste Parameter überprüft: Ist der Parameter *keine*, werden sämtliche RAM-Disk-Definitionen von VDISK.BAT gelöscht und das System neu gestartet. Ist der Parameter *neu* oder *add*, wird von VDISK.BAT eine RAM-Disk definiert. Wird kein Parameter gefunden, fährt das Programm in Zeile 8 fort.

- Mit den Zeilen 8 bis 13 werden Anweisungen für die Anwendung von VDISK.BAT als Bildschirmmeldungen ausgegeben, danach die installierten RAM-Disks aufgelistet und auf die DOS-Betriebsebene zurückgekehrt. In Zeile 9 benötigt man 32 Leerzeichen; schreiben Sie die Wörter *Hinzufügen*, *Definition* und *Neustart* in den Zeilen 10 bis 12 genau übereinander (gleicher Spaltenbeginn).

- Mit den Zeilen 15 und 16 werden sämtliche Befehle zur Definition einer RAM-Disk aus der Datei CONFIG.SYS dadurch gelöscht, daß die Datei CONFIG.$$$ in die Datei CONFIG.SYS kopiert wird; danach wird das System neu gestartet. Der Neustart erfolgt jetzt ohne RAM-Disks.

- In Zeile 18 wird überprüft, ob auf den ersten Parameter noch drei weitere folgen, die zur Installation einer RAM-Disk notwendig sind. Dieser Test wird nur dann durchgeführt, wenn es sich beim ersten Parameter um das Wort *neu* oder *add* handelt (dies wurde schon in den Zeilen 6 und 7 überprüft); denn es sind ja mindestens drei Parameter für die Definition einer RAM-Disk erforderlich.

- Mit den Zeilen 19 und 20 wird eine Fehlermeldung ausgegeben und auf die DOS-Betriebsebene zurückgekehrt, falls Sie nach dem Parameter *neu* oder *add* keine weiteren drei Parameter eingegeben haben.

- Mit Zeile 22 wird die Datei CONFIG.$$$ in die Zwischendatei CONFIG.NEU kopiert, falls als erster Parameter *neu* eingegeben wurde. Diese Zwischendatei enthält keinerlei Befehle für die Definition einer RAM-Disk; dadurch werden also die bereits definierten RAM-Disks gelöscht.

- Mit Zeile 23 wird die Datei CONFIG.SYS in die Zwischendatei CONFIG.NEU kopiert, falls als erster Parameter *add* eingegeben wurde. Diese Zwischendatei enthält sämtliche Befehle für die Definition der aktuellen RAM-Disks. Dadurch kann eine weitere RAM-Disk zu den bereits bestehenden hinzugefügt werden.

- Mit Zeile 24 wird die Datei VDISK.LOG (falls sie überhaupt exisitert) in die Zwischendatei LOG.NEU kopiert, falls als erster Parameter *add* eingegeben wurde. Auf diese Weise kann die zu erstellende RAM-Disk zu den bereits vorhandenen hinzugefügt bzw. als einzige eingerichtet werden, falls noch keine vorhanden ist.

- Mit Zeile 25 wird ein VDISK.SYS-Befehl für die Definition einer neuen RAM-Disk an die aus CONFIG.SYS erstellte Zwischendatei (Zeilen 22 oder 23) angehängt. Sie werden sehen, daß die Zwischendatei so angelegt ist, daß Sie noch in letzter Sekunde Ihre Entscheidung widerrufen und die aktuelle CONFIG.SYS-Datei unverändert verlassen können.

- Mit den Zeilen 26 und 27 wird eine Beschreibung der in VDISK.LOG erstellten RAM-Disk geliefert. Der einzige Unterschied der beiden Zeilen besteht darin, daß mit Zeile 27 zusätzlich die Worte "im erweiterten Speicherbereich" ausgegeben werden für den Fall, daß Sie den Parameter */e* (in der Befehlsdatei VDISK.BAT als %5 zu finden) miteinbezogen haben. Es wird keine Überprüfung von */e* (bzw. des von Ihnen eingegebenen fünften Parameters) vorgenommen. Wenn Sie also als fünften Parameter etwas anderes als */e* eingeben, wird die Beschreibung zwar nicht in die Datei VDISK.LOG aufgenommen, der Befehl DEVICE=VDISK.SYS wird jedoch in die Datei CONFIG.SYS übernommen. Dies verursacht eine Diskrepanz zwischen VDISK.LOG und CONFIG.SYS, die jedoch durch Eingabe eines weiteren VDISK.BAT-Befehls wieder korrigiert werden kann. Allerdings muß dieser Befehl dann mit der Option *keine* oder *neu* eingegeben werden.

- Mit den Zeilen 29 bis 38 wird der Bildschirm gelöscht und eine Warnmeldung ausgegeben, daß das System neu gestartet wird; darauf folgt eine Meldung, die die RAM-Disks auflistet, die bei Fortsetzung des Programmes definiert werden, und Sie werden gebeten, zur Fortsetzung die F1-Taste zu betätigen. Mit den Zeilen 34 und 35 werden die definierten RAM-Disks entweder durch Ausgabe der Datei LOG.NEU (der Zwischendatei von VDISK.LOG) oder - wenn es keine Datei LOG.NEU gibt - durch Ausgabe der Meldung ** *Keine* ** ausgegeben.

■ In den Zeilen 39 und 40 wird auf einen Tastendruck des Benutzers gewartet; bei Betätigen der Taste F1 wird das System neu gestartet. (Die Befehlsdatei ANTWORT.COM haben Sie bereits in Kapitel 7 erstellt.)

■ Mit den Zeilen 41 bis 45 werden eine Leerzeile und die Abbruchsmeldung ** *Abgebrochen* ** ausgegeben, sämtliche Zwischendateien gelöscht, Informationen über die installierten RAM-Disks ausgegeben und auf die DOS-Betriebsebene zurückgekehrt. Da bisher alle Änderungen nur in Zwischendateien festgehalten worden sind, bleiben die Dateien CONFIG.SYS und VDISK.LOG unverändert.

■ Mit der Zeile 47 wird das Nur-Lese-Attribut der Datei CONFIG.SYS gelöscht. Damit der Befehl VDISK.BAT einwandfrei arbeiten kann, müssen die Dateien CONFIG.SYS und CONFIG.$$$ identisch sein, ausgenommen der Befehle zur Installation einer RAM-Disk. Die Datei VDISK.LOG muß eine genaue Beschreibung der in CONFIG.SYS definierten RAM-Disks liefern; damit diese Dateien nicht aus Versehen verändert werden können, werden sie immer dann mit einem Schreibschutz versehen, wenn sie nicht gerade von VDISK.BAT selbst verändert werden.

■ Mit den Zeilen 48 bis 50 werden die Änderungen durchgeführt: Die Datei CONFIG.SYS wird gelöscht, und der Name der Datei CONFIG.NEU wird zu CONFIG.SYS geändert. Die neue Kopie wird schreibgeschützt, damit sie nicht versehentlich verändert werden kann.

■ Mit Zeile 51 wird das Nur-Lese-Attribut von VDISK.LOG entfernt, falls die Datei existiert. In dieser und den drei folgenden Zeilen wird überprüft, ob VDISK.LOG vorhanden ist; diese Datei gibt es ja nicht, wenn keine aktuellen RAM-Disks installiert sind, und DOS würde in diesem Fall auf die Eingabe eines Attribute-Befehls mit einer Fehlermeldung reagieren.

■ Mit Zeile 52 wird die Datei VDISK.LOG gelöscht, falls sie existiert.

■ Mit Zeile 53 werden die Änderungen der Zwischendatei von VDISK.LOG - LOG.NEU - verwirklicht (falls diese Datei existiert), indem der Name LOG.NEU zu VDISK.LOG umbenannt wird.

- Mit Zeile 54 wird die neue Kopie von VDISK.LOG (falls sie existiert) mit dem Nur-Lese-Attribut versehen.

- Mit Zeile 55 wird das System neu gestartet. Möchten Sie die Datei RESET.COM nicht verwenden, ersetzen Sie *reset* durch die beiden folgenden Befehle:

```
echo Für den Systemneustart bitte die Tastenkombination {Ctrl-Alt-Del} betätigen
antwort
```

Achtung: Falls Sie diese Änderung vornehmen, müssen Sie an diesem Punkt unbedingt einen Systemneustart durchführen, da sonst VDISK.LOG die in CONFIG.SYS definierten RAM-Disks nicht genau beschreibt und deshalb VDISK.BAT nicht mehr einwandfrei funktionieren kann. Die Verwendung von RESET.COM garantiert Ihnen, daß nach Betätigen der F1-Taste das System neu gestartet und die Datei VDISK.LOG berichtigt wird.

- Mit den Zeilen 57 bis 60 werden die aktuellen RAM-Disks entweder durch Ausgabe der Datei VDISK.LOG oder - falls diese Datei nicht existiert - durch die Bildschirmmeldung ** *Keine* ** aufgelistet.

Testlauf mit VDISK.BAT

Vor dem Testlauf mit der Datei VDISK.BAT sollten Sie folgende Dateivorbereitungen treffen:

1. Löschen Sie aus der Datei CONFIG.SYS sämtliche Befehle, die eine RAM-Disk definieren. Verwenden Sie dafür aber nicht den Texteditor Edlin, weil er automatisch am Dateiende das Zeichen Ctrl-Z (^Z) anhängt; VDISK.BAT kann so nicht einwandfrei funktionieren.

2. Kopieren Sie CONFIG.SYS nach CONFIG.$$$.

3. Versehen Sie CONFIG.SYS und CONFIG.$$$ mit einem Schreibschutz durch die Eingabe *attrib +r config.**.

4. Sollte sich im Stammverzeichnis noch eine Datei mit dem Dateinamen VDISK.LOG befinden, muß sie entweder umbenannt oder gelöscht werden.

Nachdem diese Schritte durchgeführt worden sind, wird davon ausgegangen, daß sich beim allerersten Aufruf von VDISK.BAT kein RAM-Disk Befehl in CONFIG.SYS befindet (das wird ja durch die oben beschriebenen Schritte erreicht), weil sich keine Datei VDISK.LOG im Stammverzeichnis befindet.

Sollten Sie VDISK.BAT auf einer RAM-Disk erstellt haben, muß die Datei, bevor Sie weitermachen, unbedingt auf Diskette oder Festplatte ko-

piert werden. Jetzt sind alle Vorbereitungen für einen Testlauf mit
VDISK.BAT getroffen. Geben Sie den Befehl zunächst ohne Parameter
ein:

```
A>vdisk
```

Als Ergebnis sollten Sie die Bildschirmmeldungen und sämtliche installierten RAM-Disks erhalten:

```
Befehl                                      Ergebnis
Vdisk add (Größe) (Sektor) (Verz.)          Hinzufügen dieser RAM-Disk und Neustart
Vdisk neu (Größe) (Sektor) (Verz.)          Definition dieser RAM-Disk und Neustart
Vdisk keine                                 Neustart ohne RAM-Disk
```

`Aktivierte RAM-Disks`

```
** Keine **
```

Definieren Sie mit folgendem Befehl eine RAM-Disk mit 64K Größe,
128-Byte Sektoren und reserviertem Speicherplatz für 32 Dateiverzeichniseinträge:

```
A>vdisk add 64 128 32
```

Der Bildschirm wird gelöscht, es ertönt ein Warnton, und Sie erhalten die
Warnmeldung, daß die Fortsetzung des Programmes einen Systemneustart
bedingt:

`Achtung!`

```
Ihr System wird nun mit folgenden
RAM-Disks neu gestartet:

64K Disk mit 128-Byte Sektoren und 32 Verzeichnis-Einträgen

Zur Fortsetzung F1 betätigen; mit einer anderen
Taste wird der VDISK-Befehl abgebrochen.
```

Zum Abbrechen des Befehls drücken Sie die Leertaste. Es erscheint folgende Meldung:

```
** Abgebrochen **
```

Aktivierte RAM-Disks

```
** Keine **

A>_
```

Dieses Mal führen Sie den Befehl bitte bis zum Ende durch. Definieren Sie eine 128K RAM-Disk mit 512-Byte Sektoren und 64 Verzeichniseinträgen:

```
A>vdisk add 128 512 64
```

Sie erhalten wiederum dieselbe Warnung, daß bei Fortsetzung des Programmes das System neu gestartet wird. Betätigen Sie dieses Mal die F1-Taste. Das System sollte neu gestartet werden und sich in einigen Augenblicken mit dem System-Prompt melden.

Überprüfen Sie nun, ob der Befehl richtig ausgeführt worden ist. Geben Sie zunächst den VDISK-Befehl ohne Parameter ein: *vdisk*. Sie sollten nun die Meldungen von VDISK.BAT auf dem Bildschirm sehen und danach eine Beschreibung der aktuellen RAM-Disk:

```
128K Disk mit 512-Byte Sektoren und 64 Verzeichnis-Einträgen
```

In Wirklichkeit wissen Sie jetzt aber nur, daß sich diese Meldung in der Datei VDISK.LOG befindet. Durch Ausgabe des Dateiverzeichnisses der RAM-Disk können Sie deren Existenz nachweisen. Arbeiten Sie mit zwei Diskettenlaufwerken, geben Sie ein: *dir c:*; arbeiten Sie mit einer Festplatte, geben Sie ein: *dir d:*. Wenn Sie das leere Dateiverzeichnis der RAM-Disk auf dem Bildschirm sehen, ist der Befehl korrekt ausgeführt worden.

Es kann durchaus vorkommen, daß Sie einmal mehr als eine RAM-Disk benötigen. Wenn Ihr System mindestens 256K Hauptspeicher besitzt, installieren Sie jetzt bitte probeweise eine zweite RAM-Disk mit 64K Größe, 256-Byte Sektoren und 32 Verzeichniseinträgen:

```
A>vdisk add 64 256 32
```

Betätigen Sie nach der Warnmeldung die F1-Taste. Das System wird neu gestartet, und DOS meldet sich mit dem System-Prompt. Geben Sie jetzt *vdisk* ein. Auf dem Bildschirm sollten zwei Beschreibungen ausgegeben werden:

```
128K Disk mit 512-Byte Sektoren und 64 Verzeichnis-Einträgen
64K Disk mit 256-Byte Sektoren und 32 Verzeichnis-Einträgen
```

Überprüfen Sie die Existenz dieser neuen RAM-Disk durch Ausgabe des Dateiverzeichnisses. Bei einer Systemkonfiguration mit zwei Diskettenlaufwerken geben Sie *dir d:* ein; bei einer Systemkonfiguration mit Festplatte geben Sie ein: *dir e:*. Auf dem Bildschirm sollte das leere Dateiverzeichnis der RAM-Disk ausgegeben werden.

Entscheiden Sie nun, welche RAM-Disk Konfiguration Sie für den routinemäßigen Einsatz Ihres Systems benötigen, und erstellen Sie diese Konfiguration mit Option *neu* von VDISK. Benötigen Sie beispielsweise eine 360K RAM-Disk mit 512-Byte Sektoren und 128 Verzeichnis-Einträgen, geben Sie *vdisk neu 360 512 128* ein. Zur Installation einer 1-Megabyte RAM-Disk im erweiterten Speicherbereich mit 512-Byte Sektoren und 200 Verzeichniseinträgen, geben Sie *vdisk neu 1024 512 200 /e* ein. Wenn Sie jedoch ohne RAM-Disk arbeiten möchten, geben Sie *vdisk keine* ein.

Einige beachtenswerte Anmerkungen zu VDISK.BAT

Der Befehl VDISK.BAT überprüft zwar, ob mindestens drei Parameter eingegeben werden, es besteht jedoch keine Möglichkeit, die Parameter auf ihre Korrektheit hin zu überprüfen. Die Befehlseingabe *vdisk add das sind mehrere unsinnige parameter* wird genauso akzeptiert wie der Befehl *vdisk 128 256 32 /e*. DOS ist nicht in der Lage, einen solchen Befehl auszuführen. Überprüfen Sie bitte vor Betätigen der F1-Taste noch einmal Ihre Eingaben.

Ohne Vorgabewerte werden von DOS nur Laufwerksbuchstaben von *a:* bis zum Buchstaben *e:* vergeben. Benötigen Sie weitere Laufwerke, müssen Sie in die Datei CONFIG.SYS einen Lastdrive-Konfigurationsbefehl aufnehmen. Die Zeile *lastdrive=g* beispielsweise ermöglicht es, bis zu vier RAM-Disks auf einem PC/XT oder kompatiblen Computer bzw. bis zu fünf RAM-Disk bei einer Systemkonfiguration mit zwei Diskettenlaufwerken einzusetzen.

Beachten Sie, daß sich im Stammverzeichnis die Datei CONFIG.$$$ befindet; das ist die Kopie von CONFIG.SYS ohne RAM-Disk-Befehle. Wenn Sie also in CONFIG.SYS nach dem ersten Start von VDISK.BAT eine Änderung vornehmen, müssen Sie diese Änderung unbedingt auch in der Datei CONFIG.$$$ vornehmen, bzw. eine Kopie von CONFIG.SYS erstellen und die RAM-Disk Befehle daraus löschen. Beachten Sie diesen Punkt nicht, gehen die in CONFIG.SYS vorgenommenen Änderungen verloren, sobald Sie das erste Mal den VDISK-Befehl mit *der Option neu* oder *keine* eingeben. Bearbeiten Sie CONFIG.SYS oder CONFIG.$$$ niemals mit Edlin, da dieser Editor das Zeichen Ctrl-Z (^Z) am Dateiende anhängt.

Zwei Vorsichtsmaßnahmen sind wichtig genug, um noch einmal wiederholt zu werden:

- Erstellen Sie in regelmäßigen Abständen Sicherheitskopien von veränderten RAM-Disk-Dateien auf Disketten. Damit schützen Sie sich sowohl vor Ihrer Vergeßlichkeit als auch vor Stromausfällen.

- Arbeiten Sie mit vielen Dateien oder mit mehreren Anwenderprogrammen, sollten Sie mindestens 128 Verzeichniseinträge auf Ihrer RAM-Disk definieren.

Ein so ausgeklügeltes Batchfile wie VDISK.BAT können Sie sich aus Zeitgründen wahrscheinlich nicht bei allen Batchfiles leisten; Sie haben jetzt aber einmal gesehen, wie viel man mit DOS eigentlich machen kann. Wenn Sie viel Zeit aufwenden, um Fehler abzufangen, informative oder bestätigende Hilfsinformationen auszugeben und nützliche Ausstiegsmöglichkeiten zu finden, erhalten Ihre Batchfiles dadurch Vorzüge, die oft nicht einmal bei professionellen Anwenderprogrammen zu finden sind.

Und wenn Sie mit Batchfiles arbeiten, die wirklich gut sind, weil sie Zeitersparnis mit sich bringen, tut es richtig gut, wenn man sich zurücklehnen und sagen kann: "Das habe ich gemacht!"

10

Gestalten von Bildschirmausgaben

Beim Arbeiten mit dem Computer müssen Sie die meiste Zeit auf den Bildschirm starren. Wenn Sie sich bisher noch nicht daran gewöhnt haben, werden Sie es sicherlich schnell lernen. Mit Ausnahme von gelegentlichen Warntönen, können Sie und DOS nur durch die Bildschirmanzeige miteinander kommunizieren. Im folgenden wird Ihnen gezeigt, wie Sie diese Kommunikation wesentlich verbessern können.

Die Eigenschaften Ihres Bildschirms sind grundsätzlich festgelegt: Größe, Form und Auflösung, Farbdarstellungs-Möglichkeiten und die Farbe der Textausgabe bei einem Monochrommonitor. Trotzdem kann Ihr Bildschirm kommunikativer und lesbarer gemacht werden. In diesem Kapitel lernen Sie, wie man:

- das System-Prompt attraktiver und hilfreicher macht.

- die Form des Cursors verändert.

- den Bildschirm von sämtlichen (!) Zeichen befreit.

- bei Farbmonitoren Text- und Hintergrundfarben wechselt.

Gestaltung des System-Prompts

Mit dem Prompt-Befehl erhalten Sie die Möglichkeit, ein System-Prompt ganz nach Wunsch zu definieren entweder spartanisch, ohne zusätzliche Informationen oder aber vollbeladen mit irgendwelchen Meldungen. Bei der Erstellung "Ihres" Prompt-Zeichens sollten Sie jedoch ein paar Dinge beachten: Die Informationen sollten auf einen Blick erfaßbar sein und nicht erst nach umständlicher Entschlüsselungsarbeit; deshalb sollte das System-Prompt zwar informativ, jedoch nicht überladen sein. Widerstehen Sie auch der Versuchung, ein tolles Prompt-Zeichen zu entwickeln - Sie werden es hundert oder tausend Mal und öfter vor Augen haben, und etwas unwahrscheinlich Geniales wirkt ziemlich schnell veraltet und langweilig.

Zu Demonstrationszwecken werden Sie in diesem Kapitel ein System-Prompt entwickeln, das drei Informationen enthält (in Klammer finden Sie jeweils den speziellen Code, der im Prompt-Befehl benötigt wird):

- Aktuelles Laufwerk und Verzeichnis (*$p*)

- Uhrzeit (*$t*)

- Datum (*$d*)

Die folgenden Beispiele werden sich ausführlicher mit aktuellem Laufwerk und Verzeichnis befassen als mit Datum und Uhrzeit, weil erstere öfter benötigt werden.

Übungen mit dem System-Prompt

Bevor Sie nun die folgenden Beispiele ausprobieren, vergewissern Sie sich bitte, daß in der Datei CONFIG.SYS die Zeile *device=ansi.sys* enthalten ist und daß sich die Datei ANSI.SYS auf Ihrer Systemdiskette befindet (bzw. im Stammverzeichnis Ihrer Festplatte). In den Beispielen wird als aktuelles Verzeichnis \BATCH auf Laufwerk A verwendet. Haben Sie bereits ein Verzeichnis dieses Namens, wechseln Sie einfach zu diesem Verzeichnis (*A>cd batch*); andernfalls ersetzen Sie \BATCH in den Beispielen durch den aktuellen Verzeichnisnamen Ihres Verzeichnisses.

Als erstes Übungsbeispiel für die Gestaltung eines System-Prompts geben Sie folgenden Prompt-Befehl ein. Damit werden Uhrzeit, Datum, aktuelles Laufwerk und Verzeichnis als Prompt-Zeichen ausgegeben:

```
A>prompt $t$d$p
```

Sie erhalten folgende Ausgabe (Uhrzeit und Datum werden bei Ihnen anders aussehen):

```
10.10.59,11Do. 19.03.1987A:\BATCH_
```

Das ist ein ziemlich chaotischer Einstieg. Alles fließt ineinander, und die gewünschten Informationen können kaum ausfindig gemacht werden. Die Zeitangabe ist zu genau; sie ähnelt eher einem sportlichen Wettkampf, bei dem oft hundertstel Sekunden von entscheidender Bedeutung sind. Durch das Prompt-Zeichen werden 33 Zeichen der Befehlszeile verschenkt; der Cursor befindet sich schon beinahe in der Mitte des Bildschirms. Und nicht nur das: Prompt-Zeichen und Befehlseingabe werden ebenfalls zusammenfließen. Wenn Sie zum Beispiel den Befehl *dir *.com | sort* eingeben, wird die Befehlszeile folgendermaßen aussehen:

```
10.10.59,11Do. 19.03.1987A:\BATCHdir *.com | sort
```

Dies ist offensichtlich nicht die ideale Lösung. Mit wenig Aufwand kann man jedoch mehrere Probleme korrigieren:

- Übersichtlichere Gestaltung der Uhrzeit: Fügen Sie nach *$t* dreimal *$h* (Backspace - Löschen des links vom Cursor stehenden Zeichens) ein, um die Ausgabe von hundertstel Sekunden zu löschen.

- Aufteilen des Prompt-Zeichens in drei Zeilen: Teilen Sie durch Einfügen von *$_* (Carriage Return) Uhrzeit, Datum, aktuelles Laufwerk und Verzeichnis jeweils eine separate Zeile zu.

- Absetzen des Befehls vom Prompt-Zeichen: Geben Sie im Prompt-Befehl nach dem letzten Zeichen noch ein Leerzeichen ein.

Geben Sie jetzt den Prompt-Befehl ohne Parameter ein (*prompt*), um das gewohnte *A>* wieder zu erhalten, und testen Sie folgenden Prompt-Befehl:

```
A>prompt $t$h$h$h$_$d$_$p<Leerzeichen>
```

Hier sind die einzelnen Elemente dieses Prompt-Befehl noch einmal tabellarisch aufgelistet und erklärt:

Prompt	Beschreibung
$t	Ausgabe der Uhrzeit.
hh$h	Dreimal Backspace zum Löschen der hundertstel Sekunden.
$_	Neue Zeile.
$d	Ausgabe des Datums.
$_	Neue Zeile.
$p	Ausgabe des aktuellen Laufwerks und Verzeichnisses.
<Leertaste>	Trennen Ihrer Befehlseingaben vom Prompt-Zeichen.

Dieses Prompt-Zeichen ist viel übersichtlicher:

```
10.35.12
Do. 19.03.1987
A:\BATCH _
```

Die gewünschten Informationen sind wesentlich schneller zur Hand, und Sie sehen auf Anhieb, an welcher Stelle Ihre nun folgende Befehlseingabe erscheinen wird. Außerdem haben Sie nur neun Zeichen der Befehlszeile für das Prompt-Zeichen vergeben. (Wenn Sie keine Sekundenangabe bei der Uhrzeit benötigen, können Sie sechs anstelle der drei Backspaces im Prompt-Befehl eingeben - *hhhhhh*.)

Dieses Prompt-Zeichen benötigt jedoch drei Bildschirmzeilen; probieren Sie einmal aus, wie schnell der Bildschirm gefüllt wird, indem Sie in paar Mal die Enter-Taste drücken. Auch dieses Problem können Sie in den Griff bekommen, ohne irgendwelche Informationen zu verlieren.

Das aktuelle Laufwerk und Verzeichnis werden Sie in der Regel öfter benötigen als die Uhrzeit oder das Datum. Es ist aber trotzdem günstig, wenn sich Datum und Uhrzeit auch auf dem Bildschirm befinden. Warum sollte man also nicht Uhrzeit und Datum immer an derselben Bildschirmposition - zum Beispiel in der rechten oberen Bildschirmecke, die am wenigstens gebraucht wird - und das aktuelle Laufwerk und Verzeichnis mit jedem Prompt-Zeichen neu ausgeben?

Dies kann mit ANSI-SYS-Befehlen bewerkstelligt werden, die es ermöglichen, die aktuelle Cursorposition zu speichern, den Cursor zu versetzen und die gespeicherte Cursorposition wieder einzulesen. Benutzen Sie anstelle von *$_* (Carriage Return) zwei Move-Cursor-Befehle aus ANSI.SYS, um Datum und Uhrzeit in der rechten oberen Bildschirmecke zu positionieren. Die Position der Befehlszeile kann durch Speichern der aktuellen Cursorposition vor der Ausgabe von Datum und Uhrzeit festgehalten werden. Vor Ausgabe des aktuellen Laufwerkes und Verzeichnisses holen Sie sich einfach die abgespeicherte Cursorposition wieder zurück.

Geben Sie den folgenden Prompt-Befehl ein. Da dieser Befehl ziemlich lang ist, zeigen wir ihn Stück für Stück in tabellarischer Form und nicht wie bisher in einer Zeile. Sie müssen den Befehl jedoch zusammenhängend in einer Zeile eingeben (natürlich ohne die Beschreibungen, die auf der rechten Tabellenseite aufgeführt sind):

prompt	
$e[s	Speichern der aktuellen Cursorposition.
$e[1;67H	Plazieren des Cursors in Zeile 1, Spalte 67.
$d	Ausgabe des Datums.
$e[2;67II	Plazieren des Cursors in Zeile 2, Spalte 67.
$t	Ausgabe der Uhrzeit.
hh$h	Drei Backspaces zum Löschen der hundertstel Sekunden.
$e[u	Zurückholen der gespeicherten Cursorposition.
$p	Ausgabe des aktuellen Laufwerks und Verzeichnisses.
<Leerzeichen>	Trennen der folgenden Befehlseingabe vom Prompt-Zeichen.

Sie werden diesen Prompt-Befehl in Kürze noch einmal benötigen und dürfen deshalb nach der Enter-Eingabe nichts weiter eingeben; betätigen Sie auch die Enter-Taste kein zweites Mal.

DOS gibt jetzt das Prompt-Zeichen an zwei unterschiedlichen Stellen am Bildschirm aus. Uhrzeit und Datum erscheinen am rechten oberen Bildschirmrand, beginnend in Spalte 67 der ersten und zweiten Zeile, aktuelles Laufwerk und Verzeichnis erscheinen auf der Befehlszeile:

```
                                             Do. 19.03.1987
                                             11.18.34

A:\BATCH _
```

Achtung: Sollte DOS nur einen Teil des Prompt-Zeichens ausgeben und die Meldung erscheinen *Systembereich nicht erweiterbar*, ist im Systembereich nicht genügend Speicherkapazität für eine Prompt-Zeichen-Defini-

tion dieser Länge (44 Byte) vorhanden. In Kapitel 8 haben Sie bereits erfahren, daß es eine Grenze für den Systembereich gibt, in dem die Definition des Prompt-Zeichens abgelegt ist. Wenn Sie mit der DOS-Version 3
arbeiten, ohne den Systembereich durch Einfügen eines Shell-Befehls in
die Datei CONFIG.SYS erweitert zu haben, sollten Sie sich jetzt etwas
Zeit nehmen, den Abschnitt "Systembereichserweiterung" durcharbeiten
und anschließend wieder hierher zurückkehren. Arbeiten Sie mit der
DOS-Version 2, müssen Sie entweder Ihren Befehlspfad kürzen oder eine
kürzere Prompt-Zeichen-Definition verwenden (z.B. *prompt $e[7m $p
$e[m<Leerzeichen>* - vor und nach *$p* muß ein Leerzeichen stehen).

Dieses zweigeteilte Prompt-Zeichen erfüllt die angesprochenen Erfordernisse voll und ganz, lassen Sie uns aber trotzdem noch eine letzte Änderung vornehmen: Wenn die Ausgabe des aktuellen Laufwerkes und Verzeichnisses im Inversmodus (dunkler Text auf hellem Grund) erfolgt, ist
sie besser vom anderen Text zu unterscheiden. Dies bedingt wiederum
eine Erweiterung des Prompt-Befehls um ein paar ANSI.SYS-Befehle. Da
die Änderungen jedoch ziemlich am Ende des Prompt-Befehls vorgenommen werden müssen, brauchen Sie den vollständigen Befehl nicht mehr
ganz einzugeben; drücken Sie die F3-Taste, und DOS wird den zuletzt
eingegebenen Prompt-Befehl auf dem Bildschirm ausgeben (vorausgesetzt,
Sie haben inzwischen keine andere Taste mehr gedrückt):

```
                                              Do. 19.03.1987
                                              11.18.34

A:\BATCH prompt $e[s$e[1;67H$d$e[2;67H$t$h$h$h$e[u$p _
```

Wenn Sie bisher den zuletzt eingegebenen Befehl noch nie mit den Editiertasten verändert haben, finden Sie die Vorgehensweise in Kapitel 12
beschrieben.

Drücken Sie dreimal die Backspace-Taste; damit löschen Sie das Leerzeichen und *$p*:

```
                                              Do. 19.03.1987
                                              11.18.34

A:\BATCH prompt $e[s$e[1;67H$d$e[2;67H$t$h$h$h$e[u_
```

Jetzt können Sie den Befehl mit einem Attribut-Befehl aus ANSI.SYS zum
Einschalten des Inversmodus, *$p* für die Ausgabe des aktuellen Laufwer-
kes und Verzeichnisses, einem weiteren Set-Attribut-Befehl zum Ausschalten sämtlicher Bildschirmattribute, und einem Leerzeichen beenden
(die Erklärungen im rechten Tabellenteil werden natürlich nicht eingegeben):

$e[7m	Einschalten des Inversmodus.
$p	Ausgabe des aktuellen Laufwerks und Verzeichnisses.
$e[m	Ausschalten sämtlicher Bildschirmattribute (Normaleinstellung).
<Leerzeichen>	Trennen der folgenden Befehlseingabe vom Prompt-Zeichen.

Hängen Sie die neuen Zeichen ans Ende des vorigen Befehls an:

```
A:\BATCH prompt $e[s$e[1;67H$d$e[2;67H$t$h$h$h$e[u$e[7m$p$e[m<Leerzeichen>
```

So hebt sich die Angabe des aktuellen Laufwerkes und Verzeichnisses gut von anderen Bildschirmmeldungen ab:

Do. 19.03.1987
11.18.34

Damit sind auch die wichtigsten Ziele eines Prompt-Zeichens erreicht: Es ist informativ, direkt und leicht lesbar. Der Bildschirm wird nicht überfüllt, da sich nur aktuelles Laufwerk und Verzeichnis auf der Befehlszeile befinden. Gefällt Ihnen dieses Prompt-Zeichen? Dann sollten Sie sich etwas Zeit nehmen und ein Batchfile dafür anlegen, so lange Sie es noch frisch im Gedächtnis haben. Später können Sie es dann in die Datei AUTOEXEC.BAT übernehmen oder in das Batchfile, mit dem Sie Ihr Prompt-Zeichen restaurieren (z.B. PROMPTRS.BAT).

Attraktive Gestaltung des Prompt-Zeichens durch Farbgebung

Das Verwenden von Bildschirmfarben kann auch zum Nachteil gereichen, vor allem, wenn Sie gegen die Größe des Systembereichs ankämpfen müssen. Wenn Sie jedoch einen Farbmonitor besitzen, kann Ihr Prompt-Zeichen durch Hinzufügen einiger ANSI.SYS-Befehle aufpoliert werden. Die Form des Prompt-Zeichens bleibt unverändert, aber Datum und Uhrzeit werden in hellblau, das aktuelle Laufwerk und Verzeichnis in intensivgelb auf rotem Hintergrund erscheinen.

Der Prompt-Befehl wird wiederum in seine Bestandteile zerlegt und einzeln aufgelistet; geben Sie ihn jedoch wieder als einen Befehl auf einer Zeile ein (ohne Erläuterungen der rechten Tabellenseite):

```
prompt
$e[s                        Speichern der aktuellen Cursorposition.
$e[1;67H                    Plazieren des Cursors in Zeile 1, Spalte 67.
$e[36m                      Textfarbe auf hellblau setzen.
$d                          Ausgabe des Datums.
$e[2;67H                    Plazieren des Cursors in Zeile 2, Spalte 67.
$t                          Ausgabe der Uhrzeit.
$h$h$h                      Drei Backspaces zum Löschen der hundertstel Sekun-
                            den.
$e[u                        Zurückholen der gespeicherten Cursorposition.
$e[1;33;41m                 Textfarbe auf gelb mit hoher Intensität und Hinter-
                            grundfarbe auf rot setzen.
$p                          Ausgabe des aktuellen Laufwerks und Verzeichnisses.
$e[m                        Normale Bildschirmattribute wiederherstellen.
<Leerzeichen>               Trennen der folgenden Befehlseingabe vom Prompt-
                            Zeichen.
```

Dieses Prompt-Zeichen ist zwar von der Formgebung unverändert, wird jedoch in Farbe ausgegeben.

Die Auffälligkeit der gewählten Farbe entspricht der Wichtigkeit der darzustellenden Information. Sie werden vielleicht andere Farben bevorzugen; probieren Sie durch Ändern der ANSI.SYS-Befehle unterschiedliche Kombinationen aus. Wenn Sie eine Farbkombination herausfinden, die Ihnen besonders gefällt, speichern Sie den Prompt-Befehl in einem Batchfile.

Das dürfte für den Prompt-Befehl genügen. Was befindet sich nun außer dem Prompt-Zeichen ständig auf dem Bildschirm? Natürlich der Cursor.

Mißachten Sie nicht den Cursor

Der Standardcursor ist als blinkende Unterstreichungsmarke dargestellt; dieser Standard ist jedoch softwaremäßig festgelegt, ist also von der Hardware unabhängig. Sie benutzen vielleicht Anwenderprogramme, bei denen der Cursor aus einem ganzen oder einem halben Leerzeichen besteht oder die ganz ohne Cursor arbeiten. Andere Programme wiederum verwenden mehrere unterschiedliche Cursorarten. Mit den folgenden drei Kurzprogrammen können auch Sie den Cursor in dieser Weise verändern. Sie lassen sich ebenso auf allen IBM/PCs und kompatiblen Maschinen einsetzen.

Die folgenden Programme beeinflussen jedoch nicht den Blinkmodus - denn der wiederum *ist* in der Hardware festgelegt.

Programmerstellung

Diese Programme werden mit dem Debugger erstellt unter Verwendung der in Kapitel 5 beschriebenen Prozedur. Sollten Sie die Beispiele in Kapitel 5 noch nicht ausprobiert haben, können Sie es jetzt nachholen, bevor Sie hier weitermachen.

Die Beschreibung der Programme wird durch je zwei Abbildungen ergänzt. Die erste davon enthält die Debugger-Scriptdatei zur Erzeugung des Programmes, in der zweiten werden die DOS-Meldungen aufgeführt, die Sie als Ergebnis der Input-Umleitung des Debug-Befehls auf die Scriptdatei erhalten sollten. Überprüfen Sie die Scriptdatei sorgfältig und schenken Sie der Leerzeile besondere Beachtung, die auf die Programmanweisungen folgt. Vergewissern Sie sich, daß in der letzten Zeile der Quit-Befehl (*q*) steht. Eventuell auftretende Fehler bedingen einen Neustart von DOS, wenn Sie versuchen, aus der fehlerhaften Scriptdatei eine COM-Datei zu erzeugen.

Wenn sich nichts auf dem Bildschirm tut und die Tastatur die Annahme des Debug-Befehls verweigert, müssen Sie DOS neu starten. Laden Sie die Scriptdatei in Ihren Texteditor oder -prozessor und vergleichen Sie Ihre Datei mit der entsprechenden Abbildung. Nach der Korrektur aufgefundener Fehler geben Sie noch einmal den Debug-Befehl ein.

Nach Eingabe des Debug-Befehls sollte am Bildschirm eine Reihe von Befehlen erscheinen; vergleichen Sie diese bitte sorgfältig mit der Abbildung, die die entsprechende Befehlsauflistung für die Dateierstellung enthält. Wenn sie nicht damit übereinstimmen, müssen Sie noch einmal die Scriptdatei editieren; vergleichen Sie sie noch einmal sorgfältig mit der Abbildung, die den Inhalt der Scriptdatei auflistet, speichern Sie die Datei und geben Sie wieder den Debug-Befehl ein.

Versuchen Sie es doch mal mit einem Cursorblock

Einige Computer benutzen einen Cursor, der ein ganzes Leerzeichen ausfüllt. Bei dem Programm GROSCURS.COM handelt es sich um ein Programm, das die Cursormarke in einen solchen soliden Cursorblock verwandelt. Zurück zum originalen Cursorzeichen kommen Sie mit dem Befehl NORMCURS.COM, der anschließend beschrieben wird.

Erstellen Sie mit Ihrem Textsystem bzw. mit Edlin eine Datei mit dem Dateinamen GROSCURS.SCR und geben Sie die in Abb. 10-1 gezeigten Zeilen ein (die Zeilennummern dienen nur als Orientierungshilfe):

```
 1: a 100
 2: mov ah,1
 3: mov cx,10C
 4: int 10
 5: int 20
 6:
 7: r cx
 8: 9
 9: n groscurs.com
10: w
11: q
```

Abb. 10-1.   GROSCURS.SCR: Erzeugen eines Cursorblockes.

Achten Sie darauf, daß Zeile 6 von GROSCURS.SCR eine Leerzeile ist
und daß die letzte Zeile *q* enthält. Wenn Sie von der Richtigkeit der Datei
überzeugt sind, speichern Sie sie ab und geben folgenden Debug-Befehl
ein:

```
A>debug < groscurs.scr
```

Folgende Bildschirmmeldungen sollten Sie erhalten:

```
-a 100
xxxx:0100 mov ah,1
xxxx:0102 mov cx,10C
xxxx:0105 int 10
xxxx:0107 int 20
xxxx:0109
-r cx
CX 0000
:9
-n groscurs.com
-w
Schreiben von 0009 Byte
-q
```

Abb. 10-2.   DOS-Meldungen bei der Erstellung von GROSCURS.COM.

Sollten Ihre Bildschirmausgaben nicht mit Abb. 10-2 übereinstimmen, lesen Sie noch einmal den Abschnitt "Programmerstellung". Sind Ihre
Bildschirmausgaben mit den oben abgebildeten identisch, geben Sie ein:
groscurs; der Cursor verwandelt sich in einen blinkenden Block.

Wiederherstellen des originalen Cursorzeichens

Manchmal wird von Anwenderprogrammen die Cursorform geändert, bei der Rückkehr nach DOS jedoch nicht mehr in die Originalform gebracht, d.h., daß Sie in diesem Fall den Cursor auch auf DOS-Ebene als Strich oder als Block vorfinden. In solchen Fällen kann man einfach den Bildschirm löschen und das originale Cursorzeichen mit einem Mode-Befehl wiederherstellen; Sie brauchen nur den Befehl *mode mono* oder *mode co80*, je nach Monitorart, einzugeben. Bei NORMCURS.COM handelt es sich um ein Kurzprogramm, das ebenfalls das originale Cursorzeichen wiederherstellt, jedoch wesentlich schneller und ohne den Bildschirm zu löschen.

Erstellen Sie mit Ihrem Textsystem bzw. mit Edlin eine Datei mit dem Dateinamen NORMCURS.SCR und geben Sie die in Abb. 10-3 gezeigten Zeilen ein.

```
 1: a 100
 2: mov ah,0f
 3: int 10
 4: cmp al,7
 5: jz  10d
 6: mov cx,607
 7: jmp 110
 8: mov cx,0b0c
 9: mov ah,1
10: int 10
11: int 20
12:
13: r cx
14: 16
15: n normcurs.com
16: w
17: q
```

Abb. 10-3. NORMCURS.SCR: Wiederherstellen des originalen Cursorzeichens.

Achten Sie darauf, daß Zeile 12 von NORMCURS.SCR eine Leerzeile ist und daß die letzte Zeile *q* enthält. Wenn Sie von der Richtigkeit der Datei überzeugt sind, speichern Sie sie ab und geben folgenden Debug-Befehl ein:

```
A>debug < normcurs.scr
```

Folgende Bildschirmmeldungen sollten Sie erhalten:

```
-a 100
xxxx:0100 mov ah,0f
xxxx:0102 int 10
xxxx:0104 cmp al,7
xxxx:0106 jz  10d
xxxx:0108 mov cx,607
xxxx:010B jmp 110
xxxx:010D mov cx,0b0c
xxxx:0110 mov ah,1
xxxx:0112 int 10
xxxx:0114 int 20
xxxx:0116
-r cx
CX 0000
:16
-n normcurs.com
-w
Schreiben von 0016 Byte
-q
```

Abb. 10-4.   DOS-Meldungen bei der Erstellung von NORMCURS.COM.

Sollten Ihre Bildschirmausgaben nicht mit Abb. 10-4 übereinstimmen, lesen Sie noch einmal den Abschnitt "Programmerstellung". Sind Ihre Bildschirmausgaben mit den oben abgebildeten identisch, geben Sie ein: *normcurs*; der Cursorblock wird wieder in das Unterstreichungszeichen (das originale Cursorzeichen) zurückverwandelt.

Ein unsichtbarer Cursor

Manchmal benötigen Sie auch überhaupt kein Cursorzeichen. Für diesen Fall werden wir jetzt den Befehl KEINCURS.COM erstellen, der den Bildschirm von sämtlichen Zeichen befreit. Natürlich nur vorübergehend; mit NORMCURS.COM oder GROSCURS.COM erzeugen Sie wieder ein Cursorzeichen.

Der nächste Abschnitt beschreibt ein Batchfile, das Ihre Bildschirmanzeige vollständig löscht. Mit dem Befehl KEINCURS.COM wird das Cursorzeichen unsichtbar gemacht und mit dem Befehl NORMCURS.COM wiederhergestellt. Auch wenn Sie ein Menüsystem ausgeben, kann sich aus ästhetischen Gesichtspunkten das Fehlen eines Cursors positiv bemerkbar machen.

Erstellen Sie mit Ihrem Textsystem bzw. mit Edlin eine Datei mit dem Dateinamen KEINCURS.SCR und geben Sie die in Abb. 10-5 gezeigten Zeilen ein:

```
 1: a 100
 2: mov ah,1
 3: mov ch,20
 4: int 10
 5: int 20
 6.
 7: r cx
 8: 8
 9: n keincurs.com
10: w
11: q
```

Abb. 10-5. KEINCURS.SCR: Das Cursorzeichen wird unsichtbar gemacht.

Achten Sie darauf, daß Zeile 6 von KEINCURS.SCR eine Leerzeile ist und daß die letzte Zeile *q* enthält. Wenn Sie von der Richtigkeit der Datei überzeugt sind, speichern Sie sie ab und geben folgenden Debug-Befehl ein:

```
A>debug < keincurs.scr
```

Folgende Bildschirmmeldungen sollten Sie erhalten:

```
-a 100
xxxx:0100 mov ah,1
xxxx:0102 mov ch,20
xxxx:0104 int 10
xxxx:0106 int 20
xxxx:0108
-r cx
CX 0000
:8
-n keincurs.com
-w
Schreiben von 0008 Byte
-q
```

Abb. 10-6. DOS-Meldungen bei der Erstellung von KEINCURS.COM.

Sollten Ihre Bildschirmausgaben nicht mit Abb. 10-6 übereinstimmen, lesen Sie noch einmal den Abschnitt "Programmerstellung". Sind Ihre Bildschirmausgaben mit den oben abgebildeten identisch, geben Sie ein: *keincurs*; der Cursor sollte von der Bildfläche verschwinden. Geben Sie jetzt den Befehl *groscurs* ein, um den Cursorblock zu erzeugen. Schließlich geben Sie zur Normalisierung des Cursorzeichens noch einmal den Befehl *normcurs* ein.

Unter der nächsten Überschrift finden Sie ein Batchfile, in dem Sie diese Programme zum ersten Mal sinnvoll einsetzen können.

Eine leere Bildfläche

Wenn Sie Ihren Arbeitsplatz am Computer für einige Stunden verlassen, den Computer aber nicht ausschalten möchten, sollten Sie wenigstens die Bildschirmausgabe abschalten. Das kann man durch Herabsetzen der Bildschirmintensität oder durch Ausschalten des Monitors erreichen. Einfacher ist es jedoch mit einem Batchfile zu bewerkstelligen, am besten innerhalb einer Menüauswahl.

Mit der Datei LEER.BAT wird die Bildschirmausgabe abgeschaltet und durch Betätigen einer beliebigen Taste wiederhergestellt. Sie benötigen dafür drei der bereits erstellten Programme: KEINCURS.COM und NORMCURS.COM, die in diesem Kapitel bereits beschrieben worden sind, sowie ANTWORT.COM aus Kapitel 7.

In Abb. 10-7 sehen Sie die Befehlsauflistung von LEER.BAT.

```
1: echo off
2: cls
3: keincurs
4: antwort
5: normcurs
```

Abb. 10-7.   LEER.BAT: Ein Batchfile zum Abschalten der Bildschirmausgabe.

So läuft der Batchbefehl LEER.BAT ab:

- Zeile 2: Löschen des Bildschirms.

- Zeile 3: Abschalten des Cursors.

- Zeile 4: Der nächste Tastendruck wird erwartet.

- Zeile 5: Das Cursorzeichen wird wiederhergestellt, und zwar unabhängig von der gedrückten Taste.

Testen Sie das Batchfile LEER.BAT durch Eingabe von *leer*. Erwartungsgemäß sollten sämtliche Zeichen vom Bildschirm verschwinden. Durch Betätigen einer beliebigen Taste müßte die Bildschirmausgabe wiederhergestellt werden.

Die Ausführung des Batchbefehls LEER.BAT kann auch durch Betätigen einer Tastenkombination ausgeführt werden: durch Eingabe von *{ESC} [0;48;"leer";13p* wird die Befehlsausführung beispielsweise auf die Tastenkombination Alt-B gelegt, d.h., Sie können durch Betätigen von Alt-B auf DOS-Ebene die Bildschirmausgabe abschalten. Genauere Ausführungen über die Tastenbelegung entnehmen Sie bitte Kapitel 3.

Sollte die Gefahr bestehen, daß irgend jemand beim Anblick des leeren Bildschirms auf den Gedanken kommen könnte, Sie hätten vergessen, den Computer auszuschalten, und Ihnen durch Abschalten des Computers einen "Gefallen" tun möchte, sollten Sie auf der Tastatur eine Notiz hinterlassen, die Ihre Kollegen von dieser Art Hilfeleistung abhält.

Abschrecken unbefugter Benutzer mit LEER.BAT

Mit dem Batchbefehl kann eine kleine Sicherung dergestalt eingebaut werden, daß eine bestimmte Taste betätigt werden muß, bevor die Bildschirmausgabe wieder eingeschaltet wird. Es handelt sich dabei um keine absolute Sicherung - mit Ctrl-C wird die Ausführung des Batchbefehls beendet und zur DOS-Ebene zurückgekehrt - aber unerwünschte Benutzer oder Schnüffler können auf diese Art und Weise abgeschreckt werden.

Abb. 10-8 enthält eine erweiterte Fassung des Batchfiles LEER.BAT mit dem Dateinamen LEERSICH.BAT. Zur Wiederherstellung der Bildschirmausgabe muß hier die Tastenkombination Ctrl-PageUp (Tastencode 0;132) betätigt werden. Wird eine andere Tastenkombination gewünscht, muß einfach die Codezahl *133* in Zeile 6 durch den um den Wert *1* erhöhten Tastencode der speziellen Taste, und die Codezahl *132* in Zeile 7 durch den Tastencode der speziellen Taste ersetzt werden.

```
1:    echo off
2:    cls
3:    keincurs
4: :HOLE_ANTWORT
5:    antwort
6:    if errorlevel 133 goto HOLE_ANTWORT
7:    if not errorlevel 132 goto HOLE_ANTWORT
8:    normcurs
```

*Abb. 10-8.   LEERSICH.BAT: Mit einer speziellen Tastatureingabe wird
                die Bildschirmausgabe wiederhergestellt.*

LEERSICH.BAT ist zum größten Teil mit LEER.BAT identisch:

- Zeile 2: Löschen des Bildschirms.

- Zeile 3: Ausschalten des Cursors.

- Zeile 5: Warten auf einen Tastendruck.

- Zeile 6: Warten auf einen erneuten Tastendruck, falls der Tastaturcode der gedrückten Taste größer ist als der Code der festgelegten Taste.

- Zeile 7: Warten auf einen erneuten Tastendruck, falls der Tastaturcode der gedrückten Taste kleiner ist als der Code der festgelegten Taste.

- Zeile 8: Wiederherstellen des Cursorzeichens. Die Prüffunktionen in den Zeilen 6 und 7 bewirken, daß der Batchbefehl nur dann zu Zeile 8 verzweigt, wenn die festgelegte Taste betätigt worden ist.

Prüfen Sie die Funktionsweise von LEERSICH.BAT durch Eingabe des Befehlswortes *leersich*. Bei richtiger Funktionsweise muß die Bildschirmausgabe abgeschaltet werden. Das Betätigen irgendwelcher Tasten, mit Ausnahme der festgelegten Kombination, darf kein sichtbares Ergebnis bewirken (außer dem Aufleuchten der Laufwerkanzeige für den Fall, daß sich ANTWORT.COM nicht auf einer RAM-Disk befinden sollte, da nach jedem Tastendruck ANTWORT.COM geladen werden muß).

Verändern der Bildschirmfarben

Im verbleibenden Teil des Kapitels beschäftigen wir uns mit Text- und Hintergrundfarben. Wenn Sie keinen Farbmonitor besitzen, können Sie gleich bei Kapitel 11 weitermachen.

Die Bildschirmausgabe eines Farbmonitors gibt normalerweise weißen Text auf dunklem Hintergrund aus; in der Sprache von ANSI.SY heißt das: weißer *Text* auf schwarzem *Hintergrund*. In Kapitel 3 haben wir bereits gezeigt, wie man mit Hilfe des ANSI.SYS-Befehls *Set Attribute* diese Farben ändern kann. Im Anhang A finden Sie sämtliche ANSI.SYS-Befehle aufgelistet; Abb. A-3 enthält eine Tabelle mit den Codes sämtlicher Text- und Hintergrundfarben, die im Set Attribute-Befehl verwendet werden können.

Auch hier wird wie schon in Kapitel 3 der Prompt-Befehl zum Ändern der Bildschirmfarben verwendet.

Ändern der Textfarben

Die gängigsten Farben von Monochrommonitoren für die Textausgabe sind Grün, Amber oder ein blasses Blau, das beinahe wie Weiß aussieht. Alle drei Farben haben ihre Befürworter hinsichtlich Bildqualität und guter Lesbarkeit. Mit einem Farbmonitor können diese verschiedenen Möglichkeiten durch Verändern der Textfarbe ganz einfach emuliert (nachgemacht) werden.

Die meisten Bildschirmausgaben von Monochrommonitoren sind beispielsweise grün. Für die Emulation solcher Textausgaben auf Ihrem Farbmonitor brauchen Sie nur einen Befehl einzugeben:

```
A>prompt $e[32m
```

Die Wirkungsweise dieses und der folgenden Befehle überprüfen Sie am besten durch Löschen des Bildschirmes und Ausgabe des Dateiverzeichnisses nach jeder Farbenänderung.

Die Textfarbe Amber gilt allgemein als die augenschonendste Farbe. Amber kann näherungsweise durch die Farbe gelb dargestellt werden; ersetzen Sie *32* (grüne Textfarbe) aus dem vorausgehenden Beispiel durch *33* (gelbe Textfarbe):

```
A>prompt $e[33m
```

Das Spektrum der gelben Farbe variiert von Monitor zu Monitor in einem weitaus größeren Bereich als andere Farben. Eine Anpassung von Helligkeit und Kontrast kann ganz hilfreich sein. Ist die Farbe eher rötlich als gelb (oder amber), sollten Sie vielleicht einmal mit folgendem Befehl den Intensivmodus einstellen:

```
A>prompt $e[1;33m
```

Zum Abschalten des Intensivmodus der gelben Textfarbe geben Sie folgenden Prompt-Befehl ein:

```
A>prompt $e[m
```

Schließlich können wir noch Textausgabe mit blassem Blau, das einige Monochrommonitore verwenden, durch die Textfarbe Cyan emulieren. Der Unterschied wird nicht sehr groß sein:

```
A>prompt $e[36m
```

Auch hier könnte wiederum die Farbe Cyan im Intensivmodus eher das gewünschte Bild erreichen; der Befehl dafür lautet: *prompt $e[1;36m*.

Sie können auch noch drei weitere Farben ausprobieren: Rot (31), Blau (34) und Magenta bzw. Violett (35).

Ändern der Hintergrundfarbe

Sie brauchen nicht immer auf einem schwarzen Hintergrund zu arbeiten. Es gibt nämlich insgesamt acht verschiedene Hintergrundfarben (einschließlich Schwarz und Weiß). Mit folgendem Prompt-Befehl ändern Sie beispielsweise Ihre Hintergrundfarbe zu Blau:

```
A>prompt $e[1;44m
```

Es scheint, als ob dieser Befehl überhaupt keine Farbänderung bewirken würde; ja es gibt nicht einmal mehr ein Prompt-Zeichen, aus dem man die neue Farbe ersehen könnte, weil das System-Prompt einzig und allein aus dem Befehl für die Veränderung der Hintergrundfarbe besteht. Wenn Sie jetzt aber den Bildschirm löschen, können Sie die neue Hintergrundfarbe begutachten:

```
cls
```

Das ist der blaue Hintergrund. Nach Änderung der von Ihrem System standardmäßig eingestellten Bildschirmfarben, sollten Sie unbedingt jedes Mal als erstes den Bildschirm mit *cls* löschen.

Ändern der Text- und Hintergrundfarben

Nicht alle Kombinationen von Text- und Hintergrundfarben sind hilfreich. Grüne Zeichen auf grünem Hintergrund sind beispielsweise nicht sichtbar und auf violettem Hintergrund sind sie fast nicht zu erkennen. Andere Kombinationen wiederum, wie z.B. intensivrote Textzeichen auf blauem Hintergrund, sind zwar sehr kontrastreich, aber für die Augen auf Dauer zu anstrengend.

Für die optimalen Kombinationen probieren Sie am besten mehrere davon aus: Setzen Sie die Farben mit einem Prompt-Befehl, löschen Sie den Bildschirm und lassen Sie das Dateiverzeichnis auflisten. Auf diese Art können Sie am schnellsten sämtliche Möglichkeiten ausprobieren. In Abb. 10-9 finden Sie einige Kombinationen, die einen zum Lesen ausreichenden Kontrast bieten. In Anhang A finden Sie alle möglichen Farben mit den jeweils dazugehörigen Zahlen.

Befehl	Textfarbe	Hintergrund
prompt $e[37;41m	Weiß	Rot
prompt $e[37;44m	Weiß	Blau
prompt $e[1;33;41m	Intensivgelb	Rot
prompt $e[1;33;44m	Intensivgelb	Blau
prompt $e[1;36;44m	Intensivcyanblau	Blau
prompt $e[1;37;44m	Intensivweiß	Blau
prompt $e[1;37;46m	Intensivweiß	Cyanblau

Abb. 10-9.   Kombinationen von Text- und Hintergrundfarbe.

Natürlich gibt es auch noch andere Kombinationen. Farburteile sind sehr subjektive Urteile; experimentieren Sie deshalb noch eine Weile. Textfarben im Intensivmodus bieten einen besseren Kontrast, aber vielleicht ist Ihnen auch normale Intensität lieber. Probieren Sie weiter.

Wenn Sie dunkle Textzeichen auf hellem Hintergrund bevorzugen, sollten Sie unter anderem die Kombinationen aus Abb. 10-10 ausprobieren.

Befehl	Textfarbe	Hintergrund
prompt $e[30;47m	Schwarz	Weiß
prompt $e[31;47m	Rot	Weiß
prompt $e[34;47m	Blau	Weiß
prompt $e[30;46m	Schwarz	Cyanblau
prompt $e[31;46m	Rot	Cyanblau
prompt $e[34;46m	Blau	Cyanblau

Abb. 10-10.   Farbkombinationen mit hellem Hintergrund.

Definieren eigener Standardfarben

Wenn Sie eigene Standardfarbeinstellungen definieren möchten, schreiben Sie den entsprechenden ANSI.SYS-Befehl in die Datei AUTOEXEC.BAT. Ein Beispiel: Die Textfarbe Intensivgelb und die Hintergrundfarbe Blau sollen als Standardeinstellungen festgehalten werden. Der entsprechende Befehl für die Datei AUTOEXEC.BAT müßte *echo {ESC}[1;33;44m* lauten. Unglücklicherweise hat die Sache aber einen Haken. Für den Fall, daß Sie keine Standardfarbeinstellungen benötigen, können Sie die folgenden Abschnitte überspringen und bei Kapitel 11 weitermachen.

Komplikationen bei Farbänderungen

Möchten Sie in der Datei AUTOEXEC.BAT sowohl Standardfarbeinstellungen als auch ein Prompt-Zeichen mit Bildschirmattributen definieren, werden Sie niemals Ihre Standardfarben am Bildschirm sehen, es sei denn, Sie beenden den Prompt-Befehl mit den Attributen für Ihre Standardfarben. DOS gibt sofort nach Beenden der Datei AUTO-EXEC.BAT das Prompt-Zeichen aus, und die im Prompt-Befehl zuletzt aufgeführten Bildschirmattribute werden von DOS benutzt.

Beispiel: In diesem Kapitel wurde ein Prompt-Befehl beschrieben, der das aktuelle Laufwerk und Verzeichnis im Inversmodus ausgibt und mit *$e[m* (Abschalten sämtlicher Bildschirmattribute) beendet wird. Jedes Mal, wenn dieses Prompt-Zeichen von DOS ausgegeben wird, erfolgt die Bildschirmausgabe mit weißen Textzeichen auf schwarzem Hintergrund, auch dann, wenn Sie in der Datei AUTOEXEC.BAT eine andere Farbkombination definiert haben.

Das bedeutet, daß mit dem Prompt-Befehl nicht nur das Prompt-Zeichen definiert werden sollte, sondern daß darüberhinaus der letzte Teil des Befehls die Standardkombinationen der Bildschirmattribute enthalten muß. Für die Ausgabe blauer Zeichen auf cyanblauem Hintergrund müßte der Prompt-Befehls beispielsweise mit *$e[34;46m* beendet werden.

Und noch etwas: Vor der Befehlsausführung von LEER.BAT muß zuerst die Hintergrundfarbe auf schwarz gesetzt werden (fügen Sie in der Datei LEER.BAT nach der ersten Zeile *echo {ESC}[m* ein), weil der cls-Befehl zum Löschen des Bildschirms nur die Zeichen löscht. Nur wenn die Hintergrundfarbe schwarz ist, wird der Bildschirm vollständig geleert, d.h. die Bildschirmausgabe abgeschaltet; wenn der Hintergrund andersfarbig ist, wird der Bildschirm mit der Hintergrundfarbe ausgefüllt. Und wenn LEER.BAT die Hintergrundfarbe durch schwarz ersetzt, müssen vor der Rückkehr auf die DOS-Ebene die Standardfarben des Hintergrundes wieder neu eingestellt werden.

Achten Sie besonders auf solche Batchfiles

In der Tat *muß* jedes Batchfile, das mit einem ANSI.SYS-Befehl Bildschirmattribute setzt, vor der Rückkehr auf die DOS-Ebene die Standardeinstellungen der Farbkombinationen neu setzen. Sie können mehrere Batchfiles verwenden, die Bildschirmattribute setzen; dieses Buch ist voll davon. Sie benötigen nur ein *{ESC}[7m*, um Ihre Bildschirmanzeige in schwarze Zeichen auf weißem Hintergrund umzukehren, bzw. *{ESC}[m* für die DOS-Normaleinstellung (weiße Zeichen auf schwarzem Hintergrund). Auch werden Sie entdecken, daß einige Batchfiles mit normalen Bildschirmattributen normal aussehen, andere wiederum müssen etwas abgewandelt werden, wenn unterschiedliche Text- oder Hintergrundfarben eingestellt werden.

Die ständige Suche nach all diesen Stellen, wo Standardeinstellungen wiederhergestellt werden müssen, kann auf Dauer zur Plage werden. Und wenn Sie sich irgendwann entscheiden, die Standardeinstellungen der Farbkombinationen zu verändern, müssen sämtliche Batchfiles, die die Standardeinstellungen beinhalten, geändert werden. Computer sind aber dazu da, uns unnötige Schufterei abzunehmen, nicht aufzuerlegen.

Die Lösung des Problems besteht in der Erstellung eines Batchfiles, das einen Prompt-Befehl enthalten muß, der das Prompt-Zeichen definiert und mit den Standardwerten der Farbkombinationen endet. Anschließend muß diese Standardeinstellung mit einem Echo-Befehl ausgegeben und der Bildschirm mit *cls* gelöscht werden. Nennen Sie dieses Batchfile z.B. PROMPTRS.BAT, und verwenden Sie es als letzten Befehl in allen Batchfiles, die entweder das Promptzeichen oder die Bildschirmattribute verändern. (Ein Batchfile mit der Bezeichnung PROMPTRS.BAT zur Wiedergewinnung Ihres Prompt-Zeichens wurde bereits erstellt; Sie können es aber ohne weiteres so verändern, daß es mit folgender Beschreibung übereinstimmt.)

Beispiel: Die Standardeinstellungen sind schwarzer Text auf cyanblauem Hintergrund, das Prompt-Zeichen besteht aus aktuellem Laufwerk und Datum im Inversmodus. Die dazu erforderlichen Befehle sind in Abb. 10-11 dargestellt:

```
1: echo off
2: prompt {ESC}[7m$p {ESC}[30;46m
3: echo {ESC}[0;30;46m
4: cls
```

Abb. 10-11. PROMPTRS.BAT: Wiederherstellen von Prompt-Zeichen und Standardeinstellung der Farbkombinationen.

Die Attribute *30;46* in Zeile 2 veranlassen DOS, bei jeder Ausgabe des Prompt-Zeichens die standardmäßige Farbkombination zu setzen. In Zeile 3 werden durch das Attribut *0* alle eingestellten Attribute wieder gelöscht (z.B. unterschiedliche Farben, Invers- oder Intensivmodus). Die Attribute *30;46* (noch einmal!) aktivieren die Farbkombination sofort (das Prompt-Zeichen wird ja erst nach der Rückkehr des Batchfiles auf die DOS-Ebene ausgegeben, Zeile 2 erfährt dadurch eine verzögerte Ausführung). Mit dem Befehl *cls* in Zeile 4 wird der Bildschirm sofort mit der Hintergrundfarbe ausgefüllt.

Verwenden Sie *promptrs* in jedem Batchfile (einschließlich AUTOEXEC.BAT), das Bildschirmattribute setzt oder das Prompt-Zeichen ändert, als letzten Befehl. Wenn Sie es dann einmal satt haben, immer schwarze Zeichen auf cyanblauem Hintergrund zu sehen, ändern Sie einfach nur die Attribute in den Zeilen 2 und 3 von PROMPTRS.BAT.

Integration von Anwenderprogrammen

Manche Anwenderprogramme definieren eigene Text- und Hintergrundfarben. Ihre eigenen Farbdefinitionen werden dann zwar bei der Rückkehr zu DOS wiederhergestellt, der Bildschirm wird jedoch so lange schwarz bleiben, bis Sie ihn mit dem cls-Befehl füllen. Dabei handelt es sich zwar nur um ein ästhetisches Problem, wenn es Sie aber dennoch stört, können Sie dies dadurch umgehen, daß Sie zum Starten des Anwenderprogrammes ein zweizeiliges Batchfile aufrufen. Dieses Batchfile muß folgendes enthalten: den Befehl zum Starten des Anwenderprogrammes und den Befehl *cls*.

Der Aufwand zum Definieren eigener Standardfarben lohnt sich, wenn Sie eine Farbkombination gefunden haben, die Ihnen besonders gefällt. Sie brauchen nur die Zeit zum Erstellen von PROMPTRS.BAT, und schon kann diese Situation ohne große Mühe gemeistert werden.

Kapitel 11

Druckeranpassung

Der Drucker nimmt eine Schlüsselstellung in Ihrem Computersystem ein. Für jede Art von Anwenderprogramm - ob Textverarbeitungssystem, Kalkulationsprogramm, Datenbank, Graphik oder irgendwelche speziellen Programme - wird ein Drucker benötigt, der Texte, Tabellen und Graphiken zu Papier bringt. An Ihrem Drucker können Sie sogar erkennen, wie oft Sie den Computer benutzen, nämlich dann, wenn Sie feststellen, daß der Karton mit 3000 Blatt Druckerpapier schon wieder leer ist.

Die ersten von IBM angebotenen Punktmatrix-Drucker wurden von der Firma Epson hergestellt. Heute baut IBM seine Drucker selbst; aber es werden immer noch dieselben Befehle benutzt, wie bei den ersten Epson-Druckern mit IBM-Schildern. Der epson-kompatible Markt hat sich inzwischen so ausgedehnt, daß die meisten Druckerhersteller für ihre Punktmatrix-Drucker dieselben Befehle und Zeichensätze verwenden.

Es gibt natürlich auch hier Ausnahmen. Laserdrucker und Typenraddrucker benutzen andere Befehle, und auch einige Punktmatrix-Drucker folgen nicht dem IBM-Epson-Standard. Falls Sie sich einen neuen Drucker anschaffen möchten, sollten Sie auf diese Kompatibilität achten und falls irgendwelche Fragen auftauchen, auf einer Demonstration bestehen. Wenn Sie bereits einen Drucker besitzen, überprüfen Sie das Handbuch; der Einführung können Sie entnehmen, ob der Drucker dem Industriestandard folgt, und es sollten auch ein oder mehrere Tabellen aufzufinden sein, denen Sie entnehmen können, ob Ihr Drucker auch über den erweiterten IBM-Zeichensatz verfügt.

Die große Konkurrenz auf dem Druckermarkt ließ, trotz steigender Qualität der Punktmatrix-Drucker, deren Preise fallen. In Abb. 11-1 sehen Sie einige Möglichkeiten heutiger Punktmatrix-Drucker. In Kapitel 4 wurde Ihnen gezeigt, wie einige Druckeroptionen eingesetzt werden können. Dieses Kapitel geht noch etwas weiter, indem es Ihnen Druckeranpassungen für praktische Anwendungen bietet.

```
Das ist der Breitschrift-Modus.
Das ist der Schmalschrift-Modus.
Das ist Proportionalschrift.
Das ist Schattenschrift.
Das ist Fettdruck.
Das ist Kursivschrift.
Das ist der Unterstreichungs-Modus.
Das ist Schöndruck (NLQ).
Das ist Kursivschrift mit Schattenschrift.
Das ist Kursivschrift im Schmalschrift-Modus.
Das ist Kursivschrift im Fettdruck.
Das ist proportionale Kursivschrift.
Das ist eine Kombination aus Breit- und Schmalschrift.
Das ist Proportionalschrift im Unterstreichungs-Modus.
Das ist Schmalschrift im Unterstreichungs-Modus.
Das ist eine Kombination aus Schöndruck, Kursiv und Fett.
Schöndruck in kursiver Breitschrift.
Das ist doppelte vertikale Vergrößerung.
Doppelte vertikale Vergrößerung in Schöndruck.
Doppelte Schriftbreite im Schöndruck.
Doppelte Schriftbreite im Schöndruck und
in vertikaler Vergrößerung.
```

Abb. 11-1.   Schriftoptionen von Punktmatrix-Druckern.

Drucker-Befehle

Die meisten Drucker-Befehle haben ein, zwei oder drei Byte Länge (vgl. Kapitel 4). Fast alle Parameter sind Festwerte (z.B. Alt-15 oder der Buchstabe *D*), manche Befehle erfordern einen Parameter, dessen Wert variabel ist (z.B. Befehle für die Zeilenzahl pro Seite oder zum Setzen des linken Randes).

Drucker-Befehle können auf unterschiedliche Weise an den Drucker geleitet werden: durch Umleiten der Ausgabe eines Echo-Befehls; durch Kopieren einer Datei mit Drucker-Befehlen auf den Drucker; durch ein Programm, das Befehle an den Drucker sendet.

In den Beispielen aus Kapitel 4 wurden mehrere Drucker-Befehle getestet, und in diesem Kapitel werden Sie noch weitere kennenlernen. Anhang B enthält ein Verzeichnis der gebräuchlichsten Drucker-Befehle, die komplette Befehlsauflistung finden Sie jedoch in Ihrem Druckerhandbuch. (Im Handbuch können zum Teil Abkürzungen wie SO oder DC1 für Zeichencodes mit einem kleineren Codewert als 31 verwendet werden; diese Abkürzungen werden in Abb. C-4 im Anhang C erklärt und die entsprechenden Zeichen aufgelistet.)

Dieses Kapitel ist ziemlich umfangreich. Es werden Umgang und Behandlung des Druckers erklärt sowie einige der in DOS-Version 3 neu eingeführten Optionen des Print-Befehls vorgestellt; danach werden mehrere Batchfiles und Programme gezeigt, mit denen die Möglichkeiten Ihres Druckers ausgenutzt werden können. Das Kapitel schließt mit einem Batchfile für ein Menü zur Druckersteuerung. Damit können Schriftarten und Formatierungsmöglichkeiten Ihres Druckers gesteuert werden; dieses Batchfile wird später auch als Teil des Menüsystems aus Kapitel 14 verwendet.

Umgang mit dem Drucker

An- und Ausschalten des Druckers, neues Papier zuführen und Wechseln des Farbbandes sind die alltäglichen Handgriffe bei der Arbeit mit einem Drucker. Aber säubern Sie Ihren Drucker auch gelegentlich? Staub und kleine Papierschnitzel sammeln sich im Laufe der Zeit im Innern des Druckers an und können Störungen verursachen, wenn sie nicht beseitigt werden. Meistens hilft es schon, die Druckerverkleidung zu öffnen und das angesammelte Material auszublasen. Mit Hilfe eines Ministaubsaugers können Sie jedoch noch ein übriges tun; aber achten Sie bitte darauf, daß Sie keine Leitungen, Kabel oder andere empfindliche Teile beschädigen.

Es gibt Drucker mit einigen speziellen Optionen, die beim Einschalten in Kraft treten, wenn Sie während des Einschaltens einen oder mehrere der am Drucker befindlichen Knöpfe drücken. Die meisten Drucker können einen *Selbsttest* starten: ein Testmuster, bestehend aus ASCII-Zeichen, wird über die volle Druckbreite ausgegeben und bei jeder folgenden Zeile um ein Zeichen verschoben. Der Selbsttest - in Abb. 11-2 ist ein Ausschnitt dargestellt - dauert etwa 15 Minuten und stoppt dann automatisch; Sie können ihn jedoch auch schon vorher durch Ausschalten des Druckers abbrechen.

```
!"#$%&'()*+,-./0123456789:;<=>?§ABCDEFGHIJKLMNOPQRSTUVWXYZÄöÜ^_`abcdefghijklmno
!"#$%&'()*+,-./0123456789:;<=>?§ABCDEFGHIJKLMNOPQRSTUVWXYZÄöÜ^_`abcdefghijklmnop
"#$%&'()*+,-./0123456789:;<=>?§ABCDEFGHIJKLMNOPQRSTUVWXYZÄöÜ^_`abcdefghijklmnopq
#$%&'()*+,-./0123456789:;<=>?§ABCDEFGHIJKLMNOPQRSTUVWXYZÄöÜ^_`abcdefghijklmnopqr
$%&'()*+,-./0123456789:;<=>?§ABCDEFGHIJKLMNOPQRSTUVWXYZÄöÜ^_`abcdefghijklmnopqrs
%&'()*+,-./0123456789:;<=>?§ABCDEFGHIJKLMNOPQRSTUVWXYZÄöÜ^_`abcdefghijklmnopqrst
&'()*+,-./0123456789:;<=>?§ABCDEFGHIJKLMNOPQRSTUVWXYZÄöÜ^_`abcdefghijklmnopqrstu
```

Abb. 11-2.   Drucker Selbsttest.

Der Selbsttest kann auch ausgeführt werden, wenn der Computer ausgeschaltet ist oder wenn der Drucker noch gar nicht angeschlossen ist. Dies ist eine Möglichkeit, sich von der Funktionsweise eines neuen Farbbandes

oder des Druckers schlechthin zu überzeugen. Der Selbsttest bei Epson-
oder den meisten IBM-Druckern wird folgendermaßen aufgerufen: Halten
Sie die Taste "Line Feed" (LF) gedrückt, während Sie Ihren Drucker einschalten. Schauen Sie sich bitte auch im Druckerhandbuch die Anweisungen für die Ausführung eines Selbsttestes an.

Eine weitere Druckeroption vieler Modelle besteht darin, anstelle des
Buchstabens den hexadezimalen Wert eines jeden ankommenden Zeichens
auszudrucken. Diese Option werden wir als *Hexdump-Modus* bezeichnen
(vgl. auch Kapitel 5).

Dieser Modus wird verwendet, um ein Programm oder Batchfile zu testen,
das nicht wunschgemäß abläuft. Man kann damit aber auch überprüfen,
welche Codes ein Anwenderprogramm, wie z.B. Ihr Textverarbeitungssystem oder Graphikprogramm, an den Drucker sendet.

```
0123456789
0123456789
0 1 2 3 4 5 6 7 8 9

0F  30  20  31  20  32  20  33  20  34  20  35  20  36  20  37  20  38  20  39
0D  0A  1B  34  30  20  31  20  32  20  33  20  34  20  35  20  36  20  37  20
38  20  39  1B  35  12  0D  0A  1B  45  30  20  31  20  32  20  33  20  34  20
```

Abb. 11-3.   Druckerausgabe in ASCII-Zeichen und hexadezimal.

Die Zahlen *30* bis *39* im hexadezimalen Teil von Abb. 11-3 sind die
ASCII-Codes der Ziffern 0 bis 9, *20* ist der ASCII-Code des Leerzeichens, *0D* der Code des Wagenrücklaufes (carriage return) und *0A* der
Code des Zeilenvorschubes (line feed). Die übrigen Zeichen sind Befehle.
Der Code *0F* des ersten Bytes in der ersten Zeile steht für das Zeichen 15
der ASCII-Tabelle; dies ist das Steuerzeichen zum Einschalten des
Schmalschriftmodus. *1B* ist das Escape-Zeichen, die Folge *1B 34* (vgl.
drittes und viertes Byte der zweiten Zeile) repräsentiert also den Steuer-
befehl {ESC}4; damit wird der alternative Zeichensatz bzw. der Kursiv-
modus eingeschaltet (vgl. Druckerhandbuch). Weitere Befehle: Das vierte
und fünfte Byte der dritten Zeile enthält *1B 35*, das ist der Befehl {ESC}5
(Beenden des Kursivdruckes), Code *12* entspricht Zeichen 18 (Beenden
des Schmalschriftmodus), *0D 0A* repräsentieren Wagenrücklauf und
Zeilenvorschub für die zweite Zeile, und *1B 45* ist der Befehl {ESC}E
(Einschalten des Fettdruckmodus).

Zum Einschalten dieses Hexdump-Modus bei Epson- oder den meisten
IBM-Druckern, drücken Sie beim Einschalten des Druckers gleichzeitig
die beiden Knöpfe Line Feed (LF) und Form Feed (FF). Wenn Sie mit
einem anderen Drucker arbeiten, überprüfen Sie bitte das Handbuch

daraufhin, ob diese Option angeboten und wie sie gegebenenfalls eingeschaltet wird.

Verfeinern des Print-Befehls

In diesem Abschnitt wird nicht erklärt, wie der Print-Befehl eingesetzt
wird, sondern es folgen Vorschläge, wie die Arbeitsweise des Print-Befehls optimiert werden kann. Die Anwendung des Print-Befehls wird im
DOS-Handbuch und in meinem ersten Buch *MS-DOS* erläutert. Falls Sie
den Print-Befehl nicht oft benötigen bzw. mit dessen Arbeitsweise zufrieden sind, können Sie ohne weiteres diesen Abschnitt überspringen und
bei der Überschrift "Ausdruck mit Seiteneinteilung" weiterarbeiten. Dort
finden Sie auch das erste Batchfile dieses Kapitels.

Der Computer kann leider immer nur eine Arbeit ausführen; das Print-
Programm kann also eine Datei nicht wirklich simultan ausdrucken - es
wechselt sich ab mit den anderen Dingen, die den Computer zur selben
Zeit beschäftigen. Die Uhr des IBM PC gibt jedoch nach jeweils 55
Millisekunden (das sind 55 Tausendstel-Sekunden) ein Signal ab, und bei
jedem Signal kann DOS sich einer anderen Aufgabe zuwenden. Es besteht
also die Möglichkeit, 18,18 mal pro Sekunde das Arbeitsfeld zu wechseln.
Für den Anwender sieht das so aus, als ob DOS zwei Dinge gleichzeitig
ausführen könnte.

Das Intervall von 55 Millisekunden, der durch die Uhr ausgelöste *Impuls*,
ist die Zeitmessung von DOS. Ab DOS-Version 3 kann die Steuerung des
Print-Befehls geregelt werden: es kann festgelegt werden, wie viele Intervalle DOS-Arbeiten vor der Umschaltung zum Print-Befehl und wie
viele Intervalle Druckerarbeiten vor der Rückkehr zu DOS ausgeführt
werden sollen. Außerdem kann die Größe des Speicherbereiches bestimmt
werden, in welchem die auszudruckenden Daten zwischengespeichert werden sollen; dieser Bereich wird auch als *Druckpuffer* bezeichnet.

Achtung: Der Drucker selbst enthält in der Regel auch einen Zwischenspeicher, in den die Daten vor dem Ausdrucken geladen werden; dieser
Speicherbereich wird normalerweise mit *Druckerpuffer* bezeichnet, dadurch eröffnet sich wiederum eine Möglichkeit für Mißverständnisse.
Beachten Sie also: die Größe des *Druckpuffers* kann verändert werden,
der *Druckerpuffer* ist jedoch Teil der Druckerhardware.

Der Print-Befehl aus der DOS-Version 3 besitzt Parameter, die die Impulszahl während der DOS-Kontrolle, die Impulszahl während der das
Print-Programm die Kontrolle übernimmt sowie die Größe des Druckpuffers festlegen. Es folgen nun die möglichen Faktoren, die sich auf die
Ausführung des Print-Programmes auswirken:

- Größe des Druckpuffers: Sie kann durch den Parameter /B des Print-Befehls gesteuert werden. Falls nicht anders angegeben, wird von DOS der Standardwert von 512 Byte als Druckpuffergröße eingesetzt. Wird /B erhöht, benötigt das Print-Programm weniger Plattenzugriffe. Dadurch wird die Druckgeschwindigkeit erhöht, andererseits wird jedoch der frei verfügbare Speicherplatz für andere Programme vermindert.

- Impulszahl der DOS-Kontrolle, d.h. die Zeit, in der das Print-Programm pausiert: Diese Zeitdauer wird mit dem Parameter /S des Print-Befehls gesteuert. Falls nicht anders angegeben, wird von DOS der Standardwert von acht Intervallen dem Parameter /S zugeordnet. Das Erhöhen von /S räumt mehr Zeit für DOS und weniger Zeit für das Druckprogramm ein.

- Impulszahl der Ausführungszeit des Print-Programms, d.h. die Zeit, in der DOS pausiert: Diese Zeitdauer wird mit dem Parameter /M des Print-Befehls gesteuert. Falls nicht anders angegeben, wird von DOS der Standardwert von zwei Intervallen dem Parameter /M zugeordnet. Das Erhöhen von /M räumt mehr Zeit für das Druckprogramm und weniger Zeit für DOS ein.

- Impulszahl der Wartezeit des Print-Programms, bevor ein erneuter Versuch unternommen wird, Daten zum beschäftigten Drucker zu senden: Diese Zeitdauer wird mit dem Parameter /U des Print-Befehls gesteuert. Falls nicht anders angegeben, wird von DOS der Standardwert von einem Intervall dem Parameter /U zugeordnet. Das Erhöhen von /U räumt ebenfalls mehr Zeit für das Druckprogramm und weniger Zeit für DOS ein.

- Größe des Druckerpuffers: Da es sich hierbei um einen festen Bestandteil des Druckers (Hardware, nicht Software) handelt, kann dieser Teil allein durch die Wahl des Druckers (es gibt Drucker mit unterschiedlich großen Druckerpuffern) bzw. durch die Erweiterung des Druckerpuffers (es gibt Drucker mit dieser Option) festgelegt werden.

Wenn Sie Ihren Computer gleichzeitig noch mit einer zweiten Aufgabe belasten, wird es Ihnen auch bei optimaler Parameterwahl des Print-Befehls und bei Verwendung eines sehr schnellen Computers nur selten gelingen, den Drucker zum Ausdrucken mit seiner Spitzengeschwindigkeit zu bewegen. Wäre dies der Fall, müßte DOS die meiste Zeit untätig sein, da das System durch das Print-Programm zu sehr in Anspruch genommen wäre. Wenn andererseits der Computer während des Druckvorganges sich auch noch mit seiner Höchstgeschwindigkeit einer weiteren Aufgabe zuwenden sollte, wäre der Drucker in der Lage, nur etwa nach jeweils 20 oder 30 Sekunden eine Zeile auszudrucken; und das wäre ebenfalls nicht akzeptabel.

Der springende Punkt dabei ist, genügend Speicher für den Druckpuffer zur Verfügung zu stellen, so daß das Print-Programm nicht zu viele Plattenzugriffe benötigt, und außerdem Werte für die Parameter /S, /M und /U des Print-Befehls zu finden, die die Impulszeiten zwischen DOS und dem Druckprogramm so aufteilen, daß sowohl die Systemarbeit als auch die Druckgeschwindigkeit akzeptabel sind. Da sich jedoch so viele Faktoren auf die Ausführungszeiten auswirken, sollten Sie mit dem Print-Befehl und einigen Parameterwerten ein wenig experimentieren, indem Sie verschiedene Werte zusammen mit dem Print-Befehl eingeben, einige Dateien ausdrucken lassen, während Sie etwas anderes am Computer arbeiten (z.B. eine Datei editieren oder mit einem Kalkulationsprogramm arbeiten), und schließlich die Ausführungszeiten miteinander vergleichen. Diese Parameter können jedoch nur bei der ersten Eingabe des Print-Befehls spezifiziert werden. Wenn es sich also herausstellen sollte, daß entweder die Ausführungszeit von DOS oder die Druckergeschwindigkeit nicht akzeptabel wäre, müßten Sie das System neu starten und den Print-Befehl mit anderen Parameterwerten noch einmal eingeben.

In Abb. 11-4 finden Sie einige Vorschläge für den Parameter /B (Größe des Druckpuffers). Zum Ausprobieren eines dieser Werte muß die Zahl genau wie abgebildet eingegeben werden. Es handelt sich bei den Werten um Vielfache von 512 (das ist die Größe eines Plattensektors); auf diese Weise kann DOS den Speicher so effizient als möglich nutzen.

	Gleichzeitig auszudruckende Dateien		
Typische Dateigröße	*weniger als 5*	*5 bis 10*	*mehr als 10*
kleiner als 4 KByte	2048	4096	8192
4 bis 8 KByte	4096	8192	12288
größer als 8 KByte	8192	12288	16384

Abb. 11-4.   Mögliche Werte für den Parameter /B des Print-Befehls.

Zum Experimentieren wählen Sie sich bitte einen Wert für den Parameter /B aus Abb. 11-4 und geben folgende Startwerte für die Parameter /S, /M und /U ein:

```
/S:25 /M:5 /U:2
```

Ist Ihr Druckerpuffer größer als 2K (Druckerhardware! Informationen darüber finden Sie im Druckerhandbuch), kann für /M ein größerer Startwert eingesetzt werden, um dem Print-Programm genügend Zeit zum

Füllen des Druckerpuffers einzuräumen. Das Verhältnis von /S zu /M legt
die Zeitaufteilung zwischen DOS und dem Print-Programm fest; für dieselben Voraussetzungen muß also außerdem der Wert für den Parameter
/S erhöht werden:

```
/S:35 /M:7 /U:2
```

Bei beiden Startwertekombinationen erhält das Print-Programm 20 Pro-
zent der zur Verfügung stehenden Ausführungszeit. Um DOS zu beschleunigen, kann entweder der Wert für /S erhöht oder der Wert für /M
oder /U erniedrigt werden. Zum Beschleunigen des Druckvorganges kann
entweder der Wert für /S erniedrigt oder der Wert für /M oder /U erhöht
werden. Manche Änderungen der Parameterwerte scheinen sich überhaupt
nicht auf die Geschwindigkeit auszuwirken, und der Drucker wird unabhängig von den Parameterwerten gelegentlich pausieren; in diesem Falle
wird es sich kaum lohnen, eine Menge Zeit zum Auffinden der optimalen
Werte zu investieren. Sie können jedoch mit ein paar wenigen Versuchen
die von DOS voreingestellten Werte leicht verbessern.

Ausdruck mit Seiteneinteilung

Beim Ausdrucken einer langen Datei mit Hilfe des Copy-Befehls werden
die Daten kontinuierlich und ohne Rücksicht auf die Perforation zwischen
den einzelnen Seiten über den Drucker ausgegeben. Das sieht nicht gerade
professionell aus; deshalb überspringen Textverarbeitungssysteme und andere Anwenderprogramme die Perforation (im übrigen auch der Print-
Befehl!). Wenn Sie jedoch zum Ausdrucken einer kürzeren Datei nicht
unbedingt Ihr Textverarbeitungssystem anwerfen oder den Print-Befehl
einsetzen möchten, können Sie sich ein Batchfile zum Überspringen der
Perforation schreiben.

Für die meisten Drucker gibt es Befehle, die die Seitenlänge festlegen und
die Anzahl der Zeilen, die zum Überspringen der Perforation am Sei-
tenende übersprungen werden sollen. PRNT.BAT ist ein Batchfile, das
eine Datei Seite für Seite ausdruckt, indem es diese Befehle an den
Drucker leitet und dann die Datei auf den Drucker kopiert. Zusätzlich
werden auch noch der Name der Datei, sowie die aktuelle Zeit und das
Datum zu Beginn der ersten Seite ausgedruckt, und es sind darüberhinaus
Wildcard-Zeichen erlaubt. Dies ist eine einfache Möglichkeit, um sich
kurze Druckerausgaben, wie z.B. einen Briefentwurf oder eine Reihe von
Batchfiles schnell ausdrucken zu lassen.

In Abb. 11-5 werden die in PRNT.BAT verwendeten Druckerbefehle erklärt.

Druckerbefehle

Form Feed
<Zeichen 12>
Transportiert das Papier zum Beginn der nächsten Seite.

Linker Rand
{ESC}l<Spalte>
Setzt den linken Rand auf die angegebene Spalte.

Seitenlänge
{ESC}C<0><Zoll>
Setzt die Seitenlänge auf die angegebene Zollzahl.

Überspringen der Perforation
{ESC}N<Zeilen>
Überspringt die angegebene Zeilenanzahl am Ende einer jeden Seite. Wird das Druckerpapier auf den Beginn einer neuen Seite eingestellt, werden die oberen und unteren Seitenränder jeweils auf die Hälfte der angegebenen Zeilenzahl gesetzt, um zu erreichen, daß die Perforation in der Mitte liegt. Das Überspringen der Perforation wird jedes Mal durch die Zeilenanzahl veranlaßt ohne Rücksicht auf den Zeilenabstand. Wenn Sie also zum Überspringen der Perforation ein paar Zeilen vorsehen und einen geringen Zeilenabstand eingestellt haben, ist der Seitensprung relativ gering.

Tabulatorpositionen setzen
{ESC}D<Tab1><Tab2><...><Zeichencode 0>
Setzt Tabulatoren an den mit <Tab1>,<Tab2> usw. (bis zu maximal 32 Tabulatorpositionen) bezeichneten Spalten einer Zeile. Die Tabulator-Postionen werden durch die entsprechenden Spaltennummern festgelegt: Spalte 1 wäre beispielsweise Alt-1, Spalte 10 wäre Alt-10. Beenden Sie die Liste der Tabulator-Positionen mit dem Zeichencode 0.

automatische Tabulator- positionen setzen	{ESC}e<Zeichencode 0><Spalten> Setzt in einer ganzen Zeile automatisch Tabulatoren, nach einer festgelegten Anzahl von Spalten. {ESC}e<Zeichencode 0><Zeichen 5> setzt beispielsweise Tabulatoren bei Zeile 5, 10, 15 usw. Viele Drucker verarbeiten anstelle des Zeichencodes 0 auch die Kombination Alt-128. Bei manchen Druckern wird dieser Befehl Set Tab Unit (Auto-Tab) genannt.

Abb. 11-5.   Druckerbefehle für den Ausdruck mit Seiteneinteilung.

Anstelle von *<Zeichencode 0>* in Abb. 11-5 akzeptieren die meisten Drucker auch Alt-128. Da Alt-128 mit Hilfe der Alt-Tasten-Technik eingegeben werden kann, wird diese Schreibweise anstelle von Zeichencode 0 im weiteren Verlauf benutzt. Sollte Ihr Drucker Alt-128 nicht akzeptieren, ersetzen Sie diese Kombination durch das Nullzeichen (Zeichencode 0).

Vergessen Sie bitte nicht, diese Befehle gelten für epson-kompatible Drucker. Sollte Ihr Drucker andere Befehle verwenden, werden die hier aufgeführten Befehle mit großer Wahrscheinlichkeit nicht die beabsichtigten Auswirkungen zeigen. Es existieren jedoch in der Regel äquivalente Befehle; überprüfen Sie Ihr Druckerhandbuch, und ersetzen Sie die Befehle durch die für Ihren Drucker erkennbaren Steuerzeichen.

Abb. 11-6 zeigt eine Befehlsauflistung von PRNT.BAT.

```
 1:    echo off
 2:    if not "%1"=="" goto OK
 3:    echo {ESC}[7mBitte Dateinamen angeben.{ESC}[m
 4:    echo Befehl nochmals eingeben.
 5:    goto ENDE
 6: :OK
 7:    if "%2"=="print" goto DRUCKEN
 8:    date < c:\superms\batch\cr.dat | find "ist" > stempel.$$$
 9:    time < c:\superms\batch\cr.dat | find "ist" >> stempel.$$$
10:    for %%p in (%1) do command /c prnt %%p print
11:    erase stempel.$$$
12:    goto ENDE
13: :DRUCKEN
14:    if exist %1 goto HOLE_DATEI
15:    echo {ESC}[7mDatei %1 kann nicht gefunden werden{ESC}[m
16:    goto ENDE
17: :HOLE_DATEI
18:    echo {ESC}C<Alt-128><Alt-12>{ESC}N<Alt-6>{ESC}l<Alt-1>
```

```
            {ESC}D<Alt-24><Alt-128>> prn
19:    copy stempel.$$$ prn > nul
20:    echo  ┌──────────────────────┐  > prn
21:    echo  │Datei: %1 <Tab> ║  > prn
22:    echo  └──────────────────────┘  > prn
23:    echo {ESC}l<Alt-5>{ESC}e<Alt-128><Alt-8>> prn
24     copy %1 prn > nul
25:    echo <Alt-12>> prn
26:    echo ** Datei {ESC}[7m%1{ESC}[m wurde gedruckt.
27:  :ENDE
```

Abb. 11-6.   *PRNT.BAT: Dateiausdruck mit Dateiname und*
                Datumsstempel.

In PRNT.BAT wird die Technik angewendet, die in Kapitel 6 unter der
Überschrift "Ein Batchfile kann sich auch selbst aufrufen" beschrieben
wurde. Dadurch ist es möglich, mehrere Befehle für eine jede Datei einer
Dateireihe auszuführen. Mit Hilfe des Command-Befehls ruft sich das
Batchfile für jede Datei selbst auf, indem der Dateiname als erster Pa-
rameter und *print* als zweiter Parameter eingesetzt werden.

Erstellen Sie mit Ihrem Texteditor oder Textverarbeitungssystem die Datei
PRNT.BAT und geben Sie die in Abb. 11-6 gezeigten Befehle ein. Im
folgenden wird Ihnen die Arbeitsweise von PRNT.BAT Schritt für Schritt
erklärt:

■   Zeile 2: Die folgenden Fehlermeldungen werden übersprungen, wenn
    der Dateiname angegeben wird.

■   Zeilen 3 bis 5: Es werden Fehlermeldungen ausgegeben für den Fall,
    daß kein Dateiname angegeben wurde. Anschließend erfolgt die
    Rückkehr zu DOS.

■   Zeile 7: Direkter Sprung zu den Befehlen für den Dateiausdruck,
    wenn als zweiter Parameter *print* eingegeben wird. Die Befehle in den
    Zeilen 8 bis 12 werden nur beim ersten Aufruf von PRNT.BAT aus-
    geführt. Beim rekursiven Aufruf des Batchbefehls werden sie dann
    übersprungen.

■   Zeilen 8 und 9: Eine Zwischendatei mit dem Dateinamen STEM-
    PEL.$$$ wird erstellt. Diese Datei enthält einen Datums- und Zeit-
    stempel.

■   Zeile 10: Über den Command-Befehl wird für jede im Parameter *%1*
    enthaltene Datei der Batchbefehl PRNT.BAT neu aufgerufen. Bei je-
    dem dieser rekursiven Aufrufe wird automatisch als zweiter Parame-
    ter *print* eingesetzt, so daß der If-Befehl in Zeile 7 die Befehlszeilen
    8 bis 12 überspringt und sofort die Datei ausdruckt.

- Zeile 11: Die Zwischendatei mit Datums- und Zeitstempel wird wieder gelöscht.

- Zeile 12: Nachdem alle Dateien ausgedruckt worden sind, erfolgt die Rückkehr zur DOS-Ebene. Dies ist das eigentliche Ende des Batchfiles.

- Zeile 14: Wenn die von Ihnen angegebene Datei existiert, werden die folgenden Fehlermeldungen übersprungen.

- Zeilen 15 und 16: Es wird eine Fehlermeldung ausgegeben, die besagt, daß die von Ihnen angegebene Datei nicht existiert; anschließend erfolgt die Rückkehr zur DOS-Ebene.

- Zeile 18: Vier Befehle werden an den Drucker gesendet:

Befehl	Beschreibung
{ESC}C<Alt-128><Alt-12>	Seitenlänge wird auf 12 Zoll gesetzt.
{ESC}N<Alt-6>	Sechs Zeilen zum Überspringen der Perforation
{ESC}l<Alt-1>	Linker Rand wird auf Spalte 1 gesetzt.
{ESC}D<Alt-24><Alt-128>	Tabulator wird bei Spalte 24 gesetzt.

Bitte Zeile 18 unbedingt auf einer Zeile eingeben!

- Zeile 19: Drucken von Datums- und Zeitstempel.

- Zeilen 20 bis 22: Ausdruck eines Titelblocks mit dem Dateinamen am Beginn der ersten Seite. Für den Block werden die folgenden Rahmen-Zeichen verwendet:

╔ Alt-201	═ Alt-205	╗ Alt-187
╚ Alt-200	║ Alt-186	╝ Alt-188

Drücken Sie einmal die Tabulator-Taste zwischen *%1* und *Alt-186* in Zeile 21. In Zeile 18 wird ein Tabulator in Spalte 24 gesetzt, so daß sich das rechte Ende des Titelblocks in der richtigen Position befindet und zwar unabhängig von der Länge des Dateinamens.

- Zeile 23: Zwei Befehle werden an den Drucker gesendet:

Befehl	Beschreibung
{ESC}l<Alt-5> {ESC}e<Alt-128><Alt-8>	Linker Rand wird auf Spalte 5 gesetzt. Automatische Tabulatoren auf der gesamten Zeile im Abstand von jeweils 8 Spalten.

- **Zeile 24:** Die Datei wird auf den Drucker kopiert.

- **Zeile 25:** Ein Form Feed (Seitenvorschub) wird zum Drucker geleitet; dadurch erfolgt ein Papiertransport zum Beginn der nächsten Seite. Bei Eingabe von Alt-12 wird Ihr Textverarbeitungssystem vermutlich die aktuelle Zeile beenden und eine neue Seite einleiten. Das sieht zwar etwas verwirrend aus, Sie brauchen sich jedoch keine Gedanken darüber zu machen: In der Datei befinden sich die korrekten Zeichen.

- **Zeile 26:** Der Dateiname der gedruckten Datei wird am Bildschirm ausgegeben.

- **Zeile 27:** Die Kopie von PRNT.BAT, die zum Drucken einer Datei aufgerufen worden ist, wird beendet. Es erfolgt die Rückkehr zum Command-Befehl in Zeile 10. Soll noch eine weitere Datei ausgedruckt werden, wird wiederum ein Command-Befehl ausgeführt, der die Datei PRNT.BAT von neuem aufruft; sind keine auszudruckenden Dateien mehr vorhanden, wird der Befehl PRNT.BAT durch den Goto-Befehl in Zeile 12 beendet.

Testen des Befehls PRNT.BAT

Testen Sie PRNT.BAT mit einer kurzen Textdatei; wenn sich keine Textdatei im aktuellen Verzeichnis befindet, können Sie eine solche durch Kopieren von der Tastatur erstellen. In den folgenden Beispielen wird diese Textdatei mit TEST.DOK bezeichnet.

Schalten Sie zuerst den Drucker an und justieren Sie das Papier so, daß der Druckkopf am Beginn einer neuen Seite steht; jetzt geben Sie den Befehl PRNT.BAT ohne Parameter ein:

```
A>prnt
```

Es sollte eine Meldung ausgegeben werden, die Sie darauf hinweist, daß ein Dateiname festgelegt werden muß. Nachdem der Befehl auf die DOS-Ebene zurückgekehrt ist, rufen Sie den Befehl noch einmal auf; dieses Mal geben Sie aber als Parameter die Datei TEST.DOK an:

```
A>prnt test.dok
```

Nach einigen Diskettenaktivitäten sollte der Drucker das aktuelle Datum, die Uhrzeit, den Titelblock mit dem Dateinamen und die Datei selbst ausdrucken.

Schließlich geben Sie übungshalber den Befehl noch mit einer nicht existierenden Datei ein:

```
A>prnt 123.456
```

Bei richtiger Funktion von PRNT.BAT erhalten Sie die Meldung, daß die angegebene Datei nicht gefunden werden kann; der Befehl kehrt auf die DOS-Ebene zurück.

Unter Verwendung von Wildcard-Zeichen im Dateinamen kann mit Hilfe von PRNT.BAT eine ganze Dateienreihe ausgedruckt werden. Beispiel: Zum Drucken aller Dateien mit der Dateierweiterung DOK geben Sie *prnt* *.dok* ein.

Bevorzugen Sie eine bestimmte Kombination aus Schriftart, Zeilenabstand oder anderen Formatierungsoptionen, geben Sie einfach die entsprechenden Befehle in Zeile 23 von PRNT.BAT ein. Sie können sogar unterschiedliche Versionen für Ausdrucke mit verschiedenen Befehlskombinationen erstellen.

Das in diesem Kapitel beschriebene Drucker-Menü kann in PRNT.BAT durch Hinzufügen einiger Befehle eingebunden werden. Mit diesem Menü können Schriftart, Zeilenabstand und andere Druckeroptionen bei jedem Dateiausdruck neu eingestellt werden. Weitere Einzelheiten dazu finden Sie am Ende des Kapitels unter der Überschrift "Kombination von Drucker-Menü und PRNT.BAT".

Ausdrucke in Superschmalschrift

Wenn es die Umstände erfordern, ist Ihr Drucker auch in der Lage, Ausdrucke in "Superschmalschrift" anzufertigen; in dieser Schriftart sind die Buchstaben zwar sehr dicht gepackt, aber immer noch recht gut lesbar. In Abb. 11-7 sehen Sie eine kleine Kostprobe einer solchen Schmalschrift.

```
Dies ist eine Testdatei.
Damit soll die Super-Schmalschrift
Ihres Druckers ausprobiert werden.
Dabei handelt es sich um die kleinst-
mögliche Schrift eines Epson-Druckers.
Der Ausdruck erfolgte im Potenzmodus.
```

Abb. 11-7.   Die kleinstmögliche Schrift eines Epson-Druckers.

Eine solche Schmalschrift erfordert Änderungen sowohl in der Schriftart als auch im Zeilenabstand. Dazu werden zwei neue Druckerbefehle benötigt:

Druckerbefehle

Zeilenabstand   {ESC}3<n>
n/216 Zoll   Setzt Zeilenabstand auf das n-fache von 1/216 Zoll.

Potenzmodus   {ESC}S0
einschalten   Einschalten des Potenzmodus, einer kleineren Version
                       der aktuellen Schriftart, die gegenüber der normalen
                       Schrift nach oben versetzt ist. Wird die Schriftart
                       geändert, ohne daß zuvor der Potenzmodus abge-
                       schaltet worden ist, wird im Potenzmodus der neuen
                       Schriftart weitergedruckt.

Abb. 11-7 ist im Potenzmodus der Schmalschrift ausgedruckt. Die Zeichen haben dieselbe Breite wie die Zeichen der Schmalschrift (17 Zeichen pro Zoll), sie sind jedoch nicht so hoch, so daß der Zeilenabstand reduziert werden kann. Normalerweise arbeitet man mit einem Zeilenabstand von 6 Zeilen pro Zoll bzw. 36/216 Zoll; der Zeilenabstand in Abb. 11-7 beträgt 15/216 Zoll. Diese Kombination packt maximal 133 Zeichen in eine Zeile und 14,4 Zeilen pro Zoll bzw. 144 Zeilen auf eine Seite von 12 Zoll Länge mit einem oberen und unteren Seitenrand von jeweils 1 Zoll.

Für diese Superschmalschrift benötigt man nur drei Druckerbefehle:

Befehl   **Beschreibung**

<Alt-15>   Einschalten des Schmalschriftmodus.
{ESC}S0   Einschalten des Potenzmodus.
{ESC}3<Alt-15>   Zeilenabstand auf 15/216 Zoll setzen.

Sie benötigen nicht viel,um dies mit Ihrem Drucker durchzuführen. Erstellen Sie sich zunächst ein Batchfile mit dem Dateinamen KLEIN.BAT und geben Sie die beiden in Abb. 11-8 gezeigten Zeilen ein.

```
1: echo off
2: echo <Alt-15>{ESC}SO{ESC}3<Alt-15> > prn
```

Abb. 11-8.   KLEIN.BAT: Ausdrucken in Superschmalschrift.

Wenn sich keine kurze Textdatei im aktuellen Verzeichnis befindet, kopieren Sie bitte folgende Datei KURZ.DOK über die Tastatur:

```
A>copy con kurz.dok
Dies ist eine Testdatei.
Damit soll die Superschmalschrift
Ihres Druckers ausprobiert werden.
Ist diese Schrift nicht klein?
^Z
        1 Datei(en) kopiert


A>_
```

Kopieren Sie jetzt die Testdatei auf den Drucker, indem Sie den Befehl KLEIN.BAT eingeben (wenn Sie eine eigene Testdatei verwenden, ersetzen Sie bitte KURZ.DOK durch den Namen Ihrer Datei):

```
A>klein


A>echo off


A>copy kurz.dok prn
        1 Datei(en) kopiert

A>_
```

Die Datei sollte ausgedruckt werden. Vielleicht müssen Sie beim Lesen jetzt etwas genauer hinsehen.

Achtung: Bei manchen Textverarbeitungssystemen können Schriftart, Schriftgrad und Zeilenabstand festgelegt werden. Abb. 11-7 wurde beispielsweise mit Microsoft Word unter Verwendung folgender Werte ausgedruckt: "Schriftart Pica" mit "Position hochgestellt", "Schriftgrad 6 Punkte" und "Zeilenabstand 5 Punkte" (ein Punkt entspricht 1/72 bzw. 3/216 Zoll, fünf Punkte entsprechen also 15/216 Zoll).

Ausdrucke in dieser Schriftgröße benötigen Sie vermutlich nicht täglich, aber es kann gerade *die* Schriftart sein, die Sie zum Ausdrucken einer riesigen Tabellenkalkulation, zum Anlegen einer Hardkopie von Daten, die nicht allzu oft eingesehen werden müssen, oder zum Drucken von Neujahrsgrüßen benötigen.

Druckersteuerung mit einem Programm

Bei der Umleitung der Ausgabe des Echo-Befehls und beim Kopieren einer Datei auf den Drucker kann zusätzlich ein Programm eingesetzt werden, das Druckerbefehle an den Drucker weiterleitet. Solche Programme
können sehr kurz sein, und sie besitzen den Vorteil, daß kein Zeilenvorschub mitgesendet wird; dies ist mit einem Echo-Befehl nicht möglich.

Das Programm ist jedoch in einer Datei gespeichert, und jede noch so
kleine Datei benötigt nun einmal einen Mindestbedarf an Speicherplatz,
der wiederum von der Diskette/Festplatte abhängig ist. Auf einer 10-Megabyte Festplatte benötigt eine Datei mit 1 Byte Inhalt beispielsweise 4096
(4K) Byte.

Selbst wenn Sie sich auf die 25 notwendigsten Druckerbefehle und Befehlskombinationen beschränken, benötigen Sie für die Druckerbefehle
also immer noch 25K Byte auf einer 360K Diskette, 50K Byte auf einer
20-Megabyte Festplatte und sogar 100K Byte auf einer 10-Megabyte
Festplatte. Das ist eine Menge Speicherplatz, den Sie nur für die
Papierjustierung Ihres Druckers verschenken.

Aus diesem Grund - mit einer einzigen Ausnahme - werden in diesem
Buch keine Programme für Druckerbefehle eingesetzt. Die Ausnahme ist
zurückzuführen auf eine individuelle Besonderheit der IBM Graphikdrucker (original Epson MX-80): Sie können im Gegensatz zu fast allen
anderen Epson und epson-kompatiblen Druckern nicht mit {ESC}@
initialisiert (normiert) werden.

Ein Programm zum Initialisieren
des IBM Graphikdruckers

Bei PRNTREST.COM handelt es sich um ein kleines Programm, das
sämtliche epson-kompatiblen Drucker einschließlich des IBM Graphikdruckers initialisiert (normiert). Wenn Ihr Drucker mit der Steuersequenz
{ESC}@ initialisiert werden kann, brauchen Sie diesen Abschnitt nicht
durchzuarbeiten. Machen Sie bei der Überschrift "Das Drucker-Menü"
weiter.

Die Datei PRNTREST.COM wird mit dem Debugger erstellt. Die notwendige Prozedur wurde bereits in Kapitel 5 beschrieben. Sollten Sie die Beispiele in Kapitel 5 noch nicht ausprobiert haben, unterbrechen Sie bitte
an dieser Stelle und gehen Sie zurück zum Kapitel 5.

Mit Ihrem Texteditor oder Edlin legen Sie nun eine neue Datei an und
geben die in Abb. 11-9 gezeigten Zeilen ein:

```
 1: a 100
 2: mov ah,1
 3: sub dx,dx
 4: int 17
 5: int 20
 6:
 7: n prntrest.com
 8: r cx
 9: 8
10: w
11: q
```

Abb. 11-9.   PRNTREST.SCR: Initialisieren des IBM Graphikdruckers.

Vergleichen Sie PRNTREST.SCR mit Abb. 11-9. Vergewissern Sie sich,
daß Zeile 6 eine Leerzeile und die letzte Zeile den Quit-Befehl *q* enthält.
Ein Fehler in einer dieser beiden Zeilen bedingt einen Neustart von DOS,
sobald Sie versuchen, die Datei PRNTREST.COM zu erstellen. Speichern
Sie Ihre Datei erst ab, wenn Sie sich sicher sind, daß sie fehlerfrei ist.

Mit folgendem Debug-Befehl wird die Datei PRNTREST.COM erzeugt:

```
A>debug < prntrest.scr
```

Für den Fall, daß nichts geschehen sollte und daß auch das Betätigen irgendwelcher Tasten keine Wirkung zeigt, müssen Sie DOS neu starten, die
Datei PRNTREST.SCR editieren und mit Abb. 11-9 vergleichen, die gefundenen Unterschiede korrigieren und den Debug-Befehl noch einmal
eingeben.

Das Ergebnis sollte mit Abb. 11-10 übereinstimmen. Zur Überprüfung
vergleichen Sie bitte Ihre Bildschirmmeldungen mit Abb. 11-10. Sollten
hier Unterschiede auftreten, vergleichen Sie bitte noch einmal PRNT-
REST.SCR mit Abb. 11-9, korrigieren sämtliche Fehler und geben den
Debug-Befehl neu ein.

```
-a 100
xxxx:0100 mov ah,1
xxxx:0102 sub dx,dx
xxxx:0104 int 17
xxxx:0106 int 20
xxxx:0108
```

```
-n prntrest.com
-r cx
CX 0000
:8
-w
Schreiben von 0008 Byte
-q
```

Abb. 11-10.   DOS-Meldungen bei der Erstellung von PRNTREST.COM.

Sind die Bildschirmmeldungen mit Abb. 11-10 identisch, probieren Sie
PRNTREST.COM aus. Schalten Sie Ihren Drucker an und geben Sie den
Befehl PRNTREST ein:

```
A>prntrest
```

Wenn sich der Druckkopf nicht am linken Rand befindet, sollte er jetzt
zurückgeführt werden. Außerdem sollte nun der Drucker dieselben
Signaltöne erzeugen, wie beim Einschalten des Systems oder beim Neustart von DOS.

Das Drucker-Menü

Im verbleibenden Teil des Kapitels wird das umfangreichste und attrak-
tivste Batchfile dieses Buches beschrieben. Sie erhalten damit die Möglichkeit, Ihren Drucker durch Befehlseingaben mit einem einzigen Tastendruck zu konfigurieren. Außerdem ist es eine gute Demonstration für
Batchfile-Techniken, und Sie haben damit auch schon einen Großteil des
in Kapitel 14 beschriebenen Menüsystems bewältigt.

Das Drucker-Menü besteht eigentlich aus zwei Menüs. Zwischen zwei
verschiedenen Optionslisten kann umgeschaltet werden: einer Befehlsliste
zum Auswählen der Schriftart und einer weiteren Liste zum Auswählen
verschiedener Formatierungseinstellungen, wie z.B. Zeilenabstand und
Seitenlänge. Ein zusätzliches Fenster enthält Anweisungen zur Benützung
des Menüs.

Die Abbildungen 11-11 und 11-12 enthalten die Befehle für Schriftarten
und Seitenformaten, wie sie im Drucker-Menü angezeigt werden.

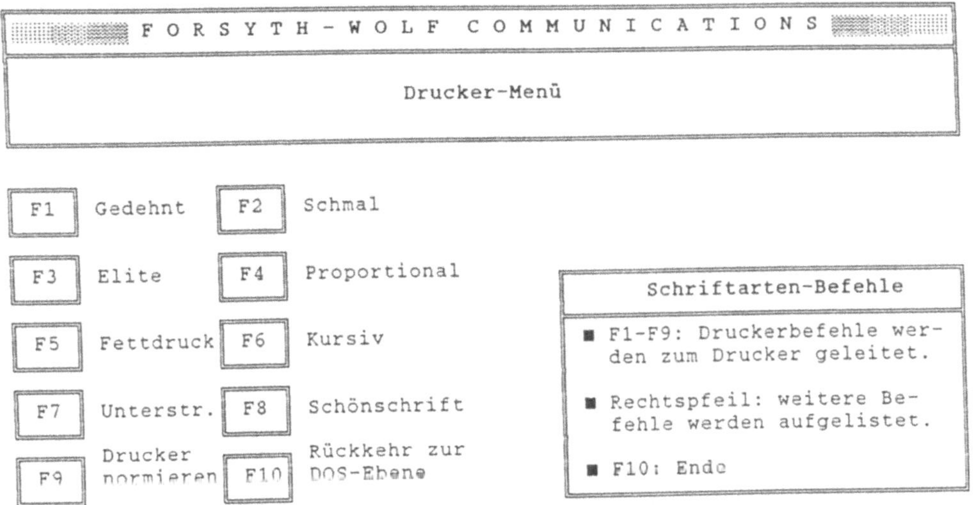

Abb. 11-11. Schriftarten-Befehle im Drucker-Menü.

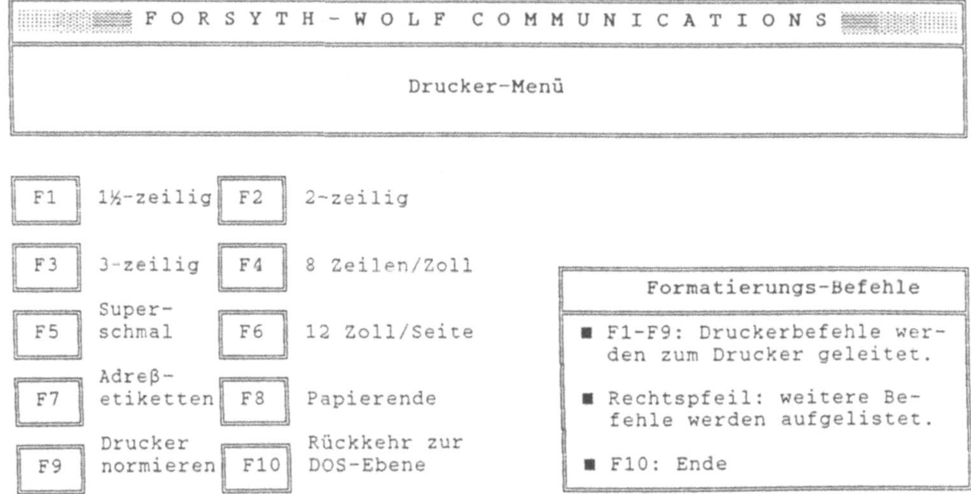

Abb. 11-12.   Formatierungs-Befehle im Drucker-Menü.

In den Abbildungen 11-11 und 11-12 sehen Sie, daß das Grundgerüst des Drucker-Menüs gleich bleibt; es ändern sich lediglich die Auswahlmöglichkeiten für die Funktionstasten F1 bis F8 und die Titel im Informationsfenster.

Das Drucker-Menü ist einfach zu handhaben: Durch Betätigen einer Funktionstaste werden Befehle an den Drucker geleitet, durch Betätigen der Rechtspfeiltaste erfolgt die Auflistung des jeweils anderen Befehlslistings, und wenn Sie mit allen Druckvorbereitungen fertig sind, betätigen Sie die Taste F10. Sie brauchen jetzt nur noch das Papier richtig zu justieren und die gewünschte Datei auf den Drucker zu kopieren.

Sogar dieser Vorgang kann noch weiter vereinfacht werden, indem das Drucker-Menü von der Datei PRNT.BAT aufgerufen wird; vergleichen Sie dazu "Ausdruck mit Seiteneinteilung" zu Beginn des Kapitels und "Kombination von Drucker-Menü und PRNT.BAT" am Ende des Kapitels.

Für das Drucker-Menü werden ein Batchfile und drei Textdateien benötigt:

- PRNTMENU.BAT enthält die Befehle zur Steuerung des Menüs.

- PRNTMENU.DOK enthält den gleichbleibenden Teil des Menüs.

- PRNTOPT1.DOK enthälten die Schriftarten-Befehle.

- PRNTOPT2.DOK enthält die Formatierungs-Befehle.

Zusätzlich benötigen Sie noch die Datei ANTWORT.COM. Sollten Sie dieses Programm noch nicht geschrieben haben, lesen Sie bitte in Kapitel 7 den Abschnitt "Interaktive Batchbefehle mit ANTWORT.COM".

Eingabe der Dateien

Die Batchfiles und Textdateien sind nicht besonders schwierig einzugeben, wenn sie auch auf den ersten Blick ziemlich haarsträubend aussehen mögen. Die Dateibeschreibungen enthalten jeweils die Alt-Tastencodes für Rahmenzeichen und liefern Vorschläge, wie Abkürzungen und Kopiermöglichkeiten zur vereinfachten Eingabe mit Ihrem Textverarbeitungssystem oder Texteditor eingesetzt werden können.

Die Textdateien können durch Ausgabe mit dem Type-Befehl auf ihre Korrektheit überprüft werden. Wenn Sie an manchen Stellen von Ihren Eingaben nicht so ganz überzeugt sind, können Sie die Datei speichern, auf die DOS-Ebene zurückkehren, die Datei mit dem Type-Befehl ausgeben und das Ergebnis mit der entsprechenden Abbildung vergleichen.

Sie werden schneller als gedacht damit fertig sein.

Eingabe von PRNTMENU.DOK

Abb. 11-13 zeigt den Inhalt der Datei PRNTMENU.DOK. Die Zeilennummern sind wie üblich nur als Bezugspunkte gedacht.

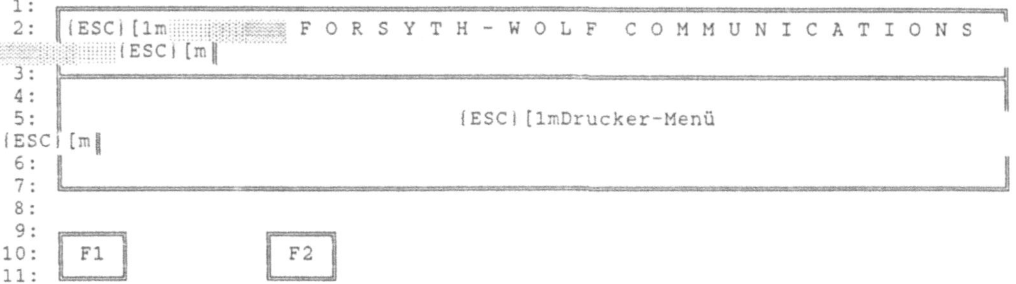

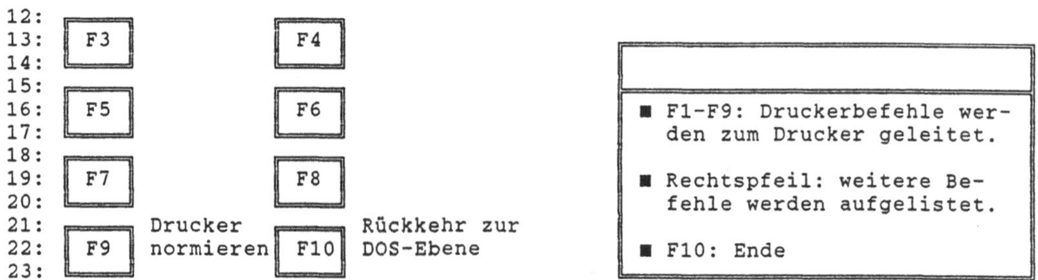

Abb. 11-13.   PRNTMENU.DOK: Das Drucker-Menü ohne Optionen.

Mit Hilfe der Editierfunktionen Ihres Textverarbeitungssystems können
Sie sich die Arbeit erleichtern:

1. Geben Sie Zeile 1 ein, und verwenden Sie die folgenden Alt-Tasten-
    codes für Rahmenzeichen:

    ╔ Alt-201   ═ Alt-205   ╗ Alt-187

    Alt-205 wird in dieser Zeile 72 mal verwendet. Wenn Ihr Editor das
    Kopieren innerhalb einer Zeile zuläßt, tippen Sie sechs mal Alt-205
    und kopieren diese Reihe 11 mal.

2. Geben Sie Zeile 2 ein, und verwenden Sie die folgenden Alt-Ta-
    stencodes für Rahmenzeichen:

    ║ Alt-186   ░ Alt-176   ▒ Alt-177   ▓ Alt-178

    In der Abbildung erscheint diese Zeile zweizeilig. Geben Sie sie
    trotzdem auf einer Zeile ein. Zwischen dem Buchstaben *S* am Ende
    von *COMMUNICATIONS* und dem ersten Graphikzeichen befindet
    sich ein Leerzeichen. Natürlich können Sie in der Titelzeile Ihre ei-
    gene Überschrift unterbringen. Die ANSI.SYS-Befehle geben die Ti-
    telzeile im Intensivmodus aus. Wegen der hierfür benötigten Steuer-
    befehle wird das abschließende Rahmenzeichen der zweiten Zeile bei
    der Dateieingabe um 15 Zeichen nach rechts verschoben.

3. Kopieren Sie Zeile 1 nach Zeile 3. Überschreiben Sie das erste Zei-
    chen mit Alt-204 und das letzte Zeichen mit Alt-185. Folgende Alt-
    Tastencodes werden für die Rahmenzeichen benötigt:

    ╠ Alt-204   ╣ Alt-185

4. Geben Sie Zeile 4 ein.

5. Geben Sie Zeile 5 ein. Auch diese Zeile bitte wieder in eine Zeile
    schreiben; zwischen dem Buchstaben *ü* des Wortes *Menü* und dem
    folgenden *{ESC}* befinden sich 30 Leerzeichen. Durch die

ANSI.SYS-Befehle wird der Untertitel ebenfalls im Intensivmodus ausgegeben. Wegen der hierfür benötigten Steuerbefehle wird das abschließende Rahmenzeichen der fünften Zeile bei der Dateieingabe um 15 Zeichen nach rechts verschoben.

6. Kopieren Sie Zeile 4 nach Zeile 6.

7. Kopieren Sie Zeile 1 nach Zeile 7. Überschreiben Sie das erste Zeichen mit Alt-200 und das letzte Zeichen mit Alt-188. Folgende Alt-Tastencodes werden für die Rahmenzeichen benötigt:

    ╚ Alt-200   ╝ Alt-188

8. Zeile 8 ist eine Leerzeile.

9. Geben Sie die Zeilen 9 bis 11 ein. Die Alt-Tastencodes für die Rahmenzeichen entnehmen Sie bitte den Schritten 1 und 7.

10. Kopieren Sie die Zeilen 9 bis 11 viermal. Damit erhalten Sie die Bilder aller zehn Funktionstasten.

11. Korrigieren Sie die Nummern in den Einrahmungen der Funktionstasten (Zeilen 13, 16, 19 und 22).

12. Erweitern Sie Zeile 13 um die erste Zeile des Informationsfensters. Zwischen der rechten Ecke des F4-Kastens und der linken oberen Ecke des Informationsfensters befinden sich 20 Leerzeichen, und die oberen Rahmenzeile des Fensters setzt sich aus den beiden Eckrahmen und 30 Zeichen mit dem Code Alt-205 zusammen.

13. Erweitern Sie Zeile 14 um die zweite Zeile des Informationsfensters. Kopieren Sie den Teil ab der rechten unteren Ecke des F4-Kastens bis zum Zeilenende an die Zeilenenden der Zeilen 15 bis 22. Passen Sie im Überschreibmodus nun diese Zeilen an Abb. 11-13 an. Die Alt-Tastencodes für die Rahmenzeichen finden Sie bei den Schritten 1, 2 und 3. Das Zeichen ■ wird durch Alt-254 erzeugt.

14. Kopieren Sie den Teil vom Ende des F4-Symbols bis zum Zeilenende ans Zeilenende von Zeile 23. Überschreiben Sie das Eckzeichen links unten mit Alt-200 und das Eckzeichen rechts unten mit Alt-188.

15. Ergänzen Sie die Optionen für F9 und F10 in den Zeilen 22 und 23.

Speichern Sie die Datei PRNTMENU.DOK, kehren Sie zur DOS-Ebene zurück, schauen Sie sich die Datei mit dem Type-Befehl auf dem Bildschirm an und vergleichen Sie die Ausgabe mit Abb. 11-11 (die Menüoptionen und die Titelzeile des Informationsfensters sind noch nicht von Bedeutung). Korrigieren Sie eventuell auftretende Unterschiede und fahren Sie mit der Eingabe der Optionsdateien fort.

Eingabe von PRNTOPT1.DOK und PRNTOPT2.DOK

PRNTOPT1.DOK und PRNTOPT2.DOK enthalten die Wahlmöglichkeiten
für F1 bis F8. Für die Plazierung dieser Optionen werden ANSI.SYS-Be-
fehle eingesetzt. Abb. 11-14 zeigt den Inhalt der beiden Dateien
PRNTOPT1.DOK und PRNTOPT2.DOK.

PRNTOPT1.DOK

```
1: {ESC}[14;45H{ESC}[1m    Schriftarten-Befehle {ESC}[m
2: {ESC}[9;8H          {ESC}[9;24H
3: {ESC}[10;8HGedehnt  {ESC}[10;24HSchmal
4: {ESC}[12;8H          {ESC}[12;24H
5: {ESC}[13;8HElite     {ESC}[13;24HProportional
6: {ESC}[15;8H          {ESC}[15;24H
7: {ESC}[16;8HFettdruck{ESC}[16;24HKursiv
8: {ESC}[18;8H          {ESC}[18;24H
9: {ESC}[19;8HUnterstr.{ESC}[19;24HSchönschrift
```

PRNTOPT2.DOK

```
1: {ESC}[14;45H{ESC}[1m    Formatierungs-Befehle{ESC}[m
2: {ESC}[9;8H          {ESC}[9;24H
3: {ESC}[10;8H1½-zeilig{ESC}[10;24H2-zeilig
4: {ESC}[12;8H          {ESC}[12;24H
5: {ESC}[13;8H3-zeilig {ESC}[13;24H8 Zeilen/Zoll
6: {ESC}[15;8HSuper-    {ESC}[15;24H
7: {ESC}[16;8Hschmal    {ESC}[16;24H12 Zoll/Seite
8: {ESC}[18;8HAdreß-    {ESC}[18;24H
9: {ESC}[19;8Hetiketten{ESC}[19;24HPapierende
```

*Abb. 11-14. Optionsdateien für PRNTMENU (PRNTOPT1.DOK und
          PRNTOPT2.DOK).*

Wie Sie sehen, bestehen diese beiden Dateien zum größten Teil aus
ANSI.SYS-Befehlen und Leerzeichen. Die Leerzeichen werden unbedingt
benötigt, da die korrespondierenden Funktionstasten-Beschriftungen der
beiden Befehlszusammenstellungen nicht dieselbe Länge haben. Werden
die Leerzeichen nicht eingegeben, bleiben die letzten Buchstaben der jeweils längeren Beschriftung immer auf dem Bildschirm stehen, wenn die
kürzere Beschriftung ausgegeben wird.

Die beiden Dateien sind sich ziemlich ähnlich, sie sind daher auch sehr
leicht einzugeben. Beginnen Sie mit PRNTOPT1.DOK:

1. Geben Sie Zeile 1 ein. Durch ANSI.SYS-Befehle wird die Titelzeile des Informationsfensters im Intensivmodus ausgegeben. Zwischen dem letzten *e* von *Befehle* und dem folgenden *{ESC}* befindet sich ein Leerzeichen.

2. Geben Sie Zeile 2 ein. Zwischen dem *H* des Befehls *{ESC}[6;8H* und dem folgenden {ESC} befinden sich neun Leerzeichen. Der Abbildung kann nicht entnommen werden, daß sich am Ende der Zeile noch 14 Leerzeichen befinden; diese müssen jedoch unbedingt eingegeben werden.

3. Kopieren Sie Zeile 2 sieben mal.

4. Verändern Sie im Überschreibmodus die Zeilen 3 bis 9 nach Vorlage von PRNTOPT1.DOK in Abb. 11-14. Achten Sie darauf, daß die Anzahl der Leerzeichen inmitten und am Ende einer jeden Zeile nicht verändert wird.

5. Speichern Sie PRNTOPT1.DOK, kehren Sie zur DOS-Ebene zurück und geben Sie die Datei mit dem Type-Befehl am Bildschirm aus. Die Ausgabe sollte zwei Spalten von Wahlmöglichkeiten und rechts neben der Option *Proportional* die Überschrift *Schriftarten-Befehle* enthalten.

6. Legen Sie sich für das Erstellen von PRNTOPT2.DOK eine Kopie der Datei PRNTOPT1.DOK an.

7. Editieren Sie PRNTOPT2.DOK, und nehmen Sie im Überschreibmodus die Änderungen vor, um aus Ihrer Datei PRNTOPT1.DOK die Datei PRNTOPT2.DOK entstehen zu lassen (bitte mit Abb. 11-14 vergleichen). Es müssen nur die Texte der Wahlmöglichkeiten und der Titel des Informationsfensters geändert werden; die ANSI.SYS-Befehle bleiben unverändert. Achten Sie auch hier wieder darauf, daß die Anzahl der Leerzeichen inmitten und am Ende einer jeden Zeile nicht verändert wird.

8. Speichern Sie PRNTOPT2.DOK, kehren Sie zur DOS-Ebene zurück und geben Sie die Datei mit dem Type-Befehl am Bildschirm aus. Die Ausgabe sollte zwei Spalten von Wahlmöglichkeiten und rechts neben der Option *8 Zeilen/Zoll* die Überschrift *Formatierungs-Befehle* enthalten.

Jetzt muß noch das Batchfile eingegeben werden.

Das Batchfile zum Drucker-Menü

Die Datei PRNTMENU.BAT bringt das Drucker-Menü auf den Bildschirm, leitet auf Tastendruck Befehle zum Drucker, ändert bei Drücken der Rechtspfeil-Taste die Wahlmöglichkeiten und kehrt auf die DOS-

Ebene zurück, wenn die Funktionstaste F10 betätigt wird. Bis auf die Anzahl der Optionen ist dies im wesentlichen eine Erweiterung des Batchfiles MENU 6.BAT, das in Kapitel 7 beschrieben wurde und in Abb. 7-6 gezeigt wird.

Anstelle von Echo-Befehlen werden in PRNTMENU.BAT Type-Befehle für die Ausgabe des Menüs (PRNTMENU.DOK) und der Optionen (PRNTOPT1.DOK und PRNTOPT2.DOK) verwendet. Dadurch wird erstens die Bildschirmausgabe beschleunigt und zweitens die Datei PRNTMENU.BAT weniger umfangreich gestaltet. Im allgemeinen gilt: Je größer ein Batchfile, desto unübersichtlicher und schwerer lesbar ist es.

Etwas mehr Speicherplatz müssen Sie einkalkulieren, wenn Sie keine Echo-Befehle benutzen: Durch Kombination aller vier Dateien in die Datei PRNTMENU.BAT können 2K Byte bei Disketten, 4K Byte bei einer 20 Megabyte Festplatte und sogar 12K Byte bei einer 10 Megabyte Festplatte eingespart werden. Der eingesparte Speicherplatz steht jedoch in keinem Verhältnis zur Größe des dadurch entstehenden überdimensionalen Batchfiles. Möchten Sie jedoch trotzdem nach Eingabe und Ausprobieren des Drucker-Menüs alle vier Dateien in einer Datei zusammenfassen, lesen Sie bitte den Abschnitt "Kombination der DOK-Dateien mit PRNTMENU.BAT" am Ende des Kapitels.

In Abb. 11-15 finden Sie die Befehle für PRNTMENU.BAT.

```
 1:    echo off
 2:    cls
 3:    type prntmenu.dok
 4: :WAHL_1
 5:    type prntopt1.dok
 6: :ANTWORT_1
 7:    antwort
 8:    if errorlevel 77 if not errorlevel 78 goto WAHL_2
 9:    if errorlevel 69 goto ANTWORT_1
10:    if errorlevel 68 goto ENDE
11:    if errorlevel 67 echo {ESC}a> prn
12:    if errorlevel 66 if not errorlevel 67 echo {ESC}n> prn
13:    if errorlevel 65 if not errorlevel 66 echo {ESC}-1> prn
14:    if errorlevel 64 if not errorlevel 65 echo {ESC}4> prn
15:    if errorlevel 63 if not errorlevel 64 echo {ESC}E> prn
16:    if errorlevel 62 if not errorlevel 63 echo {ESC}p1> prn
17:    if errorlevel 61 if not errorlevel 62 echo {ESC}M> prn
18:    if errorlevel 60 if not errorlevel 61 echo <Alt-15>> prn
19:    if errorlevel 59 if not errorlevel 60 echo {ESC}W1> prn
20:    goto ANTWORT_1
21: :WAHL_2
```

```
22:    type prntopt2.dok
23: :ANTWORT_2
24:    antwort
25:    if errorlevel 77 if not errorlevel 78 goto WAHL_1
26:    if errorlevel 69 goto ANTWORT_2
27:    if errorlevel 68 goto ENDE
28:    if errorlevel 67 echo {ESC}a> prn
29:    if errorlevel 66 if not errorlevel 67 echo {ESC}8> prn
30:    if errorlevel 65 if not errorlevel 66 echo {ESC}C<Alt-9>> prn
31:    if errorlevel 64 if not errorlevel 65 echo {ESC}C<Alt-128><Alt-12>
       {ESC}N<Alt-6>> prn
32:    if errorlevel 63 if not errorlevel 64 echo <Alt-15>{ESC}S0{ESC}3
          <Alt-15>> prn
33:    if errorlevel 62 if not errorlevel 63 echo {ESC}0> prn
34:    if errorlevel 61 if not errorlevel 62 echo {ESC}3l> prn
35:    if errorlevel 60 if not errorlevel 61 echo {ESC}3H> prn
36:    if errorlevel 59 if not errorlevel 60 echo {ESC}36> prn
37:    goto ANTWORT_2
38: :ENDE
39: cls
```

Abb. 11-15. PRNTMENU.BAT: Batchfile für das Drucker-Menü.

Eingabe von PRNTMENU.BAT

PRNTMENU.BAT besteht mit Ausnahme von ein paar wenigen Zeilen aus zwei nahezu identischen Teilen. Die Eingabe von PRNTMENU.BAT kann also wiederum wie schon bei der Eingabe der DOK-Dateien mit Hilfe der Editierfunktionen Ihres Textverarbeitungssystems erleichtert werden. (*Achtung:* Zeilen, die in der Abbildung zweizeilig dargestellt sind, müssen unbedingt auf einer Zeile eingegeben werden.)

1. Geben Sie die Zeilen 1 bis 8 ein.

2. Kopieren Sie Zeile 8 elfmal.

3. Verändern Sie die Zeilen 9 bis 19, so daß sie mit Abb. 11-15 übereinstimmen.

4. Geben Sie Zeile 20 ein.

5. Kopieren Sie die Zeilen 4 bis 20.

6. Verändern Sie die Zeilen 21 bis 37, so daß sie mit Abb. 11-15 übereinstimmen. Es müssen nur Sprungmarken und Druckerbefehle geändert werden.

7. Geben Sie die Zeilen 38 und 39 ein.

Speichern Sie die Datei PRNTMENU.BAT.

Funktionsweise von PRNTMENU.BAT

Aus obenstehender Beschreibung können Sie entnehmen, daß die Zeilen 4 bis 20 mit den Zeilen 21 bis 37 mit Ausnahme der Sprungmarken und Druckerbefehle identisch sind:

- Zeile 3: Der gleichbleibende Teil des Menüs wird ausgegeben.

- Zeile 4: Dies ist die erste Zeile des Schriftarten-Befehlsteils.

- Zeile 5: Optionen und Titel des Informationsfensters der Schriftarten-Befehle werden ausgegeben.

- Zeile 7: Ein Tastendruck des Benutzers wird erwartet.

- Zeile 8: Bei Betätigen der Rechtspfeil-Taste wird zur Ausgabe der Formatierungs-Befehle verzweigt (der Tastencode für die Rechtspfeil-Taste ist 77).

- Zeile 9: Wenn der Code der gedrückten Taste zwischen 69 und 77 liegt, wird ein weiterer Tastendruck erwartet. Dies ist zur Überbrückung derjenigen Codes erforderlich, die sich zwischen dem Code 77 (Rechtspfeil-Taste), der in Zeile 8, und dem Code 68 (F10), der in Zeile 10 überprüft wird, befinden.

- Zeile 10: Bei Betätigen von F10 wird auf die DOS-Ebene zurückgekehrt.

- Zeilen 11 bis 19: Der der gedrückten Funktionstaste entsprechende Druckerbefehl wird an den Drucker geleitet:

Zeile	Tastencode	F-Taste	Drucker-Befehl
11	67	F9	Initialisierung/Reset
12	66	F8	Start Schönschrift (NLQ).
13	65	F7	Start Unterstreichen.
14	64	F6	Start Kursivschrift.
15	63	F5	Start Fettdruck.
16	62	F4	Start Proportionaldruck.
17	61	F3	Start Elite-Schriftart.
18	60	F2	Start Schmalschrift.
19	59	F1	Start gedehnte Schrift.

- Zeile 20: Betätigen Sie eine andere Taste als F1 bis F10, wird erneut auf einen Tastendruck gewartet. Dies ist der letzte Befehl des Schriftarten-Befehlsteils.

- Zeile 21: Dies ist die erste Zeile des Formatierungs-Befehlsteils.

- Zeile 22: Optionen und Titel des Informationsfensters der Formatierungs-Befehle werden ausgegeben.

- Zeile 24: Ein Tastendruck des Benutzers wird erwartet.

- Zeile 25: Bei Betätigen der Rechtspfeil-Taste wird zur Ausgabe der Schriftarten-Befehle verzweigt (der Tastencode für die Rechtspfeil-Taste ist 77).

- Zeile 26: Wenn der Code der gedrückten Taste zwischen 69 und 77 liegt, wird ein weiterer Tastendruck erwartet. Dies ist zur Überbrückung derjenigen Codes erforderlich, die sich zwischen dem Code 77 (Rechtspfeil-Taste), der in Zeile 25, und dem Code 68 (F10), der in Zeile 27 überprüft wird, befinden.

- Zeile 27: Bei Betätigen von F10 wird auf die DOS-Ebene zurückgekehrt.

- Zeilen 28 bis 36: Der der gedrückten Funktionstaste entsprechende Druckerbefehl wird an den Drucker geleitet:

Zeile	Tastencode	F-Taste	Drucker-Befehl
28	67	F9	Initialisierung (Reset).
29	66	F8	Papierendeerkennung abschalten.
30	65	F7	Seitenlänge auf 9 Zeilen setzen.
31	64	F6	Seitenlänge auf 12 Zoll und unteren Rand auf 6 Zeilen setzen (Perforationssprung).
32	63	F5	Start Schmalschrift, Start Potenzmodus, Zeilenvorschub 15/216 Zoll.
33	62	F4	Zeilenvorschub auf 8 Zeilen pro Zoll setzen.
34	61	F3	Zeilenvorschub auf 108/216 Zoll setzen (Code 108 ist *l*).

| 35 | 60 | F2 | Zeilenvorschub auf 72/216 Zoll setzen (Code 72 ist *H*). |
| 36 | 59 | F1 | Zeilenvorschub auf 54/216 Zoll setzen (Code 54 ist *6*). |

- Zeile 37: Wenn Sie eine andere Taste als F1 bis F10 betätigen, wird erneut auf einen Tastendruck gewartet.

Achtung: Bitte Vorsicht beim Ausdrucken der Datei PRNTMENU.BAT (beispielsweise zum besseren Korrekturlesen oder einfach nur zum Anfertigen einer Kopie auf Papier)! Die Datei enthält viele Drucker-Befehle, die beim Ausdrucken der Datei ausgeführt werden. Die gedruckte Kopie wird ziemlich interessant, aber auch noch einigermaßen lesbar ausfallen.

Anleitung für das Drucker-Menü

Bevor Sie zum ersten Mal das Drucker-Menü testen, sollten Sie folgende Vorbereitungen treffen:

- Falls Sie die Dateien auf einer RAM-Disk gespeichert haben, sollten Sie alle vier Dateien auf eine Diskette oder Festplatte kopieren. Diese Zeit wird sich auf alle Fälle bezahlt machen; Sie möchten ja sicher nicht noch einmal die gesamten Dateien eingeben.

- Überprüfen Sie, ob sich alle vier Dateien im aktuellen Dateiverzeichnis befinden.

- Überprüfen Sie, ob sich die Datei ANTWORT.COM entweder im aktuellen Verzeichnis oder in einem Verzeichnis des Befehlspfades befindet.

Rufen Sie jetzt das Drucker-Menü auf:

```
A>prntmenu
```

Als erstes sollte das Drucker-Menü mit den Schriftarten-Befehlen am Bildschirm erscheinen (vgl. Abb. 11-11). Drücken Sie die Rechtspfeil-Taste; jetzt sollten Sie die Formatierungs-Befehle auf dem Bildschirm sehen (vgl. Abb. 11-12).

Zum Initialisieren des Druckers betätigen Sie jetzt bitte die Taste F9. Sie sollten daraufhin das typische Druckergeräusch hören, das Sie vom Einschalten des Druckers oder vom DOS-Neustart her bereits kennen.

Probieren Sie auch andere Befehle aus. Beispiel: Wählen Sie die Schriftarten-Befehle (falls erforderlich, die Rechtspfeil-Taste betätigen), wählen Sie mit F3 die Elite-Schriftart, schalten Sie mit der Rechtspfeil-Taste zu den Formatierungs-Befehlen um, wählen Sie mit F2 2-zeiligen Druck und verlassen Sie mit F10 das Drucker-Menü. Überprüfen Sie, ob sich Ihr Drucker im Online-Modus befindet und ob das Papier richtig justiert ist; fertigen Sie mit dem Copy-Befehl - oder mit PRNT.BAT - einen Ausdruck einer kurzen Textdatei an. Die Datei sollte nun in Elite-Schrift mit doppeltem Zeilenabstand ausgedruckt werden.

Nachdem dieser Test einwandfrei ausgefallen ist, können auf ähnliche Weise die übrigen Optionen ausprobiert werden. Die beiden folgenden Abschnitte beschreiben beide Befehlslisten des Drucker-Menüs: die Schriftarten-Befehle und die Formatierungs-Befehle.

Die Schriftarten-Befehle

Wenn Sie, wie in Abb. 11-11, die Schriftarten-Befehle auf dem Bildschirm sehen, können mit Hilfe der Tasten F1 bis F8 verschiedene Schriftarten, wie z.B. gedehnte Schrift, Schmalschrift oder Elite-Schrift, ausgewählt werden. Wie in Abb. 11-1 gezeigt, können die meisten Schriftarten auch miteinander kombiniert werden. Um ein Überhitzen des Druckkopfes zu vermeiden, ist jedoch mit den Druckern die Kombination von Schmalschrift und Fettdruck nicht möglich; in diesem Fall wird die Option Schmalschrift unterdrückt, und der Ausdruck erfolgt im Fettdruck-Modus der normalen Schriftart (meist Pica). Wenn Sie also F2 (Schmalschrift) und F5 (Fettdruck) gleichzeitig auswählen, wird die Datei in Normalschrift fettgedruckt ausgegeben.

Mit F9 wird der Drucker wieder initialisiert (in den normalen Druckzustand versetzt). Verwenden Sie diesen Befehl zu Beginn oder wenn Sie nach Auswahl einiger Optionen Ihre Entscheidung ändern und noch einmal von vorn beginnen möchten.

Mit F10 kehren Sie ohne Druckerinitialisierung auf die DOS-Ebene zurück. Bei anschließendem Ausdruck einer Datei bleiben also die bisher gewählten Optionen gültig. In vielen Anwenderprogrammen, einschließlich Textverarbeitungsprogrammen und Tabellenkalkulationen, haben Ihre aus dem Drucker-Menü gewählten Druckeroptionen keine Gültigkeit, da die Programme zu Beginn eines jeden Druckvorganges automatisch den Drucker zuerst initialisieren.

Die Formatierungs-Befehle

Abb. 11-12 enthält die Formatierungs-Befehle. Die Optionen beinhalten folgendes:

- Mit F1 bis F4 wird der Zeilenabstand eingestellt. Der normale Zeilenabstand ist sechs Zeilen pro Zoll und entspricht dem einfachen Zeilenabstand bei Schreibmaschinen. (In der Maßeinheit, die von den meisten Druckern verwendet wird, entsprechen sechs Zeilen pro Zoll

einem Zeilenabstand von 12/72" oder 36/216" - " ist die Abkürzung
für Zoll):

Befehl   **Beschreibung**

F1   1½-zeiliger Abstand (18/72" oder 54/216")
F2   2-zeiliger Abstand (24/72" oder 72/216")
F3   3-zeiliger Abstand (36/72" oder 108/216")
F4   8 Zeilen pro Zoll (9/72"oder 27/216")

■ F5 (Superschmal) erzeugt eine besonders kleine Schriftart mit äußerst
geringem Zeilenabstand. Als Beispiel schauen Sie sich bitte Abb. 11-7
an.

■ F6 (12 Zoll/Seite) setzt die Seitenlänge auf 12 Zoll und den unteren
Rand auf sechs Zeilen; dieser Rand dient zum Überspringen der Perforation bei Endlospapier. Probieren Sie dies ruhig einmal aus, indem
Sie F6 wählen, auf die DOS-Ebene zurückkehren und eine Datei auf
den Drucker kopieren; der Drucker sollte jetzt die Perforation bei
Endlospapier nicht mehr überdrucken. (Falls Sie jedoch mehrere Dateien ausdrucken, werden die Dateien nicht voneinander getrennt,
sondern aneinandergehängt.) Eine Beschreibung der aufgelisteten
Drucker-Befehle und einige Verhaltensmaßregeln für auf diese Weise
ausgedruckte Dateien entnehmen Sie bitte dem Abschnitt "Ausdruck
mit Seiteneinteilung".

■ F7 (Adreßetiketten) setzt die Seitenlänge auf neun Zeilen. Damit
kann eine Namens- bzw. Adreßdatei auf Adreßetiketten gedruckt
werden, wenn die einzelnen Namen oder Adressen jeweils durch
einen Seitenvorschub-Befehl (bzw. durch Markierung einer neuen
Seite in Ihrem Textverarbeitungssystem) voneinander getrennt werden. Da es Adreßetiketten in den unterschiedlichsten Größen gibt,
muß dieser Seitenlängen-Befehl in PRNTMENU.BAT entsprechend
angepaßt werden. Messen Sie den Abstand zwischen Beginn eines
Adreßetiketts und Beginn des folgenden Etiketts (in Zoll), multipli-
zieren Sie die gemessene Zollzahl mit 6, und ersetzen Sie *Alt-9* in
Zeile 30 von Abb. 11-15 durch das Ergebnis. Beispiel: Der Abstand
zweier Adreßetiketten beträgt genau ein Zoll; *Alt-9* wird durch *Alt-6*
ersetzt.

■ F8 (Papierendeerkennung ausschalten) veranlaßt den Drucker, auch
dann weiterzudrucken, wenn er fast am unteren Ende der Seite ange-
kommen ist. Diese Option wird dann benötigt, wenn Sie mit Einzelblattzufuhr arbeiten und der Drucker den Druckvorgang wegen

Papiermangel vor Erreichen des unteren Seitenrands abbricht. *Achtung:* Wenn Sie diese Option wählen und eine Datei von mehr als einer Seite Länge mit Einzelblattzufuhr ausdrucken, wird der Drucker über das Papierende hinaus auf der Druckerwalze weiterdrucken.

- F9 (Drucker initialisieren - Reset) und F10 (Rückkehr zur DOS-Ebene) haben dieselbe Funktion wie bei den Schriftarten-Befehlen.

Verändern des Drucker-Menüs

Vielleicht möchten Sie die eine oder andere Option aus dem Drucker-Menü abändern. Zum Beispiel ist es ohne weiteres möglich, die Funktionen von F9 und F10 zu verändern, so daß sie nicht in beiden Befehlslisten dieselbe Funktion haben; Sie können aber auch einzelne Befehle, die Sie nicht oft benötigen, durch solche Befehle ersetzen, die Sie öfter benötigen.

Verändern einer Menüoption

Um eine Menü-Option zu verändern, muß sowohl der Titel in PRNTOPT1.DOK (für Schriftarten-Befehl) oder PRNTOPT2.DOK (für Formatierungs-Befehle) als auch der Befehl in PRNTMENU.BAT, der mit dem entsprechenden *if errorlevel* ausgeführt wird, umgestaltet werden.

Beispiel: Auf der Formatierungs-Seite soll die Funktion F3 *3-zeilig* in *Linker Rand 6* umgeändert werden, um den Ausdruck einer Datei um sechs Spalten einzurücken. Der Drucker-Befehl dafür lautet *{ESC}l<Alt-6>*. Nehmen Sie die drei folgenden Veränderungen vor:

- Überschreiben Sie die erste Serie von Leerzeichen in Zeile 4 von PRNTOPT2.DOK (Abb. 11-14) mit dem Wort *Linker*.

- Überschreiben Sie *3-zeili*g in Zeile 5 von PRNTOPT2.DOK durch *Rand 6* gefolgt von zwei Leerzeichen.

- Ersetzen Sie *echo {ESC}3l> prn* am Ende von Zeile 34 der Datei PRNTMENU.BAT (Abb. 11-15) durch *echo {ESC}l<Alt-6>> prn*.

Das Batchfile PRNTMENU.BAT führt nur jeweils einen Befehl pro Option aus. Sie können jedoch Änderungen vornehmen, so daß eine Menü-Option mehrere Befehle ausführt, indem Sie den Echo-Befehl nach dem entsprechenden *if errorlevel* durch einen Goto-Befehl ersetzen. Dann fügen Sie die gewünschten Befehle hinter der im Goto-Befehl bezeichneten Sprungmarke ein und lassen anschließend das Programm wieder nach ANTWORT_1 bzw. ANTWORT_2 verzweigen.

Beispiel: Mit der Funktionstaste F8 im Schriftarten-Befehlsmenü sollen sämtliche Dateien mit der Erweiterung DOK und TXT aus dem Verzeichnis C:\TV auf Ihre RAM-Disk (Laufwerk D) kopiert werden. Dazu sind folgende Änderungen erforderlich:

1. Ändern Sie *Schönschrift* in Zeile 9 von PRNTOPT1.DOK (Abb. 11-14) zu *Fülle D:* (die letzten vier Buchstaben von *Schönschrift* müssen durch Leerzeichen überschrieben werden).

2. Ändern Sie *{ESC}n* in Zeile 12 von PRNTMENU.BAT zu *goto KO-PIEREN*.

3. Fügen Sie folgende Befehle vor Zeile 21 in PRNTMENU.BAT ein (Abb. 11-15):

```
:KOPIEREN
    copy c:\tv\*.dok d:
    copy c:\tv\*.txt d:
    goto ANTWORT_1
```

Soll auf diese Weise ein Befehl aus dem Formatierungs-Befehlsmenü geändert werden, müßte der letzte Befehl nicht mehr *goto ANTWORT_1* sondern *goto ANTWORT_2* lauten.

Programme statt Umleitung des Echo-Befehls

Anstelle der Umleitung von Echo-Befehlen zur Druckersteuerung können auch Programme aufgerufen werden, die denselben Zweck erfüllen. Überprüfen Sie, ob sich die entsprechenden COM- oder EXE-Dateien im aktuellen Verzeichnis oder in einem Verzeichnis befinden, das im Befehlspfad angegeben ist, und ersetzen Sie dann den auf den entsprechenden *if errorlevel* folgenden Echo-Befehl durch den Namen der Befehlsdatei.

Beispiel: Zur Initialisierung des Druckers soll anstelle des Befehls *echo {ESC}@> prn* die Befehlsdatei PRNTREST.COM eingesetzt werden. Ändern Sie in Zeile 11 und 28 von PRNTMENU.BAT (Abb. 11-15) den Befehl *echo {ESC}@> prn* zu *prntrest*.

Kombination der DOK-Dateien mit PRNTMENU.BAT

Um PRNTMENU.DOK in PRNTMENU.BAT einzugliedern, fügen Sie zu Beginn einer jeden Zeile von PRNTMENU.DOK den Befehl *echo* mit einem anschließenden Leerzeichen ein. Ersetzen Sie dann Zeile 3 von PRNTMENU.BAT (*type prntmenu.dok*) durch die veränderte Fassung von PRNTMENU.DOK. Aus Sicherheitsgründen sollten Sie PRNTMENU. DOK jedoch nicht löschen, bevor die neue Version von PRNTMENU. BAT erfolgreich getestet worden ist.

Um PRNTOPT1.DOK und PRNTOPT2.DOK in PRNTMENU.BAT ein-
zugliedern, fügen Sie zu Beginn einer jeden Zeile von beiden Dateien den
Befehl *echo* mit einem anschließenden Leerzeichen ein. Ersetzen Sie dann
Zeile 5 von PRNTMENU.BAT (*type prntopt1.dok*) durch die veränderte
Fassung von PRNTOPT1.DOK und Zeile 22 (*type prntopt2.dok*) durch die
veränderte Fassung von PRNTOPT2.DOK. Auch in diesem Fall sollten Sie
aus Sicherheitsgründen die Dateien PRNTOPT1.DOK und
PRNTOPT2.DOK nicht löschen, bevor die neue Version von PRNT-
MENU.BAT erfolgreich getestet worden ist.

Das Drucker-Menü zeigt Ihnen, wie viel Sie allein mit DOS anfangen
können. Es bedarf keines übermäßig großen Aufwandes, ein solches
Batchfile zu schreiben; die Mühe wird sich jedoch jedesmal bezahlt machen, wenn Sie durch PRNTMENU.BAT Zeit einsparen oder wenn Sie
dadurch ermutigt werden, die vielfältigen Möglichkeiten Ihres Druckers
in einem Ausmaß einzusetzen, wie Sie es ohne diese Datei niemals versuchen würden. Durch Eingliederung von PRNTMENU.BAT in das in
Kapitel 14 beschriebene Menü-System erhalten Sie ein Menü-System, das
die meisten Routinearbeiten Ihres Computers erledigt: Anwenderprogramme wechseln durch Tastendruck, Dateiverzeichnisse wechseln, Befehle eingeben u.a.m.

Kombination von Drucker-Menü und PRNT.BAT

Wenn Sie sowohl PRNT.BAT als auch das Drucker-Menü eingegeben haben, besitzen Sie zwei Batchfiles, die Befehle an den Drucker senden und
Dateien mit Seiteneinteilung ausdrucken. Es scheint nun ganz natürlich,
diese Dateien miteinander zu kombinieren, so daß ein einziges Batchfile
für den Ausdruck einer Reihe von Dateien mit Hilfe von Druckerbefehlen verwendet werden kann. Dies ist ziemlich einfach; in Abb. 11-16 sind
die Befehle aufgeführt, die in der Datei PRNT.BAT zur Aufnahme des
Drucker-Menüs eingefügt werden müssen.

```
1: command /c prntmenu prnt
2: echo <Alt-7>Druckbereit {ESC}[1m%1{ESC}[m. Bitte neue Papierseite positionieren.
3: echo {ESC}[7mF1 zum Drucken, beliebige andere Taste zum Abbrechen.{ESC}[m
4: antwort
5: if errorlevel 59 if not errorlevel 60 goto WEITER
6: echo ** Druck abgebrochen.
7: goto ENDE
8: :WEITER
```

*Abb. 11-16. Ergänzungen in PRNT.BAT zur Aufnahme des Drucker-
Menüs.*

Fügen Sie die in Abb. 11-16 gezeigten Befehle vor Zeile 8 von PRNT.BAT (Abb. 11-6) ein.

- Zeile 1: Zum Aufrufen von PRNTMENU.BAT wird der Command-Befehl benötigt. Als Parameter wird *prnt* festgelegt, so daß PRNT-MENU.BAT feststellen kann, ob es sich um einen rekursiven Aufruf (Selbstaufruf) handelt oder ob es von einem anderen Batchfile aufgerufen worden ist. Sie werden sehen, daß dadurch ein zusätzlicher Befehl in PRNTMENU.BAT aufgenommen werden kann, der die Beschriftung der Funktionstaste F10 ändert.

- Zeile 2 und 3: Es erfolgt die Ausgabe eines Warntones und einer Meldung, die Sie daran erinnert, das Papier im Drucker richtig zu positionieren. Der Warnton wird aus gutem Grund eingesetzt: Sollten Sie vergessen, das Papier richtig zu positionieren, ist ein einwandfreier Ausdruck mit Seiteneinteilung nicht mehr gewährleistet. Wenn Sie der Warnton jedoch stört, entfernen Sie einfach den Befehlscode *Alt-7* aus Zeile 2.

- Zeile 4: Ein Tastendruck des Benutzers wird erwartet.

- Zeile 5: Wenn F1 betätigt wird, werden die Dateien ausgedruckt.

- Zeile 6 und 7: Beim Programmabbruch wird die Meldung ** *Druck abgebrochen.* ausgegeben und auf die DOS-Ebene zurückgekehrt.

Speichern Sie die revidierte Version von PRNT.BAT und führen Sie einen Testlauf durch mit der Eingabe *prnt* gefolgt von einem Dateinamen. Zunächst sollte das Drucker-Menü auf dem Bildschirm erscheinen, und der Ablauf sollte derselbe sein, wie bei früheren Probeläufen. Wählen Sie die gewünschten Drucker-Optionen und betätigen Sie danach F10. Es erfolgt der Hinweis, das Papier in die richtige Position zu bringen; zum Drucken der Datei muß nur noch F1 gedrückt werden. So kann man Dateien auf raffinierte Weise mit den gewünschten Druckereinstellungen zu Papier bringen.

Und noch ein letztes: Die Option F10 im Drucker-Menü ist mit *Rückkehr zur DOS-Ebene* beschriftet. Das ist nun nicht mehr richtig; nachdem Sie mit der Wahl der Drucker-Optionen fertig sind, kehrt PRNTMENU.BAT zur Datei PRNT.BAT zurück, die den Ausdruck Ihrer Datei herstellt. Diese Beschriftung kann durch Hinzufügen eines einzigen Befehls im Batchfile PRNTMENU.BAT bewerkstelligt werden.

Die Wörter *Rückkehr zur* werden in Zeile 21 des Bildschirms und die Wörter *DOS-Ebene* in Zeile 22 ausgegeben. Sie brauchen also nur diese beiden Zeilen abzuändern. Da PRNTMENU.BAT von der Datei PRNT.BAT mit dem Parameter *prnt* aufgerufen wird, kann mit Hilfe des If-Befehls der Parameter überprüft werden. Handelt es sich um *prnt*, wird mit einem Echo-Befehl die Beschriftung der Funktionstaste F10 in den Zeilen 21 und 22 geändert.

Fügen Sie folgenden Befehl vor Zeile 6 von PRNTMENU.BAT ein:

```
if "%1"=="prnt" echo {ESC}[21;24H        {ESC}[22;24HDatei drucken
```

Vor dem zweiten {ESC}-Befehl müssen 12 Leerzeichen eingefügt werden, um die Wörter *Rückkehr zur* in Zeile 21 zu überschreiben.

Damit ist die Option F10 vervollständigt und das Kapitel beendet. Speichern Sie die revidierte Version von PRNTMENU.BAT und schalten Sie Ihren Drucker aus. Sie haben sich erst einmal eine Ruhepause verdient.

Kapitel

12

Eine leistungsfähigere Tastatur

Die meiste Zeit am Computer verbringen Sie mit der Bedienung der Tastatur - sie ist das wichtigste Kommunikationswerkzeug. Änderungen, die die Tastatur benutzerfreundlicher machen, können deshalb große Entlastungen für den Benutzer bedeuten. In diesem Kapitel werden einige solcher Änderungen beschrieben; es wird gezeigt, wie:

- die Editiertasten zur Korrektur oder Wiederverwendung des zuletzt eingegebenen Befehls eingesetzt werden können.

- die Tastatur anders belegt werden kann, um z.B. Rahmenzeichen direkt tippen zu können, und wie man einen DOS-Befehl bzw. eine Reihe von DOS-Befehlen durch einen einzigen Tastendruck ausführt.

- die Wiederholfunktion (Autorepeat) eines IBM PC/AT oder kompatiblen Computers beschleunigt werden kann.

Editieren von DOS-Befehlen mit Hilfe der Editiertasten

Ein DOS-Befehl wird nach Betätigen der Enter-Taste nicht einfach gelöscht, sondern er wird so lange im Arbeitsspeicher aufbewahrt, bis zum zweiten Mal die Enter-Taste betätigt wird. Die Editiertasten (vgl. Abb. 12-1) können wie in Edlin verwendet werden; man kann den zuletzt eingegebenen Befehl noch einmal aufrufen und entweder unverändert oder mit Änderungen von neuem ausführen lassen.

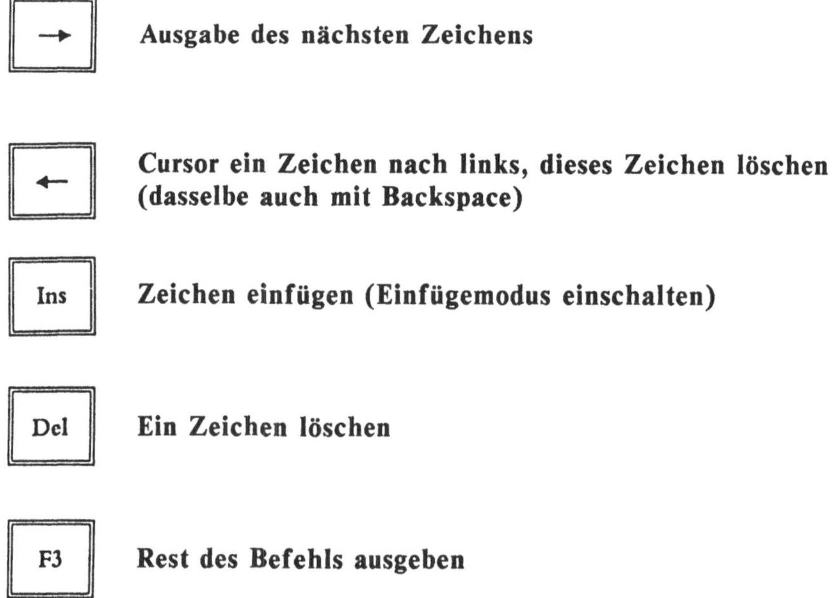

Abb. 12-1.   Editiertasten für DOS-Befehle.

Zur Demonstration der Wirkungsweise der Editiertasten bedarf es nur einiger weniger Beispiele. Wechseln Sie zu Beginn das Dateiverzeichnis zu \DOS (bzw. zum Verzeichnis, das Ihre DOS-Befehle enthält):

```
A>cd \dos
```

Beginnen wir mit einem ganz alltäglichen Beispiel: Sie machen einen Fehler bei der Eingabe eines langen DOS-Befehls. Geben Sie folgenden Directory-Befehl inklusive Fehler ein; natürlich wird DOS Sie für den Fehler tadeln:

```
A>dor *.com | sort
Falscher Befehl oder Dateiname
```

Hoppla! Sie wollten wahrscheinlich dir eingeben. Tippen Sie jetzt aber den Befehl nicht von neuem, betätigen Sie stattdessen einmal die Rechtspfeil-Taste. DOS gibt den ersten Buchstaben des letzten Befehls aus:

```
A>d
```

Der gesamte Befehl befindet sich noch im Speicher und wartet darauf, daß er noch einmal verwendet wird. Korrigieren Sie nun zunächst den Fehler durch Eingabe des Buchstabens i:

```
A>di
```

Jetzt betätigen Sie die Funktionstaste F3; der gesamte Befehl wird fehlerfrei von DOS auf dem Bildschirm ausgegeben. Drücken Sie die Enter-Taste; DOS wird den Befehl so ausführen, als ob Sie ihn beim ersten Mal richtig geschrieben hätten.

Für dieses Beispiel haben Sie zwei der Editiertasten verwendet - die Rechtspfeil-Taste und die Funktionstaste F3:

- Mit der Rechtspfeil-Taste wird das nächstfolgende Zeichen des zuvor eingegebenen Befehls aufgerufen; mit jedem Tastendruck dieser Taste wird ein weiteres Zeichen ausgegeben, solange, bis Sie das Befehlsende erreicht haben.

- Einmaliges Drücken von F3 hat dieselbe Wirkung, wie wenn Sie die Rechtspfeil-Taste solange betätigen, bis die gesamte Befehlszeile ausgegeben worden ist: Der Rest des Befehls bis zum Zeilenende wird am Bildschirm ausgegeben.

Außerdem haben Sie noch eine weitere Editierfunktion benutzt: Alles, was Sie eintippen, bevor der gesamte Befehl ausgegeben ist, überschreibt die entsprechenden Zeichen im Befehl. Mit dem *i* haben Sie den Schreibfehler *o* aus der ersten Befehlseingabe überschrieben und somit richtiggestellt.

Nehmen wir an, Sie möchten jetzt anstatt sämtlicher COM-Dateien
sämtliche EXE-Dateien auflisten und Sie möchten die Verzeichniseinträge
nach Spalte 16 - also nach der Dateigröße - ordnen. Auch das ist kein
Problem. Bleiben Sie mit dem Finger auf der Rechtspfeil-Taste, bis die
automatische Wiederholfunktion den Befehl bis zum Punkt ausgegeben
hat:

```
A>dir *.
```

Wenn Sie über das Ziel hinausschießen, löschen Sie einfach mit der
Linkspfeil- oder Backspace-Taste die zuviel ausgegebenen Zeichen (wenn
Sie in dieser Beziehung ein übervorsichtiger Mensch sind, können Sie
auch die Rechtspfeil-Taste sechs mal betätigen, anstatt die automatische
Wiederholfunktion zu benutzen).

Zum Überschreiben von *com* geben Sie jetzt einfach *exe* ein:

```
A>dir *.exe
```

Rufen Sie schließlich mit der F3-Taste den restlichen Befehl auf, geben
Sie anschließend ein Leerzeichen und */+16* ein und drücken Sie Enter:

```
A>dir *.exe | sort /+16
```

DOS gibt eine Liste der EXE-Dateien sortiert nach Dateigröße aus.

Und wenn Sie sofort anschließend die Dateiliste in umgekehrter Reihenfolge - also absteigend sortiert - ausgeben möchten? Dazu müssen Sie einige Zeichen einfügen, also nicht überschreiben. Deshalb gibt es auch
eine Taste mit der Aufschrift *Ins* (Insert - Einfügen). Holen Sie sich
durch einmaliges Betätigen der F3-Taste den gesamten Befehl auf den
Bildschirm und löschen Sie durch dreimaliges Drücken der Linkspfeil-
Taste die drei letzten Zeichen des Befehls:

```
A>dir *.exe | sort /
```

Jetzt bitte einmal die Ins-Taste drücken, dann den Buchstaben *r* eingeben,
anschließend ein Leerzeichen und zum Schluß das Zeichen */*:

```
A>dir *.exe | sort /r /
```

Sie haben jetzt zwei weitere Editiertasten benutzt, die Linkspfeil- und die Ins-Taste:

- Die Linkspfeil-Taste (bzw. die Backspace-Taste; sie sind identisch) bewegt den Cursor um eine Spalte nach links und löscht das dort befindliche Zeichen. Dieses Zeichen wird jedoch nicht aus dem Speicher gelöscht - Sie können es wiederum mit der Rechtspfeil-Taste aufrufen.

- Mit der Ins-Taste wird veranlaßt, daß die im folgenden von Ihnen eingegebenen Zeichen eingefügt, also zu den bereits vorhandenen Befehlszeichen hinzugefügt werden. Somit werden auch keine vorhandenen Zeichen überschrieben.

Zur Vervollständigung des Befehls drücken Sie die F3-Taste und lassen den Befehl durch Betätigung der Enter-Taste ausführen. DOS führt eine Verzeichnisliste auf, in der sich die längsten Dateien am Listenanfang befinden.

Wenn Sie schließlich noch *alle* Dateien auflisten möchten, müssen Sie die Erweiterung *.exe* aus dem Befehl löschen. Dafür gibt es die mit *Del* bezeichnete Taste (Delete - Löschen); dies ist die letzte Editiertaste. Jedesmal, wenn vor Ausgabe der gesamten Befehlszeile die Del-Taste gedrückt wird, löscht DOS ein Zeichen aus der Befehlszeile.

Betätigen Sie viermal die Rechtspfeil-Taste:

```
A>dir
```

Jetzt betätigen Sie sechsmal die Del-Taste. Diese Operation müssen Sie einstweilen gutgläubig ausführen, da Sie kein sichtbares Echo erhalten. Wenn Sie danach jedoch die F3-Taste betätigen, sieht der gesamte Befehl folgendermaßen aus:

```
A>dir | sort /r /+16
```

Sie haben **.exe* gelöscht. Achten Sie bitte darauf, daß Sie die Enter-Taste erst dann drücken, wenn die Befehlszeile wirklich so aussieht, wie Sie es wünschen. Das, was Sie beim Drücken der Enter-Taste in der Befehlszeile sehen, wird in jedem Fall als neuer *letzter Befehl* im Arbeitsspeicher des Computers festgehalten.

Mit den Editiertasten können Sie sich eine Menge Tipparbeit ersparen. Sie werden sich nach kurzer Zeit an deren Handhabung gewöhnt haben und niemals mehr frustriert auf der Tastatur herumhacken, wenn Sie einen Tippfehler in einem langen Befehl gefunden haben.

Neubelegung der Tastatur

Anwenderprogramme ordnen oftmals einigen oder sogar allen Funktionstasten besondere Bedeutungen oder Funktionen zu, ebenfalls den Cursortasten und vielleicht sogar manchen Kombinationen mit den Alt- und Ctrl-Tasten; darüberhinaus kann es auch vorkommen, daß einige der regulären Tasten anders belegt werden. Auch DOS hat spezielle Funktionen für manche Tasten, z.B. für die Editiertasten, die im vorausgehenden Abschnitt beschrieben sind; mit F6 wird das Ende einer Datei markiert, und F7 produziert das ASCII-Zeichen mit dem Code 0; die Tastenkombination Ctrl-C bricht beispielsweise einen Befehl ab, und mit Ctrl-S kann die Bildschirmausgabe angehalten werden.

Der Define-Key-Befehl aus der Reihe der ANSI.SYS-Befehle (vgl. Kapitel 3) ermöglicht Ihnen dieselben Kontrollmöglichkeiten über die Tastatur. Mit seiner Hilfe kann man nicht nur das Ausgabezeichen einer Taste ändern, sondern auch einer einzelnen Taste eine ganze Zeichenkette zuordnen. Damit eröffnen sich, wie Sie gleich sehen werden, dem Benutzer ungeahnte Möglichkeiten.

Wie in Kapitel 3 verwenden wir auch hier wieder den Prompt-Befehl, um diesen ANSI.SYS-Befehl zu demonstrieren. Sollten Sie die Beispiele in Kapitel 3 noch nicht durchgearbeitet haben, holen Sie dies bitte nach, bevor Sie mit dem nächsten Abschnitt weitermachen.

Wie man einer Taste einen Befehl zuordnet

Es wäre wünschenswert, einen Befehl, den Sie laufend benötigen, durch einen einzigen Tastendruck ausführen zu lassen. Besonders hilfreich wäre dies bei langen Befehlen. Es ist leicht einzusehen, daß die Ausführung des Befehls *dir *.dok | sort /r /+25 | more* durch Betätigen einer einzigen Taste wesentlich komfortabler ist als durch regelmäßige Neueingabe. Natürlich können Sie einen Batchbefehl schreiben und dem Befehl einen Befehlsnamen geben, der aus einem einzigen Buchstaben besteht. Aber Sie können den Speicherplatz für ein solches Batchfile sowie die Ladezeit dadurch einsparen, daß Sie den Befehl einer Taste zuordnen, die Sie normalerweise nicht benötigen.

Dies können wir leicht anhand eines Prompt-Befehls verdeutlichen. Ordnen Sie mit folgender Eingabe der Tastenkombination Alt-B den Befehl *erase *.bak* zu:

```
A>prompt $e[0;48;"erase *.bak";13p
```

Wenn Sie jetzt Alt-B eingeben, gibt DOS den Befehl *erase *.bak* auf dem Bildschirm so aus, als ob Sie ihn eingetippt hätten; alle Dateien im aktuellen Verzeichnis mit der Erweiterung BAK werden dann gelöscht. Auf diese Weise können sehr schnell Verzeichnisse, die viele BAK-Dateien enthalten, von unnötigem Ballast befreit werden.

Möchten Sie diese Definition - oder irgendeine andere - als permanente Funktion immer präsent haben, schreiben Sie den ANSI.SYS-Befehl in Ihre AUTOEXEC.BAT-Datei. Sie können dies mit einem Prompt-Befehl, aber auch mit einem Echo-Befehl, wie in Kapitel 3 gezeigt, erreichen. Bei der Verwendung eines Prompt-Befehls sollten Sie jedoch darauf achten, daß Sie in der AUTOEXEC.BAT-Datei nach der Neubelegung der Taste Ihr Prompt-Zeichen wieder definieren.

Es kann nur jeweils ein Befehl einer Taste zugeordnet werden. Sobald DOS ein Return-Zeichen (Code 13) in einer Zeichenkette, die einer Taste zugeordnet werden soll, entdeckt, erfolgt dieselbe Reaktion, als ob Sie selbst Return gedrückt hätten: Es wird überprüft, ob ein gültiger Befehl eingegeben wurde, und alle folgenden Zeichen werden ignoriert.

Zur Ausführung einer Befehlskette durch einen einzigen Tastendruck muß ein Batchfile geschrieben werden, das die Befehle enthält. Dieser Batchbefehl wird dann einer Taste zugeordnet.

Beispiel: Für die Auswahl von Anwenderprogrammen soll ein Menüsystem verwendet werden. Die Befehlsdatei, die das Menüsystem startet, soll den Namen HAUPTMEN.BAT erhalten und sich in einem Verzeichnis des Befehlspfades befinden. Jetzt kann der Batchbefehl *hauptmen* einer Taste - z.B. F10 - zugeordnet und durch Betätigen von F10 das Menüsystem von jedem Verzeichnis aus gestartet werden.

Ändern der Tastaturbelegung

Die Tastatur kann ganz nach Belieben umorganisiert werden, jedoch ist es in der Regel ausreichend, Funktionstasten oder Tastenkombinationen mit Alt- oder Ctrl-Tasten umzubelegen. Manchmal kann es aber auch von großem Nutzen sein, andere Tasten neu zu belegen. Die beiden folgenden Batchfiles beschreiben beispielsweise die Neubelegung der Zehnertasten, mit denen normalerweise der Cursor gesteuert wird:

- RAHMEN.BAT ordnet eine Reihe von Rahmenzeichen der Zehnertastatur zu. Die Zeichen aus dem erweiterten Zeichensatz können somit direkt von der Tastatur aus getippt werden.

- RAHMENAB.BAT macht RAHMEN.BAT wieder rückgängig, indem den Zehnertasten wieder die originalen Funktionen zugeordnet werden.

Die Rahmenzeichen werden den Zehnertasten so zugeordnet, daß ihre Plazierung auf der Zehnertastatur im großen und ganzen ihrer Position innerhalb eines Rahmens entspricht. In Abb. 12-2 sehen Sie die Tastaturbelegung für den IBM PC, IBM PC/XT und Kompatible. Abb. 12-3 enthält die Tastaturbelegung für den IBM PC/AT und AT-kompatible Computer.

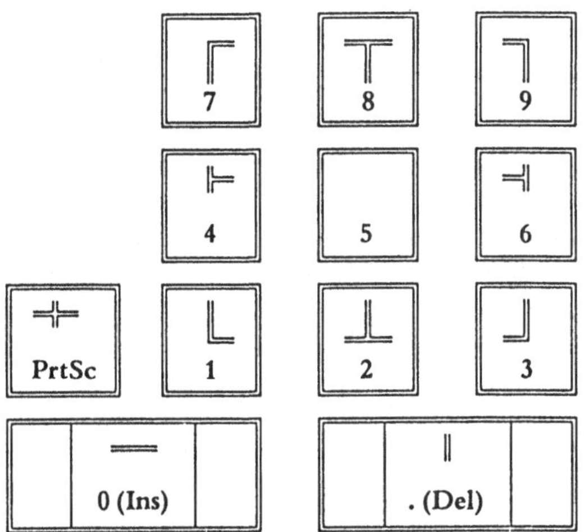

Abb. 12-2.   Rahmenzeichen auf einer IBM PC und PC/XT Tastatur.

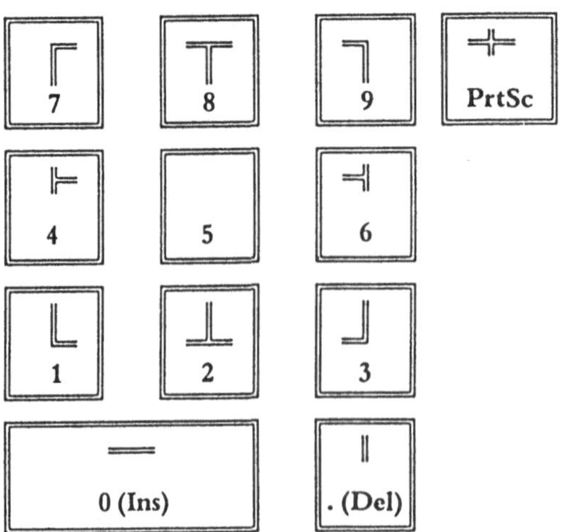

Abb. 12-3.   Rahmenzeichen auf einer IBM PC/AT Tastatur.

Wie in Kapitel 3 erwähnt, können die Tasten, die im Anhang D mit einem Querstrich versehen sind, nicht mit ANSI.SYS umdefiniert werden. Von besonderer Bedeutung ist in unserem Fall, daß drei Tasten nicht verändert werden können: die 5 (die Taste in der Mitte der Pfeiltasten) und die Tasten Plus und Minus auf der Zehnertastatur. Aus diesem Grund werden in RAHMEN.BAT die Tasten Ins, Del und PrtSc umdefiniert.

Da der Batchbefehl RAHMENAB.BAT die Originaldefinitionen der Tasten wiederherstellt, sollten Sie zunächst beide Batchfiles eingeben, und erst danach einen Test durchführen.

Abb. 12-4 enthält die Befehle für RAHMEN.BAT.

```
 1: echo off
 2: echo {ESC}[0;71;201p
 3: echo {ESC}[0;72;203p
 4: echo {ESC}[0;73;187p
 5: echo {ESC}[0;75;204p
 6: echo {ESC}[0;77;185p
 7: echo {ESC}[0;79;200p
 8: echo {ESC}[0;80;202p
 9: echo {ESC}[0;81;188p
10: echo {ESC}[0;82;205p
11: echo {ESC}[0;83;186p
12: echo {ESC}[42;206p
13: cls
```

*Abb. 12-4.   RAHMEN.BAT: Neubelegung der Zehnertastatur
zum Zeichnen von Einrahmungen.*

RAHMEN.BAT ist zwar nur wenig komplex, aber trotzdem nicht besonders leicht lesbar. Jeder auf *echo off* folgende Echo-Befehl leitet einen ANSI.SYS Define-Key-Befehl zur Tastatur. In allen Echo-Befehlen, mit Ausnahme des letzten, wird die neu zu belegende Taste durch die beiden ersten Zahlen festgelegt (im ersten Befehl beispielsweise wird mit *0;71* die Home-Taste bezeichnet); der letzte Echo-Befehl ordnet dem Stern (*) mit der Codezahl 42 ein neues Zeichen zu, da die PrtSc-Taste denselben Tastaturcode besitzt. Anhang D enthält eine komplette Liste der Tastaturcodes.

Mit dem Define-Key-Befehl kann auch gleichzeitig mehr als eine Taste neu definiert werden; Sie könnten also auch mit einem einzigen Echo-Befehl alle 11 Definitionen durchführen:

```
echo {ESC}[0;71;201;0;72;203;0;73;187;0;75;204;0;77;185;0;79;
      200;0;80;202;0;81;188;0;82;205;0;83;186;42;206p
```

Dadurch würde RAHMEN.BAT jedoch gänzlich unübersichtlich, und Änderungen wären wesentlich problematischer durchzuführen, so daß sich eine solche Anordnung des Batchbefehls nicht lohnt. Der minimale Speicherbedarf einer Datei ist wesentlich größer als der Inhalt von RAHMEN.BAT. Die Kombination sämtlicher Define-Key-Befehle in einem Echo-Befehl bringt also überhaupt keinen Vorteil.

RAHMENAB.BAT ist gleich angelegt wie RAHMEN.BAT; alle 11 Tasten der Zehnertastatur werden durch RAHMENAB.BAT mit ihrer Originalfunktion belegt. Abb. 12-5 enthält die Befehle für RAHMENAB.BAT.

```
 1: echo off
 2: echo {ESC}[0;71;0;71p
 3: echo {ESC}[0;72;0;72p
 4: echo {ESC}[0;73;0;73p
 5: echo {ESC}[0;75;0;75p
 6: echo {ESC}[0;77;0;77p
 7: echo {ESC}[0;79;0;79p
 8: echo {ESC}[0;80;0;80p
 9: echo {ESC}[0;81;0;81p
10: echo {ESC}[0;82;0;82p
11: echo {ESC}[0;83;0;83p
12: echo {ESC}[42;42p
13: cls
```

Abb. 12-5.   RAHMENAB.BAT: Wiederherstellen der Originalbelegung der Zehnertastatur.

Der Umgang mit RAHMEN.BAT und RAHMENAB.BAT

Erstellen Sie die Batchfiles RAHMEN.BAT und RAHMENAB.BAT mit Ihrem Texteditor oder Textverarbeitungssystem und geben Sie die Befehle aus Abb. 12-4 und Abb. 12-5 ein. Um die Zehnertastatur mit den Rahmenzeichen zu belegen, geben Sie den RAHMEN.BAT-Befehl ein:

```
A>rahmen
```

RAHMEN.BAT gibt zunächst 11 Leerzeilen aus - eine Leerzeile für jeden Echo-Befehl, der auf *echo off* folgt - und löscht anschließend den Bildschirm.

Probieren Sie die Tasten der Zehnertastatur aus. DOS sollte jetzt Rahmenzeichen am Bildschirm ausgeben. Wenn Sie dann Enter drücken, muß natürlich die Fehlermeldung *Falscher Befehl oder Dateiname* ausgegeben werden. Beachten Sie auch, daß die Ins-Taste keine Autorepeat-Funktion enthält. Das hängt jedoch nicht mit RAHMEN.BAT zusammen; die Ins-Taste hat nie Autorepeat - unabhängig von ihrer Belegung.

Stellen Sie jetzt wieder die originalen Definitionen für die Tasten der Zehnertastatur her:

```
A>rahmenab
```

Auch RAHMENAB.BAT gibt 11 Leerzeilen aus und löscht den Bildschirm. Jetzt sollte die Zehner-Tastatur wieder ihre Originalfunktion angenommen haben.

Auf diese Weise können selbstverständlich auch andere Batchfiles geschrieben werden, die die Tastatur zeitweise mit anderen Zeichen des erweiterten Zeichensatzes belegen, z.B. mathematischen Symbole oder Zeichen anderer Sprachen.

Um eine Datei zu erstellen, die Rahmenzeichen enthält, müssen Sie von der Konsole kopieren oder einen der Batchbefehle zum Erstellen einer Textdatei verwenden (vgl. Kapitel 13). Die umdefinierten Tasten können in Ihrem Texteditor oder Textverarbeitungssystem nicht verwendet werden. Auch wenn das Programm die Zehnertastatur nicht neu definiert sollten Sie dies nicht ausprobieren, da Sie in diesem Fall nämlich den Cursor nicht mehr steuern können.

Im erweiterten IBM-Zeichensatz sind vier verschiedene Gruppen von Rahmenzeichen enthalten, die sich jeweils aus verschiedenen Kombinationen von einfachen und doppelten Rahmenzeichen zusammensetzen. Tabelle C-3 im Anhang C zeigt alle vier Gruppen. Sie können nun entweder RAHMEN.BAT so erweitern, daß Sie die drei anderen Gruppen an unterschiedlichen Tastaturbereichen anordnen, oder Sie schreiben vier verschiedene Versionen (beispielsweise mit den Befehlsnamen RAHMEN1.BAT, RAHMEN2.BAT, RAHMEN3.BAT und RAHMEN4.BAT), die die Zehnertastatur jeweils mit einer Gruppe belegen. Wenn Sie letztere Methode vorziehen, können Sie jede Rahmengruppe mit dem Batchbefehl RAHMENAB.BAT wieder rückgängig machen.

Beschleunigen der IBM PC/AT Tastatur

Wenn Sie irgendeine Taste gedrückt halten, wartet die Tastatur zunächst einen Augenblick, um danach das Zeichen solange wiederholt auszugeben, bis Sie die Taste loslassen (bzw. bis der Tastaturpuffer voll ist). Bei IBM PC/AT Computern und den meisten kompatiblen Maschinen können sowohl die Länge der Wartezeit als auch die Geschwindigkeit der Wiederholfunktion (Autorepeat) verändert werden.

Mit dem Programm SCHNELL.COM wird die Wartezeit verkürzt und die Autorepeat-Geschwindigkeit erhöht; dadurch wird die Tastatur um einiges schneller gemacht. Das Programm ist speziell für IBM PC/AT und kompatible Computer geschrieben. Auf einem IBM PC/XT oder kompatiblen Modellen kann damit keine Wirkung erzielt werden.

Die Datei SCHNELL.COM wird mit Hilfe des Debuggers erzeugt. Die dafür notwendige Prozedur wurde bereits in Kapitel 5 beschrieben. Sollten Sie die Beispiele aus Kapitel 5 bisher noch nicht durchgearbeitet haben, sollten Sie es jetzt nachholen, bevor Sie mit dem Erstellen der Datei SCHNELL.COM fortfahren.

Schreiben Sie zunächst mit Ihrem Texteditor, Textverarbeitungssystem oder Edlin eine Datei mit dem Dateinamen SCHNELL.SCR; geben Sie dazu die in Abb. 12-6 gezeigten Zeilen ein.

```
 1: a 100
 2: mov   al,f3
 3: out   60,al
 4: mov   cx,2000
 5: loop 107
 6: xor   al,al
 7: out   60,al
 8: int   20
 9:
10: r cx
11: f
12: n schnell.com
13: w
14: q
```

Abb. 12-6.　　Die Scriptdatei für SCHNELL.COM.

Überprüfen Sie SCHNELL.SCR anhand von Abb. 12-6. Vergewissern Sie sich, daß Zeile 9 eine Leerzeile und die letzte Zeile den Befehl *q* enthält. Enthält eine dieser beiden Zeilen einen Fehler, werden Sie DOS neu starten müssen, sobald Sie versuchen, die Datei SCHNELL.COM zu erzeugen. Nachdem alle Fehler beseitigt worden sind, speichern Sie SCHNELL.SCR ab.

Erstellen Sie mit folgendem Debug-Befehl SCHNELL.COM:

```
A>debug < schnell.scr
```

Für den Fall, daß nichts passieren, und daß auch das Betätigen irgendwelcher Tasten keine Wirkung zeigen sollte, müssen Sie einen Neustart von DOS durchführen, die Datei SCHNELL.SCR editieren und sie noch einmal mit Abb. 12-6 vergleichen. Korrigieren Sie die gefundenen Fehler und geben Sie den Debug-Befehl noch einmal neu ein.

Die DOS-Meldungen sollten mit Abb. 12-7 übereinstimmen. Vergleichen Sie bitte Ihre Bildschirmausgabe mit Abb. 12-7. Sollten hier Unterschiede auftreten, müssen Sie noch einmal die Datei SCHNELL.SCR mit Abb. 12-6 vergleichen, die gefundenen Fehler korrigieren und den Debug-Befehl neu eingeben.

```
-a 100
xxxx:0100 mov    al,f3
xxxx:0102 out    60,al
xxxx:0104 mov    cx,2000
xxxx:0107 loop   107
xxxx:0109 xor    al,al
xxxx:010B out    60,al
xxxx:010D int    20
xxxx:010F
-r cx
CX 0000
:f
-n schnell.com
-w
Schreiben von 000F Byte
-q
```

Abb. 12-7.   DOS-Meldungen beim Erstellen von SCHNELL.COM.

Wenn Ihre Bildschirmausgabe mit Abb. 12-7 übereinstimmt, können Sie SCHNELL.COM ausprobieren. Bevor Sie jedoch den Befehl eingeben, probieren Sie folgendes: Halten Sie eine Taste gedrückt und beachten Sie, wie schnell der gedrückte Buchstabe wiederholt am Bildschirm ausgegeben wird. Geben Sie jetzt den Schnell-Befehl ein:

```
A>schnell
```

Halten Sie wiederum eine Taste gedrückt; es sollte ein deutlicher Unterschied zu bemerken sein. Ist dies nicht der Fall, gehen Sie bitte noch einmal zum Anfang zurück, um alles einer erneuten Kontrolle zu unterziehen.

Dieser Geschwindigkeitszuwachs sollte sogar beim Einsatz eines Anwenderprogrammes erhalten bleiben. SCHNELL.COM kann eine Menge dazu beitragen, Ihre Geduld nicht unnötig zu strapazieren, wenn Sie beispielsweise oft das Bildschirmfenster verschieben müssen, weil die Zeilen nicht komplett auf Ihren Bildschirm passen, oder wenn Sie oft mit der Backspace-Taste mehrere Zeichen löschen müssen. Obwohl die wirklich eingesparte Zeit gering sein kann, hängen Komfort und Befriedigung meist nicht weniger von kleinen, aber wahrnehmbaren Dingen ab als von der objektiven Realität. Man muß sich zwar zunächst an die Tastaturbeschleunigung gewöhnen, es handelt sich dabei allerdings um einen angenehmen Gewöhnungsprozeß.

Kapitel

13

Mehr Komfort bei der Arbeit mit Dateien und Disketten

In diesem Kapitel werden einige Möglichkeiten aufgezeigt, wie die Arbeit mit Dateien und Disketten vereinfacht werden kann; es werden einige Batchbefehle für die effizientere, sicherere und schnellere Dateien- und Diskettenhandhabung vorgestellt.

Festlegen der Dateinamen

Durch systematisches Auswählen der Dateinamen kann man Dateien besser verwalten. Beispiel: Wenn Sie bei Dateinamen in der Regel eine Dateinamenerweiterung angeben, bei Unterverzeichnissen jedoch keine, können sämtliche Unterverzeichnisse mit dem Befehl *dir *.* aufgelistet werden. Verwenden Sie die Erweiterung BRF für alle Dateien, die Briefe enthalten, kann durch Eingabe von *dir *.brf* das Dateiverzeichnis sämtlicher Briefe aufgelistet werden.

Nehmen wir an, Sie befolgen bei der Benennung Ihrer Brief-Dateien folgende Übereinkünfte:

- Die drei ersten Zeichen benennen den Empfänger.

- Die beiden folgenden Zeichen enthalten den Monat (01 bis 12).

- Die beiden darauf folgenden Zeichen enthalten den Tag (01 bis 31).

Jetzt können alle Briefe mit dem Befehl *dir *.brf*, alle Briefe, die an den Empfänger mit dem Kürzel HST geschrieben worden sind, mit *dir hst** und alle Briefe, die im Juli geschrieben worden sind, mit *dir ???07** aufgelistet werden.

Im allgemeinen gilt: Je genauer die Dateinamen und Erweiterungen den Inhalt beschreiben und je systematischer Dateinamen vergeben werden, desto leichter können sie verwaltet werden.

Anlegen von Dateiverzeichnissen

Neben der Aufbewahrung von Anwenderprogrammen und Programmdaten für unterschiedliche Zwecke und Aufgaben sollte ein Dateiverzeichnis-System aus einem Grundgerüst bestehen, das Ihnen beim Umgang mit dem Computer die Arbeit erleichtert. Es sollte dergestalt strukturiert sein, daß Sie eine Datei auffinden können, ohne zuerst mehrere Dateiverzeichnisse mit ähnlichem Verzeichnisnamen durchsuchen zu müssen.

Einige Batchfiles dieses Buches setzen voraus, daß sich ein paar bestimmte Dateien im Stammverzeichnis befinden. Sie sollten in Ihrem Stammverzeichnis jedoch in der Regel möglichst wenige Dateien aufbewahren. Reservieren Sie es für Unterverzeichnisse, COMMAND.COM, AUTOEXEC.BAT, CONFIG.SYS und ein paar andere Dateien.

In Abb. 13-1 sehen Sie vier Unterverzeichnisse ersten Grades (im Stammverzeichnis), in denen Sie beispielsweise Ihre meistverwendeten Programme und Batchfiles aufbewahren können. Sie bevorzugen vielleicht andere Verzeichnisnamen, diese jedoch kennzeichnen die unterschiedlichen Arten von Dateien und sind darüberhinaus leicht auseinanderzuhalten. Zusätzlich benötigen Sie natürlich noch weitere Verzeichnisse für Ihre Hauptanwenderprogramme, wie z.B. Textverarbeitungs- und Kalkulationsprogramme. Alle diese Verzeichnisse sollten sich auch in Ihrem Befehlspfad befinden.

Verzeichnis	Beschreibung
\DOS	Für sämtliche DOS-Dateien (und wirklich nur DOS-Dateien), damit Sie problemlos eine DOS-Datei finden oder eine neue DOS-Version einführen können.
\BATCH	Für Batchfiles, die oft benötigt werden, inklusive der Dateien, die von Batchfiles aufgerufen werden (z.B. Dateien für die Eingabeumleitung, wie CR.DAT u.a., vgl. Kapitel 6 und dieses Kapitel).
\PROG	Für Dienstprogramme, Programme für Ihre Batchfiles und Anwenderprogramme, die kein separates Verzeichnis benötigen.
\MENUE	Für alle Dateien Ihres Menüsystems (sofern Sie mit einem solchen arbeiten), einschließlich der Programme und Batchfiles, die ebenfalls eigenständig benutzt oder von anderen Batchfiles aufgerufen werden. Damit können Sie Ihr Menüsystem einfach verwalten oder von diesem eine Kopie für andere Computer erstellen.

Abb. 13-1. Dateiverzeichnisvorschläge für Programme und Batchfiles.

Verhindern ungewollter Änderungen und Löschaktionen

Ab DOS-Version 3 kann eine Datei mit dem Attribute-Befehl schreibgeschützt werden; danach kann diese Datei weder verändert noch gelöscht werden, wenn der Schreibschutz nicht zuvor aufgehoben wird. Spätestens wenn Sie einmal eine wichtige Datei versehentlich gelöscht haben, werden Sie diese Option in Anspruch nehmen.

Man benötigt nicht viel Zeit, um eine Datei mit einem Schreibschutz zu versehen, und es lohnt sich vor allem bei solchen Dateien, die entweder nie oder selten geändert werden sollen oder die auf keinen Fall versehentlich geändert werden dürfen. Sie können beispielsweise sämtliche DOS-Dateien, wenn sie sich in einem Verzeichnis mit dem Namen \DOS befinden, durch einen einzigen Befehl mit einem Schreibschutz versehen: *attrib +r \dos*.*.*

Verzeichniswechsel

Mit dem .. Eintrag in einer Verzeichnisliste wird das unmittelbar über dem aktuellen Unterverzeichnis befindliche Dateiverzeichnis bezeichnet. Damit können Sie sich ziemlich schnell zwischen verschiedenen Verzeichnissen bewegen. Beispiel: Sie befinden sich im Dateiverzeichnis \123\BUDGETS\MKT:

- Mit dem Befehl *cd ..* gehen Sie nach \123\BUDGETS.

- Mit dem Befehl *cd ..\..* gehen Sie nach \123.

- Mit dem Befehl *cd ..\hst* gehen Sie nach \123\BUDGETS\HST.

Die Batchfiles

Im verbleibenden Teil des Kapitels werden mehrere Batchfiles vorgestellt, die den Umgang mit Dateien und Disketten vereinfachen und, zumindest in einigen Fällen, sicherer machen.

Die Batchfiles werden in separaten Abschnitten beschrieben, die sich nicht aufeinander beziehen. Jede Überschrift beinhaltet eine Beschreibung, welche Arbeiten das Batchfile verrichten kann, eine Abbildung, die die Befehle des Batchfiles enthält, und eine Erklärung der Funktionsweise des Batchfiles; ferner erhalten Sie Vorschläge zum Testen des Batchfiles nach der Dateieingabe und in manchen Fällen Vorschläge zur besseren Anpassung des Batchfiles an Ihre Wünsche und Bedürfnisse.

Schluß mit der Eingabe langer Dateiverzeichnisnamen

Mit dem Batchbefehl GEH.BAT wird das Verzeichnis, das Sie mit dem Alias-Namen (Kurzbezeichnung) festlegen, zum aktuellen Dateiverzeichnis. Wird als zweiter Parameter ein Dateiname (einschließlich Wildcard-Zeichen) eingegeben, wechselt der Befehl GEH.BAT das aktuelle Verzeichnis, löscht den Bildschirm und gibt die Verzeichnisliste der mit dem zweiten Parameter spezifizierten Dateien aus.

Sie können im Batchfile beliebig viele Alias-Namen vergeben. Je kürzer ein Alias-Name, desto schneller kann man das Verzeichnis wechseln, besonders dann, wenn Sie mit einer vielschichtigen Dateistruktur arbeiten.

Abb. 13-2 enthält die Befehle von GEH.BAT.

```
 1:    echo off
 2:    if not "%1"=="" goto OK
 3:    cls
 4:    echo {ESC}[1mBefehl                   Ergebnis{ESC}[m
 5:    echo geh {alias}              Neues aktuelles Dateiverzeichnis {alias}
 6:    echo geh {alias} {Dateiname}  Neues aktuelles Dateiverzeichnis und
 7:    echo                          Verzeichnisliste von {Dateiname}
 8:    echo <Alt-255>
 9:    echo {ESC}[1mAlias                    Verzeichnis{ESC}[m
10:    echo s                        Stammverzeichnis
11:    goto ENDE
12: :OK
13:    if %1==s cd \
14:    if "%2"=="" goto ENDE
15:    cls
16:    dir %2
17: :ENDE
```

*Abb. 13-2.   GEH.BAT: Schneller Wechsel des aktuellen
            Dateiverzeichnisses.*

- Zeile 2: Überspringen der Instruktionen, falls mindestens ein Parameter angegeben worden ist.

- Zeilen 4 bis 8: Ausgabe der Instruktionen mit darauffolgender Leerzeile bei Eingabe des Batchbefehls ohne Parameter (*geh*).

- Zeilen 9 bis 11: Auflistung der von Ihnen definierten Alias-Namen und Verzeichnisse. In Zeile 10 wird *s* als Alias-Name für das Stammverzeichnis definiert; dies ist zwar kein besonders hilfreicher Alias-Name, der hier verwendete Echo-Befehl soll jedoch ein Modell sein für die Echo-Befehle, die Sie selbst hinzufügen werden, um Ihre Alias-Namen zu beschreiben. Beginnen Sie bitte hier mit der Aufzählung der Alias-Namen und deren Beschreibungen.

- Zeile 13: Hier beginnt die Liste der If-Befehle, die den Parameter *%1* mit den definierten Alias-Namen vergleicht. Wiederum ist die Überprüfung auf *s* als Alias-Name nur als Modell für die If-Befehle zu verstehen, mit denen Sie ab hier Ihre Alias-Namen überprüfen sollten. Sobald *%1* einem Alias-Namen entspricht, macht der Befehl GEH.BAT dieses Verzeichnis zum aktuellen Dateiverzeichis.

- Zeile 14: Rückkehr zu DOS, falls kein zweiter Parameter eingegeben wurde.

- Zeilen 15 und 16: Löschen des Bildschirms und Ausgabe der Dateiverzeichniseinträge, die mit dem als zweiten Parameter eingegebenen Dateinamen übereinstimmen.

Testlauf mit GEH.BAT

Für GEH.BAT ist keine weitere Datei erforderlich. Geben Sie den Befehl zunächst ohne Parameter ein:

```
A>geh
```

GEH.BAT gibt eine Liste von Instruktionen aus und danach die Liste der Alias-Namen und Dateiverzeichnisse, die bereits definiert sind:

```
Befehl                     Ergebnis
geh {alias}                Neues aktuelles Dateiverzeichnis {alias}
geh {alias} {Dateiname}    Neues aktuelles Dateiverzeichnis und
                           Verzeichnisliste von {Dateiname}

Alias                      Verzeichnis
  s                        Stammverzeichnis
```

Wie gesagt, der hier definierte Alias-Name für das Stammverzeichnis soll nur ein Modell sein. Sie müssen hier mit Echo- und If-Befehlen Ihre eigenen Alias-Namen und die entsprechenden Dateiverzeichnisse in die Datei GEH.BAT integrieren. Vergewissern Sie sich, daß der Befehl einwandfrei funktioniert, indem Sie das Stammverzeichnis mit dem Alias-Namen *s* zum aktuellen Dateiverzeichnis machen:

```
A>geh s
```

Falls Ihr Prompt-Zeichen nicht das aktuelle Dateiverzeichnis beinhaltet, können Sie sich mit Hilfe eines Change-Directory- (cd) oder Directory-Befehls versichern, daß das Dateiverzeichnis korrekt gewechselt wurde.

Befinden Sie sich im Stammverzeichnis, dann wissen Sie, daß der Change-Directory- (cd) Befehl in GEH.BAT richtig arbeitet. Überprüfen Sie jetzt noch die letzte Option von GEH.BAT, indem Sie den Befehl noch einmal eingeben, dieses Mal jedoch zusätzlich einen Dateinamen als zweiten Parameter festlegen:

```
A>geh s *.bat
```

GEH.BAT gibt bei korrekter Funktionsweise des Befehls die Datei-verzeichniseinträge sämtlicher im Stammverzeichnis befindlicher Batchfiles aus.

Natürlich ist der Nutzen von GEH.BAT nicht ohne weiteres einzusehen, wenn als einziges Dateiverzeichnis das Stammverzeichnis mit einem Alias-Namen definiert wurde (\ ist ja der von DOS vorgegebene Alias-Name für das Stammverzeichnis). Zur Anpassung des Befehls an Ihre Verzeichnisstruktur fügen Sie einen Echo-Befehl bei Zeile 10 und einen If-Befehl bei Zeile 13 für jeden Alias-Namen ein (vgl. Abb. 13-2). Wir nehmen folgende Alias-Namen für die entsprechenden Dateiverzeichnis-namen an:

Alias	Verzeichnis
mem	\word\korresp
bgt	\123\budgets
a	\telekomm\mkt\aktien

An Stelle von Zeile 10 in Abb. 13-2 müßten Sie folgende Echo-Befehle eingeben (das ist die Zeile mit den Alias-Definitionen und Verzeichnis-angaben bzw. die Zeile unter den Spaltenüberschriften *Alias* und *Verzeichnis*, die Sie in Abb. 13-2 sehen):

```
echo mem          \word\korresp
echo bgt          \123\budgets
echo a            \telekomm\mkt\aktien
```

Folgende If-Befehle müßten Sie an Stelle von Zeile 13 in Abb. 13-2 ein-fügen:

```
if %1==mem cd \word\korresp
if %1==bgt cd \123\budgets
if %1==a   cd \telekomm\mkt\aktien
```

Stellen Sie sich die Verzeichnisse und Alias-Namen zusammen, die Sie benötigen, modifizieren Sie das Batchfile entsprechend und hören Sie endlich damit auf, lange Verzeichnisnamen und Backslashes einzugeben.

Erstellen von Textdateien

Mit den vier folgenden Batchfiles können Sie sich in kürzester Zeit Text-dateien erstellen ohne Verwendung eines Texteditors oder eines Textverarbeitungssystems. Alle vier Batchfiles arbeiten mit derselben Technik: Kopieren von der Konsole (über die Tastatur). Jedoch ist jedes der vier Batchfiles für eine bestimmte Anwendung gedacht. Da Sie den eingegebenen Text nicht editieren (bearbeiten) können, sind diese Batchfiles vorzugsweise für kurze Dateien geeignet, obwohl Sie mit einigen sogar einen Text an eine bereits bestehende Datei anhängen können.

Schnelle Texterstellung

DATEI.BAT löscht den Bildschirm und gibt ein Zeilenlineal aus, das die einzelnen Bildschirmspalten markiert. Damit kann eine kurze Textdatei für jeden Zweck schnell erstellt werden - z.B. ein kleines Batchfile.

Abb.: 13-3 enthält die Befehle von DATEI.BAT:

```
 1:    echo off
 2:    if not "%1"=="" goto OK
 3:    echo {ESC}{7mBitte einen Dateinamen oder prn eingeben.{ESC}[m
 4:    echo Befehl muß nochmals eingegeben werden.
 5:    goto ENDE
 6: :OK
 7:    if %1==prn goto START
 8:    if not exist %1 goto START
 9:    echo <Alt-7>{ESC}[7m%1 existiert.{ESC}[m
10:    echo Zum Überschreiben F1 betätigen, zum Verlassen beliebige Taste.
11:    antwort
12:    if errorlevel 59 if not errorlevel 60 goto START
13:    goto ENDE
14: :START
15:    cls
16:    echo {ESC}[7mNach der letzten Zeile bitte {F6} - {Enter} eingeben.{ESC}[m
17:    echo      5    10    15    20  ·25    30    35    40    45    50    55    60
       65    70    75
18:    echo ╞═══════════════════════════════════════════════════════════════
19:    echo <Alt-255>
20:    copy con %1 > nul
21:    if %1==prn goto ENDE
22:    echo <Alt-255>
23:    echo {ESC}[7m%1 erstellt.{ESC}[m
24:    echo Zum Ausdrucken F1, Verlassen mit beliebiger Taste.
25:    antwort
26:    if errorlevel 59 if not errorlevel 60 copy %1 prn > nul
27: :ENDE
```

Abb. 13-3.   DATEI.BAT: Schnelle Texterstellung.

Die folgenden Erklärungen beschreiben die Funktionsweise von DA-
TEI.BAT:

- Zeile 2: Überspringen der folgenden Fehlermeldungen, falls Sie einen
  Dateinamen angegeben haben.

- Zeilen 3 bis 5: Ausgabe des Hinweises, daß ein Dateiname als Parameter angegeben werden muß; Rückkehr zu DOS.

- Zeilen 7 und 8: Überspringen der folgenden Warnmeldungen, falls Sie
  den Drucker (PRN) oder eine nicht existierende Datei als Parameter
  angegeben haben.

- Zeilen 9 bis 13: Ausgabe der Warnmeldung, daß die angegebene Datei
  bereits existiert; dabei erhalten Sie noch eine letzte Gelegenheit, den
  Befehl abzubrechen. Wenn Sie F1 betätigen, wird die bestehende Datei durch die neu erstellte Datei überschrieben. Bei Betätigen einer
  beliebigen anderen Taste kehrt DATEI.BAT auf die DOS-Ebene zurück.

- Zeilen 14-16: Löschen des Bildschirms und Ausgabe der Anweisungen.

- Zeilen 17 und 18: Ein Zeilenlineal mit Spaltennumerierung und anschließender Leerzeile wird ausgegeben. Geben Sie bitte diese beiden
  Zeilen wiederum jeweils als eine Zeile ein, auch wenn sie in der Abbildung zweizeilig dargestellt sind. Folgende Alt-Tastenkombinationen
  werden für die Graphikzeichen benötigt:

  ┌ Alt-213   = Alt-205   ┬ Alt-209   ┐ Alt-184

- Zeile 20: Die über die Tastatur (Konsole) eingegebenen Zeichen werden in die festgelegte Datei kopiert, solange bis Sie F6 und Enter
  eingeben.

- Zeilen 22 bis 27: Sie erhalten die Möglichkeit, die Datei auszu-
  drucken. In Zeile 21 wird diese Option übersprungen, wenn Sie als
  Dateinamen den Drucker angegeben haben, da die Datei in diesem
  Falle ja bereits ausgedruckt worden ist.

Testlauf mit DATEI.BAT

Der Batchbefehl DATEI.BAT erfordert keine zusätzlichen Dateien. Geben
Sie zunächst den Befehl ohne Parameter ein:

```
A>datei
```

Sie erhalten den Hinweis, daß entweder ein Dateiname oder *prn* (für Drucker) als Parameter angegeben werden muß; daraufhin erfolgt die Rückkehr zu DOS:

```
Bitte einen Dateinamen oder prn eingeben.

Befehl muß nochmals eingegeben werden.


A>_
```

Geben Sie den Befehl noch einmal ein und verwenden Sie als Parameter den Dateinamen TESTDAT.DOK:

```
A>datei testdat.dok
```

DATEI.BAT löscht den Bildschirm und gibt die Anweisungen und das Zeilenlineal aus:

```
Nach der letzten Zeile bitte {F6} - {Enter} eingeben.

     5    10   15   20   25   30   35   40   45   50   55   60   65   70   75
```

Jetzt können Sie den Text für die Datei eintippen:

```
SPRICHWÖRTLICHES

Wer andern eine Grube gräbt,
ist selbst dran schuld!
^Z
```

Nun wird Ihnen die Möglichkeit des Ausdruckens angeboten:

```
dateitst.dok erstellt.

Zum Ausdrucken F1, Verlassen mit beliebiger Taste.
```

Schalten Sie Ihren Drucker ein, und betätigen Sie F1. DATEI.BAT druckt die Datei aus und kehrt auf die DOS-Ebene zurück.

Probieren Sie, mit DATEI.BAT eine Datei zu erstellen, die bereits existiert:

```
A>datei testdat.dok
```

Ein Warnton wird ausgegeben und der Hinweis, daß die Datei bereits existiert; es kann jetzt wahlweise die Datei überschrieben oder der Batchbefehl DATEI.BAT abgebrochen werden:

`dateitst.dok existiert.`

```
Zum Überschreiben F1 betätigen, zum Verlassen beliebige Taste.
```

Zum Verlassen des Programmes drücken Sie bitte die Leertaste oder eine beliebige andere Taste.

Das in Kapitel 12 beschriebene Batchfile RAHMEN.BAT belegt die Zehnertastatur mit den Rahmenzeichen des erweiterten Zeichensatzes. Wenn Sie diese Datei vor dem Aufruf von DATEI.BAT ablaufen lassen, können Sie mit Hilfe der Zehnertastatur bequem Textdateien schreiben, die einfache Graphikzeichen enthalten, wie z.B. Organisationspläne.

Einfügungen zu Beginn oder am Ende einer Datei

Mit ADD.BAT können zu Beginn oder am Ende einer Textdatei Einfügungen vorgenommen werden. Der Befehl erfordert zwei Parameter: den Namen der zu ändernden Datei und *beg* oder *end* für Dateianfang bzw. Dateiende.

Abb. 13-4 enthält die Befehle aus ADD.BAT.

```
 1:    echo off
 2:    if not "%1"=="" goto EIN_PARAM
 3:  :ANWEISUNG
 4:    echo <Alt-255>
 5:    echo {ESC}[1mBefehl              Ergebnis{ESC}[m
 6:    echo add {Dateiname} beg     Einfügen am Anfang von {Datei}.
 7:    echo add {Dateiname} end     Anhängen am Ende von {Datei}.
 8:    goto ENDE
 9:  :EIN_PARAM
10:    if "%2"=="" goto ANWEISUNG
11:    if %2==beg goto ZWEI_PARAM
12:    if %2==end goto ZWEI_PARAM
13:    goto ANWEISUNG
14:  :ZWEI_PARAM
15:    if exist %1 goto OK
16:    echo {ESC}[7mIch kann die Datei %1 nicht finden.{ESC}[m
17:    goto ANWEISUNG
18:  :OK
19:    echo <Alt-255>
20:    echo Bitte die neue(n) Zeile(n) eingeben.
21:    echo {ESC}[7mNach der letzten Zeile {F6} - {Enter} eingeben.{ESC}[m
22:    echo <Alt-255>
23:    if %2==beg copy con+%1 add.$$$ > nul
24:    if %2==end copy %1+con add.$$$ > nul
```

```
25:    erase %1
26:    rename add.$$$ %1
27:    echo <Alt-255>
28:    echo {ESC}[7mNeuer Dateiinhalt von %1:{ESC}[m
29:    echo <Alt-255>
30:    more < %1
31: :ENDE
```

Abb. 13-4.   *ADD.BAT: Einfügungen zu Beginn oder am Ende einer Datei.*

Die folgenden Erklärungen beschreiben die Funktionsweise von ADD.BAT:

- Zeile 2: Überspringen der folgenden Anweisungen, falls mindestens ein Parameter angegeben worden ist.

- Zeilen 3 bis 8: Ausgabe von Hilfsanweisungen für die Eingabe des Batchbefehls Add; anschließend Rückkehr zur DOS-Ebene.

- Zeile 10: Ausgabe der Hilfsanweisungen und Rückkehr zur DOS-Ebene, falls nur ein Parameter angegeben worden ist.

- Zeilen 11 bis 13: Ausgabe der Hilfsanweisungen und Rückkehr zur DOS-Ebene, falls als zweiter Parameter nicht *beg* oder *end* angegeben worden ist.

- Zeile 15: Sollte Ihre angegebene Datei bereits existieren, wird die folgende Fehlermeldung übersprungen.

- Zeilen 16 und 17: Sollte Ihre angegebene Datei nicht existieren, werden eine Fehlermeldung und Befehlsanweisungen ausgegeben und anschließend zur DOS-Ebene zurückgekehrt.

- Zeilen 19 bis 22: Ausgabe einer Leerzeile, Anweisungen für die Befehlsfortsetzung und einer weiteren Leerzeile.

- Zeile 23: Ihre Tastatureingaben werden in eine Zwischendatei mit dem Dateinamen ADD.$$$ kopiert, und die angegebene Datei wird an deren Ende angehängt, falls der zweite Parameter *beg* lautet.

- Zeile 24: Die angegebene Datei wird in eine Zwischendatei mit dem Dateinamen ADD.$$$ kopiert, und Ihre Tastatureingaben werden an deren Ende angehängt, falls der zweite Parameter *end* lautet.

- Zeilen 25 und 26: Die angegebene Datei wird gelöscht und der Name der Zwischendatei ADD.$$$ durch den alten Dateinamen ersetzt.

- Zeilen 27 bis 30: Ausgabe einer Leerzeile, einer Titelzeile, einer weiteren Leerzeile und des neuen Dateiinhalts.

Testlauf mit ADD.BAT

Für ADD.BAT werden keine weiteren Dateien benötigt. Geben Sie zunächst den Befehl ohne Parameter ein:

```
A>add
```

Nach Ausgabe folgender Anweisungen kehrt ADD.BAT wieder zur DOS-Ebene zurück:

```
Befehl                   Ergebnis
add {Dateiname} beg      Einfügen am Anfang von {Datei}.
add {Dateiname} end      Anhängen am Ende von {Datei}.
```

Geben Sie den Befehl noch einmal ein, dieses Mal jedoch mit den Parametern ADDTEST.DOK und *beg* zwecks Einfügen von Textzeilen am Beginn der Datei:

```
A>add addtest.dok beg
```

Sie erhalten die Meldung, daß ADD.BAT die Datei nicht finden kann, und es werden wiederum die Hilfsanweisungen ausgegeben; der Batchbefehl kehrt zur DOS-Ebene zurück.

```
Ich kann die Datei addtest.dok nicht finden.
```

```
Befehl                   Ergebnis
add {Dateiname} beg      Einfügen am Anfang von {Datei}.
add {Dateiname} end      Einfügen am Ende von {Datei}.
```

```
A>_
```

Erstellen Sie mit folgenden Eingaben die Testdatei:

```
A>copy con addtest.dok
"Jedem das Seine
^Z
        1 Datei(en) kopiert
```

```
A>_
```

Geben Sie noch einmal denselben Befehl mit dem Dateinamen ADDTEST.DOK ein; dieses Mal werden Sie gebeten, die neuen Textzeilen einzugeben:

```
A>add addtest.dok beg

Bitte die neue(n) Zeile(n) eingeben.
```
`Nach der letzten Zeile bitte {F6} - {Enter} eingeben.`

Schreiben Sie ein paar Textzeilen:

```
Irgendjemand hat einmal gesagt
(ich kann mich nicht mehr an den Verfasser erinnern)
^Z
```

Das Ergebnis Ihrer Eingaben wird aufgelistet, und ADD.BAT kehrt zur
DOS-Ebene zurück:

`Neuer Dateiinhalt von addtest.dok:`

```
Irgendjemand hat einmal gesagt
(ich kann mich nicht mehr an den Verfasser erinnern)
"Jedem das Seine
A>_
```

Fügen Sie auf dieselbe Weise am Dateiende eine Textzeile ein; schreiben
Sie folgendes:

```
A>add addtest.dok end

Bitte die neue(n) Zeile(n) eingeben.
```
`Nach der letzten Zeile bitte {F6} - {Enter} eingeben.`
```
und mir am meisten."
^Z
```

`Neuer Dateiinhalt von addtest.dok:`

```
Irgendjemand hat einmal gesagt
(ich kann mich nicht mehr an den Verfasser erinnern)
"Jedem das Seine
und mir am meisten."

A>_
```

Erstellen bzw. Ergänzen einer Notizdatei

Mit der Datei NOTIZ.BAT kann eine neue Datei erstellt oder eine bestehende Datei ergänzt und jeder Eintrag mit einem Zeit- und Datumsstempel versehen werden. Damit kann man eine Sammlung datierter
Notizen verwalten.

Abb. 13-5 enthält die Befehle aus NOTIZ.BAT.

```
 1:    echo off
 2:    if not "%1"=="" goto OK
 3:    echo <Alt-255>
 4:    echo Bitte einen Dateinamen als Parameter eingeben.
 5:    echo Wenn die Datei nicht existiert, wird sie neu erstellt.
 6:    echo {ESC}[7mBefehl muß neu eingegeben werden.{ESC}[m
 7:    goto ENDE
 8: :OK
 9:    if exist %1 goto ZEIG_ES
10:    echo ------------------- NOTIZ DATEI %1 > %1
11: :ZEIG_ES
12:    cls
13:    more < %1
14:    echo <Alt-255>
15:    echo Geben Sie die neue(n) Zeile(n) für %1 ein.
16:    echo {ESC}[7mNach der letzten Zeile {F6} - {Enter} eingeben.{ESC}[m
17:    echo <Alt-255>
18:    date < cr.dat | find "ist" >> %1
19:    time < cr.dat | find "ist" >> %1
20:    echo ----------------------- >> %1
21:    copy %1+con notiz.$$$/b > nul
22:    erase %1
23:    rename notiz.$$$ %1
24: :ENDE
```

Abb.13-5.   NOTIZ.BAT: Erstellen bzw. Ergänzen einer Notizdatei.

Die folgenden Erklärungen beschreiben die Funktionsweise von
ADD.BAT:

- Zeile 2: Überspringen der folgenden Fehlermeldung, falls ein Dateiname angegeben worden ist.

- Zeilen 3 bis 7: Ausgabe der Meldung, daß ein Dateiname als Parameter angegeben werden muß; anschließend Rückkehr zur DOS-
Ebene.

- **Zeilen 9 und 10:** Erstellen der Datei, falls sie noch nicht existieren sollte (in der Titelzeile befinden sich 20 Trennstriche).

- **Zeilen 11 bis 13:** Löschen des Bildschirms und Ausgabe der Datei (bei Neuerstellung der Datei ist nur die Titelzeile enthalten).

- **Zeilen 14 bis 17:** Ausgabe einer Leerzeile, der Anweisungen und einer weiteren Leerzeile.

- **Zeilen 18 bis 20:** Aktuelles Datum, aktuelle Uhrzeit und eine Trennlinie werden in die Datei geschrieben (hier wurden 25 Trennstriche verwendet).

- **Zeile 21:** Die existierende Datei und alle über die Tastatur eingegebenen Zeilen werden in eine Zwischendatei mit dem Dateinamen NOTIZ.$$$ kopiert.

- **Zeilen 22 und 23:** Die bestehende Datei wird gelöscht und die Zwischendatei NOTIZ.$$$ in die alte Datei umbenannt.

Testlauf mit NOTIZ.BAT

Für den Einsatz von NOTIZ.BAT wird die Datei CR.DAT benötigt (vgl. Kapitel 6). Wenn Sie diese Datei noch nicht geschrieben haben, müssen Sie es jetzt nachholen. Schreiben Sie CR.DAT in dasselbe Verzeichnis wie NOTIZ.BAT. Zum Testen der Datei NOTIZ.BAT geben Sie zunächst den Befehl ohne Parameter ein:

```
A>notiz
```

NOTIZ.BAT gibt die folgenden Meldungen aus und kehrt zur DOS-Ebene zurück:

```
Bitte einen Dateinamen als Parameter eingeben.
Wenn die Datei nicht existiert, wird sie neu erstellt.
Befehl muß neu eingegeben werden.

A>_
```

Geben Sie den Befehl noch einmal ein, jedoch zusammen mit dem Parameter NOTIZTST.DOK; NOTIZ.BAT wartet nun auf die Eingabe Ihrer Textzeilen:

```
A>notiz notiztst.dok


------------------ NOTIZ DATEI notiztst.dok


Geben Sie die neue(n) Zeile(n) für notiztst.dok ein.
```

`Nach der letzten Zeile bitte {F6} - {Enter} eingeben.`

```
Das könnte der Beginn
einer großen Sache sein.
^Z


A>_
```

Die Datei wird abgespeichert, und NOTIZ.BAT kehrt zur DOS-Ebene
zurück.

Ergänzen Sie mit folgenden Eingaben die Datei NOTIZTST.DOK; der
Dateiinhalt wird ausgegeben, und NOTIZ.BAT wartet auf die Eingabe
weiterer Textzeilen:

```
A>notiz notiztst.dok


------------------ NOTIZ DATEI notiztst.dok
Datum ist: Di.  7.04.1987
Zeit ist: 14.42.01,59
------------------------
Das könnte der Beginn
einer großen Sache sein.

Geben Sie die neue(n) Zeile(n) für notiztst.dok ein.
```

`Nach der letzten Zeile bitte {F6}    {Enter} eingeben.`

```
Dies ist die nächste Zeile.
^Z


A>_
```

Bei der Ausgabe der Datei mit dem Type-Befehl können Sie den zweiten
Eintrag ebenfalls mit Uhrzeit und Datum sehen.

Dateierstellung mit vorgegebenem Format

TEXT.BAT erstellt Dateien mit fest vorgegebenem Format - einfache Texte mit den Zeilen: AN, VON und TITEL. Eine Option zum Ausdrucken der Datei ist ebenfalls enthalten.

Abb. 13-6 enthält die Befehle aus TEXT.BAT.

```
 1:   echo off
 2:   if "%1"=="" goto KEINE_DATEI
 3:   if not exist %1 goto ENTER
 4:   echo {ESC}[7mDiese Datei gibt es bereits. Bei Fortsetzung wird die Datei überschrie
ben.{ESC}[m
 5:   goto QUIT
 6: :KEINE_DATEI
 7:   echo Sie haben keinen Dateinamen angegeben.
 8:   echo Ihr Text kann deshalb nur ausgedruckt werden.
 9: :QUIT
10:   echo {ESC}[7mFortsetzung mit F1; mit beliebiger Taste verlassen.{ESC}[m
11:   antwort
12:   if errorlevel 59 if not errorlevel 60 goto ENTER
13:   goto ENDE
14: :ENTER
15:   cls
16:   echo {ESC}[7mNach AN {Enter} - {F6} - {Enter} eingeben.{ESC}[m
17:   type \batch\textan.dat
18:   copy \batch\textan.dat+con text.$$$ > nul
19:   echo {ESC}[7mNach VON {Enter} - {F6} - {Enter} eingeben.{ESC}[m
20:   type \batch\textvon.dat
21:   copy text.$$$+\batch\textvon.dat+con > nul
22:   echo {ESC}[7mNach TITEL {Enter} - {F6} - {Enter} eingeben.{ESC}[m
23:   type \batch\textitel.dat
24:   copy text.$$$+\batch\textitel.dat+con > nul
25:   echo {ESC}[7mBitte den Text schreiben. Am Ende {F6} - {Enter} eingeben.{ESC}[m
26:   copy text.$$$+con > nul
27:   if not "%1"=="" copy text.$$$ %1 > nul
28:   cls
29:   type text.$$$
30:   echo <Alt-255>
31:   echo {ESC}[7mZum Drucken des Textes F1 betätigen, mit beliebiger Taste verlassen.{ESC}[m
32:   antwort
33:   if errorlevel 59 if not errorlevel 60 copy text.$$$ prn > nul
34:   erase text.$$$
35: :ENDE
```

Abb. 13-6.   *TEXT.BAT: Dateierstellung mit fest vorgegebenem Format.*

Die folgenden Erklärungen beschreiben die Funktionsweise von TEXT.BAT:

- Zeile 2: Sprung zur Ausgabe einer Warnmeldung, falls kein Dateiname angegeben worden ist.

- Zeile 3: Überspringen der folgenden Warnmeldung, wenn eine nicht existierende Datei angegeben worden ist.

- Zeilen 4 und 5: Ausgabe einer Warnung, daß die angegebene Datei bereits existiert; an dieser Stelle können Sie entweder im Programm fortfahren oder den Befehl abbrechen.

- Zeilen 7 und 8: Ausgabe einer Warnmeldung, daß keine Datei angegeben worden ist.

- Zeilen 9 bis 13: Ausgabe der Meldung, daß durch Betätigen von F1 das Programm fortgesetzt wird, und Warten auf einen Tastendruck des Benutzers; das Programm wird abgebrochen und kehrt zur DOS-Ebene zurück, wenn Sie eine andere Taste als F1 betätigen.

- Zeilen 15 bis 17: Löschen des Bildschirms, Ausgabe einer Benutzeranweisung für die Eingabe des Empfängernamens und Ausgabe von TEXTAN.DAT (enthält *AN:*).

- Zeile 18: TEXTAN.DAT und Ihre Tastatureingaben werden in die Zwischendatei TEXT.$$$ kopiert (enthält jetzt den Namen des Empfängers).

- Zeilen 19 bis 21: Ausgabe einer Benutzeranweisung für die Eingabe des Absendernamens und Ausgabe von TEXTVON.DAT (enthält *VON:*). TEXT.$$$, TEXTVON.DAT und Ihre Tastatureingaben werden in die Zwischendatei TEXT.$$$ kopiert (enthält jetzt zusätzlich den Namen des Absenders).

- Zeilen 22 bis 24: Ausgabe einer Benutzeranweisung für die Eingabe des Titels; Ausgabe von TEXTITEL.DAT (enthält *TITEL:*). TEXT.$$$, TEXTITEL.DAT und Ihre Tastatureingaben werden in die Zwischendatei TEXT.$$$ kopiert (enthält jetzt zusätzlich den Titel Ihres Textes).

- Zeilen 25 und 26: Ausgabe der Anweisungen für den Hauptteil des Textes; TEXT.$$$ und Ihre Tastatureingaben werden in die Zwischendatei TEXT.$$$ kopiert (enthält jetzt zusätzlich den Textteil Ihres Textes).

- Zeile 27: Der Text wird in die von Ihnen angegebene Datei kopiert, falls Sie einen Dateinamen festgelegt haben.

- Zeilen 28 bis 30: Löschen des Bildschirms und Ausgabe des Textes mit anschließender Leerzeile.

- Zeilen 31 bis 33: Ausgabe der Meldung, daß der Dateiausdruck durch Betätigen von F1 gestartet werden kann; das Programm wartet auf einen Tastendruck des Benutzers und druckt bei der Benutzereingabe von F1 die Datei aus.

- Zeile 34: Die Zwischendatei TEXT.$$$ wird gelöscht.

Testlauf mit TEXT.BAT

Das Batchfile TEXT.BAT erfordert drei Zwischendateien im Dateiverzeichnis \BATCH, die die festen Bestandteile der Datei enthalten. Erstellen Sie mit den nun folgenden Eingaben diese Dateien. Beachten Sie bitte, daß Sie beim Schreiben einer jeden Datei *vor* der Eingabe von Enter die Taste F6 betätigen und daß sich zwischen dem Doppelpunkt und der Funktionstaste F6 jeweils ein Leerzeichen befindet:

```
A>copy con \batch\textan.dat
AN: ^Z
        1 Datei(en) kopiert

A>copy con \batch\textvon.dat
VON: ^Z
        1 Datei(en) kopiert

A>copy con \batch\textitel.dat
TITEL: ^Z
        1 Datei(en) kopiert

A>_
```

Geben Sie TEXT.BAT zunächst ohne Parameter ein:

```
A>text
```

Es erfolgt die Ausgabe einer Warnmeldung, und Sie erhalten die Möglichkeit, auf die DOS-Ebene zurückzukehren:

```
Sie haben keinen Dateinamen angegeben.
Ihr Text kann deshalb nur ausgedruckt werden.
```

`Fortsetzung mit F1; mit beliebiger Taste verlassen.`

Drücken Sie F1. Der nun folgende Dialog zeigt, wie das Programm Sie nach den einzelnen Textangaben abfragt und Ihre Antworten in eine kurze Textdatei schreibt; da der Einsatz der Enter-Taste für die Leerzeilen in der Textdatei von Bedeutung ist, wird in diesem Beispiel jedesmal das Drücken der Enter-Taste aufgeführt:

```
Nach AN {Enter} - {F6} - {Enter} eingeben.
```
```
AN: Thomas Weber<Enter>

<F6><Enter>
```
```
Nach VON {Enter} - {F6} - {Enter} eingeben.
```
```
VON: Gerhard Maier<Enter>

<F6><Enter>
```
```
Nach TITEL {Enter} - {F6} - {Enter} eingeben.
```
```
TITEL: Nachricht<Enter>

<Enter>

<F6><Enter>
```
```
Bitte den Text schreiben. Am Ende {F6} - {Enter} eingeben.
```
```
Wir sollten uns heute nachmittag kurz zusammen-<Enter>

setzen, um verschiedene Dinge zu besprechen.<Enter>

<Enter>

Gerd<Enter>

<F6><Enter>
```

TEXT.BAT löscht den Bildschirm, gibt die Textdatei aus und wartet auf den Befehl zum Drucken der Datei:

```
AN: Thomas Weber
VON: Gerhard Maier
TITEL: Nachricht


Wir sollten uns heute nachmittag kurz zusammen-
setzen, um verschiedene Dinge zu besprechen.


Gerd
```
```
Zum Drucken des Textes F1 betätigen, mit beliebiger Taste verlassen.
```

Schalten Sie Ihren Drucker ein und betätigen Sie die Taste F1. Die Datei wird ausgedruckt.

Da Sie keinen Dateinamen angegeben haben, wird dieser Text nicht gespeichert. Außerdem erhalten Sie eine Programmeldung, wenn Sie den Dateinamen einer bereits existierenden Datei eingegeben haben; Sie haben die Wahl, die Datei zu überschreiben oder ohne Änderung der Datei auf die DOS-Ebene zurückzukehren.

Auf dieselbe Weise - vielleicht nur durch Modifikation der Datei TEXT.BAT - können Sie jede Art von Datei mit fest vorgegebenem Format erzeugen, wie z.B. Meldungen für den elektronischen Briefkasten, Statusberichte oder formatierte Dateieinträge.

Dateien mit Datum und Uhrzeit versehen

Mit der Datei STEMPEL.BAT werden zwei Zeilen zu Beginn einer jeden existierenden Datei eingefügt, die das aktuelle Datum und die Uhrzeit enthalten.

Abb. 13-7 enthält die Befehle aus STEMPEL.BAT.

```
 1:    echo off
 2:    if not "%1"=="" goto OK
 3:    echo {ESC}[7mBitte einen Dateinamen angeben.{ESC}[m
 4:    echo Befehl muß neu eingegeben werden.
 5:    goto ENDE
 6: :OK
 7:    date < cr.dat | find "ist" > stempel.$$$
 8:    time < cr.dat | find "ist" >> stempel.$$$
 9:    echo ---------------------- >> stempel.$$$
10:    copy stempel.$$$+%1 zwischen.$$$ > nul
11:    erase stempel.$$$
12:    erase %1
13:    rename zwischen.$$$ %1
14: :ENDE
```

Abb. 13-7.　STEMPEL.BAT: Dateien mit Datum und Uhrzeit versehen.

Die folgenden Ausführungen beschreiben die Funktionsweise von STEM-PEL.BAT:

- Zeile 2: Überspringen der folgenden Fehlermeldung, falls ein Dateiname angegeben worden ist.

- Zeilen 3 bis 5: Ausgabe einer Warnung, daß als Parameter ein Dateiname angegeben werden muß; anschließend Rückkehr zur DOS-Ebene.

- Zeilen 7 bis 9: Zeit- und Datumsstempel sowie eine Trennzeile werden in die Zwischendatei STEMPEL.$$$ geschrieben.

- Zeile 10: Die Zwischendatei und die von Ihnen benannte Datei werden in eine zweite Zwischendatei mit dem Dateinamen ZWI-SCHEN.$$$ geschrieben.

- Zeile 11: die Zwischendatei STEMPEL.$$$ wird gelöscht.

- Zeilen 12 und 13: Die von Ihnen benannte Datei wird gelöscht und die Zwischendatei ZWISCHEN.$$$ in diese umbenannt.

Testlauf mit STEMPEL.BAT

Für STEMPEL.BAT ist die Datei CR.DAT erforderlich, die bereits in Kapitel 6 beschrieben wurde. Sollten Sie diese Datei noch nicht geschrieben haben, müssen Sie es jetzt nachholen; CR.DAT muß sich im selben Dateiverzeichnis befinden wie STEMPEL.BAT. Geben Sie zunächst den Befehl ohne Parameter ein:

```
A>stempel
```

STEMPEL.BAT gibt folgende Warnmeldung aus und kehrt auf die DOS-Ebene zurück:

```
Bitte einen Dateinamen angeben.
```

```
Befehl muß neu eingegeben werden.
```

```
A>_
```

Erstellen Sie mit folgenden Eingaben eine Testdatei:

```
A>copy con teststmp.dok
Diese Datei soll datiert werden.
^Z
        1 Datei(en) kopiert
```

```
A>_
```

Geben Sie jetzt den Befehl STEMPEL.BAT noch einmal mit dem Parameter TESTSTMP.DOK ein:

```
A>stempel teststmp.dok
```

Es erfolgen einige Diskettenaktivitäten; danach meldet sich DOS mit dem Prompt-Zeichen. Mit folgendem Befehl können Sie sich das Ergebnis anschauen:

```
A>type teststmp.dok
Datum ist: Fr. 18.10.1987
Zeit ist: 16.37.23,35
- - - - - - - - - - - - - - - - - - - - - -
Diese Datei soll datiert werden.


A>_
```

Auf diese Weise kann mit Hilfe von STEMPEL.BAT jede beliebige Datei
mit Datum und Uhrzeit versehen werden.

Aufspüren einer Datei auf einer Festplatte

Es kann passieren, daß man vergißt, wo eine bestimmte Datei abgelegt
worden ist, vor allem dann, wenn sich auf einer Festplatte hunderte von
Dateien in Dutzenden von Unterverzeichnissen befinden. FIN-
DEDAT.BAT soll das Auffinden einer Datei vereinfachen; der Preis ist
ein wenig Speicherplatz auf Ihrer Diskette oder Festplatte, dafür werden
Sie die gesuchte Datei aber in ein paar Sekunden wiederfinden.

FINDEDAT.BAT setzt die /V-Option des Check-Disk-Befehls (chkdsk)
vorteilhaft ein, mit der die Namen sämtlicher Dateien ausgegeben werden
können. Die Dateinamen werden jedoch mit FINDEDAT.BAT nicht am
Bildschirm aufgelistet, sondern in eine Datei mit dem Dateinamen ALLE-
DAT.DAT im Stammverzeichnis umgeleitet; danach wird diese Datei mit
dem Find-Befehl nach allen Dateinamen durchsucht, die die von Ihnen
bestimmte Zeichenkette enthalten. Da sich ALLEDAT.DAT im Stammverzeichnis befindet, können Sie FINDEDAT.BAT für jede Platte/Dskt.
einsetzen.

ALLEDAT.DAT ist nicht eine besonders lange Datei: Die Dateilänge
hängt davon ab, wie viele Dateien sich auf der Platte befinden und wie
lang die Pfadnamen gewählt wurden (im Durchschnitt ist ein Verzeichniseintrag 30 bis 40 Byte lang). Auf einer Diskette mit ca. 100 Dateien wäre
ALLEDAT.DAT dann schätzungsweise etwa 4000 Byte groß; auf einer
10-Megabyte Festplatte dagegen mit 750 Dateien wären es etwa 30.000
Byte. Kein schlechter Preis, wenn man bedenkt, was man mit dieser Datei
an Zeit einsparen kann.

Der Check-Disk-Befehl (chkdsk) kann eine Ausführungszeit von mehr als
einer Minute benötigen; deshalb wird chkdsk von dem Batchfile FINDE-
DAT.BAT nur dann aufgerufen, wenn entweder als zweiter Parameter *neu*
eingegeben wird oder die Datei ALLEDAT.DAT sich nicht im Stammverzeichnis befindet. Wenn Sie nicht gerade viele Dateien neu erstellen oder
umbenennen, muß auch der Befehl chkdsk von FINDEDAT.BAT nicht

sehr oft aufgerufen werden. Das Suchen einer Datei erfordert also nicht mehr Zeit, als DOS zum Durchsuchen der Datei ALLEDAT.DAT benötigt.

Abb. 13-8 enthält die Befehle aus FINDEDAT.BAT.

```
 1:   echo off
 2:   if not "%1"=="" goto OK
 3: :ANWEISUNG
 4:   echo <Alt-255>
 5:   echo {ESC}[1mBefehl                    Ergebnis{ESC}[m
 6:   echo findedat STRING        Dateinamen, die STRING enthalten, werden gesucht.
 7:   echo                        STRING muß in Großbuchstaben eingegeben werden.
 8:   echo findedat STRING neu    Führt einen Check Disk-Befehl durch.
 9:   goto ENDE
10: :OK
11:   if "%2"=="neu" goto CHKDSK
12:   if not "%2"=="" goto ANWEISUNG
13:   if exist \alledat.dat goto FINDEN
14: :CHKDSK
15:   echo {ESC}[7mAusführung des Check Disk-Befehls.{ESC}[m
16:   chkdsk /v > \alledat.dat
17: :FINDEN
18:   find "%1" \alledat.dat
19: :ENDE
```

Abb. 13-8.   FINDEDAT.BAT: Aufspüren einer Datei auf einer Festplatte.

Achtung: Wenn Sie mit der DOS-Version 2 arbeiten, sollten Sie unbedingt den nächsten Abschnitt "Änderungen bei FINDEDAT.BAT für DOS Version 2" lesen, bevor Sie den Batchbefehl testen.

Die folgenden Erklärungen beschreiben die Funktionsweise von FINDEDAT.BAT:

- Zeile 2: Überspringen der Anweisungen, falls mindestens ein Parameter angegeben worden ist.

- Zeilen 4 bis 9: Ausgabe von Hilfsanweisungen für die Eingabe des Batchbefehls Findedat; anschließend Rückkehr zur DOS-Ebene.

- Zeile 11: Bei Eingabe von *neu* als zweitem Parameter wird der Check Disk-Befehl ausgeführt.

- Zeile 12: Wenn als zweiter Parameter etwas anderes als *neu* eingegeben wird, werden die Hilfsanweisungen am Bildschirm ausgegeben und zur DOS-Ebene zurückgekehrt.

- **Zeile 13:** Direkte Verzweigung zum Durchsuchen von ALLE-
  DAT.DAT, falls diese Datei sich im Stammverzeichnis befindet.

- **Zeile 15:** Ausgabe der Meldung, daß der Check-Disk-Befehl ausgeführt wird.

- **Zeile 16:** Ein Check-Disk-Befehl mit der Ausgabeumleitung in die
  Datei ALLEDAT.DAT im Stammverzeichnis wird ausgeführt. Beach-
  ten Sie bitte, daß dieser Befehl sowohl einen Slash (*/v*) als auch einen
  Backslash (*alledat.dat*) beinhaltet.

- **Zeile 18:** In der Datei ALLEDAT.DAT wird schließlich nach der
  vom Benutzer eingegebenen Zeichenkette gesucht.

Änderungen bei FINDEDAT.BAT für DOS Version 2

In Zeile 13 von Abb. 13-8 wird mit Hilfe eines If-Exist-Befehls überprüft, ob die Datei ALLEDAT.DAT sich im Stammverzeichnis befindet.
In der DOS-Version 2 ist jedoch in Verbindung mit einem If-Exist-Be-
fehl kein Pfadname erlaubt. Geben Sie folgenden Befehl vor Zeile 2 in
Abb. 13-8 ein:

```
cd \
```

Mit dieser Änderung ist FINDEDAT.BAT sowohl unter Version 2 als
auch unter Version 3 lauffähig; das aktuelle Verzeichnis wird jedoch auch
nach der Rückkehr auf die DOS-Ebene das Stammverzeichnis bleiben (bei
der Version aus Abb. 13-8 bleibt das aktuelle Verzeichnis dagegen unverändert). Bevorzugen Sie eine Version von FINDEDAT.BAT, die das aktuelle Verzeichnis nicht verändert, lesen Sie bitte dazu den Abschnitt
"Modifikation von FINDEDAT.BAT mit Wiederherstellung des aktuellen
Verzeichnisses" am Ende des Kapitels.

Testlauf mit FINDEDAT.BAT

FINDEDAT.BAT erfordert keine weiteren Dateien. Geben Sie zunächst
den Befehl ohne Parameter ein:

```
A>findedat
```

Der Batchbefehl FINDEDAT.BAT gibt folgende Anweisungen aus:

```
Befehl                    Ergebnis
findedat STRING           Dateinamen, die STRING enthalten, werden gesucht.
                          STRING muß in Großbuchstaben eingegeben werden.
findedat STRING neu       Führt einen Check Disk-Befehl durch.


A>_
```

Beim ersten Aufruf von FINDEDAT.BAT wird ein Check-Disk-Befehl durchgeführt, weil es noch keine Datei mit dem Dateinamen ALLE-DAT.DAT im Stammverzeichnis gibt. Der Suchstring (Zeichenkette mit dem Suchwort) muß in Großbuchstaben eingegeben werden, da die Ausgabe des Check-Disk-Befehls in Großbuchstaben erfolgt. Listen Sie mit folgendem Befehl alle Dateinamen auf, die die Zeichenfolge EXE enthalten:

```
A>findedat EXE
```

Zunächst erscheint die Meldung, daß chkdsk ausgeführt wird, dann werden die Namen der gefundenen Dateien aufgelistet. Weil die Suche mit Hilfe des Find-Befehls durchgeführt wird, beginnt die Dateienliste mit einer Zeile, die die Datei benennt, welche durchsucht wird (\ALLE-DAT.DAT). Die Ausgabeliste könnte etwa folgendermaßen aussehen:

```
Ausführung des Check Disk-Befehls.

---------- \alledat.dat
    C:\AUTOEXEC.BAT
    C:\DOS\ATTRIB.EXE
    C:\DOS\FIND.EXE
    C:\DOS\JOIN.EXE
    C:\DOS\SHARE.EXE
    C:\DOS\SORT.EXE
    C:\DOS\SUBST.EXE
```

Ihre Liste sieht natürlich wieder etwas anders aus, sie sollte jedoch alle aufgeführten Dateien der vorausgehenden Liste enthalten (vielleicht in anderer Reihenfolge oder in einem anderen Verzeichnis). Beachten Sie auch, daß zusätzlich zu den Dateien mit der Erweiterung EXE die Datei AUTOEXEC.BAT enthalten ist (diese Datei kann an anderer Position aufgelistet werden, je nach Eintragsposition im Stammverzeichnis).

Die Ausgabe kann auch auf Dateien mit der Dateierweiterung EXE beschränkt werden; dafür muß der Punkt in den Suchstring miteingeschlossen werden. Geben Sie den Batchbefehl Findedat noch einmal ein:

```
A>findedat .EXE
```

Dieses Mal erhalten Sie keine Meldung, und der Befehl benötigt eine wesentlich kürzere Ausführungszeit, weil chkdsk nicht aufgerufen werden muß. Die Datei AUTOEXEC.BAT ist nicht mehr in der Liste enthalten. Von jetzt an wird jede Suchaktion genauso schnell sein, bis Sie als zweiten Parameter *neu* angeben und dadurch eine erneute Ausführung des Check-Disk-Befehls erzwingen oder die Datei ALLEDAT.DAT aus dem Stammverzeichnis löschen.

Jedesmal, wenn Sie eine neue Kopie von ALLEDAT.DAT erstellen möchten, brauchen Sie nur *neu* als zweiten Parameter hinter dem Suchstring einzugeben.

Schnelle und sichere Diskettenformatierung

Sicherheit und Komfort für das Formatieren von Disketten sind in DISK-FORM.BAT enthalten. Sie ersetzt die Datei FORMAT.COM, die normalerweise zum Formatieren verwendet wird, und formatiert nur die im Batchfile festgelegte Diskette - niemals aber eine Festplatte. Ein akustisches Signal wird ausgegeben, wenn der Benutzer eine Diskette einlegen kann, Sie brauchen also nicht die ganze Zeit auf den Bildschirm zu starren, wenn Sie gleich mehrere Disketten formatieren möchten.

DISKFORM.BAT benutzt das Programm ANTWORT.COM, das in Kapitel 7 beschrieben wird. Sollten Sie ANTWORT.COM bisher noch nicht erstellt haben, holen Sie dies bitte jetzt nach und schreiben Sie ANTWORT.COM in dasselbe Verzeichnis, in dem Sie auch DISKFORM.BAT haben möchten.

Abb. 13-9 enthält die Befehle aus DISKFORM.BAT.

```
 1:    echo off
 2:    cls
 3: :NEUE_DISK
 4:    echo <Alt-7>Bitte die zu formatierende Diskette in das Lauferk A legen.
 5:    echo {ESC}[7mZum Formatieren F1 betätigen, mit beliebiger Taste abbrechen.{ESC}[m
 6:    echo <Alt-255>
 7:    antwort
 8:    if errorlevel 59 if not errorlevel 60 goto OK
 9:    goto ENDE
10: :OK
11:    cls
12:    xformat a: < \batch\formantw.dat
```

```
13:    goto NEUE_DISK
14:    :ENDE
15:    echo <Alt-255>
16:    echo ** Formatiervorgang unterbrochen.
```

*Abb. 13-9.   DISKFORM.BAT: Schnelle und sichere
Diskettenformatierung.*

Die folgenden Erklärungen beschreiben die Funktionsweise von DISK-
FORM.BAT:

- Zeilen 2 bis 6: Löschen des Bildschirms und Ausgabe der Hilfsanweisungen mit anschließender Leerzeile. Das akustische Signal (Alt-7)
  in Zeile 4 stellt eine Hauptfunktion des Befehls DISKFORM.BAT
  dar.

- Zeile 7: Wartet auf einen Tastendruck des Benutzers.

- Zeile 8: Beginnt mit dem Formatieren, falls der Benutzer die Funktionstaste F1 betätigt.

- Zeile 9: Rückkehr zur DOS-Ebene.

- Zeile 12: Ausführung des Format-Befehls (FORMAT.COM muß zu
  XFORMAT.COM umbenannt sein), dessen Eingabe auf
  \BATCH\FORMANTW.DAT umgeleitet wurde; diese Datei enthält
  ein Return-Zeichen zum Starten des Formatiervorganges und ein *N*,
  damit nur eine Diskette formatiert wird.

- Zeile 13: Rückwärtssprung zur Ausgabe der Hilfsanweisungen.

- Zeilen 15 und 16: Ausgabe einer Leerzeile und einer Meldung darüber, daß die Ausführung des Batchfiles beendet worden ist.

Bevor Sie nun den Batchbefehl DISKFORM.BAT ausprobieren, ändern
Sie den Dateinamen von FORMAT.COM in XFORMAT.COM. Wenn Sie
dieser Datei bereits einen anderen Namen gegeben haben, müssen Sie nur
in Zeile 12 von Abb. 13-9 anstelle von *xformat* den neuen Namen einfügen.

Der Batchbefehl DISKFORM.BAT nach Abb. 13-9 formatiert nur Disketten im Laufwerk A. Um sowohl in Laufwerk A als auch in Laufwerk B
Disketten zu formatieren, können Sie beispielsweise der Version aus Abb.
13-9 den Namen FORMDRVA.BAT geben, die Laufwerksangabe *a:* in
Zeile 12 zu *b:* verändern und diese Version unter dem Dateinamen
FORMDRVB.BAT abspeichern. Oder wenn Sie nicht zwei Batchfiles für
das Formatieren von Disketten anlegen möchten, können Sie auch *a:* in
Zeile 12 von Abb. 13-9 zu *%1:* ändern und den Laufwerksbuchstaben
zusammen mit dem Batchbefehl Diskform eingeben. Die Wahl liegt bei

Ihnen, ob Sie lieber die Anzahl von Dateien beschränken oder möglichst eine Parametereingabe bei einem Befehl vermeiden möchten.

Testlauf mit DISKFORM.BAT

DISKFORM.BAT erfordert die Datei FORMANTW.DAT im Verzeichnis \BATCH. Erstellen Sie diesen Befehl folgendermaßen:

```
A>copy con \batch\formantw.dat
<Enter>
N<Enter>
<F6><Enter>
        1 Datei(en) kopiert

A>_
```

Legen Sie sich eine Diskette zurecht, die formatiert werden soll, und geben Sie den Befehl ein:

```
A>diskform
```

Die Antwort von DISKFORM.BAT: Ausgabe eines akustischen Signals, Löschen des Bildschirms und Ausgabe der Hilfsanweisungen:

```
Bitte die zu formatierende Diskette in das Laufwerk A legen.
Zum Formatieren F1 betätigen, mit beliebiger Taste abbrechen.
```

Legen Sie die zu formatierende Diskette in das Laufwerk A und betätigen Sie F1. DISKFORM.BAT wird erneut den Bildschirm löschen, anschließend die Anweisungen des DOS Format-Befehls ausgeben und mit dem Formatieren der Diskette beginnen:

```
Neue Diskette in Laufwerk A: einlegen
Wenn bereit, EINGABE betätigen

Formatieren läuft...
```

Die Enter-Taste braucht nicht betätigt zu werden, da DISKFORM.BAT die Eingabe des Format-Befehls auf die Datei FORMANTW.DAT umleitet, die ein Return-Zeichen enthält.

Nachdem die Diskette formatiert worden ist, erfolgt die Meldung des Format-Befehls über die Größe des freien Diskettenspeicherplatzes; danach werden wieder ein akustisches Signal und die Hilfsanweisungen von DISKFORM.BAT ausgegeben.

Dieses Mal betätigen Sie die Leertaste (oder eine beliebige andere Taste, mit Ausnahme von F1), um DISKFORM.BAT abzubrechen.

Wiederherstellen des aktuellen Verzeichnisses

Es ist oft verwirrend oder gar lästig, wenn man sich nach Beenden eines Batchbefehls in einem anderen Dateiverzeichnis befindet als zu Beginn des Befehls. Dies insbesondere deshalb, weil die Änderung eines Verzeichnisses innerhalb eines Batchbefehls vor der Rückkehr auf die DOS-Ebene wieder rückgängig gemacht werden kann.
Diese Technik erfordert nur vier zusätzliche Befehle in einem Batchfile:

1. Einen Change Directory-Befehl (cd), dessen Ausgabe (das ist der Name des aktuellen Dateiverzeichnisses) in eine Zwischendatei umgeleitet wird.

2. Einen Copy-Befehl, der diese Zwischendatei mit einer Datei kombiniert, die den Befehl *cd* mit anschließendem Leerzeichen enthält. Dadurch wird ein Batchfile erzeugt, mit dem das Dateiverzeichnis zu dem Verzeichnis geändert wird, dessen Name mit Schritt 1 gespeichert worden ist.

3. Einen Erase-Befehl, der die in Schritt 1 erstellte Zwischendatei wieder löscht.

4. Einen in Schritt 2 erstellten Batchbefehl, der sich in einem Verzeichnis befindet, das in den Befehlspfad aufgenommen wurde, um ihn von jedem Dateiverzeichnis aus aufrufen zu können.

Wie so oft, ist auch in diesem Fall die Theorie komplizierter als die Praxis. Sie können es in wenigen Augenblicken austesten.

Für die Beispiele wird vorausgesetzt, daß Sie ein Dateiverzeichnis \BATCH speziell für Batchfiles erstellt haben; sollte dies nicht der Fall sein, erstellen Sie bitte ein solches Verzeichnis bzw. ersetzen Sie den Verzeichnisnamen *\batch* überall durch ein Verzeichnis Ihres Befehlspfades, das Sie für Ihre Batchfiles verwenden.

Zur Durchführung der Beispiele benötigen Sie außerdem eine Datei, die den Befehl *cd* mit anschließendem Leerzeichen enthält. Dabei handelt es sich nicht um eine Zwischendatei; sie muß zu jeder Zeit von jedem Batchfile, das das aktuelle Dateiverzeichnis wiederherstellen soll, aufgerufen werden können. Erstellen Sie mit folgender Eingabe die Datei CD.BEF:

```
A>copy con \batch\cd.bef
cd ^Z
        1 Datei(en) kopiert
```

Achten Sie darauf, daß Sie die Enter-Taste nicht schon nach Eingabe von
cd betätigen, sondern erst nach der Eingabe des Leerzeichens und der
Taste F6. Das ist deshalb von so großer Bedeutung, da die Zwischendatei,
die das ursprüngliche aktuelle Dateiverzeichnis enthält, an diese Datei angehängt und somit ein Change-Directory-Befehl erzeugt wird; würde sich
ein Return-Zeichen an den Befehl *cd* anschließen, würde DOS an diesser
Stelle den Batchbefehl beenden und einfach nur das aktuelle Dateiverzeichnis am Bildschirm ausgeben. Wenn Sie die Enter-Taste trotzdem
schon vor der Eingabe von F6 betätigt haben, müssen Sie den Copy-Befehl noch einmal neu eingeben.

Damit sind Sie soweit, die Befehle auszuprobieren, die zum Speichern und
Wiederherstellen des aktuellen Verzeichnisses benötigt werden:

1. Erzeugen Sie durch Umleiten der Befehlsausgabe des Change-Di-
   rectory-Befehls die Zwischendatei CD.$$$:

   ```
   A>cd > cd.$$$
   ```

2. Erstellen Sie mit Hilfe eines Copy-Befehls durch Kombination von
   CD.BEF und CD.$$$ das Batchfile, das das ursprüngliche Dateiver-
   zeichnis wiederherstellt:

   ```
   A>copy \batch\cd.bef+cd.$$$ \batch\dirherst.bat > nul
   ```

3. Löschen Sie CD.$$$:

   ```
   A>erase cd.$$$
   ```

   Ändern Sie Ihr Verzeichnis (entweder zum Stammverzeichnis oder zu
   einem anderen Verzeichnis der aktuellen Platte/Diskette):

   ```
   A>cd \
   ```

4. Geben Sie den Befehl DIRHERST.BAT ein, und kehren Sie damit
   wieder zu dem Verzeichnis zurück, von dem aus Sie gestartet sind:

   ```
   A>dirherst
   ```

Um nach jedem Batchbefehl wieder zum originalen Dateiverzeichnis zurückzukehren, schreiben Sie bitte die Befehle Change Directory, Copy
und Erase jeweils vor den ersten Dateiverzeichniswechsel der Batchfiles
und beenden jedes Batchfile mit dem Batchbefehl Dirherst.

Der Erase-Befehl ist nicht unbedingt erforderlich, wenn Sie aber die
Zwischendatei CD.$$$ nicht löschen, wird sich in jedem Dateiverzeichnis,
in dem ein Befehl zur Wiederherstellung des ursprünglichen Verzeichnis-
ses aufgerufen wurde, eine solche Zwischendatei befinden. Dagegen brau-
chen Sie auf gar keinen Fall den Batchbefehl DIRHERST.BAT zu lö-

schen, da eine neue Version des Batchbefehls ohnehin jedes Mal im Verzeichnis \BATCH (bzw. in Ihrem Batchfile-Verzeichnis) erstellt wird.

Modifikation von FINDEDAT.BAT mit Wiederherstellung des aktuellen Verzeichnisses

Wenn Sie mit der DOS-Version 2 arbeiten und eine Version von FINDEDAT.BAT bevorzugen, die nicht das Stammverzeichnis als neues aktuelles Verzeichnis festlegt, können Sie folgende Veränderungen vornehmen:

- Haben Sie vor Zeile 2 (die Zeilennummern beziehen sich auf Abb. 13-8) den Befehl *cd * eingegeben, fügen Sie bitte folgende Befehle davor ein:

  ```
  cd > cd.$$$
  copy c:\batch\cd.bef+cd.$$$ c:\batch\dirherst.bat > nul
  erase cd.$$$
  ```

- Entfernen Sie den Backslash (\) vor dem Dateinamen *alledat.dat* in den Zeilen 13, 16 und 18.

- Hängen Sie ans Dateiende folgenden Befehl an (hinter der Sprungmarke *:ENDE*):

  ```
  dirherst
  ```

Speichern Sie die revidierte Version von FINDEDAT.BAT.

Die Batchfiles aus diesem Kapitel stellen nützliche Hilfsmittel für die Arbeit mit Dateien dar und sollen Ihnen Ideen und Anregungen für weitere Batchfiles vermitteln. Batchfiles kann man wohl am besten mit Werkzeugen vergleichen: Sie sammeln sich in Schränken und Schubladen an, und man lernt sie erst so richtig zu schätzen, wenn man sie braucht.

14

Bausatz: Ein eigenes Menü-System

Kennen Sie auch die Tage, an denen einem die Arbeit über den Kopf zu wachsen droht? Sie haben eine Stunde Zeit um einen Text zu überarbeiten und auszudrucken, Daten in ein Rechenblatt einzugeben, neu zu berechnen und auszudrucken, eine elektronische Post an Ihr Arbeitsteam zu senden und zu guter Letzt auch noch ein Protokoll von Ihrer heutigen Mitarbeiterkonferenz mit einem Outline-Programm zu bearbeiten. Hier folgt nun eine Lösung, die einmal vom normalen Ablauf abweicht:

- Mit zwei Tastenfunktionen rufen Sie Ihr Textverarbeitungsprogramm im Verzeichnis, das das gewünschte Schriftdokument enthält, auf.

- Nach Verlassen des Textverarbeitungsprogrammes rufen Sie mit zwei weiteren Tastenfunktionen Ihre Tabellenkalkulation im Verzeichnis, das das gewünschte Rechenblatt enthält, auf.

- Nach Verlassen der Tabellenkalkulation rufen Sie mit einigen weiteren Tastenfunktionen Ihr Datenfernübertragungsprogramm auf.

- Nach Verlassen der Datenfernübertragung betätigen Sie eine Taste zum Starten Ihres Outline-Programmes für die Gestaltung des Protokolls.

- Sie beenden das Outline-Programm, drucken das Protokoll und betätigen eine letzte Taste, dann verlassen Sie Ihren Schreibtisch, und kurze Zeit später wird der Bildschirm von selbst plötzlich leer, um den Verschleiß zu reduzieren.

Sie mußten keine Befehle zum Wechseln der Dateiverzeichnisse oder zum Starten der Programme eintippen; Sie haben einfach nur mit den Funktionstasten verschiedene Optionen aus einer Reihe von Menüs ausgewählt, die exakt auf Ihre Programme und Verzeichnisse zugeschnitten sind. Das soll Ihnen dieses Kapitel - ja eigentlich das ganze Buch - vermitteln: Sie sollen lernen, Ihr Computersystem so einzurichten, daß Ihnen das System die immer wiederkehrenden Schritte abnimmt und Sie sich auf Ihre eigentliche Arbeit konzentrieren können.

Das Menü-System

In diesem Kapitel lernen Sie ein Menü-System kennen, mit dem Sie jedes Anwenderprogramm in jedem Dateiverzeichnis mit einer oder zwei Tasten aufrufen können. Das Menü-System erfordert zwar ein wenig Zeitaufwand, der sich jedoch ziemlich schnell bezahlt machen wird: Für die meisten routinemäßigen Aufrufe von Anwenderprogrammen brauchen Sie niemals mehr Befehle zum Ändern des Dateiverzeichnisses oder zum Starten des Programmes einzutippen.

Das Menü-System beinhaltet ein Hauptmenü mit Untermenüs und integriert das in Kapitel 11 beschriebene Drucker-Menü. Im Hauptmenü sind zwei Arten von Menüoptionen enthalten:

■ Eine *Programm-Auswahl* ändert das Verzeichnis und ruft ein Programm auf, das nur ein Dateiverzeichnis verwendet.

■ Ein *Untermenü* listet ein Menü mit unterschiedlichen Verzeichnissen auf, das Dateien enthält, die im selben Programm, z.B. Textverarbeitung oder Kalkulation, verwendet werden.

Für die Rückkehr aus einem Untermenü zum Hauptmenü wird dieselbe Taste wie für die Rückkehr aus dem Hauptmenü zur DOS-Ebene verwendet (F10). Mit der Funktionstaste F10 erreichen Sie immer die unmittelbar darüberliegende Ebene.

Sie werden lernen, wie das Hauptmenü eingegeben und ausprobiert wird, wie das Drucker-Menü eingebunden wird und wie Sie Ihre eigenen Programmaufrufe und Untermenüs darin verarbeiten können. Darüberhinaus wird Ihnen gezeigt, wie man das Menü-System auf einer RAM-Disk installiert und sogar wie man AUTOEXEC.BAT modifizieren kann, damit das Menü-System auf einer RAM-Disk - falls vorhanden - oder auf einer Platte/Diskette automatisch installiert wird.

Im Anhang F sind sämtliche Dateien aufgelistet, die für ein auf folgenden Beschreibungen basierendes Menü-System erforderlich sind.

Vorbereitungen für das Menü-System

Für das Menü-System werden die Programme ANTWORT.COM, KEINCURS.COM und NORMCURS.COM benötigt. Sollten Sie ANTWORT.COM noch nicht geschrieben haben, schlagen Sie bitte den Abschnitt "Interaktive Batchbefehle mit ANTWORT.COM" zu Beginn von Kapitel 7 nach und folgen den dort aufgeführten Anweisungen. Wenn Sie die beiden Dateien KEINCURS.COM und NORMCURS.COM noch nicht erstellt haben, schlagen Sie bitte den Abschnitt "Mißachten Sie nicht den Cursor" in Kapitel 10 auf.

Bevor Sie das Menü-System bearbeiten, erstellen Sie bitte mit folgenden Befehlen das Verzeichnis \MENUE auf Ihrer Systemdiskette und wechseln dann zu diesem Verzeichnis:

```
A>md \menue
A>cd \menue
```

Kopieren Sie ANTWORT.COM nach \MENUE. Falls Sie das Drucker-Menü aus Kapitel 11 schon eingegeben haben, können Sie alle vier Dateien (PRNTMENU.BAT, PRNTMENU.DOK, PRNTOPT1.DOK und PRNTOPT2.DOK) nach \MENUE kopieren.

Eingabe des Menü-Systems

Für das Menü-System sind mindestens zwei neue Dateien erforderlich: HAUPTMEN.DOK und HAUPTMEN.BAT. Sie beginnen damit, das Grundgerüst des Hauptmenüs einzugeben und danach Schritt für Schritt Programmoptionen und Untermenüs hinzuzufügen. Jedes Untermenü erfordert wiederum eine zusätzliche Datei, die am einfachsten durch Kopieren und Modifizieren von HAUPTMEN.DOK vonstatten geht.

Die Textdatei: HAUPTMEN.DOK

HAUPTMEN.DOK enthält das Hauptmenü in der Form, in der es auf dem Bildschirm erscheint. Diese Datei enthält außer dem Text noch ANSI.SYS-Befehle zur Steuerung der Bildschirm-Attribute, jedoch keine DOS-Befehle. Sie kann mit jedem Texteditor oder Textverarbeitungssystem, das Zeichen des erweiterten Zeichensatzes bearbeiten und eine Datei unformatiert abspeichern kann, geschrieben werden.

In Abb. 14-1 ist der Dateiinhalt von HAUPTMEN.DOK aufgelistet:

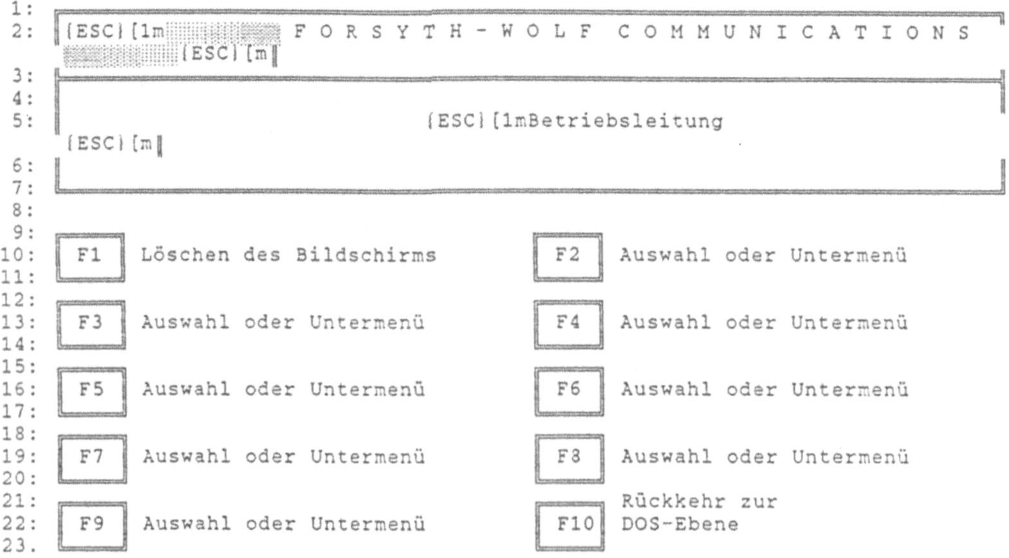

Abb. 14-1.   HAUPTMEN.DOK: Das Hauptmenü.

Wenn Sie bereits das Drucker-Menü aus Kapitel 11 eingegeben haben, ist ein Großteil der Arbeit schon getan. Kopieren Sie PRNTMENU.DOK nach HAUPTMEN.DOK und verändern Sie die kopierte Fassung, bis sie mit Abb. 14-1 übereinstimmt.

Haben Sie das Drucker-Menü noch nicht geschrieben, sollten Sie dies möglichst jetzt tun, da Sie es gleich benötigen werden. Folgen Sie den Anweisungen in Kapitel 11 unter der Überschrift "Eingabe von PRNT-MENU.DOK"; dieser Abschnitt beinhaltet auch Hinweise für die vereinfachte Eingabe der Datei mit Hilfe der Editierfunktionen Ihres Textverarbeitungssystems. Nach Eingabe der Datei speichern Sie sie unter dem Dateinamen PRNTMENU.DOK ab, revidieren die Datei nach Abb. 14-1 und speichern die neue Fassung unter dem Dateinamen HAUPT-MEN.DOK.

Arbeiten Sie mit einer RAM-Disk, müssen Sie HAUPTMEN.DOK (und auch PRNTMENU.DOK, wenn die Datei gerade neu erstellt worden ist) auf Ihre Festplatte oder Diskette kopieren, damit Sie im Falle eines Programmabsturzes nicht die ganze Datei verlieren.

Überprüfen Sie das Menü mit Hilfe des Type-Befehls:

```
A>type hauptmen.dok
```

Sollte etwas nicht in Ordnung sein, korrigieren Sie die Datei und lassen sie noch einmal auf dem Bildschirm ausgeben. Wenn Sie damit fertig sind, kopieren Sie die endgültige Version wieder auf Ihre Festplatte oder Diskette, falls Sie mit einer RAM-Disk arbeiten.

Das Batchfile: HAUPTMEN.BAT

Der Aufbau des Batchfiles für das Menü-System ist ziemlich einfach. Die Datei HAUPTMEN.DOK wird auf den Bildschirm gebracht; danach wartet das Programm auf einen Tastendruck des Benutzers. Wird eine Funktionstaste zwischen F1 und F10 betätigt, führt das Programm die entsprechenden Befehle aus; andere Tasten werden ignoriert.

Da HAUPTMEN.BAT im Lauf der Zeit durch Definition aller zehn Funktionstasten ziemlich umfangreich werden wird, beginnen Sie mit der Eingabe eines Grundgerüstes, das nur zwei Optionen beinhaltet: F1 zum Löschen des Bildschirms und F10 zur Rückkehr auf die DOS-Ebene. An-

hand der Beispiele werden Sie dann Ihre Optionen für die Programmauswahl und Ihre Untermenüs hinzufügen. Abb. 14-2 enthält die Befehle aus
HAUPTMEN.BAT.

```
 1:    echo off
 2: :START
 3:    cls
 4:    cd \menue
 5:    type hauptmen.dok
 6: :HOLE_ANTW
 7:    antwort
 8:    if errorlevel 69 goto HOLE_ANTW
 9:    if errorlevel 68 goto F10
10:    if errorlevel 67 goto F9
11:    if errorlevel 66 goto F8
12:    if errorlevel 65 goto F7
13:    if errorlevel 64 goto F6
14:    if errorlevel 63 goto F5
15:    if errorlevel 62 goto F4
16:    if errorlevel 61 goto F3
17:    if errorlevel 60 goto F2
18:    if errorlevel 59 goto F1
19:    goto HOLE_ANTW
20: :F10
21:    cls
22:    goto ENDE
23: :F9
24:    goto HOLE_ANTW
25: :F8
26:    goto HOLE_ANTW
27: :F7
28:    goto HOLE_ANTW
29: :F6
30:    goto HOLE_ANTW
31: :F5
32:    goto HOLE_ANTW
33: :F4
34:    goto HOLE_ANTW
35: :F3
36:    goto HOLE_ANTW
37: :F2
38:    goto HOLE_ANTW
39: :F1
40:    cls
41:    keincurs
```

```
42:    antwort
43:    normcurs
44:    goto START
45: :ENDE
```

Abb. 14-2.   HAUPTMEN.BAT: Grundgerüst des Batchfiles zum Menü-System.

Mit den Editierfunktionen Ihres Texteditors oder Textverarbeitungssystems können Sie bei der Eingabe von HAUPTMEN.BAT einiges an Zeit einsparen:

1. Schreiben Sie die Zeilen 1 bis 9.

2. Kopieren Sie Zeile 9 neunmal.

3. Verändern Sie die Zeilen 10 bis 18 nach Abb. 14-2.

4. Geben Sie die Zeilen 19 bis 24 ein.

5. Kopieren Sie die Zeilen 23 und 24 siebenmal.

6. Ändern Sie die Sprungmarken in den Zeilen 25 bis 37 nach Abb. 14-2.

7. Geben Sie die Zeilen 39 bis 45 ein.

Speichern Sie die Datei HAUPTMEN.BAT. Bei der Arbeit mit einer RAM-Disk muß HAUPTMEN.BAT unbedingt in das Verzeichnis \MENUE einer Festplatte oder Diskette kopiert werden.

Funktionsweise von HAUPTMEN.BAT

Wie Sie vielleicht dem Befehlsaufbau von HAUPTMEN.BAT schon entnommen haben, ist die Funktionsweise ziemlich einfach. Das Verzeichnis wird nach \MENUE gewechselt, das Hauptmenü wird aufgelistet, und dann wartet das Programm auf einen Tastendruck des Benutzers. Wird eine Funktionstaste betätigt, verzweigt es zur entsprechenden Sprungmarke, um die dort angegebene Auswahl auszuführen; bei allen anderen Tastatureingaben verzweigt es zur Marke HOLE_ANTW und wartet auf einen weiteren Tastendruck des Benutzers. (In der oben gezeigten Grundversion wird auch bei Betätigen der Funktionstasten F2 bis F9 zur Marke HOLE_ANTW verzweigt, dies wird sich jedoch in Kürze ändern.)

Die folgenden Ausführungen beschreiben Zeile um Zeile die Arbeitsweise von HAUPTMEN.BAT:

■   Zeilen 1 bis 5: Löschen des Bildschirms, Verzeichniswechsel zu \MENUE und Ausgabe des Hauptmenüs.

■   Zeile 7: Ein Tastendruck des Benutzers wird erwartet.

- Zeile 8: Wenn die Codezahl der gedrückten Taste größer oder gleich 69 ist, erfolgt ein Rückwärtssprung um eine Programmzeile (die höchste Codezahl, die verarbeitet wird, ist 68 und entspricht der Funktionstaste F10); das Programm wartet erneut auf einen Tastendruck des Benutzers.

- Zeilen 9 bis 18: Nach Betätigen einer Funktionstaste erfolgt die Verzweigung zur Sprungmarke der entsprechenden Taste (F10 bis F1).

- Zeile 19: Wenn die Codezahl der gedrückten Taste kleiner als 59 ist, erfolgt ein Rückwärtssprung zur Marke HOLE_ANTW (die niedrigste Codezahl, die verarbeitet wird, ist 59 und entspricht der Funktionstaste F1); das Programm wartet erneut auf einen Tastendruck des Benutzers.

- Zeilen 21 und 22: Löschen des Bildschirms und Rückkehr zur DOS-Ebene, falls die Funktionstaste F10 betätigt wird.

- Zeilen 23 bis 38: Bei Eingabe einer Funktionstaste zwischen F2 und F9 führt das Programm wiederum einen Rückwärtssprung aus und wartet auf einen weiteren Tastendruck des Benutzers. Die Befehle *goto HOLE_ANTW* sind in diesen Zeilen nur zwischenzeitlich eingefügt; sie werden ersetzt, sobald Sie das Hauptmenü mit Programmauswahl-Optionen und Untermenüs ergänzen.

- Zeilen 40 und 41: Löschen des Bildschirms und Unsichtbarmachen des Cursors bei Betätigen von F1. In Zeile 42 wird auf einen Tastendruck gewartet. Nach Betätigen einer beliebigen Taste wird in Zeile 43 das Cursorzeichen wiederhergestellt; Zeile 44 führt einen Rückwärtssprung aus und gibt von neuem das Hauptmenü aus.

Obwohl HAUPTMEN.BAT durch Hinzufügen von Programmauswahl-Optionen und Untermenüs zusehends größer wird, bleibt doch das Grundgerüst des Batchfiles unverändert. Den Sprungmarken wurden aussagekräftige Namen zugewiesen, deshalb bleiben sie auch noch nach Ergänzen aller zehn Auswahlmöglichkeiten unübersehbare Markierungen.

Testlauf mit HAUPTMEN.BAT

Für einen Testlauf mit HAUPTMEN.BAT müssen sich folgende Dateien im aktuellen Verzeichnis befinden: HAUPTMEN.DOK, HAUPTMEN.BAT, KEINCURS.COM und NORMCURS.COM. Für den Fall, daß Sie mit einer RAM-Disk arbeiten, sollten Sie unbedingt HAUPTMEN.DOK und HAUPTMEN.BAT auf Diskette oder Festplatte kopieren. Geben Sie den Menü-Befehl ein:

```
A>hauptmen
```

Der Bildschirm wird gelöscht und das Hauptmenü ausgegeben. Wenn Sie dieses Ergebnis erhalten, können Sie den folgenden Abschnitt überspringen und bei der Überschrift "Experimentieren mit dem Hauptmenü" weitermachen.

Fehlerquellen und deren Beseitigung

Die Fehlersuche bei eigenen Programmen kann ziemlich frustrierend sein; verwenden Sie deshalb die Hinweise, die Sie von DOS erhalten. Sollte das Menü-System im Verlauf des Kapitels nicht einwandfrei funktionieren, achten Sie bitte besonders auf die von DOS gelieferten Fehlermeldungen:

- *Falscher Befehl oder Dateiname* kann bedeuten, daß HAUPT-MEN.BAT oder ein anderer Befehl bzw. Batchfile sich nicht im aktuellen Verzeichnis befindet, oder daß der Dateiname entweder bei der Dateierstellung oder beim Befehlsaufruf falsch geschrieben worden ist. Es folgen einige mögliche Abhilfemaßnahmen:

  - Vergewissern Sie sich, daß Sie *hauptmen* bei Eingabe des Startbefehls richtig geschrieben haben.

  - Überprüfen Sie, ob das aktuelle Verzeichnis (bzw. das Verzeichnis, das Sie für Ihr Menü-System benutzen) zu \MENUE gewechselt worden ist.

  - Listen Sie das Dateiverzeichnis auf und überprüfen Sie, ob sich die erforderlichen Batchfiles im Verzeichnis befinden und deren Dateinamen richtig geschrieben sind.

  - Wird ein Batchbefehl innerhalb eines anderen Batchfiles verwendet, sollten Sie überprüfen, ob der Batchbefehl richtig geschrieben worden ist. Wenn dieser Batchbefehl nicht der letzte Befehl des Batchfiles ist, muß er zusammen mit einem Command-Befehl und dem Parameter /C eingegeben werden (z.B. *command /c prntmenu hauptmen* in HAUPTMEN.BAT).

- *Datei nicht gefunden* kann bedeuten, daß HAUPTMEN.DOK oder eine andere Textdatei sich nicht im aktuellen Verzeichnis befindet oder daß der Dateiname entweder bei der Dateierstellung oder beim Befehlsaufruf innerhalb des Batchfiles falsch geschrieben worden ist. Es folgen einige mögliche Abhilfemaßnahmen:

  - Überprüfen Sie, ob das aktuelle Verzeichnis (bzw. das Verzeichnis, das Sie für Ihr Menü-System benutzen) zu \MENUE gewechselt worden ist.

- Listen Sie das Dateiverzeichnis auf und überprüfen Sie, ob sich die erforderlichen Textdateien im Verzeichnis befinden und deren Dateinamen richtig geschrieben sind.

- Überprüfen Sie die Type-Befehle in den Batchfiles, mit denen die Textdateien aufgelistet werden (z.B. *type hauptmen.dok* in HAUPTMEN.BAT), daraufhin, ob der Name der Textdatei richtig geschrieben worden ist.

Überprüfen Sie dieses Grundgerüst des Menü-Systems bitte sehr genau. Wenn Sie dann beim Hinzufügen der einzelnen Programmauswahl-Optionen und Untermenüs jedes einzelne sofort testen, sollten Ihnen eigentlich größere Fehlersuchaktionen erspart bleiben.

Experimentieren mit dem Hauptmenü

Wenn sich im Verlauf des Kapitels herausstellen sollte, daß das Menü-System doch nicht einwandfrei funktioniert und die Ursache nicht ohne weiteres gefunden werden kann, lesen Sie bitte den vorausgehenden Abschnitt "Fehlerquellen und deren Beseitigung", der die am häufigsten auftretenden Fehlerquellen aufführt und Problemlösungen dafür bietet.

Jetzt sollten Sie das Hauptmenü vor sich auf dem Bildschirm haben. Betätigen Sie die Funktionstaste F1. Nach kurzer Zeit wird der Bildschirm gelöscht. Die Zeitverzögerung entsteht, da HAUPTMEN.BAT in absteigender Folge überprüft, welche Funktionstaste betätigt wurde (vgl. Zeilen 9 bis 18 von Abb. 14-2); F1 wird als letzte Taste überprüft. Sie werden bemerken, daß mit ansteigender Funktionstastenzahl das Menü immer schneller reagiert.

Betätigen Sie eine beliebige Taste; das Hauptmenü wird von neuem am Bildschirm ausgegeben.

Probieren Sie nun die Funktionstasten F2 bis F9 aus. Alle diese Tasten sollten nichts anderes bewirken, als die Datei ANTWORT.COM neu zu laden. Probieren Sie zum Schluß noch die Taste F10. Der Bildschirm wird gelöscht und das Prompt-Zeichen von DOS ausgegeben.

Ergänzen des Hauptmenüs um eine Programmauswahl

Zum Ergänzen des Hauptmenüs um eine Programmauswahl müssen ein paar Änderungen vorgenommen werden. In diesem Abschnitt wird die allgemeine Technik beschrieben und zur Veranschaulichung ein Beispiel durchgeführt. Benutzen Sie das Beispiel als Modellfall für die Ergänzungen Ihres eigenen Hauptmenüs.

Und so wird das Hauptmenü um eine Programmauswahl bereichert:

■ Veranlassen Sie das Hauptmenü, eine Programmauswahl-Option zu beschriften, indem Sie die entsprechende Zeile in HAUPTMEN.DOK ändern.

■ Fügen Sie zum Verzeichniswechsel und Programmstart bei der entsprechenden Sprungmarke in HAUPTMEN.BAT zwei Befehle ein.

■ Ändern Sie den Befehl *goto HOLE_ANTW* in HAUPTMEN.BAT, der auf die beiden neu hinzugefügten Befehle folgt zu *goto START*.

In Abb. 14-3 wird demonstriert, welche Schritte erforderlich sind, um durch Betätigen der Funktionstaste F8 im Hauptmenü das Programm MaxThink (das ist ein Outline-Prozessor) aufzurufen; dieser Abbildung können Sie auch entnehmen, wie der betroffene Teil von HAUPT-MEN.BAT nach der Änderung aussehen muß:

---

1. Ändern Sie die Beschriftung für F8 (*Auswahl oder Untermenü* in Zeile 19 von HAUPTMEN.DOK) zu *MaxThink*.

2. Fügen Sie die beiden folgenden Befehle hinter der Sprungmarke *:F8* in HAUPTMEN.BAT ein (Zeile 25 von Abb. 14-2):

```
cd \max
max
```

3. Ändern Sie den Befehl *goto HOLE_ANTW* hinter der Sprungmarke *:F8* in HAUPTMEN.BAT (Zeile 26 von Abb. 14-2) zu *goto START*.

    Der betroffene Teil von HAUPTMEN.BAT ist in den folgenden Zeilen aufgeführt; die numerierten Zeilen sind die in HAUPTMEN.BAT bereits vorhandenen Zeilen aus Abb. 14-2:

```
23: :F9
24:    goto HOLE_ANTW
25: :F8
         cd \max
         max
26:    goto START
27: :F7
```

Abb. 14-3.   Erweiterung des Hauptmenüs um eine Programmauswahl.

Ergänzen Sie jetzt Ihr Hauptmenü um eine eigene Programmauswahl: Wählen Sie eine Funktionstaste aus und ein Programm, das Sie nur in Verbindung mit einem einzigen Dateiverzeichnis benötigen (Untermenüs für Programme, die mit mehreren Dateiverzeichnissen arbeiten, werden Sie in Kürze kennenlernen). Nehmen Sie sich Abb. 14-3 als Modell. Ändern Sie die Funktionstastenbelegung in HAUPTMEN.DOK und fügen Sie die Befehle in HAUPTMEN.BAT ein.

Rufen Sie dann das Hauptmenü mit dem Befehl *hauptmen* auf und betätigen Sie die ausgewählte Funktionstaste; das gewählte Programm sollte gestartet werden. Beenden Sie das Programm; das Hauptmenü müßte jetzt wieder am Bildschirm erscheinen. Verlassen Sie mit F10 das Hauptmenü. Sollte irgendetwas schief gegangen sein, gehen Sie bitte zurück zum Abschnitt "Fehlerquellen und deren Beseitigung".

Eingliederung des Drucker-Menüs in das Menü-System

Falls Sie das Drucker-Menü bisher noch nicht eingegeben haben, es aber dennoch in Ihr Menü-System aufnehmen möchten, schlagen Sie bitte in Kapitel 11 den Abschnitt "Das Drucker-Menü" auf. Folgen Sie den dort aufgeführten Anweisungen und kehren Sie anschließend wieder hierher zurück. Möchten Sie das Drucker-Menü nicht in Ihr Menü-System aufnehmen, können Sie diesen Abschnitt überspringen und bei der Überschrift "Hauptmenü-Erweiterung um ein Untermenü" weitermachen.

Zur Aufnahme des Drucker-Menüs kopieren Sie die Dateien PRNT-MENU.BAT, PRNTMENU.DOK, PRNTOPT1.DOK und PRNT-OPT2.DOK in das Verzeichnis \MENUE (falls sie sich nicht schon dort befinden). Führen Sie bei HAUPTMEN.DOK und HAUPTMEN.BAT folgende Änderungen durch:

1. Ändern Sie die Beschriftung für F9 in HAUPTMEN.DOK (Zeile 22 *Auswahl oder Untermenü* in Abb. 14-2) zu *Drucker-Menü*. Dies ist die einzige Änderung in HAUPTMEN.DOK.

2. Fügen Sie folgenden Befehl hinter der Sprungmarke *:F9* in HAUPT-MEN.BAT (Zeile 23 in Abb. 14-2) ein:

```
command /c prntmenu hauptmen
```

3. Ändern Sie den Befehl *goto HOLE_ANTW* hinter der Sprungmarke *:F9* in HAUPTMEN.BAT (Zeile 24 in Abb. 14-2) zu *goto START*.

4. Fügen Sie folgende Befehlszeile hinter der Zeile *type prntmenu.dok* in PRNTMENU.BAT (Zeile 3 in Abb. 11-15) ein:

```
if "%1"=="hauptmen" echo {ESC}[21;24HZurück zum   {ESC}[22;24HHauptmenü
```

Mit diesem Befehl wird die Beschriftung der Taste F10 *Rückkehr zur DOS-Ebene* zu *Zurück zum Hauptmenü* verändert, falls PRNT-MENU.BAT von HAUPTMEN.BAT aufgerufen wird (auf das Wort *zum* folgen zwei Leerzeichen zum Überschreiben der letzten beiden Buchstaben des Textes *Rückkehr zur*).

Das Drucker-Menü sollte genauso funktionieren wie zuvor; sollten Sie es
bisher noch nicht getestet haben, vergleichen Sie bitte in Kapitel 11 den
Abschnitt "Anleitung für das Drucker-Menü". Testen Sie jetzt das Druk-
ker-Menü in Verbindung mit dem Hauptmenü:

`A>hauptmen`

Betätigen Sie die Taste F9, nachdem das Hauptmenü ausgegeben worden
ist. Das Drucker-Menü wird aufgelistet, und die Beschriftung für die Tastenfunktion F10 müßte *Zurück zum Hauptmenü* lauten. Probieren Sie
weitere Optionen aus - mit der Druckerinitialisierung (Taste F9) können
Sie beispielsweise das Menü auf seine Funktionstüchtigkeit überprüfen.
Kehren Sie mit der Taste F10 wieder zum Hauptmenü zurück und verlassen Sie dann das Hauptmenü - ebenfalls mit der Taste F10. Sie befinden sich jetzt wieder auf der DOS-Ebene.

Wenn Sie ein größeres oder farbiges Prompt-Zeichen definiert haben,
können Sie ein kurzes Aufblitzen sehen, nachdem das Hauptmenü den
Bildschirm löscht und bevor das Drucker-Menü am Bildschirm ausgegeben wird. DOS gibt das Prompt-Zeichen aus, weil HAUPTMEN.BAT den
Batchbefehl PRNTMENU.BAT mit Hilfe des Command-Befehls aufruft.
Diesen Schönheitsfehler können Sie, wenn Sie möchten, mit zwei zusätzlichen Befehlen in HAUPTMEN.BAT beheben. Es handelt sich hier aber
wirklich nur um ein ästhetisches Problem. Wenn es Sie nicht stört, können
Sie gleich beim nächsten Abschnitt weitermachen.

Die Ausgabe des Prompt-Zeichens kann zwar nicht vollständig umgangen
werden, Sie können es jedoch kürzer machen; fügen Sie die beiden folgenden Befehle in die Datei HAUPTMEN.BAT ein:

■   *prompt* (ohne Parameter) unmittelbar vor den Befehl *command /c
    prntmenu hauptmen* (das ist der gerade eingegebene Command-Be-
    fehl).

■   *promptrs* als letzte Zeile (hinter der Sprungmarke *:ENDE*).

Mit diesen beiden Befehlen wird das Standard-Prompt (A>) vor der Ausgabe des Drucker-Menüs definiert und vor der Rückkehr zur DOS-Ebene
Ihr individuelles Prompt-Zeichen wiederhergestellt. Wenn Sie zur Wiederherstellung Ihres eigenen Prompt-Zeichens den Batchbefehl PROMPT-
RS.BAT noch nicht erstellt haben (vgl. Kapitel 8), sollten Sie es jetzt tun.
(Sie könnten natürlich auch als letzten Befehl von HAUPTMEN.BAT
einen Prompt-Befehl einsetzen, der Ihr individuelles Prompt-Zeichen
regeneriert, da Sie dies jedoch auch in anderen Batchfiles benötigen
werden, ist es einfacher, immer dasselbe Batchfile aufzurufen.)

Hauptmenü-Erweiterung um ein Untermenü

Wenn Sie öfter mit einem Textverarbeitungs- oder Kalkulationsprogramm arbeiten, werden Sie das Programm in einem und die Text- oder Kalkulationsdateien in verschiedenen Verzeichnissen aufbewahren, die jeweils für ein spezielles Gebiet reserviert sind. In einem solchen Untermenü kann man dann alle Verzeichnisse auflisten, die von einem Programm verwendet werden; unabhängig von Ihrer Verzeichnisauswahl im Untermenü wird immer dasselbe Programm gestartet. Die Verzeichnisauswahl hängt einzig und allein davon ab, welches Verzeichnis im Programm zum aktuellen Verzeichnis werden soll.

Die Aufnahme eines Untermenüs erfordert etwas mehr Arbeitsaufwand als die Aufnahme einer Programmauswahl. Der Nutzen Ihres Menü-Systems wird dadurch jedoch erheblich gesteigert. In diesem Abschnitt wird die allgemeine Technik vermittelt und anhand eines Beispiels demonstriert; betrachten Sie das Beispiel als Hilfsmodell für das Erstellen eigener Untermenüs innerhalb des Menü-Systems.

Auf folgende Weise wird das Menü-System um ein Untermenü erweitert:

- Erstellen Sie eine Textdatei, die ein Untermenü enthält. Dies ist ziemlich einfach: HAUPTMEN.DOK wird in die neue Textdatei kopiert, dann werden Titel und Menüauswahl-Optionen geändert. Benötigt man im Untermenü weniger als zehn Auswahlmöglichkeiten, können die nicht benötigten Funktionstasten-Symbole gelöscht werden. Ersetzen Sie jedoch diese Zeilen durch Leerzeilen, damit das Symbol F10 - das die Rückkehr zum Hauptmenü repräsentiert - immer an derselben Bildschirmposition auftaucht. Die Datei wird unter dem Dateinamen des neuen Untermenüs abgespeichert.

- Die Beschriftung der entsprechenden Funktionstaste in der Datei HAUPTMEN.DOK wird durch den Namen des Untermenüs ersetzt.

- Löschen Sie den Befehl *goto HOLE_ANTW* in HAUPTMEN.BAT, der auf die Sprungmarke der gewählten Funktionstaste folgt.

- Fügen Sie die Befehle, mit denen das Untermenü aufgelistet und verwaltet werden soll, in HAUPTMEN.BAT hinter der Sprungmarke der gewählten Funktionstaste ein. Bei diesen Befehlen handelt es sich um eine Miniaturversion von HAUPTMEN.BAT mit folgenden Funktionen:

  - Ausgabe des Untermenüs mit Hilfe eines Type-Befehls.

  - Warten auf einen Tastendruck des Benutzers (mit ANT-WORT.COM).

  - Überprüfen der Benutzereingabe durch eine Reihe von If-Errorlevel-Befehlen. Wird eine gültige Taste gedrückt, kann das

Verzeichnis gewechselt werden. Bei ungültigen Tastatureingaben wird auf einen weiteren Tastendruck gewartet.

- Starten des Anwenderprogrammes.

- Nach Programmende wiederholte Ausgabe des Untermenüs.

Als Illustration soll uns das Textverarbeitungssystem Microsoft Word dienen. Ihre Textdateien sollen in vier verschiedenen Verzeichnissen abgelegt sein - \WORD\BRIEFE, \WORD\NOTIZEN, \WORD\BERICHTE und \WORD\AUFSTELL -, und mit der Taste F3 im Hauptmenü soll ein Untermenü aufgerufen werden mit dem Titel *Verzeichnisse - Textverarbeitung*.

Zuerst wird TEXTMENU.DOK erstellt, die Textdatei, die das Menü von Abb. 14-4 enthält. Kopieren Sie HAUPTMEN.DOK nach TEXTMENU. DOK, und bringen Sie dann TEXTMENU.DOK in Übereinstimmung mit Abb. 14-4. Beachten Sie, daß beide Dateien dieselbe Zeilenanzahl aufweisen. Die Symbole F5 bis F9 werden gelöscht und durch Leerzeilen ersetzt.

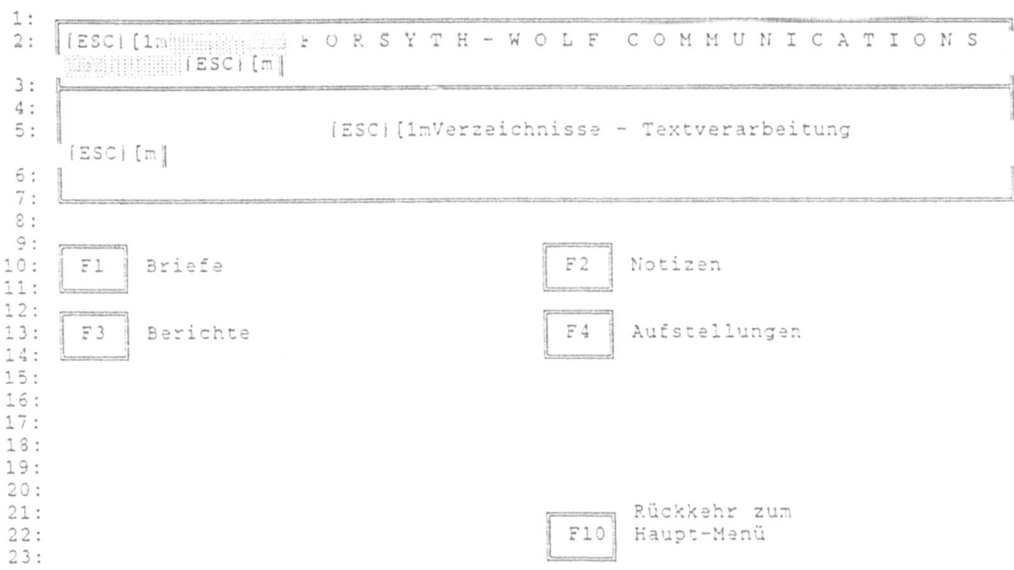

Abb. 14-4.   TEXTMENU.DOK: Das Untermenü für die Textverarbeitung.

Als nächstes wird HAUPTMEN.BAT modifiziert, so daß mit F3 das Untermenü der Textverarbeitung ausgegeben und gesteuert werden kann:

1. Ändern Sie die Beschriftung für F3 (*Auswahl oder Untermenü* in Zeile 13 von Abb. 14-1) zu *Textverarbeitungs-Menü.*

2. Ändern Sie den Befehl *goto HOLE_ANTW* hinter der Sprungmarke *:F3* (Zeile 36 in Abb. 14-2) zu *goto F3.*

3. Fügen Sie folgende Befehle hinter der Sprungmarke *:F3* (Zeile 35 in Abb. 14-2) und vor dem soeben eingegebenen Befehl *goto F3* ein.

```
 1:     cls
 2:     type textmenu.dok
 3:  :ANTW_TXT
 4:     antwort
 5:     if errorlevel 69 goto ANTW_TXT
 6:     if errorlevel 68 goto START
 7:     if errorlevel 63 if not errorlevel 68 goto ANTW_TXT
 8:     if errorlevel 62 if not errorlevel 63 cd \word\aufstell
 9:     if errorlevel 61 if not errorlevel 62 cd \word\berichte
10:     if errorlevel 60 if not errorlevel 61 cd \word\notizen
11:     if errorlevel 59 if not errorlevel 60 cd \word\briefe
12:     if errorlevel 0 if not errorlevel 59 goto ANTW_TXT
13:  :WORD
14:     word
```

■ Zeile 1 und 2: Löschen des Bildschirms und Ausgabe des Textverarbeitungs-Menüs.

■ Zeile 4: Warten auf einen Tastendruck des Benutzers.

■ Zeilen 5 bis 12: Überprüfung, welche Taste betätigt worden ist und Ausführung des entsprechenden Befehls:

- Zeile 5: Wenn der Code der betätigten Taste größer oder gleich 69 ist (der höchste gültige Tastaturcode ist 68 und entspricht der Funktionstaste F10), erwartet das Programm einen weiteren Tastendruck.

- Zeile 6: Bei Eingabe von F10 (Code 68) wird das Hauptmenü ausgegeben.

- Zeile 7: Wenn eine Funktionstaste zwischen F5 (Code 63) und F9 (Code 67) betätigt wird, erwartet das Programm einen weiteren Tastendruck des Benutzers, weil nur die Tasten F1 bis F4 gültige Eingaben darstellen.

- Zeilen 8 bis 11: Das Programm wechselt bei Eingabe von F4
  (Code 62) bis F1 (Code 59) zum entsprechenden neuen Dateiverzeichnis (vgl. Abb. 14-4).

- Zeile 12: Wenn der Code der betätigten Taste kleiner als 59 ist,
  verzweigt das Programm zur Sprungmarke ANTW_TXT und
  wartet dort wiederum auf einen Tastendruck.

■ Zeile 14: Microsoft Word wird gestartet.

Der betroffene Teil von HAUPTMEN.BAT nach der Erweiterung durch
das Textverarbeitungs-Menü ist in den folgenden Zeilen aufgeführt; die
numerierten Zeilen sind die in HAUPTMEN.BAT bereits vorhandenen
Zeilen aus Abb. 14-2:

```
33: :F4
34:    goto HOLE_ANTW
35: :F3
       cls
       type textmenu.dok
     :ANTW_TXT
       antwort
       if errorlevel 69 goto ANTW_TXT
       if errorlevel 68 goto START
       if errorlevel 63 if not errorlevel 68 goto ANTW_TXT
       if errorlevel 62 if not errorlevel 63 cd \word\aufstell
       if errorlevel 61 if not errorlevel 62 cd \word\berichte
       if errorlevel 60 if not errorlevel 61 cd \word\notizen
       if errorlevel 59 if not errorlevel 60 cd \word\briefe
       if errorlevel 0 if not errorlevel 59 goto ANTW_TXT
       word
       goto F3
37: :F2
38:    goto HOLE_ANTW
```

*Abb. 14-5.   HAUPTMEN.BAT nach der Erweiterung durch das
              Textverarbeitungs-Menü.*

Die Zeilennummern in HAUPTMEN.BAT werden sich mit den Erweiterungen verändern (vielleicht gibt Ihr Texteditor oder Textverarbeitungssystem gar keine Zeilennummern an), aber die Sprungmarken bleiben
nach wie vor unübersehbare Markierungen.

Und so fügen Sie ein Untermenü Ihrer Wahl in das Menü-System ein:
Wählen Sie eine Funktionstaste und ein Programm, mit dem Sie in
verschiedenen Verzeichnissen arbeiten. Verwenden Sie das Beispiel als
Modellhilfe, erstellen Sie die Textdatei, die das Menü enthält, ändern Sie

die Funktionstasten-Beschriftung und fügen Sie die Befehle in der Datei
HAUPTMEN.BAT ein.

Testlauf mit Ihrem ersten Untermenü

Bevor Sie Ihr Untermenü testen, überprüfen Sie bitte, ob sich die Textdatei, die Ihr Untermenü enthält, im aktuellen Dateiverzeichnis befindet.
Starten Sie dann das Hauptmenü:

```
A>hauptmen
```

Nun betätigen Sie die Funktionstaste, mit der Ihr Untermenü ausgewählt
wird; die übrigen Optionen haben Sie ja bereits getestet. Der Bildschirm
wird gelöscht, und das Untermenü wird ausgegeben. Drücken Sie eine
Funktionstaste der Untermenü-Optionen; das Anwenderprogramm wird in
dem Verzeichnis gestartet, das Sie aus dem Untermenü durch Ihren
Tastendruck ausgewählt haben.

Beenden Sie das Anwenderprogramm; Sie haben jetzt wieder das Unter-
menü vor Augen. Drücken Sie F10, und auf dem Bildschirm erscheint das
Hauptmenü. Ein weiterer Tastendruck auf F10 bringt Sie auf die DOS-
Ebene zurück.

Anpassung des Menü-Systems

Sie haben jetzt gelernt, wie man eine Programmauswahl und ein Untermenü in das Hauptmenü integriert. Der nächste Schritt wird sein, das
Menü für Ihre persönlichen Programme einzurichten. Bevor Sie damit beginnen, sollten Sie sich die Zeit nehmen, um für Ihre Wahlmöglichkeiten
und Untermenüs einen Plan zu entwerfen. Skizzieren Sie das Hauptmenü
mit seinen zehn Wahlmöglichkeiten, und beschriften Sie diese mit Ihren
gewünschten Optionen. Auf dasselbe Papier schreiben Sie nun die
Verzeichnisnamen und Programme, die für jede Auswahl benötigt werden. Damit haben Sie sämtliche Informationen griffbereit, wenn Sie mit
der Revision der Dateien beginnen.

Gleicherweise skizzieren Sie nun Ihre Untermenüs; die häufigsten "Kandi-
daten" dafür sind Textverarbeitungs- und Kalkulationsprogramme, Sie
können aber auch Geschäftsgrafik-, Datenbank-, Telekommunikations-,
CAD/CAM- und andere Anwenderprogramme einsetzen, die Sie in Verbindung mit verschiedenen Dateiverzeichnissen benutzen. Schreiben Sie
wiederum zu jeder Option die Namen des Programms und der Verzeichnisse, die jeweils benötigt werden.

Es ist sehr verlockend, gleich alle Wahlmöglichkeiten dem Menü-System
hinzuzufügen. Widerstehen Sie aber bitte dieser Versuchung. Es wird zwar
etwas länger dauern, die Menü-Optionen Stück für Stück einzufügen,

aber Fehler können so leichter aufgefunden werden. Unter Umständen kann es sogar wesentlich mehr Zeit in Anspruch nehmen, wenn Sie das komplette Menü an einem Stück schreiben und dann einem winzigen Flüchtigkeitsfehler nicht auf die Spur kommen.

Vergessen Sie auch nicht, die Titelzeilen von HAUPTMEN.DOK, PRNTMENU.DOK und all den Dok-Dateien der Untermenüs zu ändern, damit man am Ende nicht schon aus der Ferne sehen kann, daß Sie das Programm nicht gekauft sondern *geschrieben* haben. Sinn dieser Änderung soll es nicht sein, Ihren Freunden zu imponieren - obwohl ein kleines bißchen davon auch nicht schaden kann -, sondern sie soll Ihnen selbst in Erinnerung bringen, daß Sie mit dem Computer umgehen können.

Farbige Gestaltung der Menüs

Die DOK-Dateien, die das Hauptmenü, das Drucker-Menü und die Untermenüs für die Textverarbeitung enthalten, schließen einige ANSI.SYS-Befehl zur Titelausgabe im Intensivmodus ein. Mit einigen weiteren ANSI.SYS-Befehlen können die Bildschirmausgaben noch attraktiver gestaltet werden, besonders dann, wenn Sie einen Farbmonitor besitzen.

Eine sehr wirkungsvolle Technik besteht darin, jeder Untermenü-Option im Hauptmenü eine andere Farbe zuzuordnen und diese Farbe dann für die Optionen im Untermenü einzusetzen. Sie benötigen eine ganze Menge der ANSI.SYS-Befehle, um die Kästchen für die Funktionstasten mit unterschiedlichen Farben auszustatten; Sie sollten deshalb mit einer Kopie der DOK-Dateien solange experimentieren, bis Sie sich für die endgültige Fassung entschieden haben.

Übrigens, wenn Sie in PRNTMENU.DOK Farben verwenden, sollten Sie nicht vergessen, diese Farben auch in PRNTOPT1.DOK und PRNTOPT2. DOK einzusetzen. Auch hier wird es wiederum besser sein, mit Kopien der Dateien zu operieren, bevor man sich für die endgültige Farbzusammenstellung entscheidet.

Die Definition eigener Standardfarben nach Kapitel 10 bewirkt oft, daß die Menüs nicht wunschgemäß auf dem Bildschirm erscheinen. Sie können dies durch den ANSI.SYS-Befehl *{ESC}[m* (Abschalten sämtlicher Bildschirmattribute) direkt hinter der Zeile *echo off* zu Beginn von HAUPT-MEN.DOK beheben. Um nach der Rückkehr zur DOS-Ebene Ihre Standardfarben (und das Prompt-Zeichen) wiederherzustellen, geben Sie als letzten Befehl in HAUPTMEN.BAT den Befehl *promptrs* ein, so wie er bereits in diesem Kapitel und unter der Überschrift "Achten Sie besonders auf solche Batchfiles" in Kapitel 10 beschrieben worden ist.

Die Dateien HAUPTMEN.DOK und TEXTMENU.DOK im Anhang F beinhalten ANSI.SYS-Befehle zur Farbdifferenzierung der Textausgaben.

Übersichtliche Gestaltung

Nachdem ein Menü auf dem Bildschirm ausgegeben worden ist, befindet sich der Cursor an der der letzten Bildschirmausgabe folgenden Zeilen- und Spaltenposition. Er bezeichnet keineswegs die Stelle, an der etwas eingetippt werden soll (es soll ja auch gar nichts eingetippt werden), er blinkt einfach nur so lange, bis Sie irgendeine Funtkionstaste betätigen. Dies ist ebenso ein kleiner Schönheitsfehler wie das kurz aufleuchtende Prompt-Zeichen zwischen Hauptmenü und Drucker-Menü; wenn Sie möchten, können Sie ihn auch wieder mit einigen wenigen Befehlen beheben. Sollte Sie dies jedoch nicht stören, überspringen Sie bitte den nächsten Absatz.

Der Cursor wird mit dem Befehl *keincurs* unsichtbar gemacht. Fügen Sie diesen Befehl hinter der Sprungmarke *:START* in der Datei HAUPTMEN.BAT (Zeile 2 in Abb. 14 2) ein. Zum Sichtbarmachen des Cursors wird dann wieder der Befehl *normcurs* benötigt, der hinter der Sprungmarke *:ENDE* in der Datei HAUPTMEN.BAT (Zeile 45 von Abb. 14 2) eingefügt wird. Haben Sie bereits den Befehl *promptrs* als letzten Befehl der Datei eingegeben, achten Sie bitte darauf, daß dies auch wirklich der letzte Befehl bleibt, da das Batchfile PROMPTRS.BAT zur DOS-Ebene zurückkehrt.

Menüstart durch einen einzigen Tastendruck

Obwohl durch das Menü-System die meisten Routinearbeiten für Ihre Anwenderprogramme ausgeführt werden, müssen Sie doch ab und zu auf die DOS-Ebene, um Dateien zu kopieren oder zu löschen, Verzeichnisse aufzulisten oder mit verschiedenen anderen bzw. selten benötigten Befehlen zu arbeiten. Um danach nicht jedes Mal den Befehl *hauptmen* eintippen zu müssen, können Sie diese Zeichenfolge einem einzigen Tastendruck zuordnen.

Die Tastenkombination Alt-F10 ist eine leicht zu bedienende Kombination mit dem Code *0;113*. Sollte ein anderes Programm zufällig diese Kombination belegen oder sollten Sie eine andere Kombination bevorzugen, können Sie im folgenden Befehl auch ohne weiteres einen anderen Code eingeben. Und so wird der Aufruf des Menü-Systems auf Alt-F10 gelegt:

```
A>prompt $e[0;113;"hauptmen";13p
```

Betätigen Sie die Tastenkombination Alt-F10. Das Hauptmenü sollte bei richtiger Funktionsweise am Bildschirm erscheinen; kehren Sie danach mit F10 wieder zur DOS-Ebene zurück.

Stellen Sie mit der Eingabe *promptrs* Ihr Prompt-Zeichen wieder her (falls Sie den Batchbefehl PROMPTRS.BAT noch nicht erstellt haben, definieren Sie durch Eingabe von *prompt* das Standard-Prompt).

Fügen Sie jetzt einen Echo-Befehl in die Datei AUTOEXEC.BAT ein, der die Tastendefinition nach jedem Neustart automatisch durchführt. Folgender Befehl muß dafür in der Datei AUTOEXEC.BAT untergebracht werden (der Menüaufruf soll wieder mit der Tastenkombination F10 erfolgen):

```
echo {ESC}[0;113;"hauptmen";13p
```

Auch hierbei gilt: Wenn eines Ihrer Anwenderprogramme diese Kombination bereits belegt hat bzw. wenn Sie eine andere Kombination bevorzugen, ersetzen Sie *0;113* im Echo-Befehl durch den entsprechenden Code. Der Befehl zum Starten des Menü-Systems ist ab jetzt nach jedem Neustart der gewählten Taste zugeordnet.

Das Menü-System in Verbindung mit einer RAM-Disk

Sie brauchen diesen Abschnitt nicht zu lesen, wenn Sie unter der DOS-Version 2 arbeiten; lesen Sie in diesem Fall gleich den letzten Absatz des Kapitels "Ein komplettes Menü-System". Die Vorteile einer RAM-Disk sind jedoch so signifikant und deshalb die Überlegung wert, ob Sie sich nicht eine DOS-Version 3 (die den RAM-Disk Driver VDISK.SYS enthält) oder ein anderes RAM-Disk-Programm kaufen sollten. Wenn Sie sich dazu entschlossen haben, können Sie später noch einmal mit Ihrem RAM-Disk Programm diesen Abschnitt durcharbeiten.

Sie sollten, falls Sie ein RAM-Disk Programm besitzen, zuerst Kapitel 9 gelesen haben, bevor Sie hier fortfahren.

Immer wenn ein Programm oder Batchfile von DOS gestartet wird, muß dieses Programm oder Batchfile von der Diskette oder Festplatte in den Arbeitsspeicher (RAM) geladen werden. Für das Menü-System werden mehrere Batchfiles und Programme benötigt; Sie können deshalb durch Starten des Menü-Systems von einer RAM-Disk die Diskettenzugriffe eliminieren und das System wesentlich beschleunigen. Arbeiten Sie grundsätzlich mit einer RAM-Disk, brauchen Sie nur ein paar Befehle in den Dateien AUTOEXEC.BAT und HAUPTMEN.BAT hinzuzufügen, um das Menü-System von der RAM-Disk aus ablaufen zu lassen.

Für die nun folgenden Vorschläge wird eine Systemvariable benötigt; falls Sie mit dieser Materie noch nicht genügend vertraut sind, lesen Sie bitte in Kapitel 8 die Abschnitte "Systemvariablen in Batchfiles" und "Zusammenstellen eigener Systemvariablen". Die RAM-Disk im folgenden Beispiel wird mit dem Laufwerksbuchstaben D und die normale Systemdiskette mit C bezeichnet; wenn Sie jedoch andere Laufwerksbuchstaben für RAM-Disk und Systemdiskette verwenden, ersetzen Sie einfach die entsprechenden Buchstaben.

Schreiben Sie zunächst die in Abb. 14-6 gezeigten Befehle in die Datei AUTOEXEC.BAT:

```
1: echo off
2: echo {ESC}[7m*** Menü-System Dateien werden auf RAM-Disk kopiert ***{ESC}[0m
3: md d:\menue
4: copy \menue d:\menue > nul
5: set path=d:\menue;<restlicher Befehlspfad>
6: set lw=d:
7: echo {ESC}[0;113;"d:hauptmen";13p
   <alle übrigen Befehle aus AUTOEXEC.BAT hier einfügen>
8: hauptmen
```

Abb. 14-6.   Eine AUTOEXEC.BAT-Datei, die das Menü-System immer von einer RAM-Disk aus startet.

Mit den neu hinzugefügten Befehlen in AUTOEXEC.BAT werden die Dateien auf die RAM-Disk kopiert und garantieren einen Aufruf des Menü-Systems von der RAM-Disk:

■ Zeile 2: Ausgabe der Mitteilung, daß die Dateien des Menü-Systems auf die RAM-Disk kopiert werden.

■ Zeile 3: Das Dateiverzeichnis MENUE wird im Stammverzeichnis der RAM-Disk erstellt. Dadurch erreicht man eine Simulation des Disketten- oder Festplattenverzeichnisses \MENUE.

■ Zeile 4: Die Dateien des Menü-Systems werden auf die RAM-Disk kopiert.

■ Zeile 5: Das Verzeichnis des auf der RAM-Disk befindlichen Menü-Systems wird am Beginn Ihres Befehlspfades eingefügt. Dieses Verzeichnis kann auch an anderer Stelle des Befehlspfades eingefügt werden; Sie müssen aber vor allem darauf achten, daß es überhaupt im Befehlspfad enthalten ist und daß er *nicht* C:\MENUE sondern D:\MENUE enthält. Den restlichen Teil des aktuellen Befehlspfades plazieren Sie dann hinter *d:\menue*.

■ Zeile 6: Die Systemvariable LW (Laufwerk) wird erzeugt und deren Wert auf *d:* gesetzt. Mit LW wird das Laufwerk bezeichnet, von dem aus das Menü-System aufgerufen wird; die Variable wird im Batchbefehl HAUPTMEN.BAT zum Wechseln des aktuellen Laufwerks verwendet. Wenn Ihre RAM-Disk mit einem anderen Laufwerksbuchstaben angesprochen werden muß, weisen Sie den entsprechenden Buchstaben anstelle von *d* der Systemvariablen LW zu. Vergessen Sie bitte nicht den Doppelpunkt: erst dadurch wird der Wert von LW ein gültiger Befehl zum Wechseln des aktuellen Laufwerkes.

- Zeile 7: Die Tastenkombination Alt-F10 wird mit dem Befehl zum Aufrufen des Menü-Systems belegt. Falls eines Ihrer Anwenderprogramme diese Kombination bereits belegt haben sollte, bzw. falls Sie eine andere Taste oder Tastenkombination bevorzugen, können Sie den Tastencode *0;113* im Echo-Befehl durch den entsprechenden Code ersetzen.

- Zeile 8: Das Hauptmenü wird gestartet, und zwar von der RAM-Disk, da im Befehlspfad als erstes Dateiverzeichnis D:\MENUE enthalten ist und das Verzeichnis C:\MENUE nicht mehr in den Befehlspfad aufgenommen wurde.

Schreiben Sie Ihre restlichen Befehle aus der Datei AUTOEXEC.BAT zwischen die Zeilen 7 und 8 von Abb. 14-6.

Änderungen in HAUPTMEN.BAT

Folgende zusätzlichen Befehle werden in HAUPTMEN.BAT zum Wechseln des aktuellen Laufwerks benötigt:

- Fügen Sie *%lw%* hinter der Sprungmarke *:START* (Zeile 2 in Abb. 14-2) ein. DOS ersetzt *%lw%* durch den Wert der Systemvariablen LW; AUTOEXEC.BAT setzt LW auf *d:*, daher kann durch diesen Befehl das aktuelle Laufwerk zu D gewechselt werden.

- Fügen Sie *c:* (bzw. den Laufwerksbuchstaben Ihrer Systemdiskette) hinter jeder Sprungmarke ein, die eine Programmauswahl repräsentiert, für die ein Verzeichnis oder ein Programm auf der Festplatte oder einer Diskette benötigt wird. In Abb. 14-3 wäre beispielsweise F8 eine Programmauswahl, für die Sie hinter der Sprungmarke *:F8* die Laufwerksbezeichnung *c:* eingeben müßten (Zeile 25 in Abb. 14-3).

- Fügen Sie *c:* (bzw. den Laufwerksbuchstaben Ihrer Systemdiskette) hinter jeder Sprungmarke ein, die auf eine Antwort für ein Untermenü wartet, für das ein Verzeichnis oder ein Programm auf der Festplatte oder einer Diskette benötigt wird. In Abb. 14-5 wäre beispielsweise F3 die Auswahl eines Untermenüs, für die Sie hinter der Sprungmarke *:ANTW_TXT* die Laufwerksbezeichnung *c:* eingeben müßten.

- Fügen Sie *%lw%* hinter der Sprungmarke *:ENDE* (Zeile 45 in Abb. 14-2) ein.

Beim nächsten DOS-Start wird das Menü-System wesentlich schneller ablaufen.

Verwenden Sie nur gelegentlich eine RAM-Disk?

Vielleicht möchten Sie nicht die ganze Zeit mit einer RAM-Disk arbeiten; VDISK.BAT (vgl. Kapitel 9) ist in der Tat ein Batchbefehl, der den Umgang mit jeglicher Art von RAM-Disk erleichtert - selbst die Arbeit ohne RAM-Disk. Durch diesen Unsicherheitsfaktor wird die Arbeit mit Ihrem Menü-System etwas erschwert, da Sie nicht unbedingt auf das Vorhandensein einer RAM-Disk zählen können; die in Abb 14-6 gezeigte Datei AUTOEXEC.BAT wird nicht einwandfrei funktionieren, wenn keine RAM-Disk vorhanden ist.

Wenn Sie jedoch immer mit dem Batchbefehl VDISK.BAT Ihre RAM-Disk-Konfiguration ändern, kann AUTOEXEC.BAT unabhängig von der Existenz einer RAM-Disk das Menü-System immer korrekt starten; das Stammverzeichnis enthält nämlich die Datei VDISK.LOG, wenn eine RAM-Disk definiert ist. Erweitern Sie die Datei AUTOEXEC.BAT mit den in Abb. 14-7 gezeigten Befehlen:

```
 1:    echo off
 2:    if not exist vdisk.log goto KEINE_VDISK
 3:    echo {ESC}[7m*** Menü-System Dateien werden auf RAM-Disk kopiert ***{ESC}[0m
 4:    md d:\menue
 5:    copy \menue d:\menue > nul
 6:    set path=d:\menue;<restlicher Befehlspfad>
 7:    set lw=d:
 8:    goto ENDE
 9: :KEINE_VDISK
10:    set path=c:\menue;<restlicher Befehlspfad>
11:    set lw=c:
12: :ENDE
13:    echo {ESC}[0;113;"hauptmen";13p
          <alle übrigen Befehle aus AUTOEXEC.BAT hier einfügen>
14:    hauptmen
```

*Abb. 14-7.   Eine AUTOEXEC.BAT-Datei, die das Menü-System
mit oder ohne RAM-Disk startet.*

In AUTOEXEC.BAT sind nun zwei alternative Startroutinen enthalten: Mit der einen wird das Menü-System von einer RAM-Disk, falls vorhanden, gestartet; mit der anderen Routine wird das System von einer Diskette oder Festplatte gestartet, falls keine RAM-Disk vorhanden ist. Die

Routineauswahl in Zeile 2 von AUTOEXEC.BAT basiert auf der Existenz der Datei VDISK.LOG im Stammverzeichnis:

- Zeile 2: Existiert VDISK.LOG im Stammverzeichnis nicht, verzweigt das Programm zum Start des Menü-Systems von Diskette bzw. Festplatte.

- Zeilen 3 bis 8: Existiert VDISK.LOG im Stammverzeichnis (d.h. es existiert eine RAM-Disk), werden diese Zeilen ausgeführt:

  - Zeile 3: Die Mitteilung wird ausgegeben, daß die Dateien des Menü-Systems auf die RAM-Disk kopiert werden.

  - Zeile 4: Das Dateiverzeichnis MENUE wird im Stammverzeichnis der RAM-Disk erstellt. Dadurch erreicht man eine Simulation des Disketten- oder Festplattenverzeichnisses \MENUE.

  - Zeile 5: die Dateien des Menü-Systems werden auf die RAM-Disk kopiert.

  - Zeile 6: Das Verzeichnis des auf der RAM-Disk befindlichen Menü-Systems wird am Beginn Ihres Befehlspfades eingefügt; dieses Verzeichnis kann auch an anderer Stelle des Befehlspfades eingefügt werden, Sie müssen aber vor allem darauf achten, daß es überhaupt im Befehlspfad enthalten ist und daß er *nicht* C:\MENUE sondern D:\MENUE enthält. Den restlichen Teil des aktuellen Befehlspfades plazieren Sie dann hinter *d:\menue.*

  - Zeile 7: Die Systemvariable LW (Laufwerk) wird erzeugt und deren Wert auf *d:* gesetzt. Mit LW wird das Laufwerk bezeichnet, von dem aus das Menü-System aufgerufen wird; die Variable wird im Batchbefehl HAUPTMEN.BAT zum Wechseln des aktuellen Laufwerks verwendet. Muß Ihre RAM-Disk mit einem anderen Laufwerksbuchstaben angesprochen werden, weisen Sie den entsprechenden Buchstaben anstelle von *d* der Systemvariablen LW zu. Vergessen Sie bitte nicht den Doppelpunkt: erst dadurch wird der Wert von LW ein gültiger Befehl zum Wechseln des aktuellen Laufwerkes.

  - Zeile 8: Das Programm verzweigt zur Sprungmarke *:ENDE.* Dort werden diejenigen Befehle von AUTOEXEC.BAT ausgeführt, die mit oder ohne RAM-Disk abgearbeitet werden müssen.

- Befindet sich VDISK.LOG nicht im Stammverzeichnis (wenn also keine RAM-Disk existiert), werden die Befehle in den Zeilen 10 und 11 ausgeführt:

- Zeile 10: Das Verzeichnis des auf Diskette oder Festplatte befindlichen Menü-Systems wird am Beginn Ihres Befehlspfades eingefügt; dieses Verzeichnis kann auch an anderer Stelle des Befehlspfades auftreten, Sie müssen jedoch vor allem darauf achten, daß es überhaupt im Befehlspfad enthalten ist und daß er *nicht* D:\MENUE sondern C:\MENUE enthält. Den restlichen Teil des aktuellen Befehlspfades plazieren Sie dann hinter *c:\menue*.

- Zeile 11: Die Systemvariable LW (Laufwerk) wird erzeugt und deren Wert auf *c:* gesetzt (vgl. Erklärungen zu Zeile 7). Ist Ihre Systemdiskette nicht mit dem Laufwerksbuchstaben C ansprechbar, ersetzen Sie bitte die Laufwerksbezeichnung durch den entsprechenden Buchstaben.

■ Die Befehle in den Zeilen 13 und 14 - und alle übrigen Befehle, die zwischen diesen beiden Zeilen stehen - werden immer ausgeführt:

- Zeile 13: Die Tastenkombination Alt-F10 wird mit dem Befehl zum Aufrufen des Menü-Systems belegt. Falls eines Ihrer Anwenderprogramme diese Kombination bereits belegt haben sollte, bzw. falls Sie eine andere Taste oder Tastenkombination bevorzugen, können Sie den Tastencode *0;113* im Echo-Befehl durch den entsprechenden Code ersetzen.

- Zeile 14: Das Hauptmenü wird gestartet.

Schreiben Sie Ihre restlichen Befehle aus der Datei AUTOEXEC.BAT zwischen die Zeilen 13 und 14 von Abb. 14-7.

Die zusätzlichen Befehle für die Datei HAUPTMEN.BAT, mit denen das aktuelle Laufwerk geändert wird, sind dieselben wie die im vorigen Abschnitt "Änderungen in HAUPTMEN.BAT" aufgeführten. Wenn Sie diese Änderungen schon für den Start des Menü-Systems von einer RAM-Disk vorgenommen haben, sind Sie jetzt fertig. Für den Fall, daß Sie die Änderungen noch nicht durchgeführt haben, arbeiten Sie bitte den Abschnitt nachträglich durch.

Das Menü-System kann jetzt mit oder ohne definierte RAM-Disk verwendet werden. Beim nächsten DOS-Start wird die Datei AUTOEXEC.BAT das Menü-System automatisch von der richtigen Platte aus starten.

Ein komplettes Menü-System

Im Anhang F sind alle Dateien aufgelistet, die für ein Menü-System mit Untermenüs benötigt werden (einschließlich des Drucker-Menüs). Die Dateien werden nicht mehr zeilenweise erklärt, da es sich fast ausschließlich um eine Wiederholung dieses Kapitels handeln würde; es handelt sich dabei vielmehr um eine komplette Dateizusammenstellung, die als Nachschlagewerk benutzt werden soll. Durch Vergleichen der Menüs und ihrer Optionen mit den entsprechenden Befehlen der Batchfiles können Sie lernen, wie man die unterschiedlichsten Problemstellungen in den Griff bekommt.

15

Wartung und Pflege Ihres Computers

Es ist noch gar nicht so lange her, daß man Computer in speziellen, voll-klimatisierten Räumen aufstellen mußte, um Temperatur und Luftfeuch-tigkeit konstant halten zu können. Heutige Personal Computer können problemlos an fast jedem Arbeitsplatz installiert werden; sie benötigen nur etwas mehr Pflege als andere elektronische Geräte, wie zum Beispiel ein Videorecorder.

Trotzdem gibt es noch ein paar Dinge zu beachten. Dieses Kapitel bringt einige Vorschläge, wie Sie Ihren Computer instand halten und wie Sie es sich beim Arbeiten mit dem Computer bequem machen können. Es geht dabei zwar nicht um DOS, aber auch um Dinge, die den Gebrauch des Computers betreffen.

Leistungsgrenzen Ihres Computersystems

Gelegentlich wird behauptet, daß die Möglichkeiten eines Computers oder eines Programmes nur durch Kreativität des Benutzers begrenzt sind. Derartige Behauptungen sind stark übertrieben. Die Verwendungszwecke Ihres Computers sind z.B. durch die Kapazität und Geschwindigkeit von Arbeitsspeicher, Laufwerken und Mikroprozessor eingeschränkt.

Kapazität und Geschwindigkeit

Zu wenig Arbeitsspeicher oder Diskettenkapazität kann bedeuten, daß Sie ein Programm gar nicht erst laden oder nur unter Einschränkungen laufen lassen können.

Außerdem sind Sie durch die Zuverlässigkeit oder Verfügbarkeit Ihres Systems eingeschränkt - es ist schwierig, an einem System produktiv zu arbeiten, das entweder ständig defekt ist oder das Sie mit Kollegen teilen müssen.

Folgende Maßnahmen werden sich mit Sicherheit produktivitätssteigernd auswirken:

- Stellen Sie eine ausreichende Zahl von Computern bereit; viel Geld können Sie sparen, wenn Sie PCs der ersten oder zweiten Generation kaufen (also PCs , XTs oder ATs), die für viele Anwendungen völlig ausreichend sind.

- Erweitern Sie den Arbeitsspeicher Ihres Systems auf das Maximum von 640K. Es sollte nicht mehr als 300 DM kosten, und damit erhal-ten Sie oft sogar noch zusätzlich eine weitere parallele oder serielle Schnittstelle.

- Kaufen Sie sich eine Festplatte; eine 20-Megabyte Platte ist schon unter 700 DM erhältlich. Wenn Sie einmal damit gearbeitet haben, werden Sie nie mehr darauf verzichten wollen.

■ Verwenden Sie eine RAM-Disk, vor allem, wenn Sie keine Festplatte besitzen. Wenn Sie so viele speicherresidente Programme verwenden, daß nicht mehr genügend Speicherplatz für eine RAM-Disk zur Verfügung steht, sollten Sie sich überlegen, auf welche residenten Programme Sie verzichten können, damit zumindest eine RAM-Disk mit 64K angelegt werden kann. Noch besser wäre es, Sie würden sich eine Speichererweiterungskarte kaufen.

■ Verwenden Sie noch Version 2 von DOS, sollten Sie auf Version 3 umsteigen. Diese Version enthält nicht nur zusätzlich das Programm VDISK.SYS (ein RAM-Disk Programm), sondern außerdem ab 3.1 noch folgende Möglichkeiten: die Befehle Join und Substitute, die Verwendung eines Pfadnamens bei der Befehlseingabe, sowie die Existenzüberprüfung einer Datei mit dem If-Befehl; außerdem ist es bei einigen Diskettenoperationen ein wenig schneller. Version 3.2 beinhaltct darüberhinaus zwei neue Befehle zum Kopieren von Dateien (Xcopy und Replace) und eine Gerätesteuerung (DRIVER.SYS), mit der Sie einem vorhandenen Diskettenlaufwerk einen zweiten Laufwerksbuchstaben zuteilen können.

Verwendung des Hauptschalters

Der Computer erhält bei jedem Einschalten einen etwas höheren elektrischen Stromstoß. Das Leben eines Computers kann dadurch verlängert werden, daß man ihn möglichst selten ein- und ausschaltet. Computer benötigen sehr wenig Strom - etwa vergleichsweise so viel wie eine 100 Watt Glühbirne - es kostet daher nicht viel, das System laufen zu lassen. Durch niedrige Instandhaltungskosten wird sogar oft noch Geld gespart.

Ist Ihr Gerät einmal eingeschaltet, schalten Sie es erst wieder aus, wenn es am selben Tag nicht mehr benötigt wird. Lassen Sie jedoch einen Text oder eine Graphik nicht stundenlang auf dem Bildschirm stehen; dadurch erhöht sich das Risiko, daß die Bildschirmausgabe sich in die Phosphorschicht des Bildschirms einbrennt. Aus demselben Grund, aus dem Sie den Computer nicht ausschalten sollten, darf auch der Bildschirm nicht ausgeschaltet werden; drehen Sie stattdessen die Helligkeit ganz zurück oder verwenden Sie ein Programm, welches den Bildschirm automatisch löscht.

Es gibt jedoch eine Ausnahme: Einen brandneuen Computer sollten Sie am besten die beiden ersten Wochen Tag und Nacht laufen lassen. Sollte ein elektronisches Bauteil versagen, wird dies in den meisten Fällen ziemlich früh geschehen (Chiphersteller verliehen diesem Phänomen den makabren Namen "Kindersterblichkeit"). Anfällige Bauteile können so noch innerhalb der Garantiefrist ersetzt werden.

Computerpflege

Sauberkeit ist die beste Schutzmaßnahme für Ihren Computer. Aber bitte kein Fanatismus! Bedenken Sie, daß Personal Computer ziemlich unempfindlich sind; versuchen Sie deshalb nicht, eine sterile Arbeitsumgebung zu schaffen.

Die gewöhnliche Arbeitsumgebung zu Hause oder im Büro ist in der Regel gut genug für Ihren Computer, stecken Sie jedoch die Disketten in ihre Schutzhüllen, und verwahren Sie sie in einem geschlossenen Diskettenkasten. Umherschwirrende Staubpartikelchen können eher die Daten auf einer Diskette als Teile Ihres Computers beschädigen.

Bewegliche Teile sind weitaus anfälliger für Schmutz, und nahezu alle beweglichen Teile Ihres Computers befinden sich in einem einzigen Peripheriegerät: der Tastatur. Flüssigkeiten, und ganz besonders zuckerhaltige Flüssigkeiten, sind die größten Feinde von Tastaturen. Sollten Sie Kaffee, Tee, Saft oder sonstige Getränke über die Tastatur schütten, wird sie innerhalb der nächsten Tage mit ziemlicher Sicherheit nicht mehr zuverlässig arbeiten; vielleicht bleiben nur einige Tasten betroffen, auf jeden Fall wird Ihr Computer dadurch unbrauchbar. Wenn Sie nicht gerade der große Computertechniker sind und entsprechendes Werkzeug zur Verfügung haben, ist die Wahrscheinlichkeit äußerst groß, daß der Schaden durch Auseinandernehmen und Putzen der Tastatur noch wesentlich größer wird.

Die einzig sichere Möglichkeit diesem Problem aus dem Weg zu gehen, ist, während der Arbeit am Computer *nie* etwas zu trinken. Aber Sie werden es wahrscheinlich dennoch tun. Sichern Sie sich deshalb gut ab: Schaffen Sie einen Platz, der mindestens 30 cm von Ihrer Tastatur entfernt ist, wo Sie Ihr Glas, Ihre Tasse oder Kanne hinstellen können. Stellen Sie das Getränk immer dorthin. Plazieren Sie Ihr Getränk nie oberhalb der Tastatur, stellen Sie es wenn möglich unter die Tastatur, oder zumindest auf die gleiche Ebene. Und *schauen* Sie, wonach Sie fassen; und starren Sie nicht wie gebannt auf den Bildschirm (oder die Tastatur), während Sie nach Ihrem Getränk greifen! Es könnte Ihnen sonst früher oder später in die Tastatur kippen.

Gibt es in Ihrem Arbeitsbereich verhältnismäßig viel Staub, sollten Sie die Tastatur, wenn sie nicht gebraucht wird, mit einer Schutzhülle abdecken. Eine teure, maßgeschneiderte Hülle ist nicht unbedingt erforderlich, Sie können sich auch mit einem Stück Plastik oder Nylon behelfen.

Rauchen ist für Sie selbst weit gefährlicher als für Computer oder Disketten. Sie sollten es sich aber angewöhnen, in einem anderen Raum, oder noch besser, im Freien zu rauchen. Dadurch werden Sie selbst vielleicht weniger rauchen, das Haus oder Büro wird nicht nach Rauch riechen, Sie vermeiden Konflikte mit Ihren Kollegen und außerdem wird Ihr Computer sauberer bleiben.

Elektrostatische Aufladung

Während die Gefahr von Staub und Rauch vielleicht überbewertet wird, wird die Gefahr der elektrostatischen Aufladung meist unterschätzt. Sollte sich Ihr Computer ab und zu unberechenbar verhalten, kann die Ursache auf einer elekrostatischen Ladungsübertragung zwischen Ihnen und der Tatatur beruhen. Das leichte Kribbeln, daß Sie beim Berühren einer Türklinke oder eines Aktenschrankes verspüren, resultiert aus einer elektrostatischen Aufladung, die - wenn sie an den Computer abgegeben wird - ausreicht, eine oder mehrere der integrierten Schaltungen des Computers zu zerstören.

Niedrige Luftfeuchtigkeit verursacht durch Klimaanlagen, Teppichböden, synthetische Fasern sind die Hauptursache für elektrostatische Aufladungen.

Zurück zu den Symptomen: Wenn Sie ein leichtes Kribbeln beim Berühren von Metall verspüren, ist das Problem der elektrostatischen Aufladung so groß, daß Sie etwas dagegen unternehmen sollten. Dafür gibt es zwei Möglichkeiten: Geben Sie Ihre elektrische Ladung ab, bevor Sie den Computer berühren, oder reduzieren Sie die Möglichkeit der Ladungserzeugung.

Die Ladungsabgabe ist die direktere Methode. Machen Sie es sich zur Gewohnheit, vor dem Berühren Ihres Computers irgendetwas metallisches anzufassen, wie z.B. ein Stuhlgestell, einen Tischfuß oder eine Lampe. Sollten Sie ausschließlich Plastik in Ihrer Nähe haben, stellen Sie ein echtes Metallobjekt - z.B. einen großen Aschenbecher aus Zinn oder vielleicht eine Sporttrophäe aus Bronze - in die Nähe Ihres Computers und berühren Sie es. Hierbei ist jedoch die Gefahr sehr groß, daß Sie diese Maßnahme hin und wieder vergessen. Es gibt Antistatik-Matten, die unter dem Schreibtisch plaziert werden können, oder Schutzschaltungen, die zwischen Tastatur und Computer geschaltet werden. Auch Antistatik-Sprays, die Sie auf Ihren Teppichboden sprühen können, sind erhältlich; ihre Wirkung ist jedoch von begrenzter Dauer.

Um statische Elektrizität zu reduzieren, müssen Sie entweder die Luftfeuchtigkeit erhöhen oder den Teppichboden wechseln bzw. ganz darauf verzichten; am besten wäre beides. Obwohl ein kleiner Luftbefeuchter eine Hilfe sein könnte, ist diese Anschaffung oft zu teuer. Eine billigere (und entsprechend weniger wirksame) Möglichkeit besteht darin, möglichst keine Schuhe mit Ledersohlen und keine Kleidung aus synthetischen Stoffen zu tragen.

Netzanschluß

Der elektrische Strom aus der Wandsteckdose ist nicht immer konstant; manchmal ist die Spannung etwas höher, als sie sein sollte, manchmal etwas niedriger, und gelegentlich kann es passieren, daß sich eine überhöhte Spannung entlädt; dies wird auch *Spannungsspitze* genannt. Meist wird dies gar nicht bemerkt. Eine gravierende Unregelmäßigkeit kann jedoch zur Folge haben, daß Ihr Computer automatisch einen Reset (Neustart) durchführt, wobei noch nicht abgespeicherte Arbeit verloren geht. Sollte dies während einer Schreib- oder Leseoperation des Computers geschehen, können die Daten auf der Diskette oder Festplatte beschädigt werden.

Gegen dieses Risiko können Sie sich mit einem sogenannten *Spannungs-Konstanthalter* absichern, der Veränderungen der Netzspannung ausgleicht; lassen Sie sich aber vor dem Kauf eines solchen Gerätes gut beraten. Manche billigen Geräte bieten nicht viel mehr als ein trügerisches Sicherheitsgefühl. Vielleicht brauchen Sie auch gar kein solches Gerät; das Netzteil der meisten IBM- und IBM-kompatiblen Computer ist gegenüber Spannungsschwankungen bemerkenswert tolerant. Wenn Sie schon monatelang mit Ihrem Computer arbeiten und noch kein Fehlverhalten bemerkt haben, können Sie auf dieses Gerät getrost verzichten. Wenn Sie innerhalb eines großen Industriegebietes arbeiten oder energiezehrende Geräte, z.B. eine Klimaanlage oder eine große Maschine, an demselben Stromkreis wie Ihr Computer hängen, dann wäre es ratsam, sich einen Spannungs-Konstanthalter anzuschaffen. Ein gutes Gerät kostet zwischen 100 und 200 DM.

Ein Spannungs-Konstanthalter hilft jedoch nicht bei Stromausfall. Dagegen können Sie sich nur mit einem Gerät schützen, das selbständig Strom erzeugen kann; es handelt sich um Notstromgeneratoren. Wenn der Strom ausfällt, schalten sie auf Batterieversorgung um, und Ihr Computer wird für die nächsten 10 bis 20 Minuten mit Strom versorgt. Solche Notstromgeneratoren stellen keine alternative Stromquelle dar. Sie sind lediglich dazu da, daß Sie bei Stromausfall Ihre Dateien abspeichern und Ihr System ordnungsgemäß abschalten können. Ihre Leistung ist in Watt angegeben: 200 Watt sollten für ein Diskettensystem ausreichen und 300 bis 350 Watt für ein Festplattensystem. Ein solcher Notstromgenerator kostet etwa 1000 DM.

Wenn Sie auch bei Stromausfall weiterarbeiten möchten, benötigen Sie sowohl einen Notstromgenerator wie oben beschrieben als auch einen benzinbetriebenen 220-Volt-Generator. Die Leistung eines solchen Generators ist ebenfalls in Watt angegeben. Möchten Sie ihn nur für Ihren Computer einsetzen, sind 400 Watt mehr als genug. Die Preise bewegen sich etwa zwischen 1000 und 2000 DM. Bei Stromausfall speichern Sie Ihre Dateien ab und schalten das System aus. Hängen Sie Ihren Computer

vom batteriebetriebenen Generator ab, starten Sie den tragbaren benzinbetriebenen Stromgenerator, schließen Sie den Computer an diesen an und
schalten Sie den Computer wieder ein.

Denken Sie nicht zuletzt an sich selbst

Sie arbeiten genauso lange in Ihrem Büro wie Ihr Computer, vernachläs-
sigen Sie deshalb nicht Ihre eigene Bequemlichkeit.

Optimale Entfernung und Höhe des Bildschirms sind von Person zu Person verschieden; nehmen Sie sich aber die Zeit, verschiedene Positionen
auszuprobieren, solange bis Sie die für Sie bequemste ausfindig gemacht
haben. Achten Sie darauf, daß sich keine Fenster oder andere helle Licht-
quellen direkt hinter Ihnen oder dem Bildschirm befinden.

Die Lichtqualität kann sich immens auf Ihre Behaglichkeit und Leistungsfähigkeit auswirken. Eine helle Gesamtbeleuchtung erzeugt meist Bild-
schirmreflexionen, und Neonlicht flimmert oft; beides kann eine Anspan-
nung und Ermüdung der Augen verursachen. Versuchen Sie, Ihre Ar-
beitsfläche direkt zu beleuchten. Schwenkbare Schreibtischlampen sind
besonders geeignet, aber beachten Sie die Hitzeentwicklung der Glühbir-
nen: Disketten können dadurch beschädigt werden, ja sogar das Plastikgehäuse Ihres Computers.

Stellen Sie ein Telefon griffbereit; Sie möchten bestimmt nicht bei jedem
Telefonanruf aufstehen müssen, und Sie werden sich sicherlich während
der Arbeit am Computer ab und zu mit jemandem beraten wollen. Sollte
es keine Telefonsteckdose in der Nähe Ihres Computers geben, verwenden
Sie ein langes Telefonverlängerungskabel.

Scheuen Sie sich nicht, der Jahreszeit entsprechend Fenster zu öffnen, die
Klimaanlage einzuschalten oder die Heizung anzudrehen. In den meisten
Fällen gilt: Wenn Sie sich wohlfühlen, fühlt sich Ihr Computer ebenfalls
wohl!

Lohnenswerte Anschaffungen

Ist Ihr System mit einem Drucker und einem Farbmonitor ausgerüstet,
müssen Sie in der Regel drei Schalter ein- bzw. ausschalten (sogar vier,
wenn eine Lampe in der Nähe ist). Sparen Sie sich diese Mühe und ver-
hindern Sie die Abnutzung und den Verschleiß der Schalter, indem Sie
alles an eine Mehrfachsteckdose anschließen. In Computerläden erhält
man Sechsfachsteckdosen mit einem Hauptschalter für etwa 20 bis 30 DM.

Wenn die Papierzufuhr Ihres Druckers durch das fertig bedruckte Papier
behindert wird, beschaffen Sie sich einen Druckerständer. Ein Druckerständer kostet ca. 50 bis 80 DM.

Müssen Sie viel Text oder Daten eintippen, kaufen Sie sich eine Halterung für die Textvorlagen. Achten Sie darauf, daß die Halterung zwar beweglich ist aber dennoch der Last schwerer Vorlagen standhalten kann.

Kaufen Sie sich einen Ministaubsauger. Er eignet sich zur Reinigung der Tastatur, der Entlüftungsschlitze, des Ventilators, der Diskettenlaufwerke und anderer Teile des Computers. Etwa alle drei Monate - in einer staubigen Arbeitsumgebung entsprechend häufiger - sollten Sie das Gehäuse Ihres Computers aufmachen und das Innere absaugen. Das Gerät kann auch zur Reinigung von Kameras, Rechenmaschinen, Videorekordern und anderen Apparaten und Instrumenten eingesetzt werden. Ein batteriebetriebener Staubsauger hält nur etwa eine Stunde pro Batterie; kaufen Sie sich am besten gleich einen Akku; beides zusammen für ca. 50 DM.

Falsche Sparsamkeit

Aus Gründen, die ich bereits beschrieben habe, sollten Sie Ihren Computer nicht jedesmal ausschalten, wenn Sie nur für ein oder zwei Stunden den Arbeitsplatz verlassen.

Sparen Sie nicht bei den Disketten. Das eingesparte Geld verliert auf einmal all seinen Wert, wenn Sie eine Diskette einlegen und DOS freundlich meldet: *Nicht behebbarer Fehler.*

Vergeuden Sie nicht Ihre Zeit mit dem Versuch, Druckerpapier einzusparen. Es ist wirklich billig und kann in Recyclingsanlagen wiederaufbereitet werden. Halten Sie ferner ein frisches Farbband bzw. eine volle Tonerpatrone für den Drucker bereit. Die Kapitalbindung ist vertretbar.

Anhänge

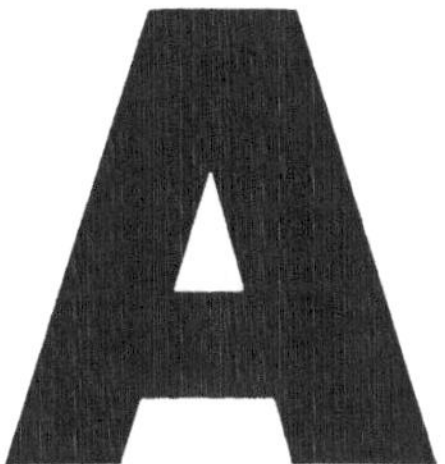

ANSI.SYS-Befehle

Jeder ANSI.SYS-Befehl beginnt mit der Sequenz {ESC}[, dem Escape-Zeichen (Code 27) mit linker eckiger Klammer.

Die in folgender Liste in spitzen Klammern (<>) aufgeführten Begriffe, werden in den Tabellen A-1 bis A-4 in Befehlsbeschreibungen verwendet. Zum schnellen Auffinden sind sie zunächst in der folgenden Liste aufgeführt und erklärt.

<Attr> gibt ein Bildschrimattribut an, wie zum Beispiel Intensiv-, Blink- oder Farbmodus.

<Ergebnis> gibt das oder die Zeichen an, die bei einer Tastenbetätigung erzeugt werden. Die Angabe kann sich auf einen ASCII-Code, auf einen erweiterten Tastencode, auf eine in Anführungszeichen stehende Zeichenkette oder auf jede beliebige Kombination von Codes und Zeichenketten getrennt durch Semikola beziehen.

<Modus> gibt den Bildschirmmodus an; dabei handelt es sich um eine Zahl zwischen 0 und 7.

<Spalte> gibt eine Zahl zwischen 1 und 80 an, die die Spaltennummer bezeichnet, in welche der Cursor gesetzt werden soll.

<Spalten> gibt eine Zahl zwischen 1 und 79 an, die festlegt, um wie viele Spalten der Cursor versetzt werden soll.

<Tastencode> gibt die Taste an, die definiert werden soll. Für Tasten des ASCII-Standard-Zeichensatzes liegt <Tastencode> zwischen 1 und 127. Andere Tasten, wie Funktionstasten, Tasten der Zehnertastatur oder Kombinationen mit den Shift-, Ctrl- oder Alt-Tasten werden mit einem aus zwei Zahlen bestehenden und durch Semikolon getrennten <Tastencode> bezeichnet; die erste der beiden Zahlen ist jeweils 0, die zweite entnehmen Sie bitte aus Anhang D.

<Zeile> gibt eine Zahl zwischen 1 und 25 an, die die Zeilennummer bezeichnet, in welche der Cursor gesetzt werden soll.

<Zeilen> gibt eine Zahl zwischen 1 und 24 an, die festlegt, um wie viele Zeilen der Cursor versetzt werden soll.

Cursor-Befehle

Cursor nach oben	{ESC}[<Zeilen>A Bewegt den Cursor um die angegebene Zeilenzahl nach oben, ohne Veränderung der Spalte. *<Zeilen>* gibt eine Zahl zwischen 1 und 24 an, die festlegt, um wie viele Zeilen der Cursor nach oben versetzt werden soll. Wird *<Zeilen>* nicht angegeben, bewegt DOS den Cursor um eine Zeile nach oben.
Beispiele	{ESC}[13A Bewegt den Cursor 13 Zeilen aufwärts. {ESC}[A Bewegt den Cursor eine Zeile aufwärts.
Cursor nach unten	{ESC}[<Zeilen>B Bewegt den Cursor um die angegebene Zeilenzahl nach unten, ohne Veränderung der Spalte. *<Zeilen>* gibt eine Zahl zwischen 1 und 24 an, die festlegt, um wie viele Zeilen der Cursor nach unten versetzt werden soll. Wird *<Zeilen>* nicht angegeben, bewegt DOS den Cursor um eine Zeile nach unten.
Beispiele	{ESC}[8B Bewegt den Cursor 8 Zeilen abwärts. {ESC}[B Bewegt den Cursor eine Zeile abwärts.
Cursor nach rechts	{ESC}[<Spalten>C Bewegt den Cursor um die angegebene Spaltenzahl nach rechts, ohne Veränderung der Zeile. *<Spalten>* gibt eine Zahl zwischen 1 und 79 an, die festlegt, um wie viele Spalten der Cursor nach rechts versetzt werden soll. Wird *<Spalten>* nicht angegeben, bewegt DOS den Cursor um eine Spalte nach rechts.
Beispiele	{ESC}[40C Bewegt den Cursor um 40 Spalten nach rechts. {ESC}[C Bewegt den Cursor um eine Spalte nach rechts.
Cursor nach links	{ESC}[<Spalten>D Bewegt den Cursor um die angegebene Spaltenzahl nach links, ohne Veränderung der Zeile. *<Spalten>* gibt eine Zahl zwischen 1 und 79 an, die festlegt, um wie viele Spalten der Cursor nach links versetzt werden soll. Wird *<Spalten>* nicht angegeben, bewegt DOS den Cursor um eine Spalte nach links.
Beispiele	{ESC}[10D Bewegt den Cursor um 10 Spalten nach links. {ESC}[D Bewegt den Cursor um eine Spalte nach links.

Cursor-Befehle

Cursor
verschieben

{ESC}[<Zeile>;<Spalte>H oder {ESC}[<Zeile>;
<Spalte>f
Bewegt den Cursor zur angegebenen Zeile und
Spalte. *<Zeile>* ist eine Zahl zwischen 1 und 25, die
die Zeile festlegt, in die der Cursor bewegt werden
soll. Wird *<Zeile>* nicht angegeben, setzt DOS den
Cursor in die erste Zeile. Um nur *<Spalte>* anzuge-
ben, muß vor *<Spalte>* ein Semikolon eingegeben
werden, damit DOS die Zahl nicht als Zeilenzahl interpretiert. *<Spalte>* ist eine Zahl zwischen 1 und
80, die die Spalte festlegt, in die der Cursor bewegt
werden soll. Wird *<Spalte>* nicht angegeben, setzt
DOS den Cursor in die erste Spalte. Werden weder
<Zeile> noch *<Spalte>* festgelegt, setzt DOS den
Cursor an die Home-Position (die linke obere Bildschirmecke - Zeile 1, Spalte 1).

Beispiele
{ESC}[;10H   Setzt den Cursor in die zehnte Spalte
der ersten Zeile.
{ESC}[H   Setzt den Cursor in die erste Spalte der
ersten Zeile.

Cursor-
position
speichern

{ESC}[s
Speichert die aktuelle Zeilen- und Spaltenposition
des Cursors. Mit dem Befehl zum Wiederherstellen
der Cursorposition können Sie später den Cursor
wieder in dieselbe Position bringen.

Beispiel
{ESC}[s   Speichern der aktuellen Cursorposition.

Wiederher-
stellen der
Cursor-
position

{ESC}[u
Bewegt den Cursor zur Zeilen- und Spaltenposition,
die mit dem letzten Befehl zum Speichern des
Cursors festhalten worden ist.

Beispiel
{ESC}[u   Cursorbewegung zur zuletzt gespeicherten
Cursorposition.

Abb. A-1.   Cursor-Befehle.

Lösch-Befehle

Bildschirm löschen	{ESC}[2J Löscht den gesamten Bildschirm (gleichbedeutend mit dem DOS-Befehl Clear Screen oder cls).
Beispiel	{ESC}[2J Bildschirm wird gelöscht.
Löschen bis zum Zeilen- ende	{ESC}[K Löschen ab aktueller Cursorposition bis zum Ende der Zeile, in der sich der Cursor befindet.
Beispiel	{ESC}[K Löschen von aktueller Cursorposition bis Zeilenende.

Abb. A-2.   Lösch-Befehle.

Bildschirmattribute und Modus-Befehle

Attribut setzen	{ESC}[<Attr>m Schaltet eine Ausgabeform, oder *Attribut*, der Bildschirmanzeige ein, z.B. Intensiv- oder Blinkmodus, Text- oder Hintergrundfarbe. *<Attr>* legt das einzuschaltende Attribut fest. Durch Semikolontrennung können auch mehrere Attributzahlen in einem Befehl eingegeben werden. *<Attr>* kann folgende Zahlen annehmen:

Attribut		*Farbe*	*Text*	*Hintergrund*
0	kein Attribut	schwarz	30	40
1	Intensivmodus	rot	31	41
4	Unterstreichung	grün	32	42
5	Blinkmodus	gelb	33	43
7	Inversmodus	blau	34	44
8	unsichtbar	violett	35	45
		cyanblau	36	46
		weiß	37	47

Wird *<Attr>* nicht angegeben, werden sämtliche Bildschirmattribute ausgeschaltet (gleichbedeutend mit dem Attribut 0).

Bildschirmattribute und Modus-Befehle

Beispiele   {ESC}[1m   Intensivmodus.
{ESC}[1;5m   Intensiv- und Blinkmodus.
{ESC}[30;46m   Schwarzer Text auf cyanblauem
Hintergrund.
{ESC}[m   Abschalten sämtlicher Bildschirmattribute.
{ESC}[0m   Abschalten sämtlicher Bildschirmattribute.
{ESC}[0;1;36m   Abschalten sämtlicher Bildschirmat-
tribute, danach Einschalten des Intensivmodus und
cyanblauer Textfarbe.

Bildschirm-   {ESC}[=<Modus>h
modus ein-   Einstellen der Bildschirmbreite und -farbe (i.a. ver-
stellen   gleichbar mit dem DOS Mode-Befehl). Mit diesem
Befehl kann bei Zeilen mit mehr als 80 Zeichen ein
Zeilenumbruch beim 80sten Zeichen veranlaßt werden, so daß die Buchstaben hinter dem 80sten Zeichen nicht abgeschnitten werden; dieser Modus wird
Zeilenumbruch genannt. Er kann mit dem Zei-
lenumbruch-Befehl ausgeschaltet werden. Beachten
Sie das Gleichheitszeichen (=) vor *<Modus>*.
<Modus> gibt den Bildschirmmodus an. Dafür gibt
es folgende Möglichkeiten:

Wert	*Bildschirmmodus*
0	40 Spalten mit je 25 Zeilen, schwarzweiß
1	40 Spalten mit je 25 Zeilen, Farbe
2	80 Spalten mit je 25 Zeilen, schwarzweiß
3	80 Spalten mit je 25 Zeilen, Farbe
4	320 X 200 Punkte Grafik, Farbe
5	320 X 200 Punkte Grafik, schwarzweiß
6	640 X 200 Punkte Grafik, schwarzweiß
7	Zeilenumbruch ein

Beispiele   {ESC}[=1h   Textmodus in Farbe mit 25 Zeilen à 40
Spalten.
{ESC}[=7h   Zeilen mit mehr als 80 Zeichen werden
in der folgenden Zeile weitergeschrieben, also nicht
abgeschnitten.

Ausschalten   {ESC}[=7l
des Zeilen-   Zeilen mit mehr als 80 Zeichen werden hinter dem
umbruchs   80sten Zeichen abgeschnitten, also nicht in der folgenden Zeile fortgesetzt.

Beispiel {ESC}[=71 Zeilen mit mehr als 80 Zeichen werden abgeschnitten.

Abb. A-3. *Bildschirmattribute und Modus-Befehle.*

Tastatur-Befehle

Tastenbe- {ESC}[<Tastencode>;<Ergebnis>p
legung Eine Taste wird mit einem oder mehreren Zeichen belegt, die bei Betätigen der Taste erzeugt werden sollen. *<Tastencode>* legt die zu belegende Taste fest. Wenn es sich bei dieser Taste um ein ASCII-Standardzeichen handelt, ist *<Tastencode>* eine Zahl zwischen 1 und 127; wenn es sich um eine Funktionstaste, eine Taste der Zehnertastatur oder eine Kombination aus Shift-, Ctrl-, Alt- und einer anderen Taste handelt, besteht *<Tastencode>* aus zwei durch ein Semikolon getrennten Zahlen, wobei die erste davon immer 0 ist und die zweite aus dem Anhang D entnommen werden kann. *<Ergebnis>* ist das bzw. die Zeichen, die bei Betätigen der Taste ausgegeben werden. Es kann als ASCII-Code, als erweiterter Tastencode, als Zeichenkette in Anführungszeichen oder als beliebige Kombination aus Codes und Zeichenketten, getrennt durch Semikola, eingegeben werden. Um einer Taste die originale Funktion wieder zuzuordnen, muß ein Tastenbelegungs-Befehl eingegeben werden, der *<Ergebnis>* auf *<Tastencode>* setzt.

Beispiele {ESC}[35;92p Belegt das Doppelkreuz (#) mit einem Backslash (\).
{ESC}[35;35p Gibt der Taste mit dem Doppelkreuz wieder die originale Funktion zurück.
{ESC}[0;112;"dir | sort";13p Belegt die Tastenkombination Alt-F9 mit einem Directory-Befehl, der mit einem Sort-Befehl verbunden und mit einem Returnzeichen versehen ist.
{ESC}[0;112;0;112p Gibt der Tastenkombination Alt-F9 wieder die originale Funktion zurück.

Abb. A-4. *Tastatur-Befehle.*

Anhang B

Epson-kompatible Druckerbefehle

Dieser Anhang beschreibt in Kürze die wichtigsten Befehle für Epson-
und epson-kompatible Drucker. Die meisten Drucker kennen mehr Befehle als in der folgenden Liste aufgeführt sind; eine komplette Liste mit
Druckerbefehlen finden Sie im Handbuch Ihres Druckers.

In Abb. B-1 bis B-3 finden Sie eine Zusammenstellung von Druckerbefehlen in drei Gruppen:

- *Schriftarten-Befehle*, die in Abb. B-1 aufgelistet sind, steuern die
  unterschiedlichen Schriftarten, wie z.B. Normalschrift, Fettdruck,
  Breitschrift, Schmalschrift, Elite- und Kursivschrift.

- *Format-Befehle*, die in Abb. B-2 aufgelistet sind, steuern die Aus-
  drucksformatierung, wie z.B. Zeilenvorschub, Seitenvorschub, Seitenlänge, Randeinstellungen und Tabulatoren.

- *Drucker-Steuerbefehle*, die in Abb. B-3 aufgelistet sind, sind für folgende Aufgaben zuständig: Druckerinitialisierung, Ausgabe von
  Warntönen, Papierendeerkennung aus- oder anschalten, Druckgeschwindigkeit einstellen, uni- oder bidirektionaler Druck u.a. maschi-
  nenbezogene Funktionen.

Bei den Befehlsbeschreibungen wurden folgende Konventionen getroffen:

^*E*: Die Ctrl-Taste soll gehalten werden, während die in Großbuchstaben
angegebene Taste betätigt wird. In Abb. C-4 im Anhang C sind die Tastencodes mit den entsprechenden Bildschirmechos für die Zeichen 1 bis
31 aufgelistet.

<Alt-5>: Die Alt-Taste soll gehalten werden, während die angegebenen
Ziffern auf der numerischen Tastatur (Zehnertastatur) eingetippt werden
(also *nicht* auf der obersten Zeile der Schreibmaschinentastatur). <Alt-5>
und ^E repräsentieren beide das Zeichen mit dem Zeichencode 5; das
Bildschirmecho wird in beiden Fällen ^E lauten; es ist aber auch möglich,
daß dieses Zeichen von Ihrem Textverarbeitungssystem oder von anderen
Programmen als ♣ ausgegeben wird.

<0>: Dieses Zeichen steht für den Zeichencode 0 (Null). Das Nullzeichen
kann nicht mit der Alt-Tasten Technik eingegeben werden; die meisten
Drucker akzeptieren jedoch dafür das Zeichen Alt-128.

{ESC}: Durch dieses Zeichen wird das Zeichen mit dem Code 27 (das
Escape-Zeichen) repräsentiert. Das Escape-Zeichen kann mit der Esc-
Taste eingegeben werden; entweder benutzen Sie die Alt-Tasten Technik
(Alt-27) oder Sie geben es in Edlin ein mit der Kombination Ctrl-V plus
linker eckiger Klammer ([).

Schriftarten-Befehle

Fettdruck Beginn	{ESC}E	
Fettdruck Ende	{ESC}F	
Schmalschrift Beginn	^O oder <Alt-15>	
Schmalschrift Ende	^R oder <Alt-18>	
Doppelanschlag Beginn	{ESC}G	
Doppelanschlag Ende	{ESC}H	
Elite	{ESC}M	12 Zeich pro Zoll.
Breitschrift Beginn	^N oder <Alt-14>	Nur eine Zeile.
	{ESC}W1	Bis Ende-Befehl.
Breitschrift Ende	^T oder <Alt-20>	Nur bei ^N.
	{ESC}W0	Beendet {ESC}W1 und ^N.
Kursivschrift Beginn	{ESC}4	
Kursivschrift Ende	{ESC}5	
NLQ (Schönschrift)	{ESC}n	
Pica	{ESC}P	10 Zeichen pro Zoll.
Indexmodus Beginn	{ESC}S1	
Potenzmodus Beginn	{ESC}S0	
Index-/Potenzmodus Ende	{ESC}T	
Unterstreichen Beginn	{ESC}-1	
Unterstreichen Ende	{ESC}-0	

Abb. B-1.   Schriftarten-Befehle.

Format-Befehle

Seitenvorschub   ^L oder <Alt-12>
(Formfeed)   Transportiert das Papier zur nächsten Seite.

Linker Rand   {ESC}l<Spalte>
                     Setzt linken Rand auf angegebene Spalte.

Zeilenvorschub   {ESC}2
6 Zeilen pro Zoll   Setzt Zeilenvorschub auf 6 Zeilen pro Zoll.

Zeilenvorschub   {ESC}0
8 Zeilen pro Zoll   Setzt Zeilenvorschub auf 8 Zeilen pro Zoll.

Zeilenvorschub   {ESC}A<Einheiten>
in 1/12" (Zoll)   Setzt Zeilenvorschub auf 1/12" * <Einheiten>.

Zeilenvorschub   {ESC}3<Einheiten>
in 1/216" (Zoll)   Setzt Zeilenvorschub auf 1/216" * <Einheiten>.

Seitenlänge   {ESC}C<0><Zoll>
                     Setzt Seitenlänge auf die angegebene Zollzahl.

Rechter Rand   {ESC}Q<Spalten>
                     Setzt rechten Rand auf die angegebene Spalte.

Überspringen der   {ESC}N<Zeilen>
Perforation   Überspringt die angegebene Zeilenzahl am Ende ei-
                     ner Seite. Beim Druckbeginn am Seitenanfang wird
                     die Zeilenzahl jeweils zur Hälfte auf den oberen und
                     unteren Rand verteilt.

Horizontal-Tab   {ESC}D<Spalte>...<0>
                     Setzt einen Tabulator an der mit <*Spalte*> angege-
                     benen Position. Möglich sind bis zu 32 Tabulatoren.
                     Die Spaltenzahl eines Tabulators wird durch die
                     entsprechende Alt-Tasten Kombination angegeben.
                     Beispiel: Tabulator in Spalte 1 ist <*Alt-1*>, Tabulator
                     in Spalte 10 ist <*Alt-10*>. Die Liste wird mit dem
                     Nullzeichen beendet.

Format-Befehle

Auto-Tab   {ESC}e<0><Spalten>
Setzt auf der gesamten Zeile immer im Abstand von
<Spalten> automatische Tabulatoren. Beispiel:
{ESC}e<Nullzeichen><Alt-5> setzt automatische
Tabulatoren bei den Spalten 5, 10, 15 usw. Bei den
meisten Druckern kann für das Nullzeichen auch
Alt-128 eingegeben werden.

Abb. B-2. *Format-Befehle.*

Drucker-Steuerzeichen

Warnton   ^G oder <Alt-7>
Der Drucker gibt einen Warnton aus.

Initialisierung   {ESC}@
(Reset)   Führt eine Druckerinitialisierung (Neustart) durch.

Papierendeer-   {ESC}8
kennung aus   Das Papierende wird vom Drucker nicht mehr erkannt. Dies ist erforderlich, wenn bei Einzelblatt-
einzug bis an die untere Papierkante gedruckt werden soll.

Papierendeer-   {ESC}9
kennung ein   Der Druckvorgang wird unterbrochen, sobald die
Seite sich dem Ende nähert. Dadurch wird ein Be-
drucken der Druckerwalze verhindert, wenn z.B. ein
Karton Endlospapier aufgebraucht ist.

Abb. B-3. *Drucker-Steuerbefehle.*

Anhang

ASC II- und erweiterter IBM-Zeichensatz

Abb. C-1 und C-2 beinhalten sämtliche 256 Zeichen des erweiterten IBM
Zeichensatzes, der von den meisten Computern unterstützt wird, die unter
MS-DOS lauffähig sind. In den Abbildungen sind die Zeichen in vier
Spalten angeordnet; jedem Zeichen folgt der entsprechende Code in dezi-
maler und hexadezimaler Schreibweise. Viele kompatible Drucker können
den gesamten Zeichensatz drucken; überprüfen Sie jedoch vorsichtshalber
Ihr Druckerhandbuch daraufhin. In Abb. C-1 sind die ersten 128 Zeichen
(Code 0 bis 127) des ASCII-Standard-Zeichensatzes dargestellt; in Abb.
C-2 ist der erweiterte IBM-Zeichensatz (Code 128 bis 255) dargestellt.
Abb. C-3 enthält vier Sätze mit Rahmenzeichen aus dem erweiterten
IBM-Zeichensatz. Abb. C-4 beinhaltet Namen und Codes der *Steuerzei-
chen*, das sind die ersten 32 ASCII-Zeichen (Code 0 bis 31).

ASCII	Dez	Hex	ASCII	Dez	Hex	ASCII	Dez	Hex	ASCII	Dez	Hex
	0	00	<Leerz.>	32	20	@	64	40	`	96	60
☺	1	01	!	33	21	A	65	41	a	97	61
☻	2	02	"	34	22	B	66	42	b	98	62
♥	3	03	#	35	23	C	67	43	c	99	63
♦	4	04	$	36	24	D	68	44	d	100	64
♣	5	05	%	37	25	E	69	45	e	101	65
♠	6	06	&	38	26	F	70	46	f	102	66
•	7	07	'	39	27	G	71	47	g	103	67
◘	8	08	(	40	28	H	72	48	h	104	68
○	9	09	)	41	29	I	73	49	i	105	69
◙	10	0A	*	42	2A	J	74	4A	j	106	6A
♂	11	0B	+	43	2B	K	75	4B	k	107	6B
♀	12	0C	,	44	2C	L	76	4C	l	108	6C
♪	13	0D	−	45	2D	M	77	4D	m	109	6D
♫	14	0E	.	46	2E	N	78	4E	n	110	6E
☼	15	0F	/	47	2F	O	79	4F	o	111	6F
►	16	10	0	48	30	P	80	50	p	112	70
◄	17	11	1	49	31	Q	81	51	q	113	71
↕	18	12	2	50	32	R	82	52	r	114	72
‼	19	13	3	51	33	S	83	53	s	115	73
¶	20	14	4	52	34	T	84	54	t	116	74
§	21	15	5	53	35	U	85	55	u	117	75
▬	22	16	6	54	36	V	86	56	v	118	76
↨	23	17	7	55	37	W	87	57	w	119	77
↑	24	18	8	56	38	X	88	58	x	120	78
↓	25	19	9	57	39	Y	89	59	y	121	79
→	26	1A	:	58	3A	Z	90	5A	z	122	7A
←	27	1B	;	59	3B	[	91	5B	{	123	7B
∟	28	1C	<	60	3C	\	92	5C	|	124	7C
↔	29	1D	=	61	3D	]	93	5D	}	125	7D
▲	30	1E	>	62	3E	^	94	5E	~	126	7E
▼	31	1F	?	63	3F	_	95	5F	Δ	127	7F

Abb. C-1.   Der ASCII Standard-Zeichensatz.

ASCII	Dez	Hex	ASCII	Dez	Hex	ASCII	Dez	Hex	ASCII	Dez	Hex
Ç	128	80	á	160	A0	└	192	C0	α	224	E0
ü	129	81	í	161	A1	⊥	193	C1	β	225	E1
é	130	82	ó	162	A2	⊤	194	C2	Γ	226	E2
â	131	83	ú	163	A3	├	195	C3	π	227	E3
ä	132	84	ñ	164	A4	─	196	C4	Σ	228	E4
à	133	85	Ñ	165	A5	┼	197	C5	σ	229	E5
å	134	86	ª	166	A6	╞	198	C6	µ	230	E6
ç	135	87	º	167	A7	╟	199	C7	τ	231	E7
ê	136	88	¿	168	A8	╚	200	C8	Φ	232	E8
ë	137	89	⌐	169	A9	╔	201	C9	Θ	233	E9
è	138	8A	¬	170	AA	╩	202	CA	Ω	234	EA
ï	139	8B	½	171	AB	╦	203	CB	δ	235	EB
î	140	8C	¼	172	AC	╠	204	CC	∞	236	EC
ì	141	8D	¡	173	AD	═	205	CD	φ	237	ED
Ä	142	8E	«	174	AE	╬	206	CE	∈	238	EE
Å	143	8F	»	175	AF	╧	207	CF	∩	239	EF
É	144	90	░	176	B0	╨	208	D0	≡	240	F0
æ	145	91	▒	177	B1	╤	209	D1	±	241	F1
Æ	146	92	▓	178	B2	╥	210	D2	≥	242	F2
ô	147	93	│	179	B3	╙	211	D3	≤	243	F3
ö	148	94	┤	180	B4	╘	212	D4	⌠	244	F4
ò	149	95	╡	181	B5	╒	213	D5	⌡	245	F5
û	150	96	╢	182	B6	╓	214	D6	÷	246	F6
ù	151	97	╖	183	B7	╫	215	D7	≈	247	F7
ÿ	152	98	╕	184	B8	╪	216	D8	°	248	F8
Ö	153	99	╣	185	B9	┘	217	D9	∙	249	F9
Ü	154	9A	║	186	BA	┌	218	DA	·	250	FA
¢	155	9B	╗	187	BB	█	219	DB	√	251	FB
£	156	9C	╝	188	BC	▄	220	DC	η	252	FC
¥	157	9D	╜	189	BD	▌	221	DD	²	253	FD
₧	158	9E	╛	190	BE	▐	222	DE	■	254	FE
ƒ	159	9F	┐	191	BF	▀	223	DF		255	FF

Abb. C-2.   *Der erweiterte IBM-Zeichensatz.*

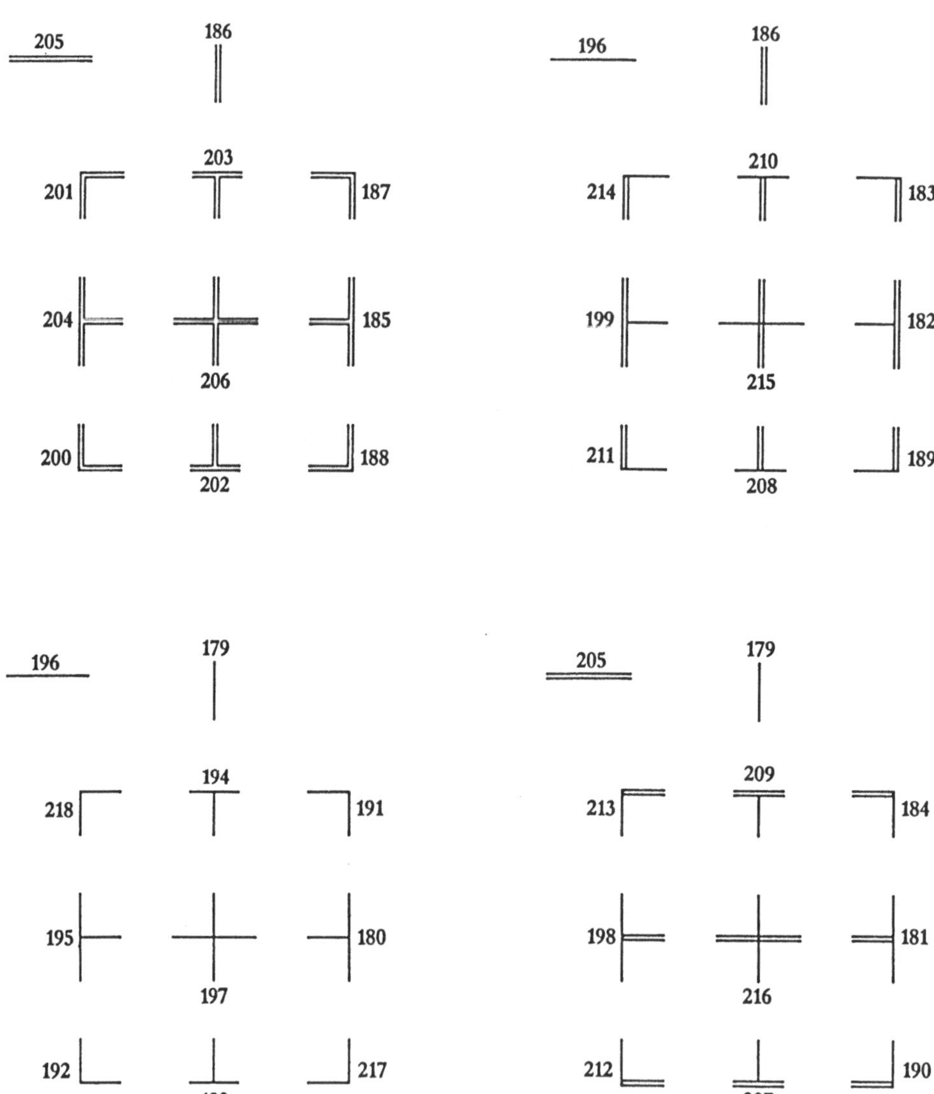

Abb. C-3.   *Rahmenzeichen aus dem erweiterten Zeichensatz.*

Abkür-zung	*engl. Bezeichnung*	**Code** *Dez*	*Hex*	**Eingabe mit** *Alt-Taste*	*Ctrl-Taste*	*Bildschirm-echo*
NUL	Null	0	0	nicht möglich	nicht möglich	kein Echo
SOH	Start of heading	1	1	Alt-1	Ctrl-A	^A
STX	Start of text	2	2	Alt-2	Ctrl-B	^B
ETX	End of text	3	3	Alt-3	Ctrl-C	^C
EOT	End of transmission	4	4	Alt-4	Ctrl-D	^D
ENQ	Enquiry	5	5	Alt-5	Ctrl-E	^E
ACK	Acknowledge	6	6	Alt-6	Ctrl-F	^F
BEL	Bell	7	7	Alt-7	Ctrl-G	^G
BS	Backspace	8	8	Alt-8	Ctrl-H	^H
HT	Horizontal tab	9	9	Alt-9	Ctrl-I	^I
LF	Line feed	10	A	Alt-10	Ctrl-J	^J
VT	Vertical tab	11	B	Alt-11	Ctrl-K	^K
FF	Form feed	12	C	Alt-12	Ctrl-L	^L
CR	Carriage return	13	D	Alt-13	Ctrl-M	^M
SO	Shift out	14	E	Alt-14	Ctrl-N	^N
SI	Shift in	15	F	Alt-15	Ctrl-O	^O
DLE	Data link escape	16	10	Alt-16	Ctrl-P	^P
DC1	Device control 1	17	11	Alt-17	Ctrl-Q	^Q
DC2	Device control 2	18	12	Alt-18	Ctrl-R	^R
DC3	Device control 3	19	13	Alt-19	Ctrl-S	^S
DC4	Device control 4	20	14	Alt-20	Ctrl-T	^T
NAK	Negative acknowledge	21	15	Alt-21	Ctrl-U	^U
SYN	Synchronous idle	22	16	Alt-22	Ctrl-V	^V
ETB	End transmission block	23	17	Alt-23	Ctrl-W	^W
CAN	Cancel	24	18	Alt-24	Ctrl-X	^X
EM	End of medium	25	19	Alt-25	Ctrl-Y	^Y
SUB	Substitute	26	1A	Alt-26	Ctrl-Z	^Z
ESC	Escape	27	1B	Alt-27	Ctrl-[	^[
FS	File separator	28	1C	Alt-28	Ctrl-\	^\
GS	Group separator	29	1D	Alt-29	Ctrl-]	^]
RS	Record separator	30	1E	Alt-30	Ctrl-^	^^
US	Unit separator	31	1F	Alt-31	Ctrl-_	^_

Abb. C-4.   ASCII-Steuerzeichen (Code 0 bis 31).

Anhang

D

Tastencodes für Tastaturneubelegung mit ANSI.SYS-Befehlen

Abb. D-1 und D-2 beinhalten die Tastencodes sämtlicher Tasten und Tastenkombinationen, die mit Hilfe des ANSI.SYS-Befehls Define Key neu belegt werden können. In der ersten Spalte finden Sie die Tastenbezeichnung. Die Spalte mit der Überschrift *Tastencode* enthält den Code für die einzelnen Tasten (also ohne Shift, Ctrl oder Alt). Die drei folgenden Spalten enthalten den Code für die entsprechenden Tastenkombinationen der in der ersten Spalte aufgeführten Taste und der entsprechenden Umschalt- bzw. Steuertaste, die Sie als Spaltenüberschriften finden (*Shift, Ctrl* oder *Alt*). Ein Querstrich (-) bedeutet, daß diejenige Taste bzw. Tastenkombination nicht neu belegt werden kann.

Ist nur eine einzige Zahl aufgeführt, handelt es sich dabei um den ASCII-Code der Taste; beinhaltet ein Code zwei Zahlen, handelt es sich um erweiterte Codes, deren erste Zahl immer 0 ist.

Abb. D-1 enthält die erweiterten Codes der Funktionstasten (F1 bis F10), Tasten der Zehnertastatur und PrtSc; ein erweiterter Code enthält immer 0 als erste Zahl. Abb. D-2 enthält die Codes der ASCII-Standardzeichen (Buchstaben, Ziffern, Bindestrich, Gleichheitszeichen und Tabulator) mit jeweils einer Zahl, sowie die erweiterten Codes für die Kombinationen.

Der erweiterte Code zur Einbindung eines Nullzeichens (ASCII 0) in die Tastenbelegung mit einem Define-Key-Befehl ist 0;3.

Bezeichnung	Tasten- code	mit Shift	mit Ctrl-	mit Alt-
F1	0;59	0;84	0;94	0;104
F2	0;60	0;85	0;95	0;105
F3	0;61	0;86	0;96	0;106
F4	0;62	0;87	0;97	0;107
F5	0;63	0;88	0;98	0;108
F6	0;64	0;89	0;99	0;109
F7	0;65	0;90	0;100	0;110
F8	0;66	0;91	0;101	0;111
F9	0;67	0;92	0;102	0;112
F10	0;68	0;93	0;103	0;113
Home	0;71	55	0;119	—
Cursor Up	0;72	56	—	—
Pg Up	0;73	57	0;132	—
Cursor Left	0;75	52	0;115	—
Cursor Right	0;77	54	0;116	—
End	0;79	49	0;117	—
Cursor Down	0;80	50	—	—
Pg Dn	0;81	51	0;118	—
Ins	0;82	48	—	—
Del	0;83	46	—	—
PrtSc	—		0;114	—

Abb. D-1. Erweiterte Codes für Funktionstasten und Tasten der numerischen Tastatur.

Bezeichnung	Tasten-code	mit Shift	mit Ctrl-	mit Alt-
A	97	65	1	0;30
B	98	66	2	0;48
C	99	67	3	0;46
D	100	68	4	0;32
E	101	69	5	0;18
F	102	70	6	0;33
G	103	71	7	0;34
H	104	72	8	0;35
I	105	73	9	0;23
J	106	74	10	0;36
K	107	75	11	0;37
L	108	76	12	0;38
M	109	77	13	0;50
N	110	78	14	0;49
O	111	79	15	0;24
P	112	80	16	0;25
Q	113	81	17	0;16
R	114	82	18	0;19
S	115	83	19	0;31
T	116	84	20	0;20
U	117	85	21	0;22
V	118	86	22	0;47
W	119	87	23	0;17
X	120	88	24	0;45
Y	121	89	25	0;21
Z	122	90	26	0;44
1	49	33	—	0;120
2	50	64	—	0;121
3	51	35	—	0;122
4	52	36	—	0;123
5	53	37	—	0;124
6	54	94	—	0;125
7	55	38	—	0;126
8	56	42	—	0;127
9	57	40	—	0;128
0	48	41	—	0;129
-	45	95	—	0;130
=	61	43	—	0;131
Tab	9	0;15	—	—

Abb. D-2. Erweiterte Codes für ASCII-Standardzeichen.

Anhang

E

Konvertierungstabelle
Hexadezimal – Dezimal

Hexadezimale Zahlen setzen sich wie dezimale Zahlen (und alle übrigen Zahlensysteme) aus den Potenzen der Basis zusammen - in diesem Fall also 16. Die am weitesten rechts befindliche Ziffer steht für ein Vielfaches von 16 hoch 0, entspricht 1; die zweite Ziffer von rechts steht für ein Vielfaches von 16 hoch 1, entspricht 16; die dritte Ziffer von rechts steht für ein Vielfaches von 16 hoch 2, entspricht 256;die vierte Ziffer von rechts steht für ein Vielfaches von 16 hoch 3, entspricht 4.096; und so weiter.

Abb. E-1 vereinfacht die Umwandlung hexadezimaler Zahlen in dezimale Zahlen bis zur hexadezimalen Zahl FFFF. Jede der vier Tabellenspalten listet den dezimalen Wert einer jeden hexadezimalen Ziffer auf.

Vierte Ziffer		Dritte Ziffer		Zweite Ziffer		Erste Ziffer	
Hex	*Dez*	*Hex*	*Dez*	*Hex*	*Dez*	*Hex*	*Dez*
0	0	0	0	0	0	0	0
1	4.096	1	256	1	16	1	1
2	8.192	2	512	2	32	2	2
3	12.288	3	768	3	48	3	3
4	16.384	4	1.024	4	64	4	4
5	20.480	5	1.280	5	80	5	5
6	24.576	6	1.536	6	96	6	6
7	28.672	7	1.792	7	112	7	7
8	32.768	8	2.048	8	128	8	8
9	36.864	9	2.304	9	144	9	9
A	40.960	A	2.560	A	160	A	10
B	45.056	B	2.816	B	176	B	11
C	49.152	C	3.072	C	192	C	12
D	53.248	D	3.328	D	208	D	13
E	57.344	E	3.584	E	224	E	14
F	61.440	F	3.840	F	240	F	15

Abb. E-1.   Konvertierungstabelle Hexadezimal - Dezimal.

Anwendung der Konvertierungstabelle E-1 zur Umrechnung hexadezimaler Zahlen in dezimale Zahlen: Suchen Sie den dezimalen Wert einer jeden hexadezimalen Stelle in der Tabelle auf, und addieren Sie die gefundenen Werte; als Ergebnis erhalten Sie die entsprechende Dezimalzahl. Beispiel: Konvertieren Sie die Hexadezimalzahl 7F3 in eine Dezimalzahl:

- Die hexadezimale Zahl besteht aus drei Ziffern. Beginnen Sie mit der in Abb. E-1 mit *Dritte Ziffer* bezeichneten Spalte. Suchen Sie *7* in der Spalte mit der Bezeichnung *Hex*; der entsprechende Eintrag in der Spalte mit der Bezeichnung *Dez* ist *1.792*.

- In der mit *Zweite Ziffer* bezeichneten Spalte suchen Sie jetzt nach *F*; der dezimale Wert heißt *240*.

- Suchen Sie nun noch in der Spalte *Erste Ziffer* das dezimale Äquivalent der Hexadezimalziffer *3* auf; es heißt ebenfalls *3*.

- Addieren Sie die den hexadezimalen Ziffern entsprechenden Dezimalzahlen: 1.792 + 240 + 3. Das Ergebnis ist 2.035.

Abschließend noch ein paar weitere Beispiele für die Konvertierung von Hexadezimalzahlen in Dezimalzahlen mit Hilfe der Tabelle E-1:

Hexadezimale Zahl	Vierte Ziffer		Dritte Ziffer		Zweite Ziffer		Erste Ziffer		Dezimale Zahl
9								=	9
D							13	=	13
1B					16	+	11	=	27
64					96	+	4	=	100
100			256	+	0	+	0	=	256
C5A			3.072	+	80	+	10	=	3.162
1000	4.096	+	0	+	0	+	0	=	4.096
FFFF	61.440	+	3.840	+	240	+	15	=	65.535

F

Ein komplettes Menü-System

Die Abb. F-1 bis F-9 enthalten BAT- und DOK-Dateien, die für ein
Menü-System mit vier Untermenüs benötigt werden. Wenn auch die Pro-
gramm- und Verzeichnisnamen mit den Ihren nicht übereinstimmen, können Sie dennoch durch Vergleichen der Menüs mit den entsprechenden
Batchfiles eine Menge für das Erstellen Ihres eigenen Menü-Systems lernen.

Für das Hauptmenü-Batchfile (HAUPTMEN.BAT) in Abb. F-5 wird eine
Systemvariable mit der Bezeichnung LW benötigt, die den Buchstaben des
Laufwerks beinhaltet, von dem aus das Menü-System gestartet werden
soll; außerdem müssen sich die Anwenderprogramme in Laufwerk C befinden.

Das Hauptmenü (HAUPTMEN.DOK) in Abb. F-1 und das Untermenü
der Textverarbeitung (TEXTMENU.DOK) in Abb. F-3 beinhalten ANSI.
SYS-Befehle, die unterschiedliche Textfarben für den Titelrahmen und
die Menüauswahlen produzieren. Sämtliche Auswahlmöglichkeiten von
TEXTMENU.DOK sind kyanblau; diese Farbe stimmt mit der Farbe der
Auswahl "Textverarbeitungs-Menü" in HAUPTMEN.DOK überein.

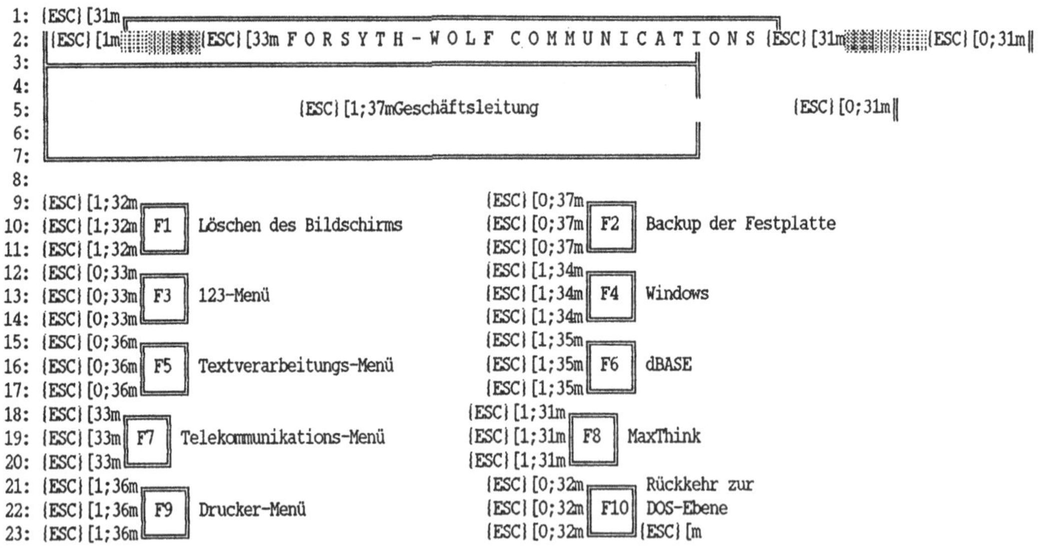

Abb. F-1.   Das Hauptmenü (HAUPTMEN.DOK).

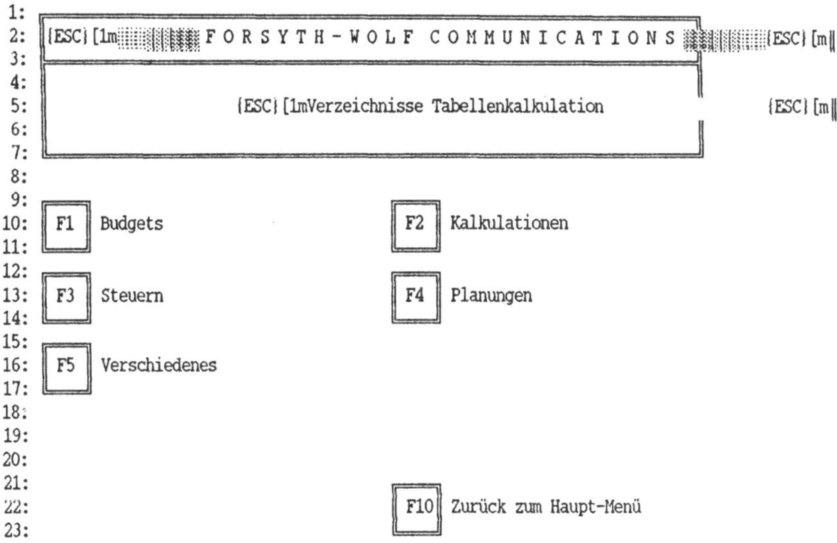

Abb. F-2.   Das Kalkulations-Menü (123MENU.DOK).

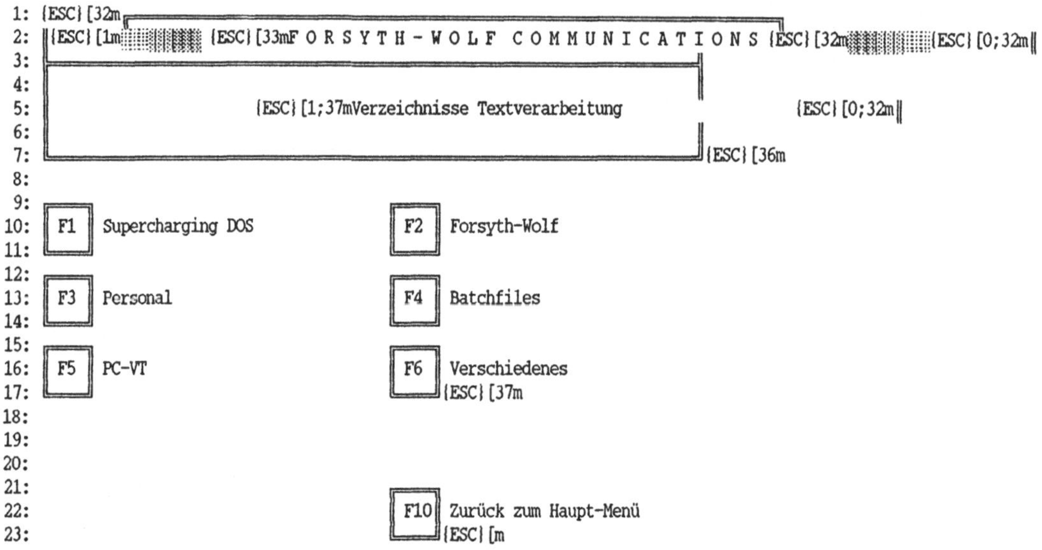

Abb. F-3.   *Das Textverarbeitungs-Untermenü (TEXTMENU.DOK).*

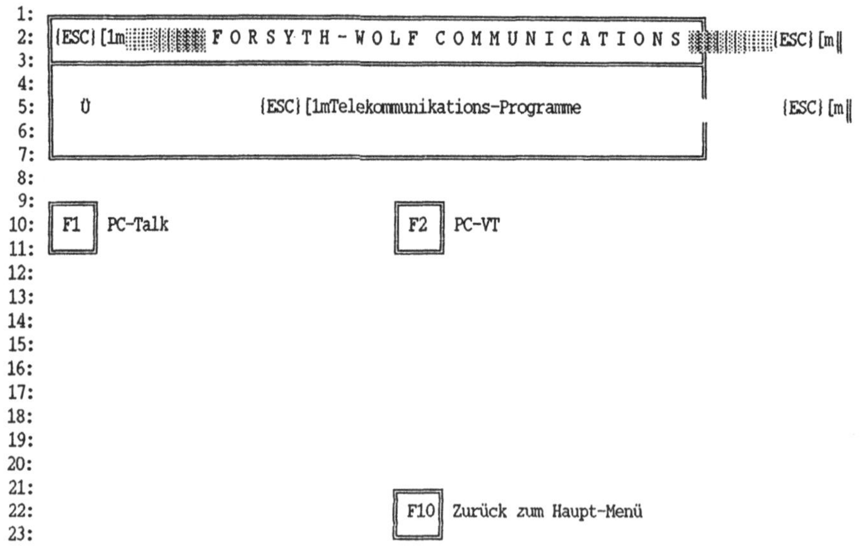

Abb. F-4.   *Das Telekommunikations-Menü (TELEMENU.DOK).*

```
 1:    echo off
 2:    echo {ESC}[m
 3:    prompt
 4: :START
 5:    cls
 6:    keincurs
 7:    %lw%
 8:    cd \menue
 9:    type hauptmen.dok
10: :HOLE_ANTW
11:    antwort
12:    if errorlevel 69 goto HOLE_ANTW
13:    if errorlevel 68 goto F10
14:    if errorlevel 67 goto F9
15:    if errorlevel 66 goto F8
16:    if errorlevel 65 goto F7
17:    if errorlevel 64 goto F6
18:    if errorlevel 63 goto F5
19:    if errorlevel 62 goto F4
20:    if errorlevel 61 goto F3
21:    if errorlevel 60 goto F2
22:    if errorlevel 59 goto F1
23:    goto HOLE_ANTW
24: :F10
25:    cls
26:    goto ENDE
27: :F9
28:    cls
29:    prompt
30:    command /c prntmenu hauptmen
31:    goto START
32: :F8
33:    c:
34:    cd \max
35:    max
36:    goto START
37: :F7
38:    cls
39:    type telemenu.dok
```

```
40: :RPLY_COM
41:    c:
42:    reply
43:    if errorlevel 68 goto START
44:    if errorlevel 60 if not errorlevel 61 goto F2_BEF
45:    if errorlevel 59 if not errorlevel 60 goto F1_BEF
46:    goto ANTW_BEF
47: :F1_BEF
48:    cd \pc-talk
49:    pc-talk
50:    goto F7
51: :F2_BEF
52:    cd \pc-vt
53:    pc-vt
54:    goto F7
55: :F6
56:    cls
57:    cd \dbase
58:    dbase
59:    goto START
60: :F5
61:    cls
62:    type textmenu.dok
63: :ANTW_TXT
64:    antwort
65:    if errorlevel 69 goto ANTW_TXT
66:    if errorlevel 68 goto START
67:    if errorlevel 65 if not errorlevel 68 goto ANTW_TXT
68:    c:
69:    if errorlevel 64 if not errorlevel 65 cd \word\versch
70:    if errorlevel 63 if not errorlevel 64 cd \pc-vt
71:    if errorlevel 62 if not errorlevel 63 cd \batch
72:    if errorlevel 61 if not errorlevel 62 cd \word\pers
73:    if errorlevel 60 if not errorlevel 61 cd \word\for-wolf
74:    if errorlevel 59 if not errorlevel 60 cd \word\super
75:    if errorlevel 0 if not errorlevel 59 goto ANTW_TXT
76:    word
77:    %lw%
78:    cd \menue
```

```
 79:    goto F5
 80: :F4
 81:    c:
 82:    cd \windows
 83:    win
 84:    goto START
 85: :F3
 86:    cls
 87:    type 123menu.dok
 88: :ANTW_123
 89:    antwort
 90:    if errorlevel 69 goto ANTW_123
 91:    if errorlevel 68 goto START
 92:    if errorlevel 64 if not errorlevel 68 goto ANTW_123
 93:    c:
 94:    if errorlevel 63 if not errorlevel 64 cd \123\versch
 95:    if errorlevel 62 if not errorlevel 63 cd \123\planung
 96:    if errorlevel 61 if not errorlevel 62 cd \123\steuer
 97:    if errorlevel 60 if not errorlevel 61 cd \123\kalkul
 98:    if errorlevel 59 if not errorlevel 60 cd \123\budget
 99:    if errorlevel 0 if not errorlevel 59 goto ANTW_123
100:    123
101:    %lw%
102:    cd \menue
103:    goto F3
104: :F2
105:    command /c backup
106:    goto START
107: :F1
108:    cls
109:    antwort
110:    goto START
111: :ENDE
112:    %lw%
113:    normcurs
114:    promptrs
```

Abb. F-5.   Das Batchprogramm für das Hauptmenü (HAUPTMEN.BAT).

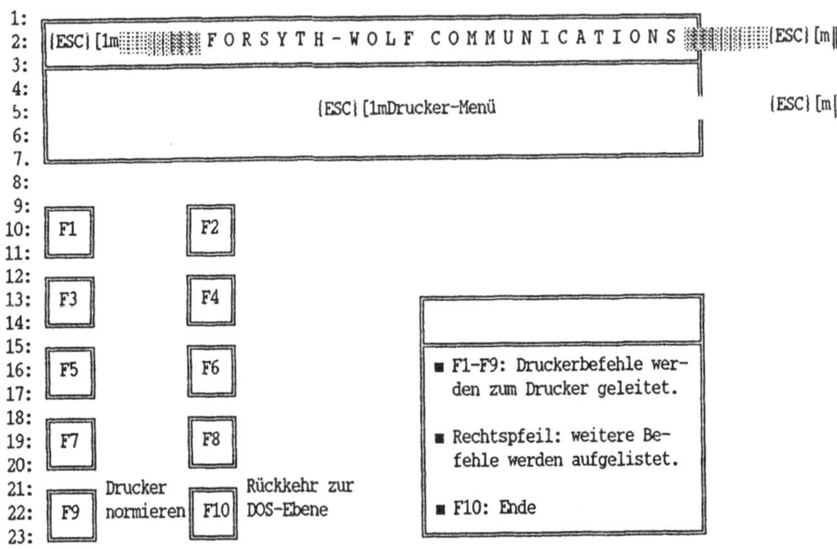

Abb. F-6.   Das Drucker-Menü (PRNTMENU.DOK).

```
1: {ESC}[14;45H{ESC}[1m    Schriftarten-Befehle {ESC}[m
2: {ESC}[9;8H           {ESC}[9;24H
3: {ESC}[10;8HGedehnt    {ESC}[10;24HSchmal
4: {ESC}[12;8H           {ESC}[12;24H
5: {ESC}[13;8HELite      {ESC}[13;24HProportional
6: {ESC}[15;8H           {ESC}[15;24H
7: {ESC}[16;8HFettdruck{ESC}[16;24HKursiv
8: {ESC}[18;8H           {ESC}[18;24H
9: {ESC}[19;8HUnterstr.{ESC}[19;24HSchönschrift
```

Abb. F-7.   Die Schriftarten-Befehle (PRNTOPT1.DOK).

```
 1: {ESC}[14;45H{ESC}[1m    Formatierungs-Befehle{ESC}[m
 2: {ESC}[9;8H            {ESC}[9;24H
 3: {ESC}[10;8H1½-zeilig{ESC}[10;24H2-zeilig
 4: {ESC}[12;8H            {ESC}[12;24H
 5: {ESC}[13;8H3-zeilig {ESC}[13;24H8 Zeilen/Zoll
 6: {ESC}[15;8HSuper-    {ESC}[15;24H
 7: {ESC}[16;8Hschmal    {ESC}[16;24H12 Zoll/Seite
 8: {ESC}[18;8HAdreß-    {ESC}[18;24H
 9: {ESC}[19;8Hetiketten{ESC}[19;24HPapierende
```

Abb. F-8.   Die Formatierungs-Befehle (PRNTOPT2.DOK).

```
 1:    echo off
 2:    cls
 3:    type prntmenu.dok
 4:    if "%1"=="hauptmen" echo {ESC}23;23H              {ESC}[23;24HZurück
       zum Haupt-Menü
 5: :WAHL_1
 6:    type prntopt1.dok
 7: :ANTWORT_1
 8:    antwort
 9:    if errorlevel 77 if not errorlevel 78 goto WAHL_2
10:    if errorlevel 69 goto ANTWORT_1
11:    if errorlevel 68 goto ENDE
12:    if errorlevel 67 echo {ESC}@> prn
13:    if errorlevel 66 if not errorlevel 67 echo {ESC}n> prn
14:    if errorlevel 65 if not errorlevel 66 echo {ESC}-1> prn
15:    if errorlevel 64 if not errorlevel 65 echo {ESC}4> prn
16:    if errorlevel 63 if not errorlevel 64 echo {ESC}E> prn
17:    if errorlevel 62 if not errorlevel 63 echo {ESC}p1> prn
18:    if errorlevel 61 if not errorlevel 62 echo {ESC}M> prn
19:    if errorlevel 60 if not errorlevel 61 echo <Alt-15>> prn
20:    if errorlevel 59 if not errorlevel 60 echo {ESC}W1> prn
21:    goto ANTWORT_1
22: :WAHL_2
23:    type prntopt2.dok
24: :ANTWORT_2
25:    antwort
26:    if errorlevel 77 if not errorlevel 78 goto WAHL_1
27:    if errorlevel 69 goto ANTWORT_2
28:    if errorlevel 68 goto ENDE
29:    if errorlevel 67 echo {ESC}@> prn
30:    if errorlevel 66 if not errorlevel 67 echo {ESC}8> prn
```

```
31:    if errorlevel 65 if not errorlevel 66 echo {ESC}CO<Alt-7>> prn
32:    if errorlevel 64 if not errorlevel 65 echo {ESC}C<Alt-128>{ESC}N
          <Alt-6>> prn
33:    if errorlevel 63 if not errorlevel 64 echo <Alt-15>{ESC}SO
       {ESC}3<Alt-15>> prn
34:    if errorlevel 62 if not errorlevel 63 echo {ESC}O> prn
35:    if errorlevel 61 if not errorlevel 62 echo {ESC}3l> prn
36:    if errorlevel 60 if not errorlevel 61 echo {ESC}3H> prn
37:    if errorlevel 59 if not errorlevel 60 echo {ESC}36> prn
38:    goto ANTWORT_2
39: :ENDE
40:    cls
```

Abb. F-9.   *Das Batchfile für das Drucker-Menü (PRNTMENU.BAT).*

Glossar

A

ANSI.SYS: Ein Programm (Gerätesteuerung oder Device Driver), über das DOS Bildschirmanzeige und Tastatur kontrolliert. ANSI ist die Abkürzung für American National Standards Institute. *Vgl.* ANSI.SYS-Befehl.

ANSI.SYS-Befehl: Ein Befehl der Gerätesteuerung ANSI.SYS, der Cursor, Bildschirmattribute und Tastaturbelegungen erkennt. Jeder ANSI.SYS-Befehl beginnt mit einem Escape-Zeichen (Code 27), dem eine linke eckige Klammer folgt. Wenn Sie ANSI.SYS-Befehle verwenden, muß sich die Datei ANSI.SYS auf Ihrer Systemdiskette und die Datei CONFIG.SYS im Stammverzeichnis der Systemdiskette befinden und den Konfigurationsbefehl *device=ansi.sys* enthalten.

ASCII: Abkürzung für American Standard Code for Information Interchange. Dieser Zeichencode wird von den meisten Mikrocomputern zur Darstellung von Ziffern, Buchstaben und Sonderzeichen benutzt.

Attribut: *Vgl.* Bildschirmattribut.

B

Batch-Befehl: Bezeichnung eines Batchfiles. Ein Batch-Befehl wird auf der DOS-Befehlsebene wie jeder andere Befehl eingegeben. Danach werden die Befehle, die im Batchfile abgelegt sind, vom Betriebssystem ausgeführt.

Batchfile: Eine Textdatei mit der Dateinamenergänzung BAT, die eine Sammlung von DOS-Befehlen enthält. Durch Eingabe des Dateinamens werden die DOS-Befehle vom Betriebssystem ausgeführt.

Befehl: Eine Anweisung, die der Benutzer über die Tastatur eingibt und die anschließend von DOS ausgeführt wird.

Befehlspfad: Eine Liste mit Pfadnamen, die die Verzeichnisse enthalten, in denen nach einer Befehlsdatei gesucht werden soll, wenn sie sich nicht im aktuellen Dateiverzeichnis befindet.

Bildschirmattribut: Damit können unterschiedliche Bildschirmmodi eingestellt werden, z.B. Intensiv- oder Blinkmodus und Farbe. Eine Möglichkeit für den Einsatz von Bildschirmattributen wird mit den ANSI.SYS-Befehlen geboten.

Binär-System: Das Zahlensystem zur Basis Zwei, das ausschließlich aus den Ziffern 0 und 1 zusammengesetzt ist. Computer arbeiten mit dem Binär-System, weil die Ziffern 0 und 1 durch die beiden elektrischen Zu-

stände "Spannung liegt an" (1) und "Spannung liegt nicht an" (0) dargestellt werden können.

Bit: Die kleinste Einheit, die von einem Computer erfaßt werden kann.
Ein Bit enthält immer eine Binär-Einheit (0 oder 1). Acht Bit werden
auch als Byte bezeichnet.

Buffer: Ein Speicherbereich, der von DOS beim Lesen von oder Schreiben
auf Diskette bzw. Festplatte als Zwischenspeicher benutzt wird. Mit dem
Konfigurationsbefehl Buffers kann die Anzahl der Buffer (Puffer) eingestellt werden.

Byte: Eine Maßeinheit für Speicherkapazität. Ein Byte umfaßt acht Bit
und wird zur Speicherung eines Zeichens eingesetzt (Buchstabe, Ziffer
oder Sonderzeichen).

C

COMSPEC: Ein Konfigurationsbefehl, der das Programm festlegt, das die
Befehle, die hinter dem Prompt-Zeichen eingegeben werden, interpretiert.
Mit Ausnahme einiger weniger ungewöhnlicher Fälle ist dieses Programm
COMMAND.COM.

CONFIG.SYS: Eine Datei mit Konfigurationsbefehlen, die bei jedem Start
von DOS gelesen wird.

D

Debug: Ein DOS-Programm, mit dem der Hauptspeicherinhalt untersucht
und geändert, einzelne Sektoren von einer Diskette geladen und As-
sembler-Programme geschrieben werden können.

Device Driver: *Vgl.* Gerätesteuerung.

Druckbare Zeichen: Damit werden gelegentlich die Zeichen 32 bis 127
des ASCII-Codes bezeichnet, im Gegensatz zu den Steuerzeichen mit dem
ASCII-Code 0 bis 31.

Drucker-Befehle: Eine Zeichenkette, die keine druckbaren Zeichen, son-
dern einen Befehl für einen Drucker beinhaltet, z.B. Ändern der
Schriftart oder des Zeilenabstandes. Die meisten Drucker-Befehle sind
Escape-Sequenzen.

E

Errorlevel: Ein von manchen Programmen ausgegebener numerischer
Wert, der mit der Option *ERRORLEVEL* des Batchbefehls *If* überprüft
werden kann.

Erweiterter Tastencode: Ein Code aus zwei Zahlen, der Tasten repräsentiert, die sich außerhalb der Schreibmaschinentastatur befinden, wie z.B. Funktions- und Cursorsteuertasten oder Tastenkombinationen mit Ctrl- und Alt-Taste. Die erste Zahl ist immer 0 und wird von der zweiten durch ein Semikolon getrennt. Vgl. auch Tastencode.

Erweiterter Zeichensatz: Die den Zeichencodes 128 bis 255 zugeordneten Zeichen eines IBM oder IBM-kompatiblen Computers. Diese Zeichen sind nicht durch den ASCII-Standard definiert.

Escape-Sequenz: Eine Zeichenkette, die normalerweise mit einem Escape-Zeichen beginnt und als Befehl interpretiert wird.

Escape-Zeichen: Ein ASCII-Steuerzeichen - Code 27 -, das oft den Beginn einer Zeichenkette markiert, die keine Daten sondern einen Befehl beinhaltet. Damit können gewöhnliche Zeichen eine Befehlsbedeutung erhalten und für eine Datenübertragung z.B. in eine Textdatei eingestreut werden (beispielsweise Drucker-Steuerzeichen).

F

FCB (File Control Block): Ein von DOS belegter Speicherbereich, der Namen, Größe, Speicherplatz und andere Informationen über eine Datei enthält, die von einem Programm verwendet wird.

G

Gerätesteuerung: (auch Gerätetreiber oder Device Driver) Ein Programm, das für DOS die notwendigen Informationen zum *Steuern* oder Be*treiben* eines Peripheriegerätes enthält. Es kann sich dabei um ein separates Programm mit der Dateierweiterung SYS handeln (z.B. ANSI.SYS) oder um ein Teilprogramm eines Anwenderprogrammes (viele Anwenderprogramme beinhalten beispielsweise Druckertreiber). Eine Gerätesteuerung kann Anweisungen für Peripheriegeräte enthalten, die von DOS als ungewöhnlich betrachtet werden (z.B. MOUSE.SYS) oder Anweisungen für ein gewöhnliches Peripheriegerät, das anders behandelt werden soll (z.B. ANSI.SYS). *Vgl.* auch Konfigurations-Befehl.

H

Hexadezimal: Das Zahlensystem zur Basis 16; die Ziffern dieses Zahlensystems laufen von 0 bis F (die Buchstaben A bis F stehen für die Dezimalzahlen 10 bis 15). Dieses Zahlensystem wird beim Programmieren in Maschinensprache eingesetzt, weil es schneller und übersichtlicher einzugeben ist als die entsprechenden Werte im Binärsystem und einfach in den Binärcode, der eigentlichen Maschinensprache, umgewandelt werden kann.

K

Konfiguration: Die Zusammenstellung eines Computersystems, wie es in der Datei CONFIG.SYS beschrieben wird. Die Konfiguration enthält spezielle Programme für Peripheriegeräte, wie z.B. für die Maus. Speicherplatz wird für bestimmte Aufgaben reserviert, wie z.B. Dateipuffer (*buffers*). Auch werden manche Systemoperationen genauer festgelegt, z.B. wie oft überprüft werden soll, ob der Abbruchsbefehl Ctrl-C eingegeben worden ist.

Konfigurations-Befehl: Eine Anweisung in der Datei CONFIG.SYS, die für DOS detaillierte Hinweise zur Konfiguration beinhaltet, z.B. den Namen einer Gerätesteuerung (*device=ansi.sys*) oder wie viele Speicherblöcke für Diskettenoperationen eingesetzt werden sollen (*buffers=20*).

P

Pfad: Eine Liste von Verzeichnisnamen, die angibt, wie ein bestimmtes Verzeichnis vom Betriebssystem aufgefunden werden kann.

Puffer: *Vgl.* Buffer.

R

RAM: Abkürzung für RANDOM-ACCESS MEMORY (Schreib/Lese-Speicher - Speicher mit wahlfreiem Zugriff). Das sind Speichereinheiten, die DOS zum Speichern von Programmen und Daten benutzt; RAM-Inhalte ändern sich oft während der Arbeit am Computer und werden jedesmal gelöscht, wenn der Computer ausgeschaltet wird.

RAM-Disk: Ein reservierter Speicherbereich, der über eine Gerätesteuerung wie z.B. VDISK.SYS wie ein Diskettenlaufwerk angesprochen werden kann.

Register: Ein Speicherbereich auf dem Mikroprozessor-Chip, der Werte von einem oder zwei Byte festhalten kann.

ROM: Abkürzung für READ-ONLY MEMORY (Nur-Lese-Speicher). Teil des Computerspeichers, der immer dieselben Daten enthält, die nicht gelöscht werden können (meist in Form von Programmen). Der ROM-Inhalt wird auch dann nicht gelöscht, wenn der Computer ausgeschaltet wird.

S

Scriptdatei: Eine Textdatei, die eine komplette Befehlssequenz für ein Programm enthält, so daß die Eingabe von der Konsole zu dieser Datei umgeleitet werden kann. Eine Scriptdatei wird für den automatischen Ablauf von Anwenderprogrammen, wie z.B. Debug, verwendet.

Steuerzeichen: Eines der ersten 32 Zeichen (Code 0 bis 31) des ASCII-Codes, das im Gegensatz zu den anderen ASCII-Zeichen keine lesbaren Zeichen beinhaltet sondern einen Befehl, z.B. Backspace (das Zeichen links vom Cursor löschen) oder Tab.

Systembereich: Ein reservierter Teil des Arbeitsspeichers, in dem DOS systemspezifische Definitionen, wie z.B. den Befehlspfad oder die Form des Prompt-Zeichens festhält.

Systemvariable: Eine im Systembereich gespeicherte Beschreibung. Sie enthält Namen und Werte, die durch ein Gleichheitszeichen voneinander getrennt werden (z.B. *PROMPT=[$p]*). Zusätzlich zu den von DOS definierten Systemvariablen können mit dem Set-Befehl auch eigene Variablen definiert werden.

T

Tastencode: Eine Zahl die einen Tastendruck im Schreibmaschinenfeld der Tastatur repräsentiert (Buchstabe, Ziffer oder Satzzeichen). Der Tastencode entspricht dem ASCII-Code des Zeichens. *Vgl.* Erweiterter Tastencode.

U

Umleitungssymbol: Das Größer-Zeichen (>), das Kleiner-Zeichen (<) und der durchbrochene Strich (|) werden zur Umleitung von Eingabe und Ausgabe, sowie dem Verbinden einer Programmausgabe mit einem anderen Programm verwendet.

V

VDISK.SYS: Eine Gerätesteuerung, die für DOS Informationen enthält, damit ein bestimmter Speicherbereich als Diskettenlaufwerk angesprochen werden kann.

Virtuelle Diskette: *Vgl.* RAM-Disk.

SACHWORTVERZEICHNIS

A

B

C

E

G

M

N

O

P

S

U

V

VDISK.BAT, 141, 144
VDISK.LOG, 146, 289
VDISK.SYS, 18, 131, 138, 295, 345
verändern
    Bildschirmfarben, 170
    Datei, 58
    Drucker-Menü, 211
Verketten von Batchfiles, 92
Verwendung der erweiterten Tastencodes, 36
Verzeichnis, s. auch Dateiverzeichnis
virtuelle Diskette, 138, 345

W

Wagenrücklauf, s. Carriage-return
Wartezeit, Print, 183
Wartung, 293ff.
wechseln
    Laufwerk, 287
    Dateiverzeichnis, 234f.
Wert, Parameter, 91
Wertreihe, 127
wiederherstellen, Verzeichnis, 261, 263
Wildcard-Zeichen, 68, 96, 191
Word, Microsoft, 12, 13, 21, 29, 30, 93, 112, 193, 279
WordStar, 21
Write-Befehl, 66f.

Z

Zehnertasten, belegen, 223
Zeichen, 317ff.
  ASCII-, 60
      Druckerausgabe, 181
  Dollar-, 21
  druckbar, 342
  einfügen, 218
  eingeben, Debug, 65
  Escape-, 14, 21, 24, 30, 112, 304, 343
      Eingabe, 29

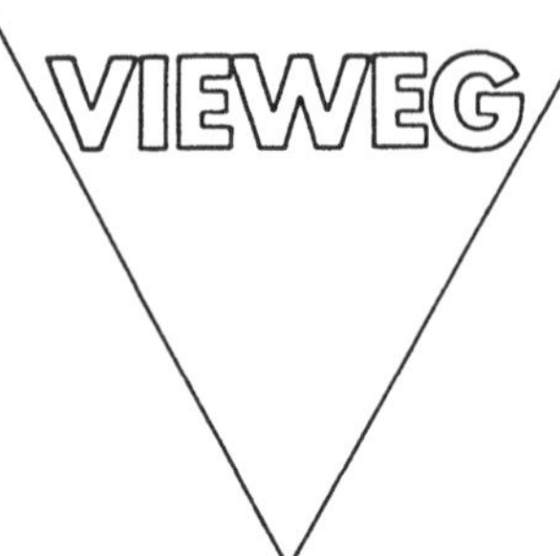

Van Wolverton

MS DOS

Das optimale Benutzerhandbuch von Microsoft für das Standardbetriebssystem des
IBM PC und mehr als 50 anderen Personal-Computern. (Running MS DOS, dt.) Aus dem
Amerik. übers. von Gerald Pommranz. Ein Microsoft Press/Vieweg-Buch. 2., überarb.
und erw. Aufl. 1987. Für alle MS-DOS-Versionen bis 3.1. XXII, 408 S. 18,5 x 23,5 cm. Kart.
Nunmehr liegt die 2., überarbeitete und erweiterte Auflage des erfolgreichen Benutzer-
handbuches zum Betriebssystem MS-DOS von Microsoft Press vor. Die 1. Auflage
dieses Buches wurde äußerst positiv bewertet. Mit der 2. Auflage in überarbeiteter Form
wird dieser Erfolg fortgesetzt. Es sind die Befehle und Erweiterungen der Version 3.1 von
MS-DOS neu eingearbeitet worden. Dabei wurde der Charakter und die didaktische
Linie des Buches beibehalten. Die Presse schreibt zur 1. Auflage des Buches:
*„Die ausführliche Beschreibung aller Problembereiche und der dazugehörigen Befehle,
zahlreiche Anregungen und viele Beispiele machen auch die deutsche Ausgabe des
hervorragend ausgestatteten Buchs zu einem Lesevergnügen, wie es nicht allzuoft im
Mikrocomputerbereich zu finden ist."* (micro)

*„Der Unterschied dieses Buches zu den mit den Systemen mitgelieferten Hand-
büchern? Keine Befehlsauflistung, sondern ein strukturierter Aufbau mit didaktischem
Flair. Kein Buch zum Lesen – ein Buch zum Anwenden!"* (Faszination)

Van Wolverton

MS-DOS griffbereit

(Quick Reference Guide to MS-DOS Commands, dt.) Aus dem Amerik. übers. von
Andreas Dripke und Angelika Schätzel. Ein Microsoft Press/Vieweg-Buch. 1987. IV, 44 S.
10,8 x 27,8 cm. Kart.
Für alle Versionen 2.0 bis 3.2 des Betriebssystems MS-DOS wird ein alphabetisches
Nachschlagewerk in Kurzform vorgelegt. Jeder Eintrag umfaßt die vollständige Form
des Befehls, eine Beschreibung mit Erläuterungen zu den Parameterangaben und
schließt mit einer Beispielanwendung ab. Diese jederzeit griffbereite Kurzübersicht über
alle wichtigen MS-DOS Befehle ist ein unverzichtbarer Begleiter für jeden PC-Benutzer.